유네스코 인류무형유산

강릉단오제의
지속과 창조적 계승

이
경
화 李慶和 Lee Kyung Hwa

가톨릭관동대학교 대학원 국어국문학(미디어문학)과 졸업(문학박사, 축제문화콘텐츠 전공)
강릉인문중·고등학교 교사(1994~2000)
강릉문화원(2000~2006)
(사)강릉단오제위원회와 단오문화사업단(2006~2014)
강릉단오문화협동조합(2014~2018)
東아시아단오문화연구소 연구원(현재)

〈조사·연구〉
『강릉 이야기 - 하나의 원천, 다양한 활용』(2009, 기획, 강릉단오콘텐츠개발운영협의회)
『강릉단오제의 전승 상황 연구』(2010, 박사논문)
『강원도 전통주의 실태와 활성화 방안 연구』(2010, 강원연구원)
『강원도 농촌문화콘텐츠 개발의 실태와 활성화 방안 연구』(2012, 강원연구원)
『강원도 영동지역 무형문화재의 전승 상황 조사 연구』(책임 연구원, 2013, 강원문화재단)
『2018 문화 올림픽 & 유산(레거시) 참여 방안 조사 연구』(강원문화재단, 2016)
『삼척의 술 이야기』(공저, 2018, 삼척시립박물관)
『동해안 어부漁夫의 생애사 조사』(공저, 2018, 강원도환동해본부)

강릉단오제의 지속과 창조적 계승

-기억과 기록, 그리고 추억의 축제-

| 이경화 |

민속원

이 책을 내면서

강릉단오제와 깊은 인연의 시작은 '88년 대학에서 '관노가면극' 동아리 활동을 시작하면서다. 이 동아리에서 3개월 정도 연습을 마친 뒤, 단오장에서 공연을 했다. 당시 배역은 '장자마리'였다. '장자마리'는 익살꾼으로 마당 전체를 발 빠르게 움직이면서 구경꾼들과 잘 노는 것이다. 이후 여러 해 동안 단오장과 경포해변 여름 공연에 참여하였다.

대학을 졸업하고, 나름 지역의 민속연구회 활동 이력으로 '98년 강릉문화원과 인연이 되었다. 당시 강릉문화원은 산하에 강릉단오제위원회를 두고, 축제 전반을 총괄 운영하였다. 3년간은 사무국에서 축제 준비 등을 보조하는 정도로 활동하다가 2000년도부터 업業이 되어 단오제 일을 시작하게 되었다.

2006년 3월. 30여년 넘게 축제를 주관해 온 강릉문화원은 산하에 두었던 강릉단오제위원회를 분리 독립시켰다. 축제 운영을 위한 상설 전담 기구는 오랜 담론의 결실이었다. 매년 치루는 축제였지만, 해를 거듭하면서 '변화'에 대한 사회적 요구와 해결해야 할 과제는 점점 쌓여만 갔다. '변화는 곧 발전'으로 이어진다고 하지만, 강릉단오제의 '변화와 발전'에 대해서 시시비비是是非非를 떠나, 지역 사회에서는 각자 생각의 차이와 다름으로 해서, 지금도 발전적인 담론이 진행 중이다. 강릉단오제의 매력은 단오장의 호박돌이 땅 속에 박히고, 단오장에서 질펀할 정도로 잘 놀고, 1년을 기다리게 한다는 것이다. 그 기다림은 '신神과 신神의 만남, 신神과 인간人間의 만남'을 미학으로 하고 있기에 더욱더 아름다운 것이다.

상설 독립 된 위원회에서 당장 해결해야 할 과제는 말 많고 늘 시끄러웠던 '단오장 상가 분양' 문제였다. 여기에는 참으로 복잡한 이권들이 가득 차 있던 시절이었다. 남대천 단오장을 둘러치고 있던 3개 동洞은 나름의 오랜 관행으로 변화를 싫어했다. 돌이켜 생각하면, 이 문제의 해결은 강릉단오제가 유네스코에 등재된 후의 첫 선물이기도 하다.

강릉단오제와 인연이 되어 업業으로 지낸 15년의 시간을 되돌아본다. 강릉단오제에 몸담고 있으면서, 많은 것을 경험했다. 한편으로 잃어야 얻는다고…. 잃어 가면서 얻은 것은 내 삶에 더 큰 멘토가 되었다. 그것은 곧, "하지 않으면, 아무 일도 일어나지 않는다. 전례가 없기 때문에 할 수 있다."는 거였다. 그런 와중에서 나름의 큰 결실이라면, 이 책의 밑바탕인 박사학위 논문이다. 축제 관련 일을 하다 보니 자료 수집은 어렵지 않았으며, 현장 경험은 글로 옮기는데 있어 많은 도움이 되었다. 이때 접한 옛 기록인 단오제 관련 신문기사의 발견은 흥미를 갖는데 큰 동기가 되었다.

지난 10여년 덮어 놓았던 이 글을 정리하면서 공부를 다시하게 되었다. 강릉 사람들에게 있어 '강릉단오제'는 무엇일까? 극단적으로 만일, 강릉에 단오제가 없었다면, 강릉 땅에 사는 사람들은 무슨 재미로 삶을 일구어 왔을까? (물론 또 다른 문화적 토양을 전통삼아 살아왔을 것이다) 그리고 허균 선생의 기록(1603)이 없었다면, 천년 축제의 전통을 자랑스럽게 말하지 못했을 것이다. 참으로 기묘한 축제가 '강릉단오제'다. 일제강점기와 한국전쟁의 와중에서도 남대천 단오장에는 단오굿, 씨름, 그네, 단양절 축구 경기를 치루었다. 진정으로 강릉시민들에게는 'DANO DNA'가 유전인자로 흐르고 있음이 믿음으로 다가온다. 그래서 강릉단오제는 '기록과 추억'의 축제인 것이다.

우리 모두의 희망은 아름답게 삶을 사는 것이다. "만약, 삶이 축제와 같다면…, 그 힘든 지상의 삶에서 천국으로의 계단을 밟을 수 있을 텐테…." 하지만, 현실은 축제와 다르다. 그래서 사람들이 축제장을 방문하는 이유는 '삶의 무엇인가'를 찾고자 하는 것이 아닐까?

좋은 축제가 많은 세상을 희망해 본다. 그러기 위해서는 '축제·문화·콘텐츠'가 중요하다. 축제는 우리네 삶의 여가餘暇를 가치 있게 만듦으로써 풍요로움으로 다가온다. 좋은 축제는 그것이 열리는 지역 사람들의 정체성을 다시금 확인하게 하고, 축제장을 찾는 사람들에게 즐거움을 준다. 그래서 축제에는 좋은 콘텐츠가 있어야 한다. 앞으로 더 좋은 콘텐츠를 만들어내는 것이, 이 사회의 부富를 만들어내는 방법이자, 우리의 삶과 강릉문화를 윤택하게 하는 것임을 실천에 옮기는 것이다. 특히, 인간의 정서와 관심에 호소해야 하는 축제·문화·콘텐츠의 출발점도 반드시 '사람 중심'의 소프트웨어적인 접근일 것이다.

이 책이 나오기까지 가르침을 주신 분들이 참으로 많습니다. '88년부터 인연이 되어 학부와 석·박사 과정에서 공부하는 방법을 가르쳐 주신 황루시 선생님의 가르침에 감사를 드립니다. 강릉문화원에 몸담고 있으면서 모셨던 정호돈 원장님은 삶의 큰 어른으로 늘 존경하는 마음으로 살고 있습니다. 위원회가 독립되면서 모셨던 최종설 위원장님께도 감동하는 삶의 정서를 배웠습니다. 강릉단오제보존회를 오늘의 반석위에 올려놓으신 조규돈 예능보유자님, 김종군 예능보유자님, 빈순애 예능보유자님께도 감사드립니다.

그리고 강릉의 '단오(제) 축제'에서 '한반도 단오문화'와 '동東아시아 단오문화권'을 아우르는 새로운 지평을 생각하게 해 주신 장정룡 교수님께도 감사드립니다. 또한 강릉단오제는 강릉의 문화사를 옮겨놓은 큰 집의 대들보라 생각하면서, 강릉의 역사 지식을 올곧게 가르쳐 주신 박도식 박사님께 감사드립니다.

단오제위원회에 몸담고 있으면서 도움주신 분들도 많습니다. 내 삶의 멘토인 영원한 관장 김종달님, 늘 객관적인 안목으로 축제를 생각하는 김동찬 단오제위원장님, 학위논문을 쓸 때 어려운 고비 때 마다 힘을 주신 안광선 박사님과 김홍술 박사님께도 늘 고마운 마음으로 살고 있습니다. 석사과정을 동고동락同苦同樂했던 김태수 박사님과 이승철 박사님께도 그간의 아낌없는 관심과 애정에 감사드립니다.

단오제와 인연을 맺게 해 준, 문화 예술 행정의 달인達人 심오섭 문화원 사무국장님과의 만남은 큰 행운으로 생각하면서 감사함을 전합니다. 한동안 축제를 함께 만들었던 김형준 팀장과 전찬균·박현영·최유진님, 권오석 감독께도 고마울 따름입니다. 축제의 더 높은 문화를 위해 부단히 애쓰고 있음에 늘 마음으로 격려를 보냅니다. 강릉의 민속문화를 연구하고 있는 '임영민속연구회'의 김남일 회장님을 비롯한 김석남 형·심재홍·김우찬·전인두, 여러 회원분들께도 감사함을 전합니다. 한국 애니메이션의 역사와 인식을 새롭게 조명하고 있는 지음인知音人 한승태 시인詩人께도 고마움을 전합니다.

강릉에 살면서 좋은 벗들도 많이 만났습니다. '강릉카네기'의 4기 형·동생들, 이젠 다들 결혼해서 각자의 행복을 만들어 가고 있는 '묻지마&물어봐 친구들', 늘 가까이에서 도움을 주는 김남현·김웅규 형과 김성진·최범균·김조원 후배는 참으로 고마운 벗들입니다. 한때 시詩 내림을 받고자 문학도를 꿈꾸었던 '문학동인-시우詩雨'의 최명규·신성률 시인詩人·손지훈·류준구 벗들도 추억으로 남습니다. 오랜 벗 강용석과 이재훈에게도 고마움을 전합니다.

강릉에서 30년을 살아오는데 있어, 새벽 미사 때 마다 셋째 아들의 건승을 기도해 주신 부모님 방지거 이우영·안나 조경분님의 은혜는 높고 크시기에 사랑합니다. 큰형 기화, 작은형 준화, 동생 신화, 그리고 형수님과 제수씨께도 고마울 따름입니다. 그리고 자랑스런 조카 응선·기쁨·응인·승민·경훈, 사랑하는 윤겸·효록은 내 삶을 지탱해 주는 커다란 희망입니다.

새로운 삶의 시작과 아름다운 인연은 늘 곁에 있어 왔는데, 그 중에서 조은실 작가님은 걱정과 사랑으로 늘 행운을 주셨습니다. 좋은 결실로 행복한 삶을 늘 함께하고자 합니다.

강릉단오제와 깊은 인연이 되어, 축제의 전승과 보존에 묵묵히 사명감으로 일하고 계시는 모든 분들께 감사드립니다.

2019 강릉단오제에 즈음하여,
이경화 올림

차례

이 책을 내면서　4

제1장 '단오'와 '강릉단오제'의 변모 양상 · 13

1. 옛 문헌에 나타난 단오 풍속 ···15
   1) 삼국시대와 여러 나라의 단오 ··15
   2) 고려시대의 단오 ··19
   3) 조선시대 문집에 담긴 단오 ··23
   4) 조선시대의 기록, 강릉단오제 ···28

2. 일제강점기 때의 강릉단오제 전승 양상 ·······························33
   1) 『강릉군 생활상태 조사 보고서』(1931)와 강릉단오제 ·········33
   2) 『강릉단오제』(1930)와 '괄단오' ··38
   3) 『부락제』(1937)와 '괄단오' ···45

3. 근대 스포츠 문화의 유입과 민속놀이의 연속성 ···················50
   1) 단오는 조선의 올림픽이다 ··50
   2) 민속놀이의 변용과 연속성 ··54
   3) 운동회와 단오, 그리고 강릉단오제 ·····································57
   4) 강릉단오제와 단양 운동회 ··69

4. 일제강점기에서 해방 공간 전후의 담론 ·······························82

제2장 문화재 지정과 강릉단오제의 전승 담론·97

1. 『중요무형문화재 조사 자료』 보고서
   : 任東權, 『重要無形文化財 調査資料(江陵端午祭)』(1967) ·················101
2. 축제의 원형 복원화 담론 : 1960년대 강릉단오제 ························106
   1) 문화재 지정에 따른 사회 문화적 전승 담론 ························106
   2) 민속 조사 보고서에 나타난 전승 실태 ······························117

제3장 강릉단오제의 현대적 수용과 변용·125

1. 강릉시 축제 주관 : 1970~1973년까지 ····································129
2. 민간기구 축제 주관 : 1974년 이후부터 ··································136

제4장 축제의 관광자원화에 따른 변화 양상 · 151

1. '86 아시아 경기와 '88 서울 올림픽 ···154
2. '94 한국 방문의 해와 축제 운영 기구의 재검토 ·······························172
3. 2002 월드컵과 2004 강릉국제관광민속제 ·······································192

제5장 유네스코 인류무형유산 축제 등재 이후의 변화와 지속성 · 215

1. 축제 운영과 관리 기구의 재편성 ··219
   1) 강릉단오제 운영과 민간 기구의 변화 ···221
   2) '강릉단오문화창조도시추진단'과 '국제무형문화도시연합(ICCN)' ·······230
2. 강릉단오제의 민속문화 유적지 변화 ··243
   1) 문화재 지정 당시의 유적과 전승 내용 ·······································243
   2) 문화재 지정 이후, 새로운 연행 유적 ···255
3. 대성황사 복원과 강릉단오제의 현대적 전승 담론 ···························258
   1) 강릉단오제의 사라진 유적 ··260
   2) 전통문화의 복원화 담론 ···263
   3) 대성황사 복원과 도심 관광의 자원화 ···266
   4) 대성황사와 '팔단오' 복원의 상관성 ···279

제6장 강릉단오제의 학문적 연구사·293

제7장 강릉단오제의 어제와 오늘, 그리고 미래·309
: 전통문화의 창조적 계승

편집후기 '강릉단오제학江陵端午祭學'을 꿈꾸며·321

부록	331
참고문헌	339
찾아보기	345

제1장

'단오'와
'강릉단오제'의
변모 양상

江陵端午祭

옛 문헌에 나타난 단오 풍속
일제강점기 때의 강릉단오제 전승 양상
근대 스포츠 문화의 유입과 민속놀이의 연속성
일제강점기에서 해방 공간 전후의 담론

제1장

'단오'와 '강릉단오제'의 변모 양상

1. 옛 문헌에 나타난 단오 풍속

아름다운 절기는 오월 단오에 가깝다고 한다. 5월의 절기로는 망종芒種과 하지夏至가 있으며, 그 대표적인 명절로는 단오端午(重五)가 있다. 우리의 '단오(수릿날)'와 '강릉단오제'는 그 시원을 어디서부터 찾을 수 있을까?

그 역사적 근원을 찾는다는 것은 결국, 옛 문헌을 통해서다. 여기서는 삼국시대를 전후한 여러 나라, 고려와 조선시대의 단옷날 풍속을 문헌과 문집에 나타난 '단오'와 관련된 내용을 중심으로 살펴본다.

1) 삼국시대와 여러 나라의 단오

일찍이 "마한에서는 해마다 5월에 파종을 마치고 귀신에게 제사를 지냈다. 무리를 지어 노래하며 춤추고, 수십 명이 줄을 지어 땅을 밟으며 장단을 맞추고 술 마시기를 밤낮으로 멈추지 않았다"는 기록이 중국의 역사책에 나온다.[1]

고구려에서는 5월 세시풍속에 어떤 것이 있었는지 구체적으로 알 수 없다. 그러나 백제에서는 5월에 천신과 오방신, 시조 구태묘에 제사를 지냈으며,[2] 신라

---

1 『後漢書』 卷85, 東夷列傳75 韓條.
2 "왕이 大壇을 설치하고 친히 天地에 제사를 지냈다"(『三國史記』 卷23, 百濟本紀1, 始祖溫祚王 20年).

에서는 5월 5일에 오묘五廟에 제사를 지냈다. 한편 가야에서는 '단오'에 수릉왕묘에 제사를 지냈다.[3]

설날・추석과 아울러 중요한 명절인 '단오'에 대해서 고려시대 이전에는 뚜렷한 기록이 없다. 다만, 문무왕의 아우인 차득공車得公에 관한 "내 이름은 단오端午"라는 기사[4]가 있다. 이에 대해 "민간에서는 단오端午를 차의車衣라 한다"

"왕이 친히 남단에서 天地에 제사를 지냈다"(『三國史記』卷23, 百濟本紀1, 多婁王 2年).
"『책부원귀』에 이르기를, 백제는 매년 4중월(仲月) 중, 사계절의 중간 달에 왕이 하늘과 5제(帝 : 五方神)의 신에 제사를 지낸다. 그 시조 구태의 묘를 나라 도성에 세우고 사계절로 제사를 지낸다"(『三國史記』卷32, 雜志1, 祭祀).
"고기(古記)에 '온조왕 20년 봄 2월에 壇을 세우고 천지에서 제사를 지냈다. 38년 10월과 다루왕 2년 2월, 고이왕 5년 정월, 10월 정월, 14년 정월, 근초고왕 2년 정월, 아신왕 2년 정월, 전지왕 2년 정월, 모대왕 11년 10월에 모두 위와 같이 거행하였다"(『三國史記』권32, 雜志1 祭祀).
"그 왕은 해마다 매 계절의 중월(仲月)에 하늘과 오제(五帝)의 신에게 제사를 지낸다. 또한 해마다 네 번 그 시조 구태(仇台)의 사당을 국성(國城) 안에 세워 놓고 한 해에 네 번 제사를 지낸다"(『北史』卷94, 列傳82 百濟).
"그 왕은 매 계절의 중월(仲月)에 하늘과 오제의 신에게 제사를 지낸다. 또 한 해마다 네 번 그 시조 구태(仇台)의 사당에 제사를 지낸다"(『周書』卷49, 列傳41 百濟).
"해마다 매 계절의 중월(仲月)에 왕이 하늘과 오제(五帝)의 신에게 제사를 지낸다. 시조 구태(仇台)의 사당을 국성(國城) 안에 세워 놓고 한 해에 네 번씩 제사한다"(『隨書』卷81, 列傳46 백제).

3 "(나라 사람들이) 대권 동북쪽 평지에 빈궁(殯宮)을 세우니 높이가 1丈이며 둘레가 300보로서, 거기에 장사 지내고 이름을 수릉왕묘(首陵王廟)라고 하였다. 그의 아들 거등왕(居登王)으로부터 9대손인 구충왕(仇衝王 : 仇衡王의 오기)까지 이 묘(廟)에 배향하고 매년 정월 3일과 7일, 5월 5일, 8월 5일과 15일에 푸짐하고 깨끗한 제물을 차려 제사를 지냄이 대대로 끊이지 않았다. … 매년 때가 되면 술을 빚고 떡이며 밥이며 다과 등 여러 가지 제물을 차리고 제사를 지냄에 해마다 어김이 없었다. 그 제사 날짜는 (김수로왕의 아들인) 거등왕이 정한 1년에 다섯 번 제사를 지냈다. … 단옷날에 사당에 참배하는 제사를 지낸다"(『三國遺事』卷2, 駕洛國記).

4 이튿날 아침에 거사가 작별을 하고 떠나려 할 때에 말하기를 "나는 서울 사람인데, 내 집이 황룡사와 황성사 두 절 사이에 있고, 내 이름은 단오(민간에서는 단오를 車衣라) 하오. 주인이 혹 서울에 오거든 내 집을 찾아주면 고맙겠소"하고, 그 길로 서울에 도착하여 정승으로 지내었다. 나라의 제도로서 지방 각 주의 관리 한 사람씩 서울로 올라와 각 조(曹)에 매어 번살이를 하는 법이 있었다. 안길(安吉)이 제 번 차례가 되어 서울까지 올라왔다. 그는 두 절 사이에 있는 단오거사의 집을 물었으나 아무도 아는 사람이 없었다. 안길이 길가에서 한동안 서 있으려니 한 노인이 지나가다가 안길의 말을 듣고 한참 생각하다가 말하기를 "두 절 사이에 한 집이란 말은 아마도 대궐일 것이니. 단오란 말은 거득령공(車得令公 : 김춘추의 아들)을 가리키는 말이니, 그가 몰래 지방으로 다닐 때에 아마도 자네와 어떤 인연이나 약속이 있었는가?" 하였다. 안길이 사연을 늘어놓자, 노인이 말하기를 "자네는 궁성의 서쪽 귀정문(歸正門)으로 가서 출입하는 궁녀를 기다려서 사연을 말하게"라고

고 주석을 단 것을 보면, 이미 당시부터 '단오'를 중요한 날로 여겼던 것으로 보여진다. 단오는 3월 3일, 9월 9일처럼 양의 수가 겹치는 날이기 때문에 당시부터 명절로 여겼던 것으로 본다. 그리고 신라에서는 5월에서 7월에 이르기까지 비가 오지 않아 기우제를 지냈다는 기록으로 보아,[5] 5월의 파종의례와 연계된다.

그러나 기우제는 부정기적으로 거행되었기 때문에 5월의 세시풍속으로 보기는 어렵다. 다만 민간에서 가뭄이 났을 때, 마을 단위로 기우제를 지낼 가능성이 높으며, 시기적으로 보면 강릉에서 단오제가 한편으로는 기우제의 성격도 함께 하고 있다고 본다.[6]

부여·동예·가야에서도 왕실 중심의 세시풍속이 존재했다. 부여에서는 영고迎鼓, 동예에서는 무천舞天, 가야에서는 수로왕에 대한 추모제사가 각기 행해

하였다. 안길이 그 말대로 가서 "무진주 사는 안길이 대문에 왔소이다."고 일렀더니 공이 듣고 달려 나와 그의 손목을 끌고 대궐로 들어가 공의 부인을 불러내어 안길과 함께 잔치를 하는데 차린 음식이 50가지나 되었다(『三國史記』 卷2, 文虎王 法敏).

5   "5월부터 7월까지 비가 오지 아니하므로, 조묘(祖廟)와 명산(名山)에 제사 지냈더니, 곧 비가 왔다"[自五月至七月 不雨 (示壽)祀祖廟及名山 乃雨](『三國史記』 卷2, 新羅本紀2 沾解 尼師今 7년).

"여름 5월에 비가 오지 아니하므로, 두루 산천에 기도하였더니, 가을 7월에 이르러 비가 왔다"[夏五月 不雨 遍祈山川 至秋七月 乃雨](『三國史記』 卷10, 新羅本紀10 憲德王 9年).

"6월에 큰 가뭄이 있어 왕이 지금의 강릉인 하서주 용명악거사 이효를 불러 임천사 연못 위에서 비를 빌게 하였더니 열흘 동안이나 비가 왔다[六月 大旱 王召河西州龍鳴嶽居士理曉 祈雨於林泉寺池上 則雨浹旬](『三國史記』 卷8, 新羅本紀8 聖德王 14年條).

6   강릉단오제는 전통적인 수릿날 축제를 계승하였는데 '수리'는 上·古·神·태양 등을 어원으로 삼고 있다. 강릉의 경우는 수릿날의 신성한 마을 축제가 그 원류로서, 고려조 이후 중국의 단오민속이 들어와 우리의 수릿날 민속과 명칭상 대체 혼용된 것들이다. 그러므로 행사 내용에 있어서 용선경주 중심의 현존 중국 단오풍속과 달리, 풍년과 안녕을 기원하는 마을굿이나 기우제, 탈놀이, 농악, 민요, 그네뛰기, 씨름 등 전통적인 내용들이 주류를 이룬다(장정룡, 『강릉단오 민속여행』, 斗山, 1998, 32~33쪽).

〈참고〉로 임동권 박사가 강릉단오제 문화재 지정 보고서를 만들기 위해 조사한 내용 중, 기우제 관련 인터뷰 자료를 보면, 임동권: 그러면 서낭님, 이 대간령서낭을 잘 모시면 어떻고 말씀이죠, 잘 모시지 못해서 무슨 화를 입거나 그런 얘기는 없어요? 차형원: 그게 그렇습니다. 그걸 강릉이라는 데는 단오를 치는데 단오를 치잖고 단오를 치다가 중지, 만약 한다 할 것 같으며는 그 비를 받지 못합니다. 못한다고 그런 말이 내려와서 참, 이 단오도 농촌에서 에, 뭐이든지 가물 때는 단오와 그전 옛날에 용굿이라는 게 있었습니다. 용을 맹글어 앉아서 놓고 "비를 주시오"하고 용굿도 하고, 단오를 치루는 의미는 하여간 "천수를 내려서 아무쪼록 앉어서 농작에 물이래도 풍족하게 해주시요"하고 의미는 그기예요. 단오 치는 의미는요.

졌다. 특히 동예에서는 "해마다 10월에 하늘에 제사를 지내는데 밤낮으로 술 마시며 노래하고 춤추니 이를 무천舞天이라 한다"[7]고 언급한 것으로 볼 때, 5월 수릿날의 축제와 10월 상달의 축제가 농공시필기農功始畢期 의례로 상호연계성을 가진 것으로 볼 수 있다. 이러한 5월과 10월의 축제 문화 구조는 파종과 수확의 례로 보여지며, 수릿날 축제가 자생적 기반 위에 정착된 것이라는 추측을 가능하게 한다. 그것은 남쪽지방의 한가위날 도작의례稻作儀禮가 유입되기 전단계인 전작의례田作儀禮의 흔적을 나타내는 것으로, 중국의 5월 5일 기수민속基數民俗인 단오가 유입되기 이전부터 수릿날 풍년기원 형태의 농경 축제가 열려왔음을 암시하는 단서라 하겠다.[8]

따라서 부여의 영고(12월), 고구려의 동맹(10월), 동예의 무천(10월), 백제의 천지제사, 신라의 시조묘 사시제 등이 추수 감사의 의미를 지닌 한 해의 마무리 세시풍속이라는 종래의 일반적인 해석은 재고되어야 한다. 그 이유는 중국적 세계 질서에 완전히 편입되기 이전에도 독자적인 나름대로의 역법 체계가 존재했을 것이며, 이러한 축제는 한 해의 마무리와 새해의 시작을 축하하기 위한 제사와 놀이로 이어졌기 때문이다. 즉 삼국시대까지는 독자적인 역법 체계 속에서 국중대회와 시조제사 등이 토착적인 세시풍속이 주류를 이룬 반면에 통일신라시대에는 불교적인 양상과 함께 유교·도교·전래신앙 등의 종교적인 요인이 첨가된 국가적 세시풍속이 존재했다.[9] 그리고 신라와 가야에서 '단오' 관련 기록이 있음을 볼 때, 신라의 단오 명칭과 어원에 대한 기록[10]과 함께 단오는 민간에서는 명절로, 왕실에서는 제일祭日로 중요한 날이었음을 알 수 있다.

이상의 내용으로 보아, 5월에는 삼국시대부터 단오가 있었던 것으로 보인다. 가야에서는 "단오에 묘廟에 참배하여 제사를 지냈다"는 기록이 있다. 하지만 이러한 풍속이 가야 이외의 나라에서도 있었는지에 대해서는 아직까지 기록상

---

7 "常用十月祭天 晝夜飮酒歌舞 名之爲舞天"(『後漢書』卷30, 魏志 東夷列傳75 濊).
8 장정룡, 『강릉단오제 현장론 탐구』, 국학자료원, 2007, 16쪽.
9 정구복·주영하, 「삼국 및 통일신라시대 세시풍속 연구」, 삼국·고려시대편, 『한국세시풍속자료집성』, 『국립민속박물관 자료총서』 1, 2003 참조.
10 『三國史記』卷2, 文虎王 法敏.

으로 찾아지지 않는다. 다만, 다음에서 살펴볼 고려시대는 단오 때, 조상사당에 제사를 지낸 기록이 보이는 것으로 보아, 중국의 단오풍속이 유입되기 이전에는 5월 5일 단오 때, 조상제사를 지내는 일이 주된 풍속이었을 가능성은 많다.[11]

조선시대 성호 이익李瀷(1681~1763)은 "구형仇衡이 그 직위를 잃어버리자 영규 아간英規阿干이 묘향을 빼앗아 음사陰祀를 지내는데, 단오에 음사를 지내다가 들보에 눌려 죽은 뒤에 규림圭林이 뒤를 잇다가 88세에 죽으니, 그의 아들 간원間元이 그 뒤를 이어 단오에 배알하는 제사를 지냈다고 했으니, 이로 인하여 단오와 추석에 산소에 가는 것은 가락국에서 비롯되었는데, 단오를 더욱 중하게 여겼다."[12]고 한다. 이 또한 중국의 단오풍속이 들어오기 이전에 이미 '수리치'라는 이름의 세시풍속이 이 시기에 거행되었음을 이 일화逸話는 밝혀준다.

2) 고려시대의 단오

고려시대에 중요하게 인식된 세시풍속에 대해서는 『고려사』 형법지의 금형조를 통해서 알 수 있다. 즉 민간에서 중요시 여기는 고려의 9대 속절九大俗節로 원정元正・상원上元・한식寒食・상사上巳・단오端午・중구重九・동지冬至・팔관八關・추석秋夕 등이 있다고 적었다.[13]

고려시대의 5월에는 길한 날을 택하여 선목先牧에 제사를 지냈다. 민간에서는 시향時享[14]을 지냈다. 앞에서도 언급했듯이, 가락국에서는 단오와 추석에 산소에 갔는데, 단오를 더욱 중하게 여겼다고 했다. 그리고 중국의 단오풍속에 없는 조상제사의 풍속이 이때 이미 존재했음을 알 수 있다. 고려시대에도 마찬가지로 조상제사에 대한 풍속이 한시漢詩[15]에 나타난다.

---

11 정구복・주영하, 앞의 논문 참조.
12 "逮仇衡失位 有英規阿干 奪廟而享淫祀 當端午致告 梁壓而死 後圭林繼世 年八十八而卒 其子簡元 續而克禋端午日謁廟之祭 據此端午及仲秋十五日上墓 自駕洛始爲端午爲尤重也"(『星湖僿說』 卷11, 四節日上墓).
13 "俗節元正上元寒食上巳端午中九冬至八關秋夕"(『高麗史』 卷84, 형법지1 禁刑條).
14 매년 음력 2월・5월・8월・11월에 가묘에 지내는 제사.
15 "옛 무덤 새 무덤 서로 이웃하였는데 / 한평생 술 취해 쓰러진 이 그 몇몇이뇨 / 오늘 자손들 다투어 술 올리지만 / 한 방울인들 입술을 적실까보냐"(이규보, 「단오에 교외에서 느낀

5월 5일은 양수가 겹치는 명절로 '단오', '중오重五', '수리날'이라고도 부른다. 이날 관리들에게 1일간의 휴가를 주었다. 왕은 이 날, 경령전景靈殿에 직접 배알拜謁하고,[16] 잔치를 베풀며 단오 시詩를 짓거나,[17] 각종 물품을 신하들에게 하사했다. 이것이 단오선사端午宣賜이다.[18] 특히 단오잔치 때에는 채색한 밀랍으로 만든 꽃을 나뭇가지에 매달고, 구정에서 격구擊毬[19]와 화포잡희火砲雜戲를 즐겼다. 도성都城에서는 편을 나누어 기와조각과 돌맹이를 던지는 석전石戰 놀이를 왕이 관람하였다는 기록이 있다.[20] 단오 때, 단오 제사를 지내는 것과 마찬가지로 석전 놀이도 토착적인 행사로 행해졌다.

> "해마다 단오일에 모인 군중들이 완고해, 두 진영에서 돌을 던지며 서로 공격하네. 개울가 마시馬市에 아침부터 모여들고, 중은 절 북쪽에서 재계하고 저녁에야 돌아오네. 갑자기 쫓기니 재빠르기는 탄약과 같고, 높이 솟아 맞부딪치니 무겁기는 산과 같네. 다만 조정을 위해 용감한 무사를 구하려니, 얼굴에 난 상처 또한 어찌 부끄럽겠는가."[21]

　　바 있어 지음(端午郭外有感)」, 『동국이상국집』 권16).

16　윤호진 편역, 『천중절에 부르는 노래』, 민속원, 2009, 162쪽 참조. "경령전에서는 정조, 단오, 추석, 중구에 친전의를 행한다"[景靈殿 正朝端午秋夕重九 親奠儀](『高麗史』 卷61, 禮志 吉禮). "신해일이 단오이므로 경령전에 배알하였다[辛亥 端午 謁景靈殿](『高麗史』 卷18, 世家 18 睿宗 9年 5月).

17　"병신일에 왕이 단오시를 지어 좌우에 널리 보이고 화답하여 올리도록 하였다"[丙申 王賦端午詩 宣示左右 令和進](『高麗史』 卷12, 世家12 睿宗 元年 5日 丙申日).

18　"5월 을사일에 12공신에게 각각 은병 5개와 쌀 20석을 주고 그 나머지 공신에게도 물품을 차등 있게 주었다. 이것을 단오선사라고 한다"[五月 乙巳 賜十二功臣銀甁各五事 米二十石 其餘功臣 亦賜有差 名爲端午宣賜](『高麗史』 卷24, 世家 24 高宗 46年).

19　"계미일에 왕과 공주가 단오라 하여 양루에서 연회를 베풀고 격구를 관람하였다. 이 때 모란꽃이 모두 떨어져서 채납으로 꽃을 만들어 가지마다 매달았다. 천 보 거리 운동장에 말을 나란히 달리니 / 한 점의 나는 공은 누구를 따르려고 하는가 / 분명히 이것은 마음이 없는 물건이지만, 유능한 이를 만나면 또 친해질 것이네"[癸未 王及公主以端午 宴于凉樓 觀擊毬 時牧丹花落盡 以綵納作花 綴於枝條 千步場中馬並(馬也) 飛毬一點欲從誰 分明是箇無心物 逢着高才若有知](『牧隱先生文集』 卷9, 追記端午日).

20　"우왕이 석전 놀이를 치암에서 관람하고, 그 능한 자 몇 사람을 불러 술을 주고 또 지팡이를 주어 그 기술을 다하게 하였다"[禑 觀石戰戲于鴟巖 召基能者數人 與酒又與杖 使盡其技](『高麗史』 卷135, 列傳48 禑王 10年 5月).

21　"年年端午聚群頑 飛石相攻兩陣間 馬市川邊朝已集 僧齋寺北暮方還 忽然被逐輕如藥 屹爾當衝

이 자료는 고려시대 석전石戰에 대한 귀중한 기록으로 보인다. 그리고 단옷날에는 승려를 불러 조상의 초상화 앞에 범패梵唄를 하며 제사를 지내고 성묘도 하였다.[22]

고려시대의 여러 문집에는 당시의 단오풍속을 기록한 시詩와 글文이 있다. 여기에는, 단옷날에는 모시 적삼에 붉은 치마를 입고 오색의 그네를 타며 놀았다.[23] 그네 놀이가 처음으로 등장한 시기는 고려시대이다. 현종 때에 중국 사신이 와서 보고, "고려는 단오에 그네 놀이를 한다."는 기록이 『송사宋史』에 남아 있는 것을 볼 수 있고, 『고려사』 열전 최충헌전에 "단오에 충헌이 백정동궁에서 그네 놀이를 베풀었는데 문무 4품 이상을 불러서 연회를 베풀었다."는 기록이 있다. 이러한 기록을 토대로 볼 때, 당시 고려에서는 민간에서 뿐만 아니라 귀족 계층에서도 그네를 즐겼음을 알 수 있다.

이밖에도 「한림별곡」 8장[24]이 그네뛰기의 즐거운 광경을 주제로 삼았다는 사실과 이규보를 비롯한 수많은 고려의 문인들이 그네를 주제로 시를 지었다. 그리고 북치고 피리 불며 놀았고, 쑥으로 만든 애인艾人[25]을 문 위에 걸고 단오부

重似山 只爲朝廷求勇士 殘傷面目亦胡顏(『牧隱詩藁』 卷29, 詩 端午石戰).

22 "원단(설)과 매달 초하루와 춘추 단오에 모두 할아버지와 아버지에게 제사 지낸다. 府中에 그 초상을 그려 놓고 중들을 데리고 범패를 노래하는데, 밤낮으로 계속한다"[歲旦月朔春秋重午 皆享祖禰 繪其象於府中 率僧徒歌唄 晝夜不絶](『高麗圖經』 卷17, 祠宇條).

23 "밀 때는 항아(선녀)가 달나라로 날아가듯/ 돌아올 땐 선녀가 하늘에서 내려오듯. / 쳐다보니 뛰어오를 땐 땀방울 흐리더니, / 어느 덧 펄렁이며 또 되돌아 가는구사. / 선녀가 하늘에서 내려온다고 말하지 마오, / 베틀의 북처럼 왔다 갔다 하는 것도 아니라오. / 응당 꾀꼬리가 좋은 나무 가리려고, / 이리 왔다 저리 나는 것이라오[推似神娥奔月去 返如仙女下天來 仰看跳上方流汗 頃刻飄然又却廻 莫言仙女下從天 來往如梭定不然 應是黃鸝擇佳樹 飛來飛去自翩翩](이규보,「단오에 그네 뛰는 여자 놀이를 보다[端午見鞦韆女戲]」, 『동국이상국집』 후집 권3).

24 호두나무, 쥐엄나무에다 붉은 실로 붉은 그네를 매었습니다. / 그네를 당기시라 · 밀어시라 왈자패인 정소년이여. / 아! 내가 가는 곳에 남이 갈까 두렵구려. / 마치 옥을 깎은 듯이 가녀린 아리따운 두 손길에, / 아! 옥같은 손길 마주 잡고 노니는 광경, / 그것이야말로 어떻습니까?

25 "금년의 단오절은 날씨도 좋은데 / 아득히 먼 곳의 늙은 어머니가 멀리 걱정이 되네 / 쑥잎을 든 늙은이는 문 위로 올라가고 / 창포 꽃에 이끌린 개미는 금잔에 들어가네. / 눈은 좋은 명절에 놀려나 내 나라가 아니니, / 몸은 공명과 함께 색실로 매였네. / 생각하건데 내가 놀던 고향 산천에는 그넷줄이 석양 아래에 반공중에 드리워져 있을 것이네"(『牧隱先生文集』 권3, 端午).

"훈풍이 조금씩 부드러워지고 기운이 청신하니, / 수많은 집의 문호(門戶)에 애인이 걸려

적[26]을 붙이며, 창포로 만든 노리개[27]를 차고 창포김치[28]에 창포술[29]을 마셨다고 한다. 그리고 단오의 시절 음식인 각서角黍[30]와 더위를 쫓아주는 부채를 선물했다고 한다.

단오를 우리말로 '수릿치날'이라고 하는 것은 『삼국유사』에 나온다. 이로 인해 그네뛰기와 쑥과 수리취 절편, 각서[31] 등을 만들어 먹었으며, 조상제사를

있네. / 조용히 창포주 한잔을 대하고서, / 난저(蘭渚)에서 홀로 깬 신하를 생각하며 웃네"(『耘谷行錄』 卷2, 端午).

26 "신라 때에는 이 날을 수리(車)라고 불렀는데, / 주군의 시골 풍속이 한결같지 않네. / 이 고을에서는 금년에 옛 격실을 없앴으니, 왕가의 오랜 은택 그 여파가 끊어졌다 / 단오절 오늘 아침에 누대에는 가니 어찌 그리 고요하고 쓸쓸한가. / 오로지 애옹(艾翁)만 대하여 절로 웃음만 나오니, / 문을 지킨 공효는 많다고 할 수 있겠네. / 새 법에 따라 이 고을 백성들을 보호하려 하는데, / 우선 노여움을 풀 훈훈한 바람은 없는가 물어보네. / 놀이에 이미 황색 일산을 금하고, / 난리를 피하려면 적령부를 차야하네. *고을 풍속에 광대 모임에는 황색 일산을 숭상하였다. 옛날에는 5월 5일에 적령부를 찼는데, 그것은 난리를 피하기 이해서라고 한다"(『耘谷行錄』 卷5, 端午偶吟).

27 "모두 창포 노리개(蒲佩)에 술항아리를 갖고 오네, / 창포 김치 그 짙은 향기가 술잔에 가득하네. / 지금부터 이좋은 날을 저버리지 않으려니, / 술 취해 일어난 호연한 시흥을 잘라내기 어렵네"(『耘谷行錄』 卷5, 端午偶吟).

28 "이 날이 바로 단오날인데, / 지금 나는 오랜 세월 나그네 신세이네. / 철 느끼니 강개한 생각이 많이 나고, / 지난 일에 생각해보니 모두 고되었네. / 세상 맛은 창포 김치와 같고, / 타고난 자질은 애인(艾人)과 비슷하네. / 해마다 좋은 날을 만나지만, / 먼지 많은 벼슬길에 분주하기만 하네"(『陽村集』 卷5, 端午日次李待制詩韻).

29 "기정(旗亭 : 주점)에서 또 창포주 한 잔을 마시니, / 술에 깨서 읊은 초나라 신하(굴원)의 글을 배울 필요가 없네"[旗亭且飮菖蒲酒 未用醒吟學楚臣](『益齊集』 卷2, 端午).
"서울에서 떠돈 지 십년이 넘었는데, / 서쪽으로 와서 나그네 되었구나. / 반평생은 이미 공명에 그르쳤고, / 오랜 객지생활에 시절 바뀌는 것에 놀라네. / 부평처럼 뜬 자취 청해의 밝은 달 바라보고, / 꿈속에선 가끔 태봉 고향으로 돌아가네. / 주점에서 또 창포주 한 잔 들이키니, / 깨서 읊은 초나라 신하 배울 필요 없네"[旅食京華十過春, 西來又作間津人. 半生已被功名誤, 久客偏驚節物新. 萍櫂羈蹤靑海月, 松楸歸夢泰封塵. 旗亭且飮菖蒲酒, 未用醒吟學楚臣](『益齊亂藁』 卷2, 端午)(윤호진 편역, 『천중절에 부르는 노래』, 민속원, 2009, 139쪽).

30 "내가 하동에 귀양 온 뒤로, / 지금 두 번 단오를 지나네. / 고향 근심은 각서와 같이 길고, / 세상 맛은 창포와 같이 쓰네. / 오마가 거듭 성에 나와, / 한 술항아리로 극포에서 노네. / 서로 바라보는 지적 사이에 깊은 방의 기운은 실처럼 가늘고 기네"[自我謫河東 今經二端午 鄕愁角黍長 世味菖蒲苦 五馬出重城 一譚遊極浦 相望咫尺間 深室氣如縷](『東文選』 卷5, 端午日寄通判明府).

* 각서(角黍)는 단오에 먹는 초여름 만두를 말하는 것으로 밀가루 반죽을 둥글게 빚어 고기와 채소로 만든 소를 만들어 넣고 양쪽에 뿔이 나게 오무려 싼 만두이다. 단오에 각서를 먹는 풍습은 진(晉)나라 주처(周處)의 『풍토기(風土記)』에 따르면 "단오에 줄잎으로 찹쌀을 싸서 먹는 것은 옛날 멱라수에서 굴원(屈原)의 혼을 조상하던 풍속이다"라고 한 것으로 보아 중국으로부터 전래된 풍속으로 보인다. 또한 『성호사설(星湖僿說)』과 『만물문(萬物

지내는 풍속은 토착적인 것이라 할 수 있다. 이런 면에서 고려시대 세시풍속 중, 단오 풍속의 핵심은 산천山川과 천지天地에 제사, 그리고 조상제사라고 할 수 있다.

3) 조선시대 문집에 담긴 단오

문집은 주로 시詩나 문장을 모아 엮은 책이다. 특히 문집에 나타난 세시풍속, 특히 단오에 대한 것들은 당시 지배층에게 한정된 것이기는 하지만, 대부분 '단오'에 대한 감회, 단옷날 행하던 내용을 시로 표현하고 있다. 그 내용 중에는 '단오'의 유래와 내용을 표현한 작품도 있다. 어찌 보면 상류층의 눈에 비친 풍속으로 당시 우리 민족 고유의 세시풍속과 민중의 삶을 읊고 있는 대목들이다.

이에 따른 자료는 『한국세시풍속자료집성』(조선전기 문집 편)[32]과 『천중절에 부르는 노래』[33]를 텍스트로 하였다. '단오'를 주제로 한, 한시의 소재들은 다양하게 나타난다. 단오 민속놀이로는 그네뛰기와 씨름이 있으며, 단오 성묘(단오제사)에 대한 시, 난탕·단오부적·단오부채·단오첩자·창포김치·창포비녀·창포주 등이 있다. 그리고 단옷날에 즈음한 감회 등도 있다. 이러한 단오 관련 풍속을 그 내용별로 구분하여 살펴본다.

(1) 단옷날을 '천중절'로 인식한 한시

단오를 일명 '천중절天中節'이라 부른다. 천중절은 단오와 같은 날이면서도 약간의 다른 의미를 갖는다고 할 수 있다. 즉, '단오端午'의 단端은 '시초·시작·처음'이라는 말이고, 오午는 다섯(5)을 말한다. '5월의 처음 5일', 즉 초하루를 의미하는 말이 되는 것이다.

門)』에도 그 기록이 남아있는데, 『성호사설』에 따르면 "우리 풍속은 단오에 밀가루로 둥근 떡을 만들어 먹는데, 고기와 나물을 섞어서 소를 넣은 뒤에 줄잎처럼 늘인 조각을 겉으로 싸서 양쪽에 뿔이 나게 한다"고 기록되어 있다.

32 조선전기 문집편, 『한국세시풍속자료집성』, 국립민속박물관, 2003.
33 윤호진 편역, 『천중절에 부르는 노래』, 민속원, 2003.

그러나 천중절은 "오월五月 오일五日 오시午時가 천중절이 된다."[34]라고 말한 바와 같이, 해가 하늘의 중간에 오게 된다는 의미가 있다는 점에서 단오와는 다르다. 즉 이날은 오시가 되면 해가 바로 중앙에 온다는 의미로 단순히 양이 시작된다는 단오와는 차이가 있는 것이다. 이러한 의미를 담고 있는 '단오시端午詩' 가운데 천중절에 대한 언급을 포함하고 있는 시구를 살펴본다.

○ 보잘 것 없는 인생 몇 번이나 천중절을 지내나?
　　(서거정, 유성현柔城縣에서 단오를 맞이하여柔城縣端午」)
○ 한 해의 명절 천중절이 또 돌아왔네
　　(이산해, 오월 초닷새날에五月五日)
○ 천중일 가까워지니 명절이 그리워서
　　(박이장, 단오 하루 전날 홀로 술을 마시며端午前一日獨酌)
○ 문득 천중절을 맞이하여
　　(한준겸, 단오날에 심참의沈參議가 자온紫醞)
○ 단양의 좋은 계절 바로 천중절이라
　　(허균, 단양일에端陽日)
○ 아름다운 절기는 천중에 가깝네
　　(조희일, 단옷날 손님과 마주하고端午日對客)
○ 바야흐로 천중절을 맞아
　　(강백년, 단옷날 공북루에 올라端午日 登拱北樓)
○ 올 천중절은 슬프기만 한데
　　(신정, 단양에 느낌이 있어서端陽有感)
○ 천중의 명절이 바로 오늘인데
　　(임영, 단양절에 눈에 보이는 대로端陽卽事)
○ 훌쩍 또 천중절이 되었건만
　　(이건명, 오월 초닷새날 부질없이 읊음五月五日漫吟)

---

[34] "重午捉要錄 五月五日午時爲天中節"(『息山先生文集』卷15, 雜著 喪祭雜錄).

(2) 단옷날 민속놀이 '그네뛰기' 풍속

우리의 단옷날 풍속에서 그네뛰기는 매우 중요한 놀이 가운데 하나다. 남자들이 씨름, 석전 놀이 등을 하였다면, 항간의 여성들은 그네뛰기를 즐겼다. 그네놀이가 처음으로 등장한 시기는 고려시대. 현종 때에 중국 사신이 와서 보고, "고려는 단오에 그네 놀이를 한다."는 기록이 송사에 남아 있는 것을 볼 수 있다. 조선시대에 들어와서도 그네에 관한 많은 작품들이 창작되었다.

○ 넓은 성 어느 거리나 그네 뛰지 않는 곳이 없네

　　(김종직, 단오端午)

○ 대윤大尹이 그네뛰기를 시킨 걸 웃으며 구경한다. 활등처럼 구부려 번갈아 그넷줄을 차며(김종직, 단오일에 부윤府尹과 함께)[35]

○ 그네를 매어라. 미인들의 유희에 대사臺榭가 기우네

　　(김종직, 단오에 그네 뛰는 것을 구경하다端午觀鞦韆)

○ 세 줄로 아가씨들이 다투어 그네를 타네

　　(성현, 단오에 여회如晦가 어머니를 모시고)[36]

○ 길가의 유녀遊女들이 그네 타며 노는 것이

　　(이식, 단옷날 길을 가면서 입으로 읊음端午日 余中口占)

○ 푸른 홰나무에서 흔들흔들 그네를 타고 있네

　　(신광한, 단양절에 우연히 읊음端陽節偶吟)

○ 예쁜 아가씨들 춤추듯 그네를 타니, 수많은 처녀들이 나무 가에 모여드네

　　(심언광, 단오날에 창아倡兒[어린 기녀]가 그네 타는 것을 보다端午日見倡兒鞦韆戲)

○ 미친 듯 그네를 구르기를 일백 번이나 하였지

　　(고경명, 단양일에 감회를 읊음端陽日感懷)

○ 향기로운 바람 불어 미인을 감싸고, 이슬비 내려서 그네를 적시네

35　단오일에 부윤(府尹)과 함께 그네 뛰는 것을 보고 네 수를 짓다. 端午同府尹看鞦韆 四首.
36　단오에 여회(如晦)가 어머니를 모시고 춘휘정에서 수연(壽宴)을 베풀고, 아녀를 시켜 짝을 지어 그네 놀이를 하는데, 비구니가 참여하는 자도 있었다.

(이정구, 단양에 그네 타는 것을 구경함端陽觀秋千戲)

○ 서울 거리 베갯머리 꿈속에 떠오르는데, 그네 뛰는 소리가 아직도 들리는 듯

(이식, 단오에 객사에서 감회를 적은 시)

○ 푸른 나무에는 그네가 하루 종일 바람에 흔들리네

(신광수, 단양에 길을 가며端陽途中)

○ 이웃집의 여자들은 다투어 그네를 뛰며,

대帶를 묶고 건巾을 두르고 반선半仙을 배우네.

바람에 보내는 채색 새끼줄은 하늘 위로 오르고,

패성佩聲할 때의 떨어짐은 푸른 버들 그늘이네.

그네를 마친 후에 신발을 가지런히 하고,

아래로 내려와 말없이 요계瑤階에 서 있네.

단삼에 맺혀 있는 땀방울에,

사람들이 떨어진 비녀를 주워가는 줄도 모르네

(허초희, 추천사鞦韆詞)

(3) 단옷날 '부채'를 받는 마음

단옷날이 되면 임금이 신하들에게 부채를 하사하는 풍속이 있다. 홍석모의 『동국세시기東國歲時記』에서 "공조에서는 단오선을 만들어 바친다. 그러면 임금은 그것을 각 궁에 속한 하인과 재상·시종신 등에게 나누어 준다. 그 부채 가운데 가장 큰 것은 대나무 살이 흰 화살 같은데 40개부터 50개나 된다. 이것을 백첩이라 하고 칠을 한 것을 칠첩이라 한다."[37]라고 하였다. 단옷날이면 임금 곁에 있던 사람뿐만 아니라, 퇴임하여 시골에 내려가 있는 사람, 심지어 귀양가 있던 사람에게까지 후추와 함께 부채를 내려 주었고, 이를 받은 사람들은 감읍하여 시를 지었다.

부채와 관련된 풍속은 일반 민중의 삶과는 거리가 있지만, 부채를 하사하던

---

[37] "工曹造進端午扇, 頒于宮掖宰執侍從. 扇之絶大者, 竹幅白矢, 滿五十四十, 名曰白貼, 着添者, 名曰添貼."(洪錫謨, 『東國歲時記』).

풍속은 의미가 담긴 군신君臣 간의 행사였음을 알 수 있다.

- 몇 줄기 맑은 바람 궁궐의 창고에서 나오니, 자욱한 비와 이슬 좋은 향기를 일으키네(정온, 단옷날 궁궐에서 주시는 부채를 받음端午日受內賜扇)
- 시신이 단오에 특별한 은혜를 입었으니, 귀한 부채를 궁궐 창고에서 내려 주셨네(이안눌, 단옷날 대궐에서 내려주시는 부채 두 자루를)
- 부채를 바꾸어 글을 써서 상자에서 꺼내시니, 보잘 것 없는 나는 꿇어앉아 받은 뒤 단오를 지낸다(고용후, 단옷날 내려주신 부채를 받고서 느낌을 적음 端午日 受賜扇有感)
- 단옷날 새로이 부채를 내려주시니, 시 지어 부치면서 굴원의 안부 묻습니다 (이식, 단양일에 동악東岳 숙부가 생각나서)
- 귀한 부채 바람 머금고 새 달이 꽉 차듯 둥근 데, 신령스런 후추를 상에 놓으니 작은 구슬 둥글다(강백년, 단옷날 부채와 후추를 내려 주심端午日頒賜扇子胡椒)
- 새로 만든 부채에는 먹물도 마르지 않았고 임금의 향기 감도는데 (채제공, 단오에 혜경궁으로부터)
- 선방에서 부채를 내려 주셨네. 대궐에서 새로 만든 것이라서, 긴 여름도 그것 때문에 시원했다네(정약용, 단옷날 슬픈 감회를 읊다).
- 부채를 접어서 새로 만든 품격이 별달리 공교로우니 / 남·호남에서 진상하는데 단옷날에 맞추어서 댄다. / 특별히 임금이 서울 제품을 나누어 주매 방망이 같이 크니, / 가까운 신하들만 상쾌하고 좋은 바람을 하사 받네. (유만공, 오월 초닷새날에五月五日)

이밖에도 '단옷날과 창포주', '단옷날과 단오제사', '단옷날과 채색 풍속', '단옷날의 풍속으로는 단오빔, 약쑥, 석전 놀이, 격구 놀이, 금낭 선물하기 등이 있다.

이상의 문집에 실린 시를 정리하면, 5월의 시절 음식과 그네뛰기, 씨름하기 등의 다양한 놀이문화를 통해, 오늘날까지도 계승되고 있는 민족 고유의 정서를 형상화하고 있음을 알 수 있다. 민간의 풍속과 민중들의 삶을 진솔하고 사실적으로 그려낸 것과는 다소 차이를 드러내고 있는 시가 있음도 알 수 있다. 또한 농경문화를 배경으로 한 우리의 세시풍속 중, 단오(5월)의 생활 풍습에 대한 깊은 이해를 할 수 있을 뿐만 아니라, 그 풍속을 행하던 당시의 정경을 시로 읊음으로써 당시의 정황을 생생하게 느낄 수 있다는 점에서 의의가 있다.

4) 조선시대의 기록, 강릉단오제

강릉단오제가 언제부터 시작되었는지 정확한 연대를 알 수는 없으나, 그 역사와 제의祭儀의 모습을 짐작케 해주는 몇몇 기록이 전하고 있다. 강릉단오제에 관한 최초의 문헌적 전거典據는 조선 단종 때 문신으로 생육신의 한 사람인 남효온南孝溫(1453~1492)이 엮은 한문 수필집 『추강선생문집』일 것이다. 하지만, 조선 경종景宗(1720~1724)때 간행된 『강릉지江陵誌』에 의하면, 그 역사가 고려 초까지 올라갈 수 있는 오랜 전통을 지니고 있다. 『추강선생문집』에는 다음과 같은 기록이 전한다.

> 영동 민속에는 매년 3·4·5월 중에 날을 가려 무당과 함께 바다와 육지에서 생산되는 음식을 아주 잘 장만하여 산신제를 지낸다. 부자는 말 바리에 음식을 싣고 가고, 가난한 사람은 등에 지고, 머리에 이고 가서 신의 제단에 제물을 진설한다. 피리를 불고 북을 치며 비파를 뜯으며 연 3일을 즐겁게 취하고 배불이 먹은 연후에 집으로 돌아와 비로소 매매를 시작한다. 제사를 지내지 않으면 조그만 물건도 얻거나 주질 않는다.[38]

이 기록은 영동지역의 민속 일반을 가리키고 있으나, 그 시기 중 5월이 포함되어 있고, 또 그 의식이 대관령산신제의 진행과 흡사하다. 오늘날의 강릉단오제 모습도 이와 멀지 않다.

---

38 남효온, 『추강선생문집』 권5, 유금강산기.
『江陵端午祭 實測調査報告書』(重要無形文化財 第13號), 문화재관리국, 1994.12. 재인용.

다음은 허균許筠(1569~1618) 선생의 문집인 『성소부부고』(1603) 권14 문부11 「대령산신찬병서」에는 선생이 계묘년 여름 강릉에 가서 단오제를 구경했다는 기록이 있다.

> 계묘년 여름 내가 명주(강릉)에 있을 때, 명주 사람들이 5월의 길일을 택해서 대관령산신을 맞이하러 갔다. 내가 이속吏屬에게 물으니, 이속이 "그 신은 다름 아닌 신라대장군 김유신金庾信입니다"라고 대답했다. 공은 어렸을 때 명주에서 유학했고, 산신에게서 검술을 배웠고, 명주 남쪽에 있는 선지사禪智寺에서 검을 만들었다. 이 검으로 고구려를 멸망시키고 백제를 평정했다. 죽어서 대관령의 신이 되었는데, 지금에 이르기까지 남다른 영검이 있었다. 고로 명주 사람들은 매년 5월초 길일에 제사를 지낸다.[39]

허균 선생의 출생이 선조 2년(1569) 기사생己巳生임에 비추어 보면, 당시의 계묘년은 선생의 나이 35세 때인 선조 36년인 1603년이 된다. 따라서 이 기록이 지금으로부터 400여년 전前 것으로 볼 때, 강릉단오제는 이미 그 이전부터 성대한 향토제로 전승되고 있었음을 짐작할 수 있다.

강릉단오제의 역사적 시원을 이야기 할 때, 대부분 위 내용까지만 인용을 하고, 그 이후 찬贊에 대해서는 언급이 없기에 한글 번역본을 옮겨본다.

"…… 이는 진정 기록할 만한 것이기에 드디어 다음과 같이 찬贊한다."

갸륵하다 귀족의 후손이여 / 씩씩하고도 우람하도다.
나라의 용장이 되어 / 북채를 들고 단에 오르도다.
무장하고 군문에 나서니 / 기상이 고구려 백제를 삼킬 듯
비호같은 장수들을 채찍질하며 / 용감한 정예부대를 몰고 가네

---

[39] 허균, 「대령산신찬병서」, 『성소부부고』 권14, 문부11, 1611.

오구吳鉤(도검)를 차고 가니 / 곤오산에 나왔네

시뻘겋고도 아름다워 / 붉은 불꽃 뿜어낼 듯

웅진에서 말을 베고 / 당나라 배 만 척이 와서 도왔네

백마강에서 기약에 뒤지자 / 삼군이 겁에 질렸건만

공의 수염이 분노에 뻗쳐 / 칼을 어루만지며 고함 질렀네

붉은 용이 번득이는 듯 / 놀라운 번개가 칼집을 에워싸니

왕의 군사 드디어 힘을 합하여 / 백제를 멸망시켰네

꿈틀대는 고구려 족이 / 서쪽 모퉁이에서 날뛰기에

군졸을 풀어 가서 치니 / 황제의 위엄이 우레처럼 떨치네

동쪽 군사 일만을 거느리고 / 북을 치며 먼저 나아가

긴 창 모아 굳세게 무찌르니 / 멧부리 쪼개지고 연못은 치솟았네

갑옷 쌓아 두고 창을 던지니 / 피바다에 썩은 시체 쌓이네

이적이 웃음 지으니 / 칠부 군졸이 땅에 무릎꿇고

이웃 발악을 제거하니 / 나라의 걱정거리가 없어졌네

해와 달도 툭 트여 해맑고 / 천지도 다시 빛나네

삼한의 우리를 에워싸 / 모조리 판도 안에 넣으니

큰 공훈 정이와 기상에 새기고 / 사책史策에 실어 영원히 빛나리라

동해의 동녘에서 / 그 공 미칠 사람이 없네

웅장한 풍도에 영특한 기개 / 이제 수천 년이 되었건만,

아직도 제사를 받네 / 대관령 꼭대기에서

해마다 드리는 분향을 / 누가 감히 소홀히 하랴.

공의 넋은 어둡지 않으니 / 복 내림도 크고 크도다

구름 타고 바람결에 / 살며시 오시니,

오곡은 무르익어 풍년 들었고 / 백성에게는 재앙이 없어

동해바다는 넘실거리고 / 오대산은 들쭉날쭉,

천추만대에 / 향불이 어이 그치리오

이 몸 또한 공과 같은 겨레요 / 또한 같은 강릉 백성이기에

내 이제 송을 지어 / 우리 신명을 찬양하노라[40]

이 기록을 통해 강릉단오제가 천년의 역사를 간직하고 있음을 증명하고 있으며, 오늘날 강릉단오제의 신명神明을 허균 선생은 '우리 신명을 찬양하노라' 했듯이, 먼 미래, 오늘의 축제적 신명을 불러일으키는 언어의 예지叡智(사물의 도리를 꿰뚫어 보는 뛰어난 지혜)가 돋보인다. 허균 선생의 찬贊에는 미래에 대한 밝은 예지와 삶의 깊은 통찰이 녹아들어 있음을 느낄 수 있다.

다음으로 『강릉지』는 강릉의 옛 향토지인 『임영지』[41]를 취사取捨해서 만든 것인데, 권2 풍속조風俗條에 다음과 같은 기록이 있다.

> 왕순식이 고려 태조를 따라서 남쪽을 정벌할 때, 꿈에 승僧과 속인俗人 두 신이 병사들을 이끌고 와서 구해 주었다. 문득 깨어 보니 싸움에 이겼다. 고로 대관령에 사우祠宇를 지어 치제致祭토록 하였다.

위 기록에 나타난 바와 같이 이미 고려 태조 때, 대관령산신께 제사를 지냈다는 『강릉지』의 기록에 따르면, 단오제의 역사는 거의 1천여년 전까지 소급될 수 있다. 『증수 임영지』[42](1933)에 보이는 강릉단오제에 대한 기사이다.[43] 이를 인용하여 정리하면 다음과 같다.

(A) 『신증동국여지승람』에 읍의 각 동네마다 城隍祠가 있었는데 봄과 가을에

허경진 역, 『성소부부고』, 난설헌출판사, 2018, 350~352쪽.

[41] "대관령산신(大關嶺山神), 탑산기(塔山記)에 왕순식(王順式)이 고려 태조를 따라 남쪽을 정벌할 때 꿈에 스님과 속인인 두 신이 병사를 거느리고 와서 구해 주는 꿈을 꾸고 싸움에서 승리하자 대관령에다 제사를 지내게 되었으며, 지금도 제사를 지내고 있다"(완역, 『증수 임영지』, 강릉문화원, 1997, 21쪽).

[42] 『증수 임영지』는 1933년에 일본인 강릉군수 다카사와 마꼬도(瀧澤 誠)와 강릉인 김병환(金秉煥)과 박원동(朴元東)이 강릉고적보존회(江陵古蹟保存會)를 조직하여 간행한 읍지이다. 그 범례에 "『임영지』는 전지(前誌)・후지(後誌)・속지(續誌) 세 종류가 있다. 전지는 광해군 연간에, 후지는 영조 무진년(1748)에, 속지는 정조 병오년(1786)에 편찬되었다"라는 설명이 있다. 이를 『임영지 구지(臨瀛誌 舊誌)』라 한다.

[43] 『증수 임영지』는 일제강점기인 1933년에 발간되었지만, 일본인이 조사하여 기록한 것이 아니고, 그 이전에 있던 『임영지 구지』를 근거로 새롭게 간행한 것으로 간주하여 본 장에서 첨부하여 살펴본다.

이곳에서 제사를 올렸다. 또한 강릉에는 성황사에 제사를 올리는 이외에 별다른 풍속이 있었는데 매년 4월 보름에 강릉부에서 임명된 戶長이 남자와 여자 무당을 인솔하고, 대관령 정상에 있는 신령을 모신 사당으로 가서 호장이 먼저 사당 앞에 나가 告山하고, 남자와 여자 무당으로 하여금 살아 있는 나무 가운데에서 신이 내린 나무를 찾아 모시고 오라 시키면 갑자기 나무 하나가 미친 바람이 불고 지나간 듯이 나뭇잎이 저절로 흔들리면 마침내 神靈이 그 나무에 내린 것으로 알고 나뭇가지 하나를 잘라 건장한 장정으로 하여금 받들게 하고는 이를 國師라 하였다. … 어두워질 무렵 관아에 도착하면 뜰에 세워놓은 횃불이 주위를 환하게 밝히고 이어 관에서 일하는 사람들이 정성껏 맞이하여 성황사에 안치하였다가 (B) 5월 5일에 무당들이 울긋불긋한 비단 자락을 모아 고기비늘 모양으로 여러 폭을 이어 알록달록하고 번쩍번쩍하게 만들어 긴 장대에다 거니 마치 큰 우산을 펼친 것과 같은 모양이었다. 드리운 비단자락에 제각기 이름을 쓰고 花蓋처럼 만들어 힘센 장정이 이를 받들고 앞장서면 무당들은 풍악을 울리며 그 뒤를 따르고, 광대들은 온갖 춤을 추며 행진하였다. 이렇게 종일 놀다가 마지막에 城 남쪽 문으로 나가 巢鶴川에 이르러 해산하였고 (C) 대관령에서부터 받들고 온 신목은 이튿날 성황사에서 태웠다. (D) 이러한 행사는 예부터 내려오는 습관들이 생활화 된 이곳 고을의 풍속으로서 그 유래는 이미 오래되었으며, 이러한 행사를 치르지 않으면 비바람에 곡식이 못쓰게 되고 집에서 기르는 가축들이 피해를 입는다고 하였다.[44]

위의 내용을 구분해 보면, (A)는 대관령성황신의 내림굿과 신맞이 행렬을, (B)는 단옷날의 화개 행렬과 관노탈놀이를, (C)는 송신의례를, (D)는 단오굿의 효험에 대해 증언하고 있다. 이 기록에서 발견되는 특징은 "강릉에는 대성황사에 제사를 올리는 이외에 별다른 풍속"이 있다고 하는 점이다. 강릉단오제의 또 다른 점을 말하는 것이다. 강릉단오제는 전통적인 마을 공동체의 풍년풍어, 행로안전, 가정의 건강과 안녕을 기원하면서, 단옷날의 민속놀이와 결합된 축제

---

44 완역, 『증수 임영지』, 강릉문화원, 1997, 98~99쪽.

로 전승되고 있다. 그리고 강릉지역의 신화와 민속이 기층문화로 형성되어 전승되는 특성을 갖는다.

이상이 조선시대 몇몇 문헌에 나타난 강릉단오제 관련 내용들이다. 강릉단오제의 기원에 관한 내용과 그 역사를 짐작할 수 있게 해주며, 전승 현장을 바탕으로 한 기록이라 자료적 가치가 높다고 평가할 수 있다.

다음에서 살펴보는 강릉단오제 관련 기록물은 시간을 훌쩍 넘어 지금부터 100여년 전의 상황을 기억한 기록들이다. 그것도 아픔의 역사를 간직하고 있는 일제강점기의 기록이다. 일인日人들이 우리나라의 고대 역사와 문화에 대한 콤플렉스complex가 있다는 것에 반해, 우리에게는 근대사에 대한 콤플렉스가 있다고 보는 견해다. 이는 일제강점기에 국한된 콤플렉스로, 어떤 감정에 의해 통합되어 있는 관념이나 기억의 복합체이며, 민중들의 마음속에 응어리처럼 맺힌 감정을 이르기도 한다.

일제강점기의 강릉단오제 전승 상황을 살펴보는 이유는 오늘날의 강릉단오제를 이해하기 위함이다. 이를 역사·민속적인 시각에서 살펴보는 것, 또한 우리의 축제 문화를 올곧게 전승하기 위한 자기 정체성을 발견하기 위함이다.

2. 일제강점기 때의 강릉단오제 전승 양상

1) 『강릉군 생활상태 조사 보고서』(1931)와 강릉단오제

일제강점기의 민속조사는 1929년에 수원군과 제주도를 시작으로 1931년에는 강릉군, 1932년에는 평양부, 1934년에는 경주군의 『생활상태 조사 보고서』가 연속적으로 나왔다.[45] 그 내용을 요약하면 아래와 같다.

---

45 최석영, 「일제의 '조선생활상태' 조사」, 『민속소식』 133호, 국립민속박물관, 2006.9.

수원군(조사자료 제28집)에 대한 조사는 1913년부터 1914년에 걸쳐 이루어졌고, 통계의 많은 부분은 1925년 말을 기준으로 한 것이다. 수원군에서의 생활상태조사 중, 주요한 점 몇 가지만 들어본다. 먼저 생계상태 조사는 성명, 본관, 직업, 연령, 가족관계, 지위, 친족부조扶助, 자산, 부채, 그리고 1년간 수지상황(費目 - 금액), 노동일수, 잉여노동일수, 교육정도(일본어 해독정도 포함), 복장, 식물食物, 주택, 시계 도량형의 유무, 등화燈火 종류 및 수량, 위생, 신앙, 취미오락 등까지 피被 조사 28가구에 대해 이루어진 것이다. 그리고 미신과 무녀 등에 대한 일반적인 조사 내용이 포함되어 있다. 또한 자료적 신빙도를 높이기 위하여 관련 사진 총 133매도 게재되어 있다.

제주도(조사 자료 제29집, 1929)에 대한 조사에서 특히 주목할 만한 것은 모범부락과 우량부락이 등장한다는 것이다. 우면 서호리右面 西好里는 양잠모범부락으로, 신우면 금성리新右面 錦成里는 근검저축, 강한 납세관념, 애림사상의 함양 등을 이유로 우량부락으로 지정된다. 사진 총 170매, 지도 4매가 수록되어 있다.

평양부(조사자료 제34집)에 대한 조사는 기존의 조사 성격과는 다른 측면을 가지고 있다. 전쇼우 에이스케善生永助에게 수원군, 제주도, 강릉군에 대한 생활상태조사가 주로 농촌경제 조사가 초점이었지만, 조선 내에서 산업이 발달한 평양에 대해서는 농촌경제가 아니라 대표적인 도시경제 조사의 대상이었다. 특히 전쇼우 에이스케는 도시학이라는 관점에서 평양에 대해 각별한 관심을 가지고 있었다. 그는 평양을 시내 부근에 상당한 무연탄전을 가지고 있으며, 더욱이 강운江運 이용이 가장 좋은 조건을 갖춘 생산도시로 평가하였다. 또한 1930년 겨울에 평양을 조사한 결과에다가 평양부, 평양경찰서, 대동경찰서, 대동군, 평양공립여자고등보통학교 등에 의뢰하여 수집한 자료, 조선총독부・평안남도・평안남도교육회・평양상공회의소에서 간행한 자료 등을 참조하여 편집하는 방법을 취하였다. 여기에 실린 사진들은 대개 1930년 겨울이며, 사진은 총 208매, 지도 5매를 수록하였다.

경주군(조사자료 제40집)에 대한 조사는 경주군, 경주경찰서, 조선총독부 박물관 등과 같은 관청뿐만 아니라, 부여에서 재단법인 부여고적보존회에서 활동하면서, 부여에 소재한 고적 및 유적 등을 조사하고 일제의 내선일체內鮮一體라는 식민지 정책 기조에 부합하는 방향으로 청마산성, 낙화암, 고란사 등을 『일본서기』 '흠명천황조'에 나오는 득이신성得爾辛城과 관련시켜 재해석함으로써 문화와 역사를 왜곡하였다.

조선의 구관舊慣에 대한 조사[46] 기구인 조선총독부는 토지제도, 농가경제, 지방제도, 상민의 생활상태 등 18개 조사 항목을 설정하였다. 당시 일상적인 생활이 어떠했는지, 조선의 민중들이 지켜가던 관습으로는 어떤 것이 있었는지, 그 시대 문화의 일단一團(한 집단이나 무리 등)을 엿볼 수 있는 자료들이다.

특히, 조사자료 제32집 강릉군의 『생활상태 조사 보고서』의 내용은 지지地誌, 경제사정經濟事情, 부락部落의 현황, 생활양식, 문화·사상, 가계상태家計狀態, 지도 등으로 총 410쪽, 사진 총 281매, 지도 3매로 식민지 정책의 변화가 반영되어 있다. 또한 타 지역의 조사 보고서에는 보이지 않았던 강릉의 명승고적에 대한 조사도 이루어졌다.

이들 조사 보고서는 공개 자료가 아닌 '비밀 문건'으로 취급되어, 식민지 행정을 위한 '참고' 내지 '지침서'였다. 따라서 형식적인 조사가 아니라, 어느만큼은 식민지 통치를 위한 실질적인 분석과 조사였을 것이라는 점에서, 이 자료는 일정하게 신빙도를 담보하고 있다고 보아도 무방할 것이다.[47]

다음 자료는 일제강점기에 조선 생활상태 조사 중, '강릉군'을 택한 까닭을 밝힌 내용이다.

---

46 이에 대한 연구 논문으로 최석영, 「일제의 구관(舊慣) 조사와 식민정책」, 『비교민속학』 제14집, 1997; 최석영, 「일제의 대한제국 정점 전후(前後) 조선무속에 대한 시선 변화」, 『한국 무속학』 제9집, 한국무속학회, 2005; 박현수, 「日帝의 植民地 調査機構와 調査者」, 『정신문화연구』 21권3호(통권72호), 정신문화연구원, 1998; 장철수, 「朝鮮總督府 民俗 調査資料의 性格과 內容」, 『정신문화연구』 21권3호(통권72호), 한국정신문화연구원, 1998; 金希英, 「무라야마 지준의 조선 인식에 관한 연구 : 일제강점기 민속조사 보고서를 중심으로」, 전남대 석사논문, 2008.

47 최석영, 앞의 글.

강릉군은 반도를 겉 조선과 속 조선으로 구획하는 척량산맥의 동부에 위치, 옛날부터 관동 또는 영동이라 불렸고, 아울러 강원도에 소속되었으며 영서지방과는 지세, 기상, 교통, 산업 등의 상태가 달랐다. 지리적 조건에 있어서 스스로 별천지라고 하였다. … 고구려, 신라, 고려, 조선의 각 시대에 걸쳐서 강릉읍은 영동지방 행정의 중심이 되어, 전해지는 말로는 소경성小京城이라고 불렀다고 한다. … 종래 다른 지방과의 교통이 빈번하지 않았던 관계도 있었지만 人情, 신앙의 특수한 풍속·관습 등을 행하였기에 지금도 옛날의 모습이 잔존하고 있는 것이 적지 않다.[48]

강릉군의 『생활상태 조사 보고서』 중, V. '文化·思想', 2. '宗敎·信仰' 편 서두에 "문화 발달이 지연되고 미신이 성행하였던 지방에서 종교 신앙이 성행하지 못하는 것은 당연하다. 강릉지방에 있어서 불교 세력은 말할 나위도 없고 근대 조선 청년들 사이에서 기독교 신자가 증가하고 있는 것은 주목되는 경향이다"라고 기술하면서 2)항에 '미신·전설'이라는 표현을 필두로 장황하게 설명하고 있다.

옛날부터 천지일월성신 산천귀신天地日月星辰 山川鬼神에게 제사하고 맹호를 숭배하였으며, 이에 길흉화복과 병세의 치유를 기원하며 혹은 점복占卜을 행하는 미신이 많았다. 그것을 주관하는 자를 무녀巫女, 점쟁이, 주술자라 하였고, 그 귀신 중에서도 가장 중요한 것은 가택家宅에 속한 신이며, 성주신, 업위, 조왕신, 기주신, 측신 등이 있고, 산림에 속한 신으로서는 산신, 성황신이 있고, 인류에 속한 신에는 삼신(잉태와 출산을 주관하는 신), 역질신, 학질신, 개질, 호신, 영신靈神, 말명, 원귀, 천하장군天下將軍, 이매망량, 동자보살 등이 있고 믿지 않는 것도 있다.[49]

이상의 신神들은 강릉지역에만 국한된 것이 아니고, "대체로 중부지방과 기

---

48 善生永助, 『生活狀態調査(基三) – 江陵郡』, 調査資料第朝三十二輯, 鮮輯總督府, 1931. 본 장에서의 자료집은 國譯, 『江陵生活狀態調査』, 강릉문화원, 2002.
49 國譯, 『江陵生活狀態調査』, 강릉문화원, 2002, 179쪽.

타 각 지방에서 공통으로 믿는 미신이며, 기타 이 지방 특유의 미신신앙이 많다"고 했다. 우리의 전통적인 신앙 개념을 일괄적으로 미신迷神(또는 鬼神)의 의미로 풀이하고 있다. 그리고 일제가 옛날부터 내려온 관례인 구관舊慣에 대한 조사항목에 필수 사항으로 넣었다.[50] 그 중에서 '풍속조사風俗調査'의 내용으로『강릉군의 조사 보고서』에는 현장론적인 조사가 아니라, 문헌조사로 그쳤다. 당시 수집된 문헌 중, "『임영지臨瀛誌』사전조祀典條에 보면 옛날부터 믿었던 귀신이 열기되어 있다"고 기술되어 있다. 이 중, 강릉단오제와 직접적인 연관이 있는 신으로는 그 보고서의 제2장 '미신·전설' 항목에 '사직社稷', '성황', '대관산신', '대관령 새신賽神', '국사성황 강신제', '단오굿' 기록이 있다. 성황신이 11신神으로 기록되어 있다.

또한, 이 자료에는 관노가면극의 등장인물과 소품에 대해 언급한 3) 희극의 개요 항에 '양반광대·소매각씨·괘대(幢)'에 대한 설명이 있다. 그런데 '대관산신'을 기술하면서, 어느 촌로의 말을 빌어 "한일병탄 당시까지 이 미신은 연중행사로써 지극히 성대하게 치루었다고 한다. 시세의 변화와 아울러 이런 미신 또는 전설도 사라졌으며, 혹은 다양한 형태로 변화되었지만, 이 지방은 지리 교통 관계상 사회 조직의 변화가 늦었기 때문에 각종 미신·전설도 옛날의 모습이 파괴되지 않고 제대로 전해지는 것이 비교적 많았다"고 하면서, "현재 마을에서 전해지는 미신·전설을 수록"하였다. 이 다음에 기술된 미신·전설은 '대관령 새신賽神과 국사성황 강신제降神祭'을 말한다. '대관령 새신賽神'에 대한 기술을 하면서, "특히 단오굿은 오랜 세월 불러지던 것으로 강릉군 내에서 수십만의 관중이 모이며 관동열읍에 널리 알려졌지만 최근에 이르러 미신의 풍습이 변화되어 그 새신은 행하지 않고 오직 단오라는 이름만 남아 있다"고 한 점을 미루어 볼 때, 당시 강릉단오제의 연행 절차가 축소 또는 생략된 상태로 전승되

---

50 중추원의 조사 항목에는 總督府官房參事室이 관장하였던 조사 사업을 계승한 것도 포함되어 (1) 私法에 관한 관습조사 및 편찬 (2) 광범위한 舊來의 제도조사 (3) 행정상 및 일반의 참고가 될 만한 (4) 풍습 관습 조사 및 편성이라는 조사방침을 정하여 1921년 民事慣習, 商事慣習, 制度, 風習 4분야에 걸친 조사에 착수하였다(최석영,「일제의 구관(舊慣) 조사와 식민정책」,『비교민속학』, 1997, 365~367쪽).

었다고 짐작된다. 하지만 새신 행위가 미신이고, 세시 명절 '단오'만 남았다고 하는 것은 우리의 민속 신앙에 대한 일제의 인식과 연계된다.[51] 또한 강릉군의 신神맞이 행사가 없어지고, "이를 계기로 운동회를 개최하였으며, 인근 마을에서 많은 사람들이 모여들어 시가지의 풍경이 일년 중 가장 번잡하였다"는 표현과 함께 당시의 '단옷날' 풍경 사진을 게재하였다. 그리고 기타의 내용으로 강릉단오제 기간에는, "추천(그네)은 여자들의 놀이, 축구는 남자들의 놀이 등이 성대하게 이루어진다"고 했다.

2) 『강릉단오제』(1930)와 '팔단오'

일제강점기 일인日人 학자가 기록한 자료[52] 중 '강릉단오제'에 관한 내용이 있다. 강릉단오제의 제신祭神과 연행祭儀 절차와 방법, 가면극, 민속놀이 등을 조사하였다. 이 기록들은 강릉단오제 전승 연구에 있어 시대적 상황을 알 수 있는 자료이다.

오늘날 조선의 촌제村祭는 상당히 쇠퇴하였으나, 예전에는 곳곳에서 관행官行의 읍락제邑落祭가 성대하게 열렸다. 특히 강원도 강릉의 단오굿端午祭이 가장 유명하며, 매년 음력 3월 20일부터 신주神酒를 빚는 것을 시작으로 다음 달인 4월 1일과 8일에 헌주獻奏와 무악巫樂이 있고, 14일 저녁부터 15일 밤에 걸쳐서 대관

---

51 "일제의 민속신앙에 대한 인식은 크게 두 양상으로 대별할 수 있다. 무당들의 무속행위나 마을 공동체의 마을 굿을 미신으로 규정하여 이를 타파하려는 움직임이 그 한 양상이며, 신도정책의 수단으로 민속신앙을 이용하려는 것이 또 다른 양상이다. '타파론'과 '신중론'이라 이름 붙일 수 있는 두 양상의 관점은 동일하다. 그것은 우리의 민속신앙을 원시적이고 저열한 것으로 보는 관점이다. … 신중론은 무속행위가 경제적·사회적 폐해를 불러일으키는 원흉이라며 여전히 단속 대상으로 삼으면서도, 민속신앙이 한국인의 신앙적·종교적 토대가 된다는 점에 주목하고 일본 신도 속으로의 편입을 모색하는 움직임이었다"(허용호, 「일제강점기 경기도 민속신앙의 양상과 의의」, 『한국무속학』 제11집, 2006, 342~352쪽).
52 일제강점기의 민속학을 크게 분류할 때, 관청 즉, 총독부에서 고용된 촉탁에 의해 이루어진 '관방과', 진정한 의미의 아카데미즘 구현 노력이 대학을 중심으로 전개되는 '강단파', 그리고 일종의 식민지배에 대항하는 저항적인 문화운동으로 한국인에 의해 이루어진 '재야파'의 세 가지로 분류할 수 있다(전경수, 『한국 인류학 백년』, 일지사, 1999, 46쪽).

령 산신山神을 맞아 읍내 성황당城隍堂에 봉안한다. 그때부터 27일의 무제巫祭를 거쳐서 5월 1일부터 굵고 커다란 신대神竿을 세우고 탈놀음假面劇을 행한다. 5일이 축제의 절정이며, 6일에 제구祭具를 불사르는 성화聖火 행사로 끝이 난다. 그것은 3개월에 걸친 大읍락제이지만, 갑오경장(1894) 이후 단절되어 볼 수 없게 되었다. … 특히 문헌에 보이는 것처럼 "제사를 지내지 않으면 한 척의 자리라도 다른 사람에게서 얻을 수 없다(不祭則尺席不得與人)"고 하는 옛 풍속은 볼 방법이 없었지만, 제祭를 행한 사람들, 제의 준비, 경과, 행사, 전승, 신앙 등 전반에 걸쳐서 비교적 면밀한 조사를 행할 수 있었다. 단, 이 제祭의 여흥으로 행하는 탈놀음에 관한 서술은 노인들의 부정확한 기억에 의존할 수밖에 없었던 것이 유감이다.[53]

이 자료는 일인日人 학자가 기록한 강릉단오제에 대한 조사 보고서의 일부이다. 이 자료집 제13절은 「강릉의 단오굿端午祭」[54]에 대하여 자세하게 기록하고 있다. 1928년 경성제대 교수 아키바 다카시에 의해 연구가 시작되었다. 연구 의도는 그의 학문적인 관심에 의한 것도 있겠지만, 한편으로는 식민지 정책에 따른 현실 반영의 차원에서 이해하는 경향이 많다.

아키바 다카시는 강릉단오제가 "갑오경장(1894) 이후 단절되어 볼 수 없게 되었다"고 밝히고, 강릉 답사를 통해 이 축제의 지나간 옛 모습을 재구성하려고 시도하였지만 여의치 못해 목적을 이루지 못했다고 적었다. "문헌에 보이는 것처럼"에서의 문헌은 남효온의 『추강선생문집』을 말하는 것을 알 수 있다. 또한, "제祭의 여흥으로 행하는 탈놀음"에 관한 내용은 지금의 강릉관노가면극으로, 조사 당시는 전승이 단절된 것으로 기록하였다.

제13절 「강릉의 단오굿端午祭」은 내용도 풍부할 뿐만 아니라 설명도 자세하게 기록하였다. 여기서는 기록자의 기술 내용 중, 팔단오와 함께 오늘날과 다른 전승상의 기록만을 살펴본다.

---

53 秋葉 隆 著·沈雨晟 옮김, 『朝鮮民俗誌』, 동문선, 1993, 34쪽.
54 위의 책, 193~202쪽.

「강릉의 단오굿」은 남효온의 『추강선생문집』에 기록된 내용을 바탕으로 조사 된다.[55] 굿祭은 단오굿端午祭이라 칭하였다. 이것은 강릉단오제 그 자체를 '단오굿'으로 이해했던 것으로 본다. 강릉단오제의 시작은 매년 음력 3월 20일부터 신주를 빚는데서 시작한다.[56] 4월 1일과 8일에 헌주와 무악이 있다.[57] 14일 저녁~15일 밤에 걸쳐[58] 대관령산신을 맞이하여[59] 읍내의 성황당에 모시고,[60] 그

---

[55] 조선의 산신신앙(山神信仰)은 오래되었고, 그것은 종종 읍락의 신이 되기도 하여 일반 백성들의 마음속 깊이 파고들어 가 있는 듯의 심정으로 기술된다. 그리고 1928년 여름, 영동의 산신제 흔적을 찾기 위해 강원도 곳곳을 답사했다. 답사의 목적은 "제사를 지내지 않으면 한 척의 자리도 다른 사람에게 얻을 수 없다"라고 하는 풍습이 어떤 형태로 여전히 남아 있지 않은가 하는 의문을 갖고 시작하였다(秋葉 隆 著・沈雨晟 옮김, 34쪽).

[56] 3월 20일은 4월 1일(초단오)에 올릴 신주를 빚는다. 이에는 戶長・府司色・首奴・성황지기(城隍直, 男覡 長)・內巫女(女巫長) 목욕재계, 봉입, 戶長廳의 아랫방에 둔다. 제수용 술을 빚는 데 사용하는 쌀 한 말과 누룩은 官給임(秋葉 隆 著・沈雨晟 옮김, 34쪽). *지금의 신주빚기 연행 절차와 크게 차이가 없다.

[57] 이는 초단오와 재단오를 말한다. 4월 1일(초단오) 오전 10시 읍내의 대성황당에 신주와 흰떡을 올리고 기도한다. 초헌관은 호장, 아헌관은 부사색, 삼헌관은 수노, 종헌관은 성황지기로 정해져 있다. 헌주가 끝나면 무격 5, 60명이 산유가를 부르면서 북을 치고 종을 울리며 굿을 한다. 오후 2시가 되면 끝나고 해산하였다고 했다. 지금은 제례에 헌관으로 3명이 참여하는데, 당시의 기록에는 4명이 헌관을 맡아 진행됨을 볼 수 있으며, 대성황당에서 '산유가'를 불렀다는 점이 지금과 다르다. 산유가는 신을 맞이하는 神歌인데, 아직 대관령 올라가서 신을 모셔오지도 않은 상황에서 산유가를 불렀다면, 기존의 대성황사에 모셔진 신들을 대상화하여 노래를 부른 듯하다(秋葉 隆 著・沈雨晟 옮김, 위의 책, 34쪽).

[58] 4월 14일 대관령산신을 奉迎하기 위하여 저녁 8시쯤 출발한 것으로 짐작된다. 봉영 행렬과 참여 인력에 대하여 상세하게 설명하고 있다. 봉행 행렬이 구산역에 도착, 일행들에게 동민들은 밤참을 접대하며, 행렬은 다시 전진하여 대관령 기슭 송정(松亭)이라는 경승지에 이르러 휴식과 야숙을 한다고 했다(秋葉 隆 著・沈雨晟 옮김, 34쪽). '송정'은 지금의 '반정(半程, 반젱이)'이란 명칭을 잘못 표기한 듯하다.

[59] 15일 오전 10시에 대관령에 있는 국사성황당에 도착한 것으로 기록한다. 무격들은 단골 信者로부터 받은 淨한 쌀로 밥을 지어 신전에 바치고 신주를 올리며 신자를 위해 기도한다고 했다. 제사가 끝나면 서로 음식을 나누어 먹는다.(음복행위를 말하는 것으로 본다) 그리고 가지고 간 물건은 산을 내려갈 때는 아무것도 들고 내려와서는 안된다고 했다. 앞에서는 '대관령의 산신을 奉迎하기 위하여'라고 기술하면서, 대관령에 있는 국사성황당에 도착하여 제사를 지냈다고 하는 것은 지금의 시점에서 뭔가가 생략된 듯하다. 산신제와 성황제의 구분이 모호함을 다시 확인된다. 일제강점기 때도 대관령 정상에는 산신당과 성황사가 위치해 있음을 조사자는 확인을 못한 듯하다(秋葉 隆 著・沈雨晟 옮김, 34쪽).

[60] 읍내에 도착하면, 먼저 南門 밖에 있는 여성황에 들러서 굿을 한다. 여성황사에서도 동민들이 제물을 올리고 치성을 드린다고 했다. 여성황을 떠나 南門, 騎兵廳에 들른 후, 市街로 나와서 府使, 田稅, 大同, 司倉의 여러 廳을 두루 순방한 후, 마지막에 대성황당에 도착한다고 했다. 이것으로 보아 길놀이가 행해졌음을 알 수 있다(秋葉 隆 著・沈雨晟 옮김, 34쪽).

때부터 27일의 명금굿의 무제를 거쳐 5월 1일부터 괫대花蓋를 세우고[61] 탈놀음[62]을 한다. 5일이 단오굿의 절정이며,[63] 6일의 화산火散 행사로 막을 내린다고 했다. 팔단오 마지막날에는 "대성황의 뒷마당에서 사시巳時(오전 10시)부터 오시午時(정오)에 걸쳐서 화산火散 행사로 굿이 끝난다. 그것은 무격이 합동하여 명금鳴金을 울리면서 신대와 괫대의 바퀴를 비롯하여, 대제大祭를 위하여 임시로 만든 것을 모두 불사르는 성화聖火 행사이다. 3월 20일의 신주근양에서부터 시작된 이 굿도 이것으로 드디어 막을 내리게 된다. 지금은 옛날의 모습을 보이고 있지 않지만, 그래도 5월 1일부터 7일까지 읍내에 장이 서고, 시장 한쪽 구석에서 무녀의 가무歌舞가 행해지고 있어 역시 옛 신앙의 흔적이 샛별처럼 남아 있는 듯하다"고 기록하였다. 강릉단오제는 3개월에 걸친 대읍락제로 팔단오로 진행되었으나, 갑오경장(1894) 이후 단절되어 볼 수 없게 되었다.[64]

61　괫대는 부사청에서 만든다. 이후 기록은 괫대를 제작하고 장식하는 설명이다. 장식을 끝낸 괫대는 부사청 처마 끝에 세워두고 무격이 어우러져 가무를 행한 후, 시가지로 끌고 나와 대성황으로 향하였다. 도중에 힘이 세다고 자만하는 사람들이 운집해서 이것을 봉안해 가려고 경쟁한다. 끝없는 무악과 시끌벅적한 난무 속에서 화려장대한 신대를 세우는 사람들의 흥분은 가히 추측할 수 있을 만하다. 관노(官奴) 중에는 대대로 이것을 잘 세우는 사람이 태어난다고 하며, 그것은 오로지 신의 도움에 의한 것이라고 믿고 있었다.

62　오늘날의 관노가면극에 대한 기록이다. 처음에 장자마리(보쓴놈)가 나온다. 뿔이 있는 뾰족한 갓을 쓰고 허리에 대나무테(竹輪)를 넣어서 몸이 뚱뚱하게 보이도록 하고, 여기에 말치라 칭하는 海草를 걸어둔다. 색종이와 색천도 요란스럽게 달아 놓는다. 청회색 먹장삼을 입은 남자이다. 이어서 탈을 쓴 두 명이 나와서 춤을 춘다. 탈은 보통 가면을 뜻하지만, 종이와 천을 무수하게 달아서 얼굴을 가리는 장옷(長衣)이라 한다. 신은 神, 사람은 인간을 의미하므로, 왠지 북방 샤먼의 가면의(假面衣)를 연상하게 한다. 그 다음에 양반광대와 소매각시(小巫閣氏)가 나온다. 양반광대는 호랑이 수염이 달린 가면에 긴 뿔이 있는(뾰족한) 관을 썼다. 직령(直領)이라는 도랑이 넓고 관대한 청옷(靑衣)을 입고, 소매각시는 노랑 저고리 분홍치마에 머리에는 비녀를 꽂았다. 얼굴은 희며 이마와 양쪽 볼에 연지를 바르고 부채를 들고 춤춘다. 양반광대의 춤은 이사부가 목조 사자를 만들어서 우산국을 토벌한 모습을 모방한 것이라고도 전해지고 있다. 끝으로 시시따기라는 것이 등장하여 양반광대와 소매각시가 춤추고 있는 그 사이에 끼어든다. 그것은 方相氏의 탈처럼 얼굴은 빛을 내며 넓고 무시무시하게 생긴 목제 가면을 쓴 것이다(秋葉 隆 著・沈雨晟 옮김, 34쪽).

63　5일은 진시(오전 8시)부터 대성황 앞에서 탈놀음을 하고, 신대(神竿)와 괫대를 봉안하여 약국성황으로 가는 도중, 마을에서 힘 자랑을 하는 젊은이들이 모여서 괫대를 다투어 메려하고 무격이 唱歌하여 護立한다. 약국성황・소성황에서 기도와 극을 연희한 후, 온 길을 되돌아서 城內의 시장・田稅・司倉의 여러 廳 앞에서도 성대하게 노닐고, 저녁에 신대와 괫대를 받들어 여성황에 이르러 이곳에서도 연희를 한 후, 신대를 대성황당 내에 봉안한다(秋葉 隆 著・沈雨晟 옮김, 34쪽).

이상은 1928년을 기점으로, 대성황사가 폐지되어 강릉단오제 전승에 있어 누락된 제의 내용과 길놀이 등을 기록한 것이다. 여기에는 대관령 치제를 지내러 가는 모습, 산신제 과정, 대성황사와 관련된 연행과 연희, 팔단오, 탈놀음 등을 상세하게 기록하였다. 특히 구한말 이전까지의 전승 실태가 자세하여, 오늘날 대성황사 복원과 아울러 팔단오 재연에 따른 무형의 복원화 사업 등에 근거를 마련하는 자료가 될 수 있다. 하지만 아키바 다카시는 당시의 강릉단오제를 현장에서 직접 관찰하면서 그 내용을 기록한 것이 아니다. 따라서 현장감은 없고, 나름의 상상력을 통한 느낌만이 있을 뿐이다. 그리고 아키바 다카시는 문헌조사를 통해, 남효온이 언급한 산신제 내용을 인용하면서, "조선의 산신 신앙은 극히 오래되었으며, 이 산신 신앙은 자주 마을의 신이 되기도 하여 깊이 민심 속에 파고들어 있는 것 같다"고 언급하였다. 이러한 견해에 대해 장정룡 교수는 강릉단오제의 중심 신격의 변화에 대해서 "지역사회의 정치적, 사회적 변화와 맞물려 이루어진 것으로 추정"[65]하기도 하였다. 그리고 강릉단오제의 신격이 산신에서 성황신으로 변화된 것은 강릉단오제의 시원이 신라 이래 고려 때에 이르기까지 대관령과 관련된 산악형 산신 신앙에서 출발하였다가, 조선후기 마을 신앙 형태로 그 성격이 바뀌어 감에 따라 신격의 변화가 혼동된 것을 볼 수 있다면서, 이에 따라 산신과 성황신의 교체가 뒤따른 것이 아닐까 생각된다[66]는 견해도 덧붙였다.

이 문제에 관해 또 다른 견해가 제기되었다. 강릉 국사성황제는 숙종 7년 향리층이 주도한 미타계의 결성을 계기로 발흥된 신라하대 통효대사 범일을

---

[64] 대성황당에서 제사 지내고 있는 12신위는 갑오경장 때 모두 흙 속에 묻어 버렸지만, 노인 이근주(李根周)씨의 기억에 따르면 그 속에 흥무대왕 김유신·송악산신·강문부인·초당부인·연화부인·서산송계부인·범일국사·이사부 등이 있었던 것 같다. 당시의 무격 중 강릉 유일의 생존자 조개불(趙介不)에게 물어보았지만 역시 전부는 알 수 없었다. 아키바 다카시(秋葉 隆)은 당시의 상황을 조사 기록하면서 '산신'과 '성황신'의 구분을 이해 못하고 남효온의 기록에 근거하여 산신제의 형태가 당시에도 연행되고 있는지에 목적을 두었다. 그리고 "대관령산신을 맞이하여 읍내의 성황당에 모심"으로 볼 때, 산신과 성황신을 하나의 신체(神體)로까지 생각한 듯하다.
[65] 장정룡, 『강릉단오제 현장론 탐구』, 국학자료원, 2007, 27~28쪽.
[66] 장정룡, 위의 책, 28쪽.

주신으로 하는 신체인식에 기초하여 연행되었으며, 특히 국사여성황을 조장하여 제의를 극화함으로써 그 주신의 신격을 재확인하면서 그로부터 제의 구조를 합리적으로 구성함으로써 국사성황제는 정착될 수 있었다고 보는 것이다. 뿐만 아니라 국사성황제의 연행은 그간에 신라장군 김유신을 주신으로 하여 치제되었던 대관령산신제에 대체되어 읍치의 제의로서 위상을 확보함으로써 관행화될 수 있었다고 하였다.[67]

이 밖에도 아키바 다카시의 기록에서 발견되는 것으로 대관령국사성황신이 '범일국사'라고 명시한 것은 일제강점기에 기록한 조사 보고서가 처음이라고 볼 수 있으며, 대성황사에 모셨다고 하는 12신에 대한 제신諸神의 명칭도 이 당시의 기록에서 보인다. 이미 대성황사에 모셨다고 하는 12신에 대한 제신의 명칭은 『증수 임영지』[68]에 나타나 있다.

아키바 다카시가 조사한 팔단오와 오늘날 일정 비교

아키바 다카시 조사 자료		오늘날의 일정		
3월 20일	신주(神酒) 담그기	4월 5일	신주(神酒) 담그기	
4월 1일(초단오)	헌주와 무악	-		
4월 8일(재단오)	헌주와 무악	-		
4월 14일	봉영(奉迎) 출발	-	※ 현재는 15일 당일 출발	
4월 15일(삼단오)	산신제·성황제·봉안제	4월 15일	산신제·성황제·봉안제	
4월 27일(사단오)	무제(巫祭) : 대성황사	-		
5월 1일(오단오)	화개(花蓋), 관노가면극 본제 시작	5월 1일	축제 시작	전야제
		5월 2일	일반 행사 진행	
		5월 3일	영신제·영신행차	
5월 4일(육단오)	관노가면극·무악	5월 4일	조전제·단오굿·관노가면극 외	

---

67 이규대, 『조선시기 향촌사회 연구』, 신구문화사, 2009, 268쪽.
68 완역, 『증수 임영지』, 강릉문화원, 1997, 20쪽. 기사 내용을 보면, "성황사(城隍祠)는 강릉부 서쪽 백보 되는 곳에 있었다. 성황신, 송악신, 태백대천왕신, 남산당제형태상신, 성황당덕자모왕신, 신라김유신신, 신당성황신, 신라장군신, 초당리부인신 등을 각각 모셨으나 지금은 없어졌다."

5월 5일(칠단오)	관노가면극 · 무악 · 민속놀이	5월 5일	조전제 · 단오굿 · 관노가면극 외
5월 6일(팔단오)	송신제 · 소제	5월 6일	조전제 · 단오굿 · 관노가면극 외
–	–	5월 7일	조전제 · 단오굿 · 관노가면극 외
–	–	5월 8일	조전제 · 단오굿 · 관노가면극 외 송신제 · 소제

오늘날의 강릉단오제에는 아키바 다카시가 조사한 자료에 근거할 때, 신주 빚기의 날짜가 3월 20일에서 4월 5일로 옮겨지는 신축성[69]과 함께 초단오(4월 1일)와 재단오(4월 8일), 사단오(4월 27일), 오단오(5월 1일)가 생략되었으며, 본제의 시작도 차이가 있다. 그리고 5월 6일 팔단오를 끝으로 강릉단오제가 끝나지만, 오늘날은 1~2일 연장되어 5월 8일 송신제(소제)를 끝으로 마무리 된다. 이렇듯 늘었다 줄었다 하는 제의 일정 변화의 '신축성' 원인은 대성황사가 폐사됨으로 해서 축제 공간의 이동과 시간의 변화가 생겨났다고 본다.[70] 그래도 다행스러운 것은 일제 강점하에서도 신축성을 갖고 강릉단오제가 오늘날까지 전승되어 왔

---

[69] 강릉단오제의 서막을 알리는 신주빚기의 시기가 고증과 달리 단오제 원형 및 전통보존의 의미가 퇴색되고 있다는 지적이 있었다. 신주근양이 근래 한동안 없어졌다가 단오제 원형 보존을 위해 지난 1988년 복원됐는데 그 날짜를 원래 하던 음력 3월 20일이 아닌, 음력 4월 5일로 변경한 것이다. 더구나 올해(1990년)에는 음력 4월 5일이 일요일이라고 해서 다음날인 6일에 치렀다. 1966년에 강릉단오제 중요무형문화재 지정 조사 보고서에서 임동권은 단오제는 5월 5일의 단오를 클라이막스로 하는 것이나 단오제의 시작은 3월 20일 신주근양에서 부터이니, 근 50일간에 걸치는 셈이라고 밝히고 있다. 이에 대해 강석환 문화원장은 신주근양이 음력 3월 20일인 것은 맞으나 음력 3월 20일에 신주를 빚을 경우 술이 쉬어져 음력 4월 15일 산신제 성황제 등 제의에 쓸 수 없기 때문에 부득이 음력 4월 5일로 옮기게 됐다고 설명하였다. 2년 전부터 신주근양이 복원된 것은 반가운 일이나 신주근양이 앞으로도 계속 음력 4월 5일에 치러질 경우 일반시민들이 신주근양 시기를 달리 인식할 우려가 적지 않다는 게 뜻있는 민속 전문가들의 의견이다(『강원일보』, 1990.5.3).

[70] 그동안 강릉단오제 본 행사 기간이 5일(음력 5월 5일 단옷날을 중심으로 양쪽 2일씩) 축제를 벌이다가, 2006~2007년도에 1~2일씩 늘려갔다. 그리고 2008년부터는 8일간을 본 행사 기간으로 정하였다. 이같이 본 행사 기간이 늘어난 이유는 '난장', 특히 상가분양 이후 상인들이 행사가 끝난 후에도 5~10일 정도 상행위를 임의로 연장하는 관계로 지역 內 상인들(중앙시장 등)의 반발이 크며, 난장상인들이 요구하는 충분한 날짜와 임의로 연장한 상행위를 제재하기 위한 조치상의 한 이유도 있으며, 더 큰 이유는 전국적으로 축제 기간이 평균적으로 7~10일을 운영하고 있음으로 해서, 강릉단오제 본 행사 기간을 음력 5월 1일에서 8일까지를 정하였다(『2008 강릉단오제 행사 계획(안)』, (사)강릉단오제위원회, 2008).

다는 점이다. 그 전승의 힘은 단오가 갖고 있는 지연성地緣性과 지역 공동체의 축제였기에 가능했을 것이다.

3) 『부락제』(1937)와 '팔단오'

일제강점기 때, 조선총독부에서 조사한 『부락제』에는 강릉의 동제와 강릉단오제에 대한 내용이 있다. 특히 강릉단오제가 1909년을 전후해서 수년간 폐지된 이후, 1930년대 강릉단오제의 전승 상황에 대한 조사라는 점에서 자료 가치가 높다. 이 글에서는 '단오제端午祭'에 대한 기록 중, 팔단오八端午에 대한 내용만을 살펴본다.[71]

이 제사는 대관령 산신을 읍내로 맞이하여 제사지내는 관행의 대제이며, 4월 1일(초단오)·8일(재단오) 양일에 맞이하지만 이 신맞이로부터 5월 6일 神 보내기까지 읍내는 완전히 축제 기분에 싸인다.[72] 특히 5월 1일(오단오)부터는 각종 여흥이 열리기에 부근 부락은 물론 영동 여섯 군으로부터 모이는 남녀로 읍내에는 온통 사람으로 채워져 북적거린다. 4월 15일(삼단오), 이른 아침에 우선 국사성황 맞이 일행이 몰려 나간다. 이 일행은 군수의 명에 따라 소집된 군내 거주의 무격대 약 백명이며, 소나무 햇불을 든 봉화군 수백명, 이밖에 제물·기·북·

---

[71] 일제강점기, 조선총독부(朝鮮總督府) 구관 조사(舊慣調査)의 일환으로 실시된 민속 조사는 당시 일상적인 생활이 어떠했는지, 조선의 민중들이 지켜가던 관습으로는 어떤 것이 있었는지, 그 시대 문화의 일단을 엿볼 수 있게 해준다. 이 시기 무라야마 지준(村山智順, 1891~1968)은 1919년부터 1941년 일본으로 귀국할 때까지 총독부의 촉탁으로서 조선의 민간신앙과 향토신사(鄕土神祀)를 조사·정리하여 일련의 보고서를 내놓았다. 무라야마 지준은 신앙 현상의 규명에 의해 한 사람의 성향, 생활, 이상 등을 알 수 있다고 말하였다. 그 말처럼 그의 사상과 인식을 살펴보는 데에는 그의 민간신앙 관련 조사 보고서가 최적의 대상이라고 생각되기 때문에 그의 「조선의 민간신앙」 4부작, 즉 『조선의 귀신(朝鮮の鬼神)』(1929), 『조선의 풍수(朝鮮の風水)』(1931), 『조선의 무격(朝鮮の巫覡)』(1932), 『조선의 점복과 예언(朝鮮の占卜と豫言)』(1933)을 검토하여 그가 조선에 대하여 어떤 인식을 가지고 있었으며, 또한 그것이 조사 보고서에 어떤 형태로 반영되어 있는가를 고찰한 논문이 있다(金希英, 「무라야마 지준의 조선인식에 관한 연구 : 일제강점기 민속조사 보고서를 중심으로」, 전남대 석사논문, 2008.8).

[72] 신주빚기에 대한 내용은 없다.

징·나팔 등을 가지고 가는 관청노복 수십명이 있다. 무당의 태반은 말을 타고 수 십리 떨어진 대관령을 향한다. 산꼭대기에 이르면 곧 호장이 통제관이 되어 무제를 올린다. … 이 나무에 국사성황신을 강신시킨다. 이러한 고목강신 등 神 행사가 끝나면 천천히 이 신간을 받들고 돌아온다. … 따라서 이 신이 지나는 행렬을 보려는 길가에는 마을 사람들이 모두 열을 지어 이를 맞이한다. 이 일행이 마을로 들어오면 신간은 읍내의 관민이 맞이하여 읍내 입구에 있는 소성황小城隍(흔히 여성황이라 부른다)에서 잠시 쉬고 이어서 군수 관사 및 육방 관사 등의 관아를 돌아 마지막에 마을의 대성황大城隍(지금은 폐지된 수비대 연병장의 자리가 그 흔적이다. 당시에는 10칸의 커다란 신당이었다. 가운데는 성황신 외에 다른 산신 및 장군신 등이 모셔지고 있었다)에 이른다.[73] 당내 중앙에 세워 걸어 안치되고 그 후는 5월 1일까지(오단오) 매일 호장 통제관이 헌작·천향薦饗·무악을 하며, 27일(사단오)에는 읍내의 시장이 열리는 장날을 기해서 걸립을 한다.[74] 5월 1일(오단오)부터는 드디어 본제에 들어간다. 1일(오단오)에는 전제前祭, 4일(육단오)[75]에는 본대제本大祭, 5일(칠단오)[76]에는 신유제神遊祭, 6일(팔단오)[77]에는 환어제還御祭가 거행된다.[78] … 덧붙이

---

73 대성황당의 규모에 대하여 지금까지의 자료는 없는 것으로 알고 있다. 하지만 이 자료에서 '당시에는 10칸'이라고 한 것으로 보아 그 규모를 짐작할 수 있다. 그리고 구체적인 12신의 명칭에 대한 언급이 없다.

74 다른 조사 보고서에 없는 내용으로 '걸립을 한다'는 내용이 처음으로 소개되었다(村山智順, 『부락제』, 1937).

75 '육단오'인 본제에는 신간을 중심으로 대성황당 앞에서 신악(굿)이 올려진다. 12단의 신악은 부정굿, 가문굿(가족의 안택을 빈다), 군웅굿(가축의 번식을 빈다), 시준굿(풍년 축원), 성황굿(성황 축원), 지신굿(지신 축원), 맞이굿(해신 축원), 별상굿(역신 축원), 조상굿(선조 축원), 성주굿(가신 축원), 조왕굿(화신 축원), 걸립굿이 있었다고 한다.(당시 신악에 출연했던 옛날 무당의 이야기에 의함) 이렇게 세부적인 굿거리에 대해서 기록한 자료도 처음이다. 다만, 현장성이 아닌, 과거의 기억에 의한 기록임이 아쉽다(村山智順, 『부락제』, 1937).

76 '칠단오'인 신유제는 신간이 읍내의 각 성황을 찾아 돌고 뒤에 읍내를 순방하는 것이다. 일행에는 무격 이외에도 여러 예능인이 참가하며 길이 15척, 직경 3촌 정도의 장대 위에 직경 6척 정도의 대나무 싸리로 만들고, 그 위에 흰 천으로 싼 깃발 덮게인 번개를 씌워 그 주위에 5색의 헝겊을 늘어 뜨린 기를 앞세우고, 악대와 춤추는 사람들이 이를 따라서 각 성황에 도착할 때마다 무격의 신악에 따라서 여흥의 잡극 탈놀이를 벌인다. 또한 대성황당 앞의 광장에는 부인들의 그네대회가 열린다. 군의 객사 앞에는 남자들의 축구 대회가 벌어지는 등 읍내 여기저기는 전혀 몸을 돌릴 수 없을 정도로 혼잡을 이룬다(村山智順, 『부락제』, 1937).

77 '팔단오'가 되면 신간의 환어제가 열린다. 이때는 신간을 대성황당으로부터 소성황으로 받

면, 읍내에는 대소성황당 이외에 지금의 임정林町에 약국성황藥局城隍이 있었다고 한다.

위 내용을 보면, 지금과 달리 강릉단오제의 주신을 산신으로 기록[79]하고 있으며, 여러 성황당을 거치는 신유행차 내용을 소개하고 있다. 또한 강릉단오제로 인하여 시내가 혼잡을 이루고, 대성황당과 객사문 앞에서는 축구 시합과 그네대회 등이 행사되었음을 알 수 있다.

추엽 융秋葉 隆, 『강릉단오제』(1930)와 촌산지순村山智順, 『부락제』(1937) 기록물을 구분하여 비교해 보면 다음과 같다.

일제강점기의 강릉단오제 조사 자료 비교

자료명	강릉단오제	부락제
년도	1930	1937
조사자	秋葉 隆	村山智順
前 기록	남효온 『추강선생문집』	-
내용	강릉단오제 현장조사	강릉성황제 현장 조사자료
대성황사 12신	① 흥덕왕 김유신 ② 송악산신 ③ 강문부인 ④ 초당부인 ⑤ 연화부인 ⑥ 서산송계부인 ⑦ 범일국사 ⑧ 이사부	기록 없음
탈놀이	화개 만들고, 가면극 연희(장자말, 양반광대, 소무각씨, 시시딱딱이 등)	-
화개놀이	화개 세우면서 길놀이	-

들어 옮긴다. 신악을 울리며 후당의 앞뜰에 있던 신간을 화선(化旋)하여 받들어 모시는 것이다. 화선이란 신간을 불에 태우는 것인데, 이는 신을 흰 구름에 태워서 산위로 되돌아가시도록 한다는 뜻이라 한다(村山智順, 『부락제』, 1937).

[78] 전제, 본대제, 신유제, 환어제 등의 용어가 새롭다. 8단오의 절차와 의미가 담긴 용어 사용이다.

[79] 대관령 산신은 조선초기 사람인 강릉출신으로 굴산사의 승려 범일국사로서 노후에 대관령에 들어가서 산신이 되었다. 그 영험이 커서 강릉주민의 생명을 돌본다. 혹시 성을 내면 어미(맹호)를 풀어서 사람과 가축을 해치며, 또한 가뭄과 홍수, 폭풍, 악질 등 힘이 미치지 않는 곳이 없이 재앙과 화를 끼친다고 전해지고 있다고 했다(村山智順, 『부락제』, 1937).

괫대 형태	굵은 대나무 직경 5척 테두리 나무껍질 감는다 테두리 안에 십자로 나무를 교차 교차점에 길이 30척 정도의 박달나무로 목간을 꽂아 그 꼭대기에 금속의 무거운 관을 씌운다. 테두리에는 길이 20척쯤 되는 오색의 가는 비단, 흰색 광목 등을 겹쳐서 걸고 신간 또한 오색의 천으로 감는다. 머리부분의 무개만 40관 등	여러 예능인이 참가하며 길이 15척, 직경 3촌 정도의 장대 위에 직경 6척 정도의 대나무 싸리로 만들고, 그 위에 흰 천으로 싼 깃발 덮개인 번개를 씌워 그 주위에 5색의 헝겊을 늘여 뜨린 기를 앞세움
단절 시기	갑오경장(1894)	—
당시의 상황	읍내 장이 서고, 시장 한 구석에서 무녀의 가무	그네와 축구

일제강점기에 간행된 여러 발간물 총계는 대략 2,360여 종에 달하고 있는 것으로 파악되고 있다.[80] 그 가운데에서 '민속'에 관한 것은 82종류 정도이다. 전체적인 발간물 종류의 약 3% 정도에 해당하고 있다. 이 3% 정도의 비중을 갖는 생활문화와 민속조사 자료 가운데에서도 79%에 달하는 것이 사회 민속과 경제 민속에 관한 것으로 밝혀지고 있다. 따라서 이 조사자료 보고서들은 일부의 민속분야에 편중되어 집중적으로 조사되었다. 이것은 이 조사가 조선의 생활문화를 규명하기 위한 것이 아니라, 다른 특정한 목적에 의해서 실시되었다는 것을 보여주는 가장 좋은 증거라고 할 수 있다.[81]

앞서 살펴본 강릉단오제 조사 자료 중, 팔단오에 대한 조사자별 기록상 서로 다름을 비교해 보면 아래와 같다.

'팔단오'를 중심으로 조사(자) 자료의 차이 비교

일 정	조사자 개인별 기록 내용
3월 20일	<신주근양>에 대해서는 秋葉 隆만 기록해 놓았으며, 호장청에서 이루어지는데, 戶長·府司色·首奴·城隍直·內巫女가 목욕제계하고 술을 빚어 호장청의 아랫방에 둔다.

---

80 장철수, 「朝鮮總督府 民俗 調査資料의 性格과 內容」, 『정신문화연구』 21권3호(통권72호), 한국정신문화연구원, 1998, 53쪽.
81 장철수, 위의 글, 53쪽.

4월 1일 (초단오) 4월 8일 (재단오)	<헌주와 무악>에 대해서 秋葉 隆은 4월 초하루와 초파일에 대성황사에서 헌주와 무악이 펼쳐지며, 초헌관은 호장, 아헌관은 부사색, 삼헌관은 수노, 종헌관은 성황직이 맡아 제례를 진행한다. 이것이 끝나면 무격 50~60명이 山遊歌를 부르며 내려온다. 村山智順은 초단오와 재단오에 신맞이를 한다고 했다.
4월 14일 4월 15일 (삼단오)	<봉영(奉迎) 출발>에 대해서, 秋葉 隆은 4월 14일 저녁 8시 쯤에 떠나 구산역을 거쳐 송정에 이르러 야숙, 새벽에 기상하여 허공다리라 칭하는 암반위에 도착 아침을 먹고, 오전 10시에 대관령에 있는 국사성황당에 도착한다. 이에 대해서, 村山智順은 햇불을 든 봉화군 수백명이 따른다. 秋葉 隆은 무격들이 제물과 신주를 받치고 기도하며, 제사가 끝나면 음복을 한다. 그리고 성황당 근처의 신목을 고르고 액막이의 백지·목면실·마른명태·의복 등을 걸어놓고 성대한 굿을 한다. 이것을 성황신대라고 칭한다. 이에 대해 村山智順는 호장의 통제하에 무당들이 부정 씻기와 강신굿, 영신굿을 벌인다고 했다. 秋葉 隆은 신대를 모시고 강릉으로 향하는데 제민원성황과 굴면성황을 거쳐 구산역 성황에 도착하면 굿을 하고 마을 사람들은 공물을 바친다고 함. 이때 거화군 수백명이 햇불을 들고 미중을 나와 호위함. 행렬이 여성황의 친정인 정씨가에 도착하면 시루를 놓고 굿을 한 다음, 여성황사에 들러 다시 굿을 하는데 이때도 주민들이 공물을 바침. 그리고 여성황사에서 나온 일행은 무악을 연주하며 남문을 들어와 기병청과 부사, 전세, 대동, 사창 등을 순방한 후, 마지막으로 대성황사에 이르러 굿을 한 다음 서낭대를 성황사 안에 안치한다고 했다. 이 과정을 村山智順 또한 서낭대를 대성황사의 중앙에 세워 안치한다고 했다. 그리고 대성황사의 규모가 10칸의 큰 건물이라고 까지 기록하였다.
4월 27일 (사단오)	<대성황사의 무제(巫祭)> 관련하여 秋葉 隆은 읍내장이 서는 4월 27일 무격들이 대성황사에서 굿을 한다고 했다. 村山智順는 4월 27일에는 무당이 시장에 나가 걸립한다고 한다.
5월 1일 (오단오)	<화개(花蓋), 관노가면극, 본제 시작>에 대해서 秋葉 隆은 5월 초하루부터 본제가 시작되며, 이날 부사청에서 괫대를 만든 후 세워놓고 무당들이 群舞를 벌인 후에 대성황사로 이동해 안치한다. 이 과정에서 괫대놀이(괫대 겨루기), 무당의 격렬한 무악연주에 주민들이 함께 뛰고 춤춘다. 그리고 대성황사 앞에서 탈놀이를 펼친다. 村山智順는 5월 초하루부터 본격적인 굿이 펼쳐진다고 했다.
5월 4일 (육단오)	秋葉 隆은 이날 대성황사에서 탈놀이를 펼친 뒤에 괫대와 성낭대를 앞세우고 약국성황·소성황을 돌아 시장 및 각 관청을 순방하면서 괫대놀이와 탈놀이를 벌인다. 그리고 대성황사에 봉안한다고 했으며, 村山智順는 이날을 本大祭가 열린다고 하고, 대성황사 앞에서 서낭대를 중심으로 한 무당들의 열두거리 굿이 종일 펼쳐진다.
5월 5일 (칠단오)	秋葉 隆은 이날 탈놀이를 한다고 함. 그리고 단오굿이 절정에 이른다. 村山智順는 단옷날 열리는 神遊祭는 가장 성대한 행사로 서낭대와 괫대를 앞세운 무당과 예능인 일행이 읍내의 각 성황을 돌고 순방하며 괫대놀이와 탈놀이, 각종 가무악을 펼친다.
5월 6일 (팔단오)	秋葉 隆는 대성황사 뒷마당에서 오전 10시부터 정오에 걸쳐서 火散 행사로 굿이 끝난다고 했으며, 신대와 괫대, 大祭를 위하여 임시로 만든 모든 것을 불사르는 聖火 행사로 본다. 村山智順는 이날이 되면 신간의 환어제가 열린다고 함. 이때 신간을 대성황당으로부터 소성황으로 받들어 옮긴 후, 후당의 앞뜰에 있던 신간을 화선(化旋)으로 모신다.

3. 근대 스포츠 문화의 유입과 민속놀이의 연속성

1) 단오는 조선의 올림픽이다

일제강점기 때, 전국 각지에서는 단옷날을 전후해서 각종 운동회가 개최되었다. 이러한 현상을 보고는 『신가정』(1925)이라는 잡지에서는 "단오端午는 조선의 올림픽이다."라고 표현 하였다. 여기에는 세시성 명절인 '단오'와 '민속놀이', 그리고 '근대 스포츠'와의 관계를 시대적 상황을 고려하여 표현한 적절한 예라고 하겠다.

강릉단오제의 근대적 전승 상황을 볼 때, 운동회나 체육대회[82]가 차지하는 비중은 매우 컸다. 그렇다면 강릉단오제에 스포츠 문화가 언제부터 행사의 한 부문으로 차지하였는지에 대한 의문을 갖는다.

세계사적으로 근대近代는 '체육'이라는 교과목과 '운동회'라는 새로운 축제를 발명했다. '운동'은 놀이와 노동이 긴밀하게 결합되어 있다고 보며, 우리의 전통 축제인 강릉단오제는 지역 차원의 놀이와 유희를 통해 공동체의 안녕과 연대성을 촉진시켰다. 그리고 서구가 발명한 근대 체육은 운동회의 형식을 통해 접속이 이루어진다. 한편으로 서구 문명의 패러다임이 동양 문명의 패러다임을 해체·대체하는 과정에서 우리의 전통놀이(운동)와 축제는 '후진적'이라는 이름하에 폐기되고, 극히 일부만 근대 체육과 운동회에 합류하게 되었다.[83]

1931년 젠쇼우 에이스케善生永助의 『생활상태조사』 Ⅲ, '강릉군'편을 보면 다음과 같다.

강릉군의 (단오제) 신神 맞이 행사가 없어지고, 이를 계기로 운동회를 개최하였

---

[82] 이 글에서 '운동회' 또는 '체육대회'를 '스포츠 문화'로 통칭한다. 스포츠(Sports)는 체력이나 기술을 필요로 하는 활동이며, 오락으로 즐기거나 승부를 겨루기 위한 신체운동을 말한다. 한 때 스포츠는 낚시·사격·사냥과 같은 야외 오락만을 지칭하고 미리 규칙에 따라 단체나 개인이 벌이는 조직적인 경쟁은 운동경기라고 불렀다. 그러나 스포츠와 운동경기의 구별은 차츰 희미하게 되어, 오늘날에는 두 용어가 흔히 같은 의미로 쓰인다.

[83] 김현숙, 「대한제국기 운동회의 기능과 표상」, 『동아시아 문화연구』 제48집, 2010, 27쪽.

으며, 인근 마을에서 많은 사람들이 모여들어 시가지의 풍경이 일 년 중 가장 번잡하였다. … 그리고 기타의 내용으로 강릉단오제 때, 추천(그네)은 여자들의 놀이, 축구는 남자들의 놀이 등이 성대하게 이루어진다.

1934년 발행한 『농촌오락행사간 부립춘서례시農村娛樂行事栞 附立春書例示』를 보면 다음과 같다.

> 종래의 농촌오락을 개선함으로써 농촌진흥운동 촉진의 자원으로 삼고자 한 것이다. … 조선 재래의 농촌 오락은 종류가 극히 적을 뿐 아니라 오락 그 자체도 단조롭고 무미건조하여 여러 폐해가 있는바 개선의 여지가 적지 않다. 따라서 이를 그대로 계승하거나 답습할 것이 아니라 그 功過를 가려 나쁜 점을 개선하고 좋은 점은 장려해야 한다.[84]

위 글에서 전래 오락에 대해 각 세시별로 그 내용과 특징을 소개하고 개선점과 시행상의 주의사항을 조목조목 언급하고 있다. 그 중에서 '단오'와 '강릉'과 관련된 내용을 보면 다음과 같다.

> 단오 : 屈原祭[85]는 이미 없어졌고 성황제, 창포 행사도 점차 없어지는 추세이므로 이를 억지로 존속시킬 필요는 없으나 남자의 약초다기, 여성의 그네는 농촌행사로서 재미있는 오락이다. 또한 이날을 경로회를 겸해 개최하면 좋을 듯하다.

---

[84] 김난주・송재용, 「일제강점기 향토오락 진흥정책과 민속놀이의 전개 양상」, 『비교민속학』 제44집, 비교민속학회, 2011, 411쪽. 재인용.

[85] '굴원제(屈原祭)'는 중국의 단오풍속 기원설 중 하나로 당시(1935년) 조사자는 조선의 '단오'와 중국의 '단오'에 대한 차이와 다름에 대한 인식 없이 서술한 듯하다(필자 견해), 중국 단오풍속의 기원은 '용의 명절설', '난초 목욕설', '춘추전국시대 인물 관련설', '고대 무속설'로 나뉜다. 이 중에서 중국 초나라 때 애국시인 굴원이 멱라수에 빠져 죽은 날과 관련되었다는 설은 호북과 호남일대 지역에 전승된다(장정룡, 『강릉단오제 현장론 연구』, 국학자료원, 2007, 291쪽).

경로회[86] : 이는 강원도 강릉지방에서 '靑春 敬老會'라는 이름하에 행해지던 것인데 근년에는 잘 행해지지 않는 것 같다. ① 시기는 4월 하순에서 5월 상순에 걸쳐 못자리 파종 전후에 적당한 기일을 정한다. ② 당일은 부락민 작업을 쉬고 집회소 및 기타 적당한 건물에 자리를 마련하고 남녀빈부 차별 없이 모두 초대하고, 특히 농촌진흥회의 간부나 區長 등을 초대할 것. ③ 당일은 가마니 짜기, 줄다리기 등의 경기, 기타 그 지방의 상황에 따라 적당한 경기나 농악, 무용을 개최하여 위안한다. ④ 농촌진흥회가 경비 혹은 현품을 지출하거나 혹은 각자 재료를 제공하거나 당번을 정하는 등의 방법으로 음식물을 조달한다.[87]

이후, 1941년 조선총독부가 발간한 『조선의 향토오락』을 보면 다음과 같다.

수집된 향토오락은 약 200여 종에 달하는데, 소조선 236개 고을郡 중에 씨름 236군, 널뛰기 236군, 연날리기가 235군, 그네 234군, 윷놀이 231군, 달맞이 221군, 踏橋 155군, 지신밟기 156군, 줄다리기 132군, 풍년제가 111군에 분포되어 있어, 특히 소조선에서 폭넓게 행해지고 있는 향토오락임이 입증되었다. 이렇게 해서 수집된 향토오락 중에서 총독부 사회교육과는 대중적이고 소조선적으로 분포된 향토오락 중 13종을 선택하여 과거에 무시된 이 오락 방면에 지도 조장과 보호의 방책을 수립하고 민중오락의 지도 이론을 수립하기로 한 것이다.[88]

---

86 '청춘 경로회(靑春 敬老會)'는 강릉지역에서 어른을 공경하기 위해 행해진 풍속으로 좋은 계절(음력 3월)에 택일하여 강릉지역의 70세 이상의 노인을 경치 좋은 곳으로 정하여 장수를 축하하여 경연을 배푼다. 명칭의 유래는 판부사 조치가 '청춘 경로회'라 명명하였다. 개최 경위를 보면, 판부사 조치가 공용(公用)에서 남은 쌀과 포목으로 기금을 만들고, 부지런하고 재치 있는 자제들 중에서 재물의 회계를 맡도록 했다. 강릉지역에 전해져 내려오는 조선시대 경로사상의 대표적인 미풍양속이다. 반상의 차별도 있지 않았다. 강릉의 고로(古老)들의 증언에 의하면, 청춘 경로회에는 악공들이 초청되어 삼현육각을 울렸고, 기생들이 동원되어 노인들의 청춘(젊음)의 마음을 되찾고 유지할 수 있도록 잘 대접하였다고 한다.
87 김남주·송재용, 앞의 논문, 411~412쪽 재인용.
88 위 논문, 409쪽 재인용(『동아일보』, 1938.7.28).

총독부가 조사 수집한 향토오락이 약 200여 종에 달하는 가운데, 향토오락 진흥운동을 전개해 나가는데 있어 가장 먼저 해결되어야 하는 과제는 지도 조장할 향토오락을 선정하는 것이었다. 이와 관련하여 총독부 당국은 몇 가지 가이드라인을 생각하고 있었다. 즉, 1937년 12월에 총독부 사회교육과에서 발간한 『조선사회교육요람朝鮮社會敎育要覽』에는 조선 농촌 오락의 선택 기준에 대하여, ① 농촌과 어촌 생활에 적당한 것 ② 직업과 상관이 있는 것 ③ 향토적인 것 ④ 체육적인 것 ⑤ 민속적인 것 ⑥ 대중 공동적인 것 ⑦ 실시가 용이한 것 ⑧ 경비가 적게 드는 것을 제시하였다.[89]

이렇듯 조사와 보고서의 목적이 우리의 미풍양속에 대한 가치를 폄하하고, 본질을 훼손하는 방향으로 일제의 식민지 정책의 기초를 마련하고자 했음을 알 수 있는 기록들이다.

그러나 이러한 일제의 식민정책에도 불구하고, 강릉단오제는 우리의 전통 민속놀이와 근대 스포츠 문화가 유입되면서 시대적 흐름에 따라 놀이 문화가 다양하게 전개되었다. 여기에는 최승순의 「강릉단오제 제언提言」이란 글을 보면 다음과 같다.[90]

> 오늘날에도 단오굿을 비롯하여 관노가면극 놀이, 씨름, 추천 등을 행하였던 것은 옛날이나 지금이나 비슷 한데가 있으나, 요즘 더 첨가된 것이 있다면 체육대회 등을 들 수 있다. 체육대회는 일제 때부터 이미 근대식 체육대회가 병행되어 왔으니 이것도 상당한 연륜이 쌓인 셈이다.

이러한 내용을 바탕으로 강릉지역에 근대 스포츠 문화가 유입된 시기는 언제부터이며, 이 문화가 특히, 강릉단오제 행사에 유입되어 오늘날까지 그 전통이 지켜지는 까닭에 대하여 살펴본다. 여기에는 전통적 가치를 지녔던 우리의 민속 스포츠가 서구의 근대 스포츠의 도입으로 인하여, 어떠한 내적 변화를

89　위 논문, 410쪽 재인용.
90　최승순, 「강릉단오제 提言」, 『강원일보사』, 1972.6.13.

가졌는가에 대한 것이다. 그리고 강릉단오제가 민속 스포츠의 연속선상에서 근대 스포츠를 유입하게 되는 사회 문화적 상황 등을 고려한다.

2) 민속놀이의 변용과 연속성

19세기 말엽에 근대 스포츠[91]가 도입되기 이전, 이 땅에도 예로부터 전승해 온 우리 민족 고유의 스포츠 문화가 존재하였다. 우리 민족은 숭천崇川과 경신의 식敬神儀式 속에서 가무歌舞를 즐겼으며, 그 가무는 검무・승전무・굿춤 등 다양한 형식을 갖추게 되었다. 그러다가 궁사・투기・승마・차전놀이・석전 등 주로 전쟁에 연관된 오락과 유희로 이어지고, 마침내는 격술(장치기)・축국蹴鞠(공치기), 설마(썰매・스키)・추천(그네뛰기)・판도(윷놀이) 등 개인기술 위주의 훌륭한 생활체육으로 전승되어 왔다.[92]

이와 같이 유희적인 놀이들이 근대 스포츠와 접목된 것은 조선이 쇄국정책에서 벗어나 해외로 문호를 개방하고 국외와 교류를 시작한 갑오경장을 전후한 시점이다. 이 시기 근대 스포츠의 제도적 태동은 비록 그것이 개화의 충격 속에서 강한 근대성을 지향하는 것이긴 했지만, 우리의 민속경기(놀이)와 단절되지 않고, 접맥接脈되어 있다는 점을 발견할 수 있다. 바꾸어 말하면 근대 스포츠의 형식은 개화적 영향에 의한 근대적 지향을 하고 있지만, 그 내용으로 작용하는 것들은 근대 이전, 우리의 스포츠 문화가 포괄하고 있던 전통적 요소(병서・사격술・유엽전・편전 등)들로 채워져 있다는 점에서 발견할 수 있다.[93]

---

91 많은 스포츠 연구자들은 현대 스포츠가 19세기 중엽 영국에서 발전되었으며, 현대 스포츠의 발전과정에서 영국의 고급 사립학교인 퍼블릭 스쿨이 중요한 역할을 담당했다고 보고 있다. 실상 현대 스포츠의 대다수는 오랜 민속적인 놀이의 전통에 뿌리를 두고 있으며, 이런 민속놀이는 영국에서 뿐 아니라 전 세계 각국에서 널리 찾아 볼 수 있다. 영국은 이 자발적인 민속놀이를 조직화하고, 전국적인 그리고 궁극적으로는 세계적인 수준에서 단일한 규칙에 따라 향유되는 조직 스포츠를 만들어 냄으로써 현대 스포츠의 발상지로 인정받게 되었다. 이러한 조직화의 과정에서 큰 역할을 수행했던 것이 퍼블릭 스쿨과 그 학교의 졸업생들이었다(정준영, 「근대 민족국가의 형성과 스포츠」, 『사회와 역사』 제84집, 한국사회사학회, 2008, 78쪽).
92 오정석, 「근대 스포츠의 수용과 전통 스포츠의 근대화 양상에 관한 연구」, 『체육사회학지』 제2호, 1997, 32쪽.

이와 관련하여 근대 학교 체육의 문화사적 특징으로 제시된 '학교 체육 활동의 문화적 동화 기능同化 機能'에서 학교 체육활동(행사 등)이 지역 사회의 축전(축제) 형태로 발전했다는 점이다. 그 대표적인 것으로 '운동회' 등의 행사를 들 수 있다.

> 당시 운동회는 이전, 전통사회의 동신제洞神祭가 갖던 기능과 유사성을 지닌다. 동신제는 마을의 수호신에 대해 제사를 지내는 것으로, 동신제가 베풀어지던 날 그 동신洞神의 수호를 받는 마을끼리 3명의 장정을 내어 릴레이로 경주를 하는데 신당神堂 앞에서 출발하여 장승이 서 있는 장승거리를 거쳐 정자가 있는 숲 거리에 골인하는데 릴레이 지점마다 선수 숫자만큼 빈바가지를 엎어놓고 제일 먼저 밟는 소리가 나면 기다리고 있던 무녀巫女가 춤을 추며 지화자를 외치고 했던 것이다.[94]

영고의 해맞이 전통은 정초나 대보름에 하는 마을굿으로 이어진다. 섣달 그믐날부터 보름 동안 하는 하회별신굿의 시기는 고대 나라굿의 시기와 거의 일치한다. 5월 제천행사는 강릉단오굿과 자인단오굿 같은 고을굿의 전통으로 이어진다. 시월(10월) 축제는 세시풍속의 중양절 명절과 만나지 않은 까닭에 상달고사로 축소되었으나, 초등학교의 가을 운동회로 그 기능이 되살아났다.[95]

우리의 전통 민속경기는 당시 사회의 저변에서 연연히 이어져 왔다고 본다. 바로 그 바탕 위에서 이 땅의 민속경기와 체육 운동은 성장할 수 있었던 것이다. 당시 우리의 민속경기는 크게 세 가지 유형인 '풍속적 차원', '유희적 차원', '무예적 차원'으로 구분한 연구도 있다.[96]

첫째, 농경문화의 노동 구조와 연결된 풍속적 차원의 스포츠 요소, 즉 농업활동의 세시기적 리듬에 맞추어 우리 조상들이 향유했던 각종 게임, 여가, 축제

---

93 오정석, 위의 논문, 33쪽.
94 곽기영, 「근대 학교 체육대회 성립발전에 관한 소고」, 『전국체육대회기념』, 한국체육학회, 1993, 34쪽.
95 임재해, 「한국 축제 전통의 지속 양상과 축제성의 재인식」, 『비교민속학』 제42집, 비교민속학회, 2010, 28쪽.
96 오정석, 앞의 논문, 33쪽.

등의 형식과 관련된 성인들의 스포츠 활동의 모습을 갖추고 있었다. 여기에는 세시성 명절인 '단오'와 관련된 민속 스포츠가 여타의 명절에 비추어 볼 때 가장 많다.[97]

둘째, 유희적 차원의 스포츠 요소, 즉 주로 아동이나 청소년들이 향유했던 스포츠적 활동으로 유희성이 강하다. 서당교육과 관련하여 일부 지방에 있었던 가마싸움놀이[98]는 유희적 성격이 단체 경기로서 속성을 극대화 한 대표적인 예라고 하겠다.

셋째, 무예 차원의 스포츠 요소, 즉 이는 국방 차원의 인력양성 및 관리체제와 간접적 관련성을 갖는 것으로 둘째에 비해 보다 전문적이고 연령적으로 청장년층이 대상으로 이루어진 스포츠 활동의 일면을 갖는다.

강릉은 교육의 도시, 풍류의 도시라는 명칭에 걸맞게 근대적 운동경기는 다른 도시에 비해 빠르게 발전되었다. 이와 같이 근대적 운동발전의 본 고장으로서 손색이 없는 전통성을 지니게 된 근원적인 바탕은 오래전부터 지역주민의 단합과 결속을 이루는데 있어서 신체 문화에 대한 의식이 강릉단오제 행사를 통해 전통문화 속에서 뿌리를 내렸으며, 이러한 것이 근대적 체육 문화와 조화를 이루어 발전의 계기를 마련하였다.[99]

---

[97] 강릉단오제의 민속놀이 및 체육행사에는 그네, 씨름, 줄다리기, 윷놀이, 투호, 축구 등이 있다. 참고로 『중국 조선족 세시풍속』(천수산, 연변인민출판사, 1998)을 보더라도 "단오날은 여러 명절 가운데서 체육경기 활동을 가장 많이 벌리던 명절날이었다. 이날의 전통적인 경기 활동으로는 격구·석전·씨름·그네·널뛰기 등이 있다."

[98] 지난날 서당교육은 훈장을 초빙해서 가르치는 것이었다. 명절이 되면 훈장도 고향에 가서 차례 성묘를 하게 되므로 서당은 며칠을 쉬고 학동들은 자유롭게 놀 수가 있었다. 이럴 때에 학동들에 의해서 가마싸움이 있게 된다. 학동들이 중심이 되어 행하여졌다. 훈장이 없는 틈을 타서 가마를 만들어 이웃 마을 학동들과 또는 이웃 서당의 학동들끼리 대결을 하는 놀이다. 가마를 끌고 넓은 마당에 나아가 달음질해서 가마끼리 부딪혀 부서지는 편이 지게 되는데, 이긴 편에서 당년에 등과가 나온다고 한다(경북편, 『한국민속종합조사보고서』, 1974). 김규환, 「韓國 社會體育의 史의 展開樣相에 관한 硏究」, 동아대 박사논문, 1998; 한양명, 「의성 가마싸움의 연행양상과 특징」, 『민속연구』, 안동대민속학연구소, 2018.

[99] 김용근, 「제2장 근대체육」, 『강릉시사』, 강릉문화원, 1996, 632쪽.

체육문화란 교내 체육활동, 체육지식 등을 바탕으로 파생되는 체육·스포츠 활동 전반에 대한 개념이라고 할 때, 송정동 연합운동회나 강릉단오제의 행사를 통한 민속놀이, 그리고 여기에서 펼쳐진 각종 근대식 체육·스포츠 행사 등이 강릉지역 체육문화 발전의 근간을 이루어 왔다.[100]

한편으로, 학교 운동회가 발달함에 따라 마을 단위의 동신제나 세시 풍속적 체육놀이들이 점차로 쇠잔해 가는 모습을 발견할 수 있으며, 아울러 우리 고유의 풍속과 관련된 전통적 경기나 놀이 패턴들이 이 시기 학교 체육 또는 사회 체육의 명시적 활동속에 효과적으로 수렴되지 못하고 있는 점 등이 발견된다[101]는 견해도 있다.

하지만 강릉단오제는 민속놀이(민속 스포츠) 등의 행사 프로그램들이 연속적으로 이어져 왔으며, 오히려 근대 스포츠, 특히 축구와 야구는 강릉단오제 기간 운동경기 등을 통해 활성화 되었다. 이와 같은 분위기는 일반대중이 이에 대거 참관하는 모습을 보이면서 '경기', '스포츠', '체육', '축제', '여가' 등의 개념이 대중의 풍속에 새로운 패턴을 형성하게 된다. 이는 궁극적으로 시민성의 고양과도 무관하지 않다[102]고 보는 것이다.

3) 운동회와 단오, 그리고 강릉단오제

우리의 민속놀이 대부분은 설, 단오, 백중, 추석과 같은 세시풍속이나 연중행사 속에서 놀던 놀이다. 근대 시기에 와서는 민속놀이가 이러한 세시풍속의 현장을 벗어난 공간에서 개최된다. 그 대표적인 공간이 바로 운동회였다. 운동회는 근대 시기 체육을 통한 체력의 증진과 집단 오락이 실현되는 대표적인 공간이었으며, 축제의 장이었다.

운동회는 먼저 화류회花柳會와 관계된다. 화류회는 학교를 떠나 경치 좋은 곳에서 전교생이 모두 참가한 일종의 '나들이 운동회'였다. 화류회가 등장한

---

100 김용근, 위의 책, 633쪽.
101 오정석, 앞의 논문, 33쪽.
102 곽형기, 앞의 논문, 35쪽.

것은 1896년 4월 28일 배재학당이었고, 두 번째는 같은 해 5월 2일 '영어학교 화류회'였다.[103] 그리고 오늘날과 같은 형태의 운동회가 등장한 것은 1896년 5월 30일의 관립소학교 연합 운동회로서 "이달 30일 각처 관립소학교 학원들이 동소문 밖 삼선평에서 크게 운동회를 한다더라"[104]라고 하여 '운동회'란 용어가 이때 처음 등장했다. 그 후 점차 서울시내 각급 학교로 파급[105]되어 운동회를 개최하게 되었던 것이다.[106]

운동회의 개최 장소는 대부분 훈련원이었고, 종목은 회回를 거듭하면서 점차 늘어났다. 서양의 근대적 운동의 보급에 따라 주로 육상이 주종을 이루었으며, 여흥 종목(2인 3각, 방울 던져 맞추기, 당나귀 타고 달리기)과 우리 고유의 전통적인 민속경기(활쏘기, 줄다리기 등)도 포함되어 있었다.

운동회 시기는 봄과 가을에 집중적으로 개최하였다. 각 학교별로 여러 가지 색깔의 깃발을 세우고, 깃발과 같은 색의 머리띠를 두름으로써 학교를 구분했다. 오색 깃발, 태극기와 통상국 국기 등으로 운동장을 치장하고, 군악대를 동원하여 흥을 돋우고 분위기를 고조시킨 것이다. 수많은 관중들을 대상으로 운동장 곳곳에서의 판매행위(음식물 등), 잡기판이 벌어지는 등의 운동장 풍경은 그 당시나 오늘날이나 큰 차이가 없어 보인다.[107] 당시 운동회를 통해 체육이 학교 교육에만 국한되지 않고, 사회에 까지 일반화되었음을 짐작케 한다.

우리나라에 근대적 운동경기가 보급된 것은 대부분 대한제국 시기(1897~1910)였다. 이때에 소개된 근대적 운동경기는 1900년에서 1909년 사이에 주로

---

103 이태웅, 「19세기말 각급 학교 운동회 연구」, 『부산대학교 논문집』 제3권, 1999, 238쪽.
104 『독립신문』 제1권 24호, 건양원년, 1896년 5월 30일 잡보.
105 각급 학교로 파급된 운동회는 해를 거듭할수록 진전하여 마침내 각 학교 연합 운동회로 발전하게 되고, 광무 9년부터 융희 3년(1909)에 이르러서는 운동회 전성시대를 이루게 되었다. 1905년 이후, 운동회는 전국, 전 계층, 전 기관으로 확산되어 갔다. 이에 한 노동자가 "아! 제기랄! 참! 각 학교, 각 관청, 각 교회, 각 사회, 심지어 각 조합, 그 외에도 망둥이 꼴뚝이 집게발이 돌깍발이 동물이 다 모다 운동회를 하데마는 우리 노동자들은 운동을 한번 못해보고 밤낮 이렇게 허덕거리다가 죽는단 말인가!"[『대한매일신보』, 독자투고 : 여보게 자네 운동 아니 가겠나(1910.6.8)라는 자조 섞인 말에도 운동회는 완전히 토착화 과정을 걷고 있음을 알 수 있다(김현숙, 앞의 논문, 21쪽)].
106 이태웅, 앞의 논문, 238쪽.
107 이태웅, 위의 논문, 250쪽.

외국인 선교사들에 의해 도입되었다. 그러나 이 운동경기는 일반인들에게 광범위하게 보급되지 않고 황성 기독청년회나 서울 소재의 몇몇 학교에서 행해지는 데 불과한 것이었다. 이러한 상태의 운동경기는 일제강점기에 들어와 학교 체육에서 유희가 강조되고, 또 한편으로는 일인(日人)들이 대거 우리나라에 이주하여 운동경기를 보급시킴으로서 점차 일반인들에게도 보급되었다.[108]

한편, 체육기관 설립의 사회적 요구가 증가됨에 따라 1920년부터 1934년까지 전국 각지에는 90여개의 체육 단체가 결성되었으며,[109] 그 중에서 당시 체육회를 대표할 체육 단체로서 1920년 7월 13일 '조선 체육회'가 창립되었다. 조선 체육회는 "조선인의 체육을 지도·장려함"을 그 목적으로 삼고, 첫째는 체육에 관한 조사연구 및 선전, 둘째는 체육에 관한 도서의 발행, 셋째는 체육에 관한 각종 경기대회의 주최 및 후원, 넷째는 기타 체육회의 목적에 합당한 사업 등의 활동을 행하는 것을 그 사업으로 규정하고 있다.[110]

이후, 일제의 탄압에 의해 침체기를 맞았던 우리나라의 체육계는 해방과 함께 빠르게 제자리를 찾았고, 그 한가운데 몽양 여운형 선생이 있었다. 재경체육인들을 중심으로 결성된 조선체육동지회에서 조선 체육회 재건과 더불어 몽양 여운형 선생을 첫 조선 체육회 회장(1945.11~1947.9)으로 추대했다. 해방 직후 어지러운 정세 속에서 체육회장에 추대된 몽양 여운형 선생은 체육을 통한 국가 재건과 강한 자주 국가 완성을 위해 노력했다.[111]

강릉지역에서 최초의 근대식 체육 스포츠를 보급한 학교가 초당학교(草堂學校)였다. 초당학교는 1906년 초당 갑부였던 경암(鏡巖) 최용집과 최돈철에 의해 국권을 지키기 위한 근본으로서 국민계몽이란 목적 하에 야간 학교로 설립되었다. 초당학교는 일명 '영어학교'라고 했다. 그러한 연유는 당시 강릉지역에 '화산학교'와 '동진학교'가 일본어를 가르친데 반해, 초당학교에서는 영어를 가르쳤던

---

108 채한승, 「한국 근대 체육에 있어서 체육대회의 성격에 관한 고찰」, 『한국체력의학회지』 제2권 제1호, 1993, 50쪽 재인용. 이학래, 『한국 근대 체육사 연구』, 지식산업사, 1990.
109 「全조선체육단체 순례」, 『신동아』, 1934.
110 위의 자료 참조.
111 손환·최성진, 「여운형의 체육활동과 사상」, 『한국체육사학회지』 제16권 제1호, 2011, 61쪽.

것에서 비롯되었다. 특히, 민족 지도자인 몽양 여운형 선생과 밀접한 관계를 맺게 되면서 강릉지역의 항일 민족의식 고취에 절대적인 영향을 미치게 된다. 몽양 여운형 선생이 초당학교의 교사로 초빙(24세)된 것은 을사조약(1905) 체결 후, 당초 주문진에서 애국단체를 조직할 목적이었다. 하지만 여의치 못하였던 차에 관동학회 남궁억의 적극적인 추천으로 초당학교에 초빙(1910)되었다.[112]

초당학교에서는 영어와 한문을 비롯하여 한글과 산수도 가르쳤으며, 특히 당시에는 생소했던 축구·야구·빙상 스케이트 등 신식 운동도 처음 시작하였다. 이러한 영향은 강릉지역에 급격한 신문화 동경의 사조를 가져오는 계기가 되었다. 이 학교의 운영방식을 닮은 여러 학교가 생겨났다. 그 가운데 대표적인 것이 '화산학교'와 '동진학교'였다. 화산학교(1908~1911)는 강릉향교 명륜당에다 향교재정으로 설립한 학교로 화부산의 명칭을 따서 불렸다. 동진학교[113]는 운정동의 선교장 내에 1900년도를 전후하여 설립하였다.

이들 3개 학교는 교사들의 상호교류와 더불어 연합 운동회를 개최하여 강릉지역 체육문화 발전에 커다란 공헌을 하였다. 근대 체육·스포츠 문화를 일찍이 경험한 몽양 여운형 선생을 통해 보수적인 사고가 강한 강릉지역에서 젊은 세대들에게 민족의식과 향토애, 그리고 신체단련 등의 중요성을 일깨우는 계기를 이루었다.[114]

당시 강릉지역 학교의 '연합 운동회'[115] 개최 장소가 송정 솔밭 광장이라는

---

112 김용근, 앞의 책, 624~625쪽. 손환·최성진, 앞의 논문, 57쪽.
113 동진학교는 이근우(李根宇) 설립, 수업 연한은 3년으로 과목은 국어·한문·일어·지리·역사·산수·체육 등이었으며, 교사로는 여운형의 사촌동생 여운일과 주기용이 있었고, 여운형도 가끔 출강하였다. 1910년에 폐교되었다(김용근, 위의 책, 625쪽).
114 김용근, 앞의 책, 626쪽.
115 "… 이후 여운형은 고향 양주로 돌아와 광동학교에서 후진양성을 하였고, 24살 되던 해에는 강원도 강릉에 있는 초당의숙에서 교편을 들었지만, 명칭 연호 사용 문제로 강릉경찰서장과 충돌해 학교는 폐쇄되고, 몇 해 뒤에 가재(家財)를 팔아 중국 유학길에 오르게 된다"(손환·최성진, 앞의 논문, 『삼천리』, 1932.4, 57쪽 재인용). "연합 운동회는 민족적 위기를 맞아 민족의식을 각성시켜 국권회복 운동을 고취하고자 하는 자강론적 민족주의 체육사상에 바탕을 두었던 범 지역적 행사로서 송정동 솔밭 광장에서 개최된 연합 운동회가 당시 日人 경찰들의 감시 대상이 될 수밖에 없었고, 이 운동회날에 감시 중이던 日人 순사에게 욕설 시위한 사건이 일어나, 이 일로 해서 영어학교(초당학교)가 폐지되고 말았다"(김용근, 위의 책, 626쪽).

지역 사회의 공공장소에서 개최됨으로써 학교 체육 행사만이 아니고, 지역 주민들의 간접적 참여를 유도하여 사회 체육으로서의 보급 기능을 담당하였다는 점이다.

일제강점기에 연합 운동회가 민족주의적 성격을 띠자 운동회에 대한 탄압의 형태로 개최 횟수를 춘추 2회로 한정하고, 운동회 개최 범위도 1개 군(郡) 내지, 2개 군을 넘지 않도록 하는 훈령과 훈시가 내려졌으나, 잘 지켜지지 않았다고 한다.[116]

당시의 운동회가 애국계몽의 장으로도 활용되었을 것은 어렵지 않게 짐작할 수 있으나, 그에 앞서 당시 운동회는 지역 주민들에게 축제적 의미로 성장하였고, 강릉지역에서는 이를 대체할 만한 축제의 시공간이 '단옷날'를 기점으로 펼쳐졌던 단오장(공터)과 공설 운동장으로 연결되었을 것이다.

아래의 표는 이 땅에 유입된 근대 스포츠 종목을 시기별로 정리한 것이다. 이를 통해 강릉단오제 행사에 체육·스포츠 경기가 도입된 시점을 살펴본다.

근대적 운동경기의 도입 상황[117]

종목	시기	최초 경기
체조	1895.4.1	한성사법학교 부설령에 체조교과가 정식으로 채택
육상	1896.5.2	영어학교 교사 Hutchison의 지도하에 개최된 화유회에서 육상 경기를 가짐
검도	1896.	경무청에서 검도를 경찰교습 과목으로 채택
수영	1898.5.14	무관학교 학생들에게 휴가시 수영연습을 명함
씨름	1899.4.30	학부주최 관사립학교 운동회에서 경기종목으로 채택
사격	1904.9.24	육군연성학교서 사격을 교과목으로 채택
야구	1905.	미국인 선교사 Gillet가 황성 기독교 청년회 회원들에게 지도함
축구	1905.	외국어 학교의 외국인 교사들의 지도로 학생들이 축구를 함
자전거	1906.4.22	육군 참위 권원덕과 日人 吉川이 훈련원에서 경기를 개최
농구	1907.봄	황성 기독교 청년회 초대 총무 Gillet가 회원들에게 보급
유도	1906.	日人 內田良平에 의해 전수
빙상	1908.2.1	평양 대동강에서 日人들이 빙상 운동회 개최

---

116 김재일, 「학교 운동회의 역사적 고찰」, 한국교원대 박사논문, 2008, 42쪽.
117 채한승, 앞의 논문, 51쪽.

정구	1908.4.18	탁지부 일반관리의 운동회 때 정구 경기 종목 채택
승마	1909.6.13	근위기병대 군사들이 훈련원에서 기병 경마회를 거행
활쏘기	1909.7.15	이상필이 주동이 되어 사궁회 발족
권투	1912.	박승필이 柔角拳 구락부 창설을 계기로 보급
배구	1916.3.25	기독교 청년회의 운동부에서 동회의 미국인 Barnhart가 보급
조정	1916.6.1	중앙학교에서 보트 운동
탁구	1924.1.4	경성신문사 주최 제1회 핑퐁 경기대회
스키	1928.1.4	日人 河上寺雄이 스키 강습회
하키	1931.2.1	수원 소년연맹 揚甘支部 주최의 얼레공 대회

위 표에서 '검도・수영・사격・자전거・빙상・조정・스키・하키'를 제외하고는 근현대로 오면서 '단오(제)' 때 펼쳐졌던 경기 종목들이다. 특히 강릉지역에 축구와 야구가 보급된 시기는 1910년 초당영어학교에 부임한 몽양 여운형 선생에 의해 학교 체육활동이 시작되었다. 이후 1920년대 전국적으로 각종 스포츠 경기 대회가 활발하게 펼쳐지면서, 강릉에서는 '단양절 축구 대회'라는 또 하나의 체육문화를 창출하게 되었다. 그렇다면, 우리의 '단옷날' 펼쳐진 다양한 스포츠 행사는 당시의 사회・문화적 현상에서 어떤 상황으로 전개되었을까?

신여성사 뿐만이 아니라 친일계 신문인『매일신보』에서도 지속적으로 단오 행사를 개최하였다. 1925년에도 운동대회를 경무대에서 개최하였고, 1927년에는 장충단에서 제2회 시민위안 무료 운동회를 개최하였다. 1931년에는 조선중앙기독교 청년회에서『동아일보』후원으로 제4회 전조선 씨름대회를 개최하였다. 이후에는 서울 보다는 지방에서 부인회나 각 신문사 지국, 금광사무소, 학교, 시민유지회市民有志會 등의 주최로 운동회가 열리게 된다. 이렇게 각지에서 단오를 맞이하여 각종 운동회가 개최되는 것을 보고 1925년『신가정』(1925.6)에서 안승회는 단오를 조선의 올림픽이라고 표현하기도 하였다.[118]

단오를 '조선의 올림픽'으로 표현한 것으로 미루어, 당시 단옷날에 민속놀이와 체육행사가 섞이고, 새로운 풍속이 접목되었음을 짐작하게 한다. 체육행사로

---

118 강정원,「일제강점기 단오의 변화 : 서울을 중심으로」,『韓國民俗學』47, 2008, 185쪽.

는 격구, 경마, 씨름, 추천 등과 대운동회 등이 펼쳐졌다.

이 날(端午)의 조선 산천에는 각종의 음사陰祀가 거행되었다. 이 음사는 어느 것이나 첫째 액맥이오, 둘째 복빌이다. 각 고을의 성황신제城隍神祭, 경북 진위振威의 삼장군제三將軍祭, 함남 안변安邊의 선위대왕제宣威大王祭, 강원도 삼척三陟의 오금잠제烏金簪祭는 다 대표적인 음사다. 이 중에서도 성황신은 이름난 이 땅 이 겨레를 지킨다는 호국신護國神이라, 도都·부府·군郡·현縣의 각 진산鎭山의 신이다. 이 祭日은 몇 군대 예외가 있다고는 하지마는 三百六十 고을 중 대부분이 단오다. 단오의 성황신이 사람의 집에 나린다 하여 농민이 두 줄로 대를 지어 신상神像을 메고 마을에서 마을로 돌았다. 오색기는 바람에 펄펄, 피리, 젓대, 장구, 꽹과리는 영신곡迎神曲을 아뢰었다. 마을 사람들은 다투어 제물을, 탈을 쓴 나인儺人들은 희극戲劇을, 이리하여 사흘을 보낸 다음 송신만기환송란送神萬騎還松□이란 송신곡으로 다시금 옛 신당에 안치되었다. 이 성황신제는 우리의 유년 시대의 유일한 구경거리뿐이 아니다. 성백당成白堂의 양구동헌기楊口東軒記가 웅변으로 설명하고 있다.[119]

위 내용은 벽사적 성격의 행사를 기술해 놓았다. 그리고 강릉단오제의 내용과 흡사한 내용을 기술해 놓은 점이 특이할 만하다. 『한국 세시풍속 자료집성』(신문·잡지편 1876~1945) 5월의 단오 세시풍속 기사 내용을 분류하면 다음과 같다.

㉠ 단오에 단오선을 주고 받거나, 씨름(대회)을 하거나, 떡을 만들고, 그네(대회)를 뛰고, 줄다리기 등의 풍속에 대한 내용
㉡ 단오에 낙화대회를 개최하는 것에 대한 내용
㉢ 단오에 술을 빚고 창포에 머리를 감고, 악귀를 쫓고, 앵두화채를 먹는 풍속에 대한 내용
㉣ 단옷날에 부녀 원류회를 열어 그네뛰기나 보물찾기 등의 여흥(그네 뛰고, 줄을 타고, 연극)을 즐기는 내용

---

119 安承誨, 「端午는 朝鮮의 올림픽」, 『신가정』, 1925.6. * 당시 철자법으로 기록된 그대로 게재함.

㉤ 단옷날 체육 행사(단오 대운동회) 및 놀이 : 테니스, 핑퐁(卓球), 광대 줄타기, 각희
脚戱, 미인찾기, 마라톤 경주, 궁술대회 등
㉥ 단오 풍습이 행사되는 지역으로 성진군城津郡, 개성, 평양, 경성, 원산, 단천端
川, 평북 강계江界, 안변, 서천抒川, 김해, 원산, 정주定州, 대구, 광주, 대전, 부산,
용정(간도), 창성昌城, 평남 숙천肅川, 평북 곽산, 경의선 신막新幕, 울산, 함남 山
슈(고원), 안주安州, 평북 변성, 철산, 信川, 함남 안변군 신고산시, 평남 덕천,
강릉, 영미嶺美, 서홍, 경북 영덕, 평남 맹산, 평북 녕변, 철원, 평남 중화, 갑산,
고령, 통천, 고원, 자성, 의성, 풍천, 박천, 경의선 고읍시, 함남 안면군 신고산
시, 간도 두도구시, 순천, 사리원, 예천, 경의선 한포, 귀성, 신의주, 종성, 순안,
황주, 신고산, 황해도 옹진군 마산시, 해주군 죽천시, 보성, 황해도 수안군,
황해도 장연읍, 함북 성진, 황해도 재녕, 함남 서호진, 황해도 연안, 함북 회령,
황해도 금천, 신북청, 명천, 이천, 평남 대평, 황해도 사리원, 경주, 함북 라남,
함경 신상, 황해도 안악, 해주, 평북 창성, 평북 벽단, 안동, 함경 문천, 황해도
은률, 서홍, 황해도 해주군 취야시, 황해도 연백군 홍헌시, 군산, 왕장, 곽산,
함남 영흥, 진남포, 희천, 경의선 홍수, 황해도 장연, 함주군 하기천, 진남포,
황해도 장명군 태탄시, 황해도 겸이포, 춘천 등 전국 각지에서 개최되었다.

1920~30년대의 단오가 어떤 모습으로 존재했던가에 대해서는 정확하게 알
수는 없다. 하지만 당시 신문에 보도한 내용으로 볼 때, 전국적으로 단오 행사가
벌어졌음을 알 수 있다.

일제강점기 신문과 잡지의 세시풍속 관련 기사

구분	황성신문	매일신보	동아일보	조선일보	조선중앙일보	조광	신동아	별건곤	신생활	신여성	삼천리	신가정	춘추	금광	계
설날	4	18	49	17	3	2				3		1		1	98
보름	1	2	17	12	1		2	1		1					37
단오		10	32	12	49	1				2		2		1	109
추석		16	25	14	11				1		1		2		70

지난날 사대부와 궁중의 단오 행사가 대부분 사라졌다는 점과 전국적으로 단옷날 행해진 것은 그네뛰기와 씨름대회가 많았다는 점이다. 이러한 단오의 공동체적인 전통을 신문사나 잡지사, 여러 상인 단체 등이 이용하여 단옷날에 대규모의 부녀 원유회나 시민 운동회 등을 개최하였다. 당시 단오 행사를 관변 단체나 잡지사, 상인 단체, 각종 직능 조직이 주최를 한 것은 18세기와 19세기에 단오 때 추던 여러 탈춤을 상인들이 후원하던 것과 동일한 원리이나, 시민들이 주최가 되어서 벌어졌다는 점에서 단오가 자발적이고 공동체적인 행사라고 말할 수 있다. 그리고 단오가 날씨가 좋은 초여름에 위치했다는 점 또한 축제로서의 계절적 조건을 갖추고 있다. 결국 단오는 혈연 중심적인 설과 추석에 비해서 지연地緣 또는 지역 중심의 축제로 점차적으로 확대되어 갔다.[120]

신문과 잡지를 통한 출처별 분류

구 분	신문(건)	잡지(건)	계
설 날	91	7	98
보 름	33	4	37
단 오	103	6	109
추 석	66	4	70

단오에 관한 기사가 109건, 설날이 98건, 추석이 70건, 정월 대보름이 37건으로 단오가 일제강점기에서 차지하는 비중이 상대적으로 높음을 알 수 있다.

연도별로 보도된 빈도수의 변화

구분	1890	1900	1910	1920	1930	1940	계
설 날	1	3	14	45	35	0	98
보 름	1	0	2	16	18	0	37
단 오	0	0	7	34	67	1	109
추 석	0	0	7	29	33	1	70

---

120 강정원, 「일제강점기 단오의 변화 : 서울을 중심으로」, 『韓國民俗學』 47, 2008, 197~198쪽.

표를 보면, 일제강점기 이전에는 설날에 대한 보도가 주를 이루다가 점차로 줄어드는 경향이다. 단오에 대한 기사는 시간이 지날수록 점차로 증가하는 것을 볼 수 있다. 이것은 당시 사회 단체에서 단오를 맞아 벌이는 행사의 증가가 이에 한 몫을 담당한 것으로 보인다. 단옷날 청년회나 상인조직 등이 씨름대회나 야유회 등을 새롭게 구성하여 자신들의 단합을 도모하거나 대외적으로 조직을 과시하는 풍조가 전국적으로 생겨났다. 또한 새롭게 생겨난 신문사나 잡지사의 경우에 자사自社를 선전하기 위하여 여러 행사를 조직하기도 하였다.

1930년대에 활발하게 보도된 단오놀이를 보면, 대규모 씨름대회나 그네뛰기 대회 등이 서울과 지방 각지에서 개최되었다. 한 예로 한강에서는 낙화落花대회가 개최되었다.

단옷날은 다른 명절과 달리 남녀나 어른 아이 구별 없이 많은 사람이 즐겼다. 신문이나 잡지사가 주최하는 단오원유회端午園遊會가 열려 많은 여성들이 인산인해를 이루었다고 한다. 이때 전통적인 행사와 더불어 새로 도입된 스포츠인 테니스, 탁구, 공 던지기 등이 열렸으며, 여러 상점에서 물건을 기증하기도 하였다. 이 시기는 서구 문물이 유입되기 시작했기에 전통 세시풍속인 단오 행사와 병행하여 신문화 도입을 위한 행사가 함께 진행되었음을 알 수 있다.

당시 '강릉'의 단오풍속에 대한 기사를 보면 다음과 같다.

"五月 단옷날 강릉시민의 년중 행사로 하여 모든 시민운동회는 금년도 역시 개최코저 벌서부터 준비에 분망한 터이라는데 경기 종목과 시일은 다음과 같다."
一, 時日 五月初三日부터 五일
一, 競技 種目 : 陸上競技, 蹴球, 野球, 自轉車 競走, 餘興[121]
嶺東. "강원도 치고도 영동 즉 강릉江陵·양양 등지에서는 단오 때 노는 날을 「별신」이라고 해서 적어도 사오일 내지 육칠일 동안을 노는데 이때는 근방에 있는 광대나 기생을 불러 놀게 하고 한편 그네 씨름판이 벌어지며 절에 가서 절밥을 사먹으며 불공도 드리고 하루를 청류하는 습관이 잇다 여기서도 봉쑥떡

---

[121] 『조선중앙일보』, 1933.5.24.

이라고 해서 새 쑥을 캐어 떡을 만듭니다."

江陵-"강능에서는 이번 단오를 기회로 강원도 근방에 잇는 농악農樂단을 전부 소집하야 가지고 농악대회를 열기로 되앗다고 한다."[122]

'강릉'의 단오풍속 기사를 보면, 5월 단옷날은 강릉시민의 연중 행사였다. 그 기간은 5월 3일부터 5일까지이다. 그리고 강릉·양양 등지에서는 단오 때 노는 날을 '별신'이라고 해서 적어도 4~5일 내지, 6~7일 동안을 논다. 이때는 근방에 있는 광대나 기생을 불러 놀거나 그네와 씨름, 육상경기, 축구, 야구, 자전거 경주 등이 벌어졌고, 절에 가서 절밥을 사먹으며 불공도 드리거나 봉쑥 떡이라고 해서 새 쑥을 캐 떡을 만들어 먹기도 하였다. 강릉에서는 강원도 근방에 있는 농악단農樂團을 전부 소집하여 농악대회를 열기도 하였다.

참고로 최근 1965~1990년까지 강릉단오제 기간 펼쳐졌던[123] 우리의 민속 스포츠와 근대에 유입된 스포츠 종목을 정리해 본다. 1965년 이전의 기록은 앞서 언급한 중앙지 차원의 신문기사가 대신하였으며, 아래의 내용은 『강원일보사』의 기록과 축제를 주관한 위원회의 결산 자료를 바탕으로 정리하였다.

〈표 8〉 강릉단오제의 단양 운동회 종목 변천

연도	경기 종목
1965[124]	씨름, 그네, 궁도
1966	씨름, 그네, 축구, 야구, 마라톤
1967	씨름, 그네, 궁도, 축구, 야구, 농구, 배구, 태권도, 유도, 마라톤, 8백 계주
1968	씨름, 그네, 궁도, 축구, 야구, 농구, 배구, 태권도, 유도, 줄다리기, 권투, 육상
1969	씨름, 그네, 궁도, 축구, 야구, 농구, 배구, 줄다리기
1970	씨름, 그네, 궁도, 축구, 야구, 농구, 배구, 태권도, 유도, 줄다리기, 정구

---

122 『조선일보』, 1938.6.2.
123 강원일보편, 『강릉단오제 기록물 편람』(1950~1990), 강릉단오제위원회, 2007.
『강릉단오제 백서』(1973~1998), 강릉문화원, 1999.
『강릉단오제 결산 자료』(1976~1990), 강릉단오제위원회.
124 "강릉지방에서는 단양(端陽) 대회가 열려 각종 경기가 벌어지는 한편, 기우제를 올려 비를

1971[125]	씨름, 그네, 축구 *이밖에 종목은 참고 자료에 나타나지 않음
1972[126]	씨름, 그네, 축구, 배구, 농구
1973	씨름, 그네, 축구, 배구, 농구, 정구, 유도, 탁구
1974	씨름, 그네 *이밖에 종목은 참고 자료에 나타나지 않음
1975	씨름, 그네 *이밖에 종목은 참고 자료에 나타나지 않음
1976	씨름, 그네, 궁도, 축구, 테니스
1977	씨름, 그네, 궁도, 축구, 테니스, 마스게임
1978	씨름, 그네, 궁도, 축구, 테니스, 마스게임
1979	씨름, 그네, 궁도, 축구, 테니스
1780	씨름, 그네, 궁도, 축구, 테니스
1981	씨름, 그네, 궁도, 축구, 테니스, 탁구
1982	씨름, 그네, 궁도, 축구, 테니스, 마라톤
1983	씨름, 그네, 궁도, 축구, 테니스, 마라톤, 육상대회
1984	씨름, 그네, 궁도, 테니스, 마라톤, 육상대회
1985	씨름, 그네, 궁도, 축구, 테니스, 탁구, 마라톤, 육상대회
1986	씨름, 그네, 궁도, 축구, 테니스, 줄다리기, 게이트볼
1987	씨름, 그네, 궁도, 축구, 테니스, 줄다리기, 게이트볼, 태권도
1988	씨름, 그네, 궁도, 축구, 테니스, 줄다리기, 게이트볼, 태권도
1989	씨름, 그네, 궁도, 축구, 테니스, 줄다리기, 탁구, 게이트볼
1990	씨름, 그네, 궁도, 축구, 테니스, 줄다리기, 탁구, 게이트볼, 태권도

이밖에도 1928년 『중외일보』는 6월 30일자에 단오놀이 경기 결과를 소개하고 있는데, 여기에는 자전거 대회, 정구대회, 그네뛰기 대회의 입상자가 실려있다. 말미에는 농악대 순위(1·2·3위)와 함께 팀 이름을 전하고 있어 농악대회가 열렸음을 알 수 있다.[127]

기다리는 농민의 염원을 하늘에 고한다."(『강원일보』, 1965.6.4.)
125 "강릉의 단오제는 민속놀이의 전통이 점차로 흐려지고, 체육대회로 다른 행사가 밀리는 등 본래의 뜻을 잃고 있다"는 기사도 있음(『강원일보』, 1971.5.29.)
126 1972년 강릉단오제는 '제4회 시민종합체전'을 겸하여 벌어졌다(『강원일보』, 1972.6.13.)
127 "5일에 끝난 강릉단오놀이, 관중 3만 명을 돌파"(『중외일보』, 1928.6.30). 강원호, "강릉단오제 기간 중, 농악경연대회의 변천과 전망", 「강릉농악 학술대회」, KBS 한국방송 강릉방

이상의 내용을 보면, 오늘날의 시각에서 강릉단오제는 출신이나 신분, 계층 등이 상이한 사람들이 모여 사는 도시 축제가 되기에 적합했음을 알 수 있다. 지금도 그 전통이 남아있어 전국적으로 단오 축제를 벌이고 있는 지역이 있다.[128]

4) 강릉단오제와 단양 운동회

일제강점기인 1920년대, 이른바 '문화 정치기'에는 전국적으로 각종 운동회가 다양하게 펼쳐졌다.[129] 강릉단오제와 함께 한 '단양 운동회'는 1925년부터 열렸다. 이를 계기로 강릉단오제는 '단오제 축구 대회'라는 새로운 놀이 문화를 창출하게 되었다. 1920~1930년대 당시 강릉단오제 기간 체육행사 등이 개최된 기사 내용을 보면 다음과 같다.

> 제2회 '全관동단양운동대회'가 6월 12일(음력 5월 3일)부터 4일간 강릉청년회 운동장에서 열린다고 전하고 있다. 강릉청년회가 주최한 이 운동회에는 축구, 야구, 자전거, 마라톤, 육상경기, 씨름 종목이 들어 있다. (『동아일보』, 1926.6.1)

> 제4회 '관동단양운동대회'가 6월 20일(음력 5월 3일)부터 5일간 강릉시민 주최로 열리며, 경기 종목은 청소년 축구와 자전거, 육상경기, 정구, 씨름이라고 전하고 있다. (『동아일보』, 1928.6.13.)

> 지난 5월 25일 오후 9시 강릉읍 경강상회에서 강릉시민회를 개최하고 강릉의 연중행사인 제5회 '관동단양운동대회'를 『조선일보』와 『매일신보』, 『동아일보』의 삼 지국 후원으로 개최하기로 결정하고 그 役員까지 선정했다고 한다. 그리고 대회 개최는 6월 9일(음력 5월 3일)부터 5일간으로 운동 종목은 첫날 정구대회

송국, 2011, 12쪽.
128 『2008 전국 주요 단오행사 조사 연구 : 경산자인, 법성포, 전주 단오(제)의 현장』, (사)강릉단오제위원회, 2008.
129 신문·잡지편, 『한국 세시풍속 자료집성』(1876~1945), 국립민속박물관, 2003.

를 필두로 축구, 자전거, 마라톤, 씨름대회와 함께 그네(鞦韆)가 등장하고 있다. 이들 각종 운동대회의 대대적인 계획에 대성황을 예기하고 벌써부터 인기가 비등 중이라고 전하고 있다. (『동아일보』, 1929.6.1)

관동단양회와 강릉체육회 주최로 '관동단양대운동회'가 6월 14일(음력 5월 3일)부터 5일간 공설운동장과 남대천 시민운동장에서 열린다. (『조선일보』, 1934.6.11)

'全關東端陽運動大會'가 임영청년회 주최로 6월 23일(음력 5월 3일)부터 4일간 남대천변 운동장에서 열린다고 보도하고 있다. 경기 종목으로는 축구, 정구, 마라톤과 씨름(脚戱)이 보인다. (『조선일보』, 1938.6.2.)

이상의 내용을 보면, 강릉단오제 기간 개최된 체육대회 및 운동회의 중심 주최가 해마다 다르게 나타난다. 제4회 '관동단양운동대회'(강릉시민 주최), '전소관동중심의 단오대운동회'(강릉읍 경강상회), 제5회 '관동단양운동대회'(『조선일보』·『매일신보』·『동아일보』의 삼지국 후원·개최), '관동단양대운동회'(관동단양회·강릉체육회), '전관동단양운동대회全關東端陽運動大會'(임영청년회), 제2회 '전관동단양운동대회'(강릉청년회) 등 행사를 주관하여 운영하는 단체가 다양하다. 그리고 행사 종목도 각종 대회로 구성되어, 청소년 축구·자전거·육상경기·정구·씨름·마라톤·그네·야구 등으로 벌어졌다.

대체로 이 땅에 축구가 도입된 시기를 1890년으로 보여 진다. 축구 경기 도입에 대해서는 여러 논의가 있으나, 수입의 경로는 당시 관립 외국어 학교의 외국인 교사들에 의해 첫 선을 보이게 되었다는 설이 지배적이다.[130] 그리고 그 해에 외국어 학교를 나온 당시 어전 통역관들이 '대한 축구 구락부'를 처음으로 조직하였는데, 그것은 관내부官內部 참리參理들과 어전 통역관들이 외국 유학에서 돌아와 외국의 본을 따서 조직한 것으로 1897년 영국 함선이 인천에 입항하여 그 수병水兵들이 축구를 보여준 뒤 본격적인 축구팀으로서의 효시를 이룬

---

130 채한승, 앞의 논문, 51쪽 재인용.

것이라 한다.[131] 이렇듯 축구 시합에 관한 기록으로는 1899년 5월 동소문 밖 삼선평에서 황성 기독교 청년회 팀과 오성학교가 영국인 교사의 지도 아래 경기를 치른 것이 남아 있다. 그러나 이러한 기록은 실제의 축구 경기 내용이 어떠한 것이었는지를 전해 주기에는 명료하지 못한 점이 많다.

그 후, 학교 체육활동의 일환으로 외국어 학교에서 축구를 가르치기 시작하여 운동회의 경기 종목으로 채택되었으며, 따라서 축구는 학교 스포츠로써 성장의 발판을 굳건히 하게 되었다.[132]

'단오제 축구 대회'가 전국적인 규모로 개최될 수 있었던 점은 무엇일까? 아마도 강릉단오제라고 하는 전통적이고 향토색 짙은 행사 속에 자리 잡은 성숙된 놀이문화가 그 바탕이 되었다고 볼 수 있다. 따라서 근대 체육, 스포츠 문화를 쉽게 융해시키는 계기를 마련하였다. 강릉 축구는 1910년대 이후 오랜 기간 동안 마을과 촌락을 단위로 전 지역에 확산되어 갔으며, 이로써 촌락 공동체의 관행적 생활문화와 접목되면서 촌락사회의 보편적인 놀이문화로 정착되었다는 점이다.[133]

> 당시 청소년들은 농한기를 맞아 논밭과 신작로에 흙두덩이나 돌무지를 조그맣게 쌓고 이것을 골포스트로 삼아 축구 경기를 하였다. 또한 솔밭 광장에서 소나무에 줄을 걸어 골포스트를 세우거나 해변이나 강변의 백사장에서 역시 모래무지를 쌓아 그것을 골포스트로 삼아 축구 경기를 하였다. 무엇보다 축구공을 구하기 어려웠던 상황에서 청소년들은 주변에서 쉽게 이용할 수 있었던 짚을 뭉치고 새끼줄을 엮어 공을 대신하였으며 어쩌다 가축의 오줌통을 구하면 역시 여기에 새끼줄을 감아서 축구공을 대신하였다.[134]

위와 같은 축구 경기(놀이) 장면은 그것을 체험한 사람들의 고증에 의한 것이

---

131 채한승, 위의 논문, 52쪽 재인용.
132 박상훈, 「한말 체육보급과 일제 식민지하의 민족주의 체육활동」, 공주교대 석사논문, 2006, 21쪽.
133 『강릉지방 축구 100년사』, 강원도축구협회·강원도, 1997, 17쪽.
134 위의 책, 16쪽.

다.[135] 사실 이러한 장면은 '축구 경기'보다는 '축구 놀이'로 표현하는 것이 적절하다. 강릉을 비롯해 영동지방 전역에 확산되어 마을 공동체의 보편적인 놀이문화로 정착된 강릉 축구는 1920년대에 이르러 강릉단오제와 접목된다.[136] 강릉단오제가 단오명절 풍속과 연결되고, 마을 공동체의 보편적인 전통문화로 정착되면서 지역 차원의 응집 된 전승 형태라고 한다면, 강릉 축구 또한 마을 공동체의 보편적인 놀이문화로 정착되면서 자연스럽게 강릉단오제의 체육행사로 편승된 것으로 볼 수 있다.

'관동단양제 축구 대회'는 강릉을 비롯하여 전국 각지의 축구팀이 참여하면서 강릉단오제에 편승되어 개최된 행사였다.[137] 이 대회는 1925년을 전후한 시기에 강릉에서 개최된 전국적인 규모의 축구 경기였다. 그리고 강릉단오제의 체육행사로 운영되었다. 당시 대회에 출전하였던 축구팀은 철원, 원산, 고성, 춘천, 장전, 제천, 속초, 원주, 울진, 후포, 평해 등 강원도를 비롯하여 30여 팀이 참가하였다. 원산이나 함흥 지역은 주문진항에 배편으로 도착하여 대회에 참여하기도 했다. 장소는 '일본 수비대의 연병장'[138]을 단오장 겸 축구 경기장으로 이용하였다. 이는 강릉단오제의 별칭인 '단양제'를 경축하는 축구 대회로 큰 규모의 행사는 해방직전까지 매년 개최되었다.[139]

이렇듯 강릉의 축구가 강릉단오제 행사에서 중요한 경기로 결정된 것은 1930년대였다. 1935년 강릉민우회가 주최한 관동 단양제 축구는 강릉 남대천 운동장에서 거행되었다. 출전은 강릉농업, 간성, 모다, 연곡, 대화, 망상, 중앙신문사, 주문진 그리고 도라구(트럭) 팀 등이었다.[140]

---

135 위의 책, 148쪽. 고증자로는 당시 최돈포(강원도축구협회장) · 김남두(강릉농공고등학교장) · 최선장(강릉상업고등학교장).
136 위의 책, 19쪽.
137 『한국 축구 백년사』(1986)의 「강원도 강릉의 축구열풍」(前강릉단오제위원회 위원장 이상혁)이라는 기사, 『강농오십년사』(1978)의 "축구부" 기사, 『강릉시사』(1996)의 "체육편" 기사가 있다.
138 村山智順, 『부락제』(1937)에 보면 대성황사의 위치가 '수비대 연병장의 자리가 그 흔적이다'라고 기록해 놓았다.
139 『강릉시사』(1996)의 "체육편" 참조.
140 1935년 경기에서는 강릉농업이 우승했다. 결승전은 간성과 행했는데 3 : 2로 승리했다. 강농의 선수 명단(생략), 또한 1930년대 강릉단오제에서 YMCA 야군단이 우승을 했다. 그리

1935년 경기에서는 강릉농업학교[141]가 우승했다. 결승전은 간성과 행했는데 3:2로 승리했다. 강농의 선수 명단을 보면, 박진학(GK)·장동규·박익동·김진택·박중택·홍순복·임남규·장영택·김진익·김동수·홍성지 였고, 후보에 권영동이 끼었다.[142]

축구와 함께 야구가 이 땅에 들어온 시기는 1905년이다. 당시 황성 기독교 청년회(서울 YMCA의 전신)의 총무였던 미국인 선교사 Gillet(吉禮泰)가 황성 기독교 청년회 회원들에게 야구를 지도하게 됨으로써 본격적인 출현을 보게 되었다. 당시 야구에 대한 명칭은 '타구打毬'라고도 하였다. 기록에 남아 있는 최초의 야구 경기 시합은 1906년 2월 17일 황성 기독 청년회 회원과 독일어 학교德語學校 양 팀이 훈련원 마동산馬東山에서 대결한 경기였다. 이 경기에서는 독일어 학교 팀이 승리하였다.[143] 당시의 야구는 동네 야구 수준으로 유니폼은 생각도 할 수 없는 일이며, 선수들은 한복에 짚신을 신고 배트를 교대로 사용했다고 한다. 이후 국내 각 학교 간의 야구 경기가 꾸준히 전개되었으며, 황성 기독교 청년회는 운동부 창설을 통하여 여러 운동경기를 지도·장려하게 되었다.[144]

재미있게도 국내에서 2002년 10월에 개봉된 영화 'YMCA 야구단'(감독 김현석, 주연:송강호, 김혜수)이 있다. 이 영화를 통해 당시 야구 탄생의 사회적 배경과 상황을 이해할 수 있다. 이 영화는 이 땅에 야구가 들어오고, 이로 인해 벌어지는 사건들로 그 줄거리는 다음과 같다.

고 1933년에 강릉농업교에는 야구단도 구성되었다. 당시 명단(생략), 5월 27일 단양제 행사의 일환으로 단양 운동장에서 개최되어 강농 : 강릉보통학교(23:1), 강농 : 그리스도 청년회(21:3)으로 강릉농업이 대승했다(최철, 『강릉, 그 아득한 시간 : 해방 전후와 전란기』, 연세대학교 출판부, 2005, 35쪽).
141 참고로, 강릉농업학교의 초창기 학제를 보면,
1928.07.01 : 강릉공립농업학교 개교(3년제).
1939.09.30 : 강릉공립농업학교 학제 개정(5년제).
1943.04.01 : 강릉공립농업학교 학제 개정(4년제).
1946.09.02 : 강릉공립농업학교 교명 변경(6년제).
2011.03.01 : 강릉중앙고등학교 교명 변경.
142 최철, 『강릉, 그 아득한 시간 : 해방 전후와 전란기』, 연세대학교 출판부, 2005, 35쪽.
143 채한승, 앞의 논문, 52쪽 재인용.
144 박상훈, 앞의 논문, 24~25쪽.

글 공부보다 운동을 더 좋아하는 선비 호창은 젊은 시절의 유일한 꿈이었던 과거제도가 폐지되자 삶의 목표를 잃고 하루하루를 보낸다. 호창의 형은 시대적 울분을 참지 못하고 의병활동을 하기 위해 집을 떠나고, 그의 아버지는 개화 세력에 밀려 관직을 그만두고 서당을 운영한다. 어느날 우연히 YMCA 회관에서 야구를 하는 신여성 정림과 선교사들의 모습을 본 호창은 야구에 대한 호기심과 정림에 대한 호감을 갖게 된다. 호창의 아버지는 호창에게 서당을 물려받길 권유하지만 호창은 정림에 대한 감정을 키워가며, 야구라는 신문물의 매력에 빠져든다. 호창과 호창의 죽마고우인 광태, 일본 유학생 출신 대현, 정림을 중심으로 조선 최초의 야구단인 'YMCA 야구단'이 결성된다. YMCA 야구단은 연전연승 최강의 야구단으로 자리잡으며 황성 시민의 사랑을 한 몸에 받게 된다. 이러한 가운데 조선은 일본의 강압에 의해 을사조약을 체결하게 되고 이에 비분강개한 정림의 아버지는 자결한다.

을사조약 체결 이후, YMCA 야구단의 연습장이 일본군의 주둔지로 바뀌게 되자 이를 계기로 YMCA 야구단은 일본군 클럽팀 성남구락부와 1차 대결을 하게 된다. 그러나 경기 전날 친일파에 테러를 감행하다 부상을 입은 투수 대현은 부진을 면치 못하고, 호창 역시 마당의 빨래 줄에 널려있는 야구복을 발견하고 시합을 관전하러 온 아버지의 눈을 피하느라 실력 발휘를 하지 못해 YMCA 야구단은 일본팀에 대패하고 만다.

야구단의 주장 대현은 일본팀의 주장 가츠노리에게 재대결을 신청하지만, 테러 사건의 전모가 발각되면서 대현과 테러에 연루되어 있던 정림은 일본군에게 쫓기는 신세가 되고, YMCA 야구단은 해체된다. 낙심한 호창은 고향으로 내려가신 아버지를 따라 내려가 서당 일을 돕는데…[145]

강릉농업학교에는 1933년에 야구단이 구성된다. 당시 선수 명단을 보면, 주장 겸 투수에 김재성, 포수에 김종하, 타자에 김윤강・기현제・김주엽・김천

---

[145] https://namu.wiki/w/YMCA에서 글을 인용함.

회・김세영・김광균・장환석 이었다. 5월 27일 단양제 행사의 일환으로 단양 운동장에서 개최되어 강릉농업학교 vs 강릉보통학교(23 : 1), 강릉농업학교 vs 그리스도 청년회(21 : 3)였다. 강릉농업학교가 대승했다. "졸업 후 김재성은 강릉 영림서에 취업하여 계속 야구를 하였고, 나(최철)의 선친(최찬갑)은 그와 짝해서 포수가 되었다. 선친께서는 1920년대 배재의 야구선구였고, 강릉 YMCA 야구부를 결성하여 강릉 야구를 일으키는 데 앞장섰다."[146]

다음은 해방 이후의 신문기사에 나타난 단옷날을 전후해서 개최되었던 체육행사들이다.

"강릉의 端陽놀이는 영동지방의 명물로서 매년 거행되고 있거니와 금년에도 오늘 3일(음력 5월 3일)부터 7일까지 5일간에 걸쳐 다음과 같은 다채로운 행사와 경기를 개최하기로 되었다 한다." (『조선일보』, 1954.6.4.)

江陵端陽祭가 오는 6월 8일(음력 5월 4일)부터 남대천 백사장과 강릉공설운동장에서 개최되리라 한다. 그런데 남대천 백사장에서는 풍년제를 비롯하여 농악, 그네, 씨름, 미인투표 등이 거행되리라고 하며, 강릉공설운동장에서는 배구, 탁구, 농구 등의 운동경기가 있을 것이라 하는데, 특히 금년에 처음으로 개최되는 제1회 관동미인 투표 대회는 벌서부터 인기가 총집중되고 있다고 한다. (『조선일보』, 1959.6.4.)

해방 이후에도 해방 전(前)과 마찬가지로 강릉단오제 행사와 병행하여 민속놀이와 각종 체육행사가 벌어졌음을 짐작하게 한다. 강릉단오제는 그 외형적 형태가 시대의 추이(推移)에 따라 다양한 모습으로 변모되어 왔다. 최승순 교수는 6.25 전쟁 당시의 단오장 풍경을 다음과 같이 회상하였다.

---

146 "12살에 서울에 온 아버님은 배재중학을 다니면서 야구선수(포수겸 주장)가 되어 경성 운동장에서 경기에 참여했다. 배재를 나온 아버님은 바로 일본에 유학하여 교토(京都)의 동지사(同志社) 대학에 다니시다가 학비가 없어 2년 후에 귀국, 강릉에 정착하였다. 기독교 신자로서 감리교를 다니셨고, 강릉의 YMCA 기독교 야구팀을 결성했다(최철, 앞의 책, 35~36쪽).

휴전 막바지 생사를 건 전쟁이 치열한 데 강릉에서는 단오 행사가 한창이었다. 강릉 남대천 다리를 통해 삼척으로 부상병들을 실은 군용트럭이 수도 없이 먼지를 피우면 달려가는데 그 트럭이 다니는 국도 바로 옆에서는 단오의 축구 경기가 한창이었다. 참으로 우리 민족 우리 역사는 불가사의 한데가 있는 민족이요 역사라 생각했다. 전쟁으로 수많은 젊은이가 피를 흘리며 실려 가는데 한쪽에서는 축구 경기에 열을 올리고 있었으니 우리에게 있어서는 전쟁과 평화가 한 스크린에 겹쳐져 있어 어느 것이 실상이고 어느 것이 허상인지 분간키 어려웠다.[147]

이렇듯 강릉단오제는 오늘날까지 그 맥이 전승되어 강릉의 전통문화로 지켜지고 있다. 강릉단오제에 편승된 축구 역시 촌락 공동체에 정착되어 보편화된 축구놀이(문화)를 토양으로 그 규모가 점점 확대되면서 지역 축제(강릉단오제)와 함께 발전을 거듭해 왔다. 강릉단오제에 편승된 강릉 축구는 질·양적으로 재생산되는 효과를 얻을 수 있었으며, 이로부터 강릉 축구는 지역적 정체성을 확보하게 된다.

… 단오제에 참가하는 사람들의 의식, 즉 사회적 의미와 기능의 문제로 귀착된다. 단오제의 중요한 모티브는 천여 년을 면면히 이어온 지역 주민들의 소박한 민간 신앙임은 두말할 나위도 없다. 그러나 현재 진행되고 있는 수많은 예술행사나 체육행사 경축행사 등은 시대 변천에 따라 태어난 도시형 축제 문화이다. 이러한 문화의 창조와 혁신은 도시 주민의 사회 문화적 욕구의 반영이라고 볼 수 있다. 가장 전통적이라고 자랑하는 강릉단오제도 새로운 사회적 요구를 반영해서 혁신하는 영원한 '발전도상의 축제'로 남지 않으면 사회적 의미와 기능이라는 측면에서 그 의미를 잃게 되는 것이다. 연인원 수 십만의 인파로 들끓는 강릉단오제는 비정한 도시의 고독한 개인에게 활기와 감동을 주고 강릉시민의

---

[147] 최승순, 『강원여지승람』, "전쟁통에서도 꽃피운 교육열과 단오문화, 강릉단오제는 그때도 열렸었다", 사단법인 율곡학회, 2009, 23~26쪽.

동질성을 회복하여 지역사회라고 하는 공동체의 연대감을 강화하며 해체된 농경사회의 생활 공동체를 도시 사회라는 지역 공동체로 재구축하게 하는 우리 모두의 신명나는 잔치이다.[148]

위 내용은 강릉단오제의 사회 문화적 의미와 기능에 대한 글이다. 강릉 축구의 사회적 의미도 강릉단오제가 갖는 사회적 의미와 동일한 선상에서 파악될 수 있는 요소가 많다.

일제강점기 때 시작하여 해방 이후부터 오늘날까지 강릉단오제와 강릉 축구는 근현대사를 함께해 왔다. 해방 이후부터는 강릉단오제 기간 개최되었던 단양절 축구 대회가 전국 단위에서 지역 단위로 축소되었다.

그리고 1960~1970년에 이르러서는 초·중·고등부 및 일반부로 나누어 강릉단오제 경축 체육행사의 일환으로 축구 대회가 벌어졌다. 그리고 1976년부터 강릉농고(현 중앙고) vs 강릉상고(현 제일고) 간의 친선 축구 대회로 시작하였다. 이후부터 강릉단오제에는 양교의 축구 정기전이 경축행사로 정착되었다. 그런데 경기가 과열되고 선수간, 응원단 간의 집단적 대결 양상이 격해지는 관계로 그 후유증이 컸던 이유로 해서 그동안 세 차례나 중단되는 어려움을 겪기도 하였다. 현재는 강릉단오제위원회가 주최하고 양교 동문회의 주관으로 강릉단오제 기간 주말을 택하여 펼쳐지고 있다.

어느 축제든 남의 축제를 끌어다가 우리 축제를 보는 근거로 삼으면 잘 보이지 않거나 이상하게 보인다. 그러므로 자문화의 축제 전통은 자문화의 축제 문화 속에서 발견되어야 제대로 포착할 수 있다. 그러한 문제의식을 가지고 자기 눈으로 자문화를 해석하는 역량을 발휘하는 것이 바로 문화를 읽는 자력적인 눈이자 독창적 수준이다.[149]

전통의 창조가 특히, 국민국가 형성기에 집중적으로 일어났다는 사실은 그

---

148 황달기, 「端午祭의 사회적 의미와 기능」, 『강원도민일보에 기록된 강릉단오제 기록물 편람』 (1993~2006), 강원도민일보사·(사)강릉단오제위원회, 2007, 90쪽.
149 임재해, 앞의 논문, 18쪽.

것과 국가와 민족을 둘러싼 거대 담론의 관계를 잘 드러낸다. 전통의 창조는 사람들 사이에 존재하는 경제・사회・정치적 차이점들을 극복하고 '상상된 공동체'를 만들어내는 공동분모를 형성해 내는 데 기여한다.[150]

1897년 황제로 즉위한 고종은 대한제국을 선포하고, 황권중심의 중앙집권적 근대 국가를 만들기 시작하였다. 이때 국민통합과 민족의식, 황제에의 충성과 애국심 고양을 위해 각종 서구식 기념 조형물과 기념행사, 담론들, 상징들, 기호들[151]이 도입・적용・재창조에 이르렀다. 일례로 자주 독립의 서막을 상징적으로 보여주고 '국민'들의 애국심을 고취시키기 위해 독립문을 들 수 있다. 이 독립문은 프랑스 파리의 개선문과 비슷한 형태로, 프랑스 제3공화정이 대량 생산한 조형 기념물을 통해 전통을 창조하고 민족의 영광을 상징적으로 보여주는 것과 동일한 상징 만들기가 대한제국 시기부터 시작되었다는 것을 의미한다. 이와 함께 각종 기념일이 제정되고 행사들이 창안되었다. 그 중의 하나는 당시 조선 개국 505주년을 축하 하는 개국 기원절 행사와 '대군주 폐하의 탄신일'인 만수성절 행사였고, 다른 하나는 '운동회'였다. 국민과 학생들의 효과적인 교육과 통합의 장으로서 도입된 근대 운동회에는 각종 상징과 배치, 규율과 경쟁이 운동장이라는 공간을 가로지르고 있었다.[152]

지금까지 '근대'라고 하는 외래문화의 유입, 그 중에서도 특히 스포츠 문화가 우리나라에 정착・보급되면서 강릉단오제 행사에 편승되는 상황을 살펴보았

---

[150] '만들어진 전통'들에는 서로 중첩되는 세 가지 유형이 있는 것 같다. 첫째는, 특정한 집단들, 실재하는 것이든 인위적인 것이든 공동체들이 사회 통합이나 소속감을 구축하거나 상징화하는 것들이다. 둘째는 제도・지위・권위 관계를 구축하거나 정당화하는 것들이다. 셋째는 그 주요 목표가 사회화나 혹은 신념, 가치체계, 행위규범을 주입하는 데 있는 것들이다. 여기서 둘째와 셋째 유형의 전통들은 확실히 고안된 것이다(영국령 인도에서 권위에의 복종을 상징하는 것들처럼). 그 반면에 가설이기는 하지만, 세 유형들 중 첫째 유형은 우세했고, 따라서 그 밖의 다른 기능들은 모두 특정한 '공동체' 그리고 (혹은) 그 공동체를 대표하고 표현하며 상징하는 제도 - 가령 '민족'처럼 - 과의 일체감에 내재해 있거나, 적어도 그런 일체감에서 흘러나온 것으로 간조할 수 있다(에릭 홉스본 외 지음, 박지향・장문석 옮김, 『만들어진 전통』, 휴머니스트, 2004, 11쪽).
[151] 국기(國旗)와 국가(國歌), 국가 문장은 독립 국가라면 어김없이 그 자신의 정체성과 주권을 선포하는 데 사용하는 세 가지 상징들이며, 그 자체가 즉각적인 경외와 충성을 명령하는 것들이다. 그것들 속에는 한 민족의 완전한 배경과 사상과 문화가 녹아있다(위의 책, 36쪽).
[152] 김현숙, 「대한제국기 운동회의 기능과 표상」, 『동아시아 문화연구』 제48집, 2010, 8~9쪽.

다. 여기서 주목하고자 했던 것은 강릉단오제의 오랜 전통이 사회·문화적으로 어떤 역할과 기능을 한다는 것보다는 '근대사회'가 그것을 재창조하면서 새로운 방식으로 전승되었다는 점이다. '전통'[153]이란 항상 있었던 것이 아니라, 그 사회가 그렇게 존재하도록 만든 것이기 때문이다.

일제강점기의 강릉단오제 존재 양상을 보면, 당시 일인日人의 조사 내용에 나타난 것처럼, 우리의 민속·신앙 등은 '미신' 또는 '미개한 것'으로 서술되었다. 강릉단오제와 직접적으로 연계된 제신諸神들에 대해서도 '미신의 풍속'으로 인식하였다. 그리고 강릉단오제의 제신을 맞이하는 전통이 미신의 풍속으로 변화되면서 전승에 있어 축소와 단절에 이르렀다고 했다. 이러한 상황에서 단오장 일부에서는 각종 체육행사가 진행되었다.

1920년대를 전후해서 강릉단오제에 편승된 '축구놀이'와 '관동단양제 축구대회'가 등장하게 되었다. 그리고 이 시기에 간행된 신문과 잡지에 나타난 세시풍속 관련 기사에는 '설날' 관련 기사보다 '단오' 관련 기사가 양적으로 증가한 것으로 나타났다. 이것은 단오풍속이 다른 세시풍속보다 가장 활발하게 행해졌다는 것을 알 수 있다.

1930년대에 활발하게 보도된 단오놀이를 보면 대규모 씨름과 그네대회 등이 서울와 지방 등의 각지에서 개최되었다. 단옷날은 다른 날과 달리 남녀나 어른 아이 구별 없이 많은 사람이 즐겼으며, 신문이나 잡지사가 주최하는 단오원유회端午園遊會가 열려 많은 여성들이 인산인해를 이루었다. 이때 전통적인 행사와 더불어 새로 도입된 스포츠인 테니스, 탁구, 공 던지기 등이 열렸으며, 여러 상점에서 물건을 기증하기도 하였다. 이 시기는 서구 문물이 유입되기 시작한 때였다. 따라서 전통 세시풍속인 단오행사와 병행하여 신문화 도입을 위한 행사가 함께 진행되었음을 알 수 있다. 그리고 당시의 강릉단오제 전승 상황을 자세하지는 않지만 각종 운동회(체육대회)와 함께 전승되었다.

---

153 '만들어진 전통'이라는 용어는 광범위하지만 그렇다고 부정확하지는 않은 의미로 사용된다. 이 용어에는 실제로 발명되고 구성되어 공식적으로 제도화 된 '전통들'은 물론이요, 그 기원을 쉽게 거슬러 올라가기는 어렵지만 어쨌든 추정은 가능한 시기 – 대략 수년 사이 – 에 등장해 급속하게 확립된 '전통들'이 모두 포함된다(앞의 책, 20쪽).

강릉단오제 전승에 있어 큰 변화는 1920년대에 일제가 대성황사를 강제로 폐지하면서 부터다. 조선시대 내내 제의적 공간이었던 대성황사가 없어지면서 전통적인 연행 방식과 놀이 장소에 변화가 온 것이다. 결국은 대성황사가 폐지됨으로 해서 수년간 전승이 중단되었다. 그리고 1930년을 전후한 강릉단오제의 풍경은 그 옛날의 전승 문화는 찾기 어려운 상황이었다. 하지만 단옷날을 전후로 해서 시장이 서고 무당굿이 행해졌다는 기록을 볼 때, 일제강점기부터 강릉단오제의 전승 양상이 운동회나 축구 대회로 이어졌음도 우연한 계기는 아닐 것이다. 이점은 전국 각지에서 단옷날에 즈음하여 체육행사가 다양하게 이루어졌음을 통해서도 알 수 있다.

강릉단오제의 축제 공간에서는 전통 스포츠(민속놀이 등)를 비롯하여, 근대시기에 유입된 서양식 스포츠 문화와 병행하여 연속적으로 펼쳐왔다. 씨름과 그네를 비롯한 궁도, 줄다리기 등과 근대 스포츠인 축구와 야구는 강릉단오제 기간 대회 등을 통해 활성화 되었다. 이와 같은 분위기는 일반 대중이 이에 대거 참관하는 모습을 보이면서 '경기', '스포츠', '체육', '축제', '여가' 등의 개념이 대중의 풍속에 새로운 패턴으로 형성하게 된 것으로 본다.

우리의 전통적인 민속 스포츠인 씨름은 일찍이 대중 스포츠 문화로 자리를 잡았다. 하지만 그네뛰기는 그렇지 못하다. 이를 현대 스포츠 문화로 대중화하기 위해서는 우선, 전통에 대한 인식의 변화가 필요하다. 그리고 전통문화와 민속 스포츠에 대한 제도화의 검토가 요구된다. 또 지금 같은 대회(행사) 위주의 그네뛰기에서 탈피하고, 그네 시설과 놀이 방법에 대한 현대식 재검토의 노력을 기울인다면, 남녀노소 많은 사람들이 접하고 즐길 수 있는 민속 스포츠가 될 것이다. 이밖에도 단옷날 즐겼던 다양한 놀이들이 현대적 감각에 맞게 변용되어 지역(마을) 공동체의 참여와 즐기는 문화로 정책시켜야 할 것이다.

단오는 조선의 올림픽이다[154]

2018년 평창 동계올림픽을 '문화 올림픽'으로 만드는 작업이 화두다. 이와 직·간접적으로 연계된 해당 시·군에서는 '무엇을 가지고, 재미있는 놀이마당'을 만들 것인가에 고민들이 많다. 생각해보면, 멀리서 찾을 것도 없다. 우리 지역에서 봄·여름·가을·겨울 때 마다 함께 놀고, 함께 나누어 먹던 음식 등 세시성 놀이문화를 떠올려 본다.

봄에는 꽃놀이, 여름에는 단오놀이, 가을에는 달빛놀이, 겨울에는 연날리고, 윷놀이 하고, 달집 만들고, 다리밟고, 망우리 돌리고 하는 것 등 놀꺼리가 참 많다. 놀면서 빠지면 섭섭한 향토 음식들도 계절별로 풍성하다. 특히, 2018 겨울올림픽이 치러지는 기간에 '설 명절'과 '정월 대보름'이 중심에 있다. 그래서 생각해 본 것이 '설과 정월 대보름'의 민속놀이와 음식을 기본 컨셉으로 한, 2018 문화 올림픽 놀이마당으로 기획되는 것도 좋을 듯하다.

2018 문화 올림픽 역점사업으로 강릉시의 '겨울 단오 프로젝트'가 중단 위기에 있다는 기사를 보았다. 강릉단오제와의 긴 인연으로 옛 자료를 찾아보았다. 1920~1930년대 발간된 신문·잡지의 '단오 풍속도'에서 발견된 내용이다. 당시의 잡지에서는 "端午는 朝鮮의 올림픽이다"라고 했다(安承海, 端午는 朝鮮의 올림픽, 신가정, 1925년 6월).

단오를 '조선의 올림픽'으로 표현한 것으로 미루어, 당시 단옷날을 전후해서 민속놀이와 체육행사가 섞이고, 새로운 풍속이 접목되었음을 짐작하게 한다. 체육행사로는 격구, 경마, 씨름, 그네, 大운동회 등이 있었다.

1925년에는 단오운동대회를 '경무대'에서 개최하였고, 1927년에는 장충단에서 제2회 시민위안 무료 운동회를 개최하였다. 1931년에는 조선중앙기독교 청년회에서 『동아일보』 후원으로 제4회 소조선 씨름대회를 개최하였다. 이후에는 서울보다는 지방에서 부인회나 각 신문사 지국, 금광 사무소, 학교, 시민유지회(市民有志會) 등의 주관으로 단오 운동회가 열렸다.

---

[154] 이경화 글, 『강원도민일보』, 2015.3.13.

이렇게 각지에서 단옷날을 맞아서 각종 운동회가 개최되는 것을 보고, 1925년 '신가정'(1925.6)에서 안승회는 '단오를 조선의 올림픽'이라고 표현한 것이다.

지금으로부터 90여년 전, 단오 풍속이 올림픽을 연상케 할 정도였다면, 생각해 볼 것들이 참 많다. 이젠 강릉이다. 우리의 세시성 '단오'와 '강릉단오제'를 스토리텔링 상품으로 만들어야 한다. 그리고 강릉에는 겨울 축제로 '망월제'가 있다. 정월 대보름도 명절이다. 설 다음에 오는 큰 명절에 강릉에서 달月 문화를 즐기고 있다. '단오'는 해日와 연관된다. 정월 대보름은 물론 달月이다. 이러한 문화원형들이 스토리텔링으로 전환되는 '생각의 경계'에 우뚝 서 있다.

그리고 우리에게 추석이 가족중심의 명절로 계승되고 있다면, 단오와 정월 대보름은 '마을 공동체' 즉, 축제(잔치)로 전승되고 있음도 좋은 스토리텔링이다.

추운 겨울날에 놀이거리(체험)와 먹을거리, 구경거리가 풍성한 큰 놀이마당을 상상해 본다. 가슴벅찬 일이다. 그래야 강원도 땅에서 강원도 사람들이 무엇을 먹고, 어떻게 놀고 있는지, 그것이 궁금해서 세계인이 구경하러 온다. 그것이 관광(여행)의 호기심이 아닐까.

지난 2008년 베이징 올림픽 개막식의 첫 인사는 "有朋이 自遠方來면 不亦樂乎아"였다. 우리의 2018 평창 동계 올림픽 첫 인사가 문화 올림픽의 실타래가 될 것으로 본다.

2018 문화 올림픽이 추구하는 목표 달성을 위해서 '문화원형(자원)'과 '사람(네트워크)'을 효율적으로, 효과적으로 활용하는 기획력을 기대해 본다.

4. 일제강점기에서 해방 공간 전후의 담론

강릉단오제는 전승의 암흑기라 할 수 있는 일제강점기 동안 어떻게 면면히 이어올 수 있었을까? 1603년 허균 선생의 『성소부부고』에 기록된 강릉단오제의 모습은 조선조 내내 큰 틀을 유지했던 것으로 짐작된다. 대관령에서 신을 모시고 내려와 강릉에서 잡희를 벌였다는 이 기록은 오늘날 단오제와 크게 다르지 않다.[155] 그 후, 강릉단오제에 대한 '기억의 전통', 즉 '기억 속의 강릉단오제'에 대해서는 일인(日人) 학자들의 조사 보고서[156]를 통해 알 수 있었다. 그리고 조사기록 당시의 강릉단오제 현장 상황은 자세하게 전해지지는 않지만, 넓은 공터에 시장이 형성되었고, 그네뛰기 풍경, 축구를 비롯한 각종 체육행사가 함께 벌어졌다.

강릉단오제 전승에 있어 큰 변화는 1920년대에 대성황사가 폐지되면서부터 그 원인을 찾는다고 했다. 대성황사는 지난날 강릉단오제의 중심 공간이면서 제의적 공간이었다. 그러나 강릉단오제는 제의적 공간을 잃어버리면서부터 전통적인 제의 형식과 놀이 장소에 변화를 가져왔다.[157] 그리고 강릉단오제의 내용과 형식, 운영 주체 등의 변화도 함께 진행되었다.[158]

강릉단오제의 제의 일체는 관청에서 행하던 것이기에 모든 비용은 관급(官給)으로써 이루어졌다. 음력 3월 20일 제의용 술을 빚는 것부터 관청에서 관여하였다. 그래서 호장(戶長), 부사(府使), 매색(每色), 수노(首奴), 성황직(城隍直)(男巫長), 내무녀(內巫女)(女巫長)가 목욕재계(沐浴齋戒) 하고 봉(封)을 해서 호장청 하방(戶長廳 下房)에 두었으나, 근년에는 이런 일이 없어졌다고 하였다.[159] 이렇듯 관청의 지원을 통해 면면히 전승되어 온 강릉단오제가 대성황사의 폐지로 인하여 수년간 전승이 중단되고,[160]

---

155 황루시, 「강릉단오제의 원형보존 방안」, 『세계문화유산 등록기념 : 강릉단오제 원형 보존 및 세계화 방안』, 강릉문화원·강원도민일보, 2005, 18쪽.
156 이 책에서 다룬 그 대표적인 조사 보고서는 3건이다. ① 秋葉 隆, 『강릉단오제』, 1930. ② 善生永助, 『생활상태조사』 Ⅲ, 강릉군, 1930. ③ 村山智順, 『부락제』, 1937.
157 황루시, 앞의 글, 17~24쪽.
158 무엇보다 결정적인 것은 전래의 행정 제도가 해체되면서 아전 제도가 혁파된 것을 들 수 있다. 강릉단오제를 이끌어가던 호장과 기타의 연행을 책임지던 무당과 악공, 才人, 官奴 등이 축제와 맺고 있던 의무적 관계가 해소됨으로써 단오제의 인적, 물적 기반은 약화 됐고, 여기에다 일제의 압박이 가해지면서 강릉단오제는 전래의 전승 맥락에서 이탈해 새로운 모습으로 변화하기 시작한다(한양명, 「고을 축제로서 강릉단오제의 절차와 내용에 대한 검토」, 『공연문화연구』 제18집, 2009, 584쪽).
159 1950년 한국전쟁 前만 하더라도 대관령 국사성황제의 제사는 대단하였다고 한다. 반드시 소 한 마리를 잡고, 떡과 祭物은 매우 풍성하였다. 일정시대에도 공자님 제전과 대관령 국사성황제만은 사사롭게 소를 잡았다고 한다(崔喆, 『嶺東民俗志』, 通文舘, 1972, 126쪽).
160 "… 얼른 돌아 서서 성황당에 다다르니 이 성황은 유명한 국사(國師)성황인데, 강릉 사람이 누백 년 숭배(崇拜)하여 수부다남(壽富多男)을 축원(祝願)하고, 매년 사월 초팔일에 강릉읍 남천 물가에 성황에 모실 새(당시의 여성황사로 짐작된다), 그날 저녁 풍악 소리와

1930년을 전후한 일제강점기 때, 조선조 구한말 이전의 강릉단오제 전승 문화는 찾기 어려운 상황이었음을 짐작케 한다.[161] 하지만 이때, 음력 단오를 전후로 해서 어느 한 공터에 시장이 서고, 무녀의 가무(歌舞)가 행해지고, 씨름과 그네뛰기 등이 어우러져 운동회가 벌어지고 있었음을 볼 때, 일제강점기부터 강릉단오제의 전승 양상이 운동회나 축구 대회로 이어졌음도 우연한 계기는 아닐 것이다. 이는 전국 각지에서 단옷날에 즈음하여 체육행사가 다양하게 이루어 졌음을 통해서도 알 수 있다.

강릉단오제가 공동체 내외의 문제 때문에 전래의 전승 맥락에서 벗어나 열악한 환경에서 축제의 면모를 유지해 온지 1세기 남짓한 세월이 흘렀다. 일제강점기는 우리 역사에서 가장 격심한 변화가 일어났던 시기였다. 전통 축제의 경우 그 형태와 내용, 그리고 의미에 있어 전반적인 변화를 감당할 수밖에 없었던 시기였다. 강릉단오제 역시 이와 같은 변화의 격랑에 휘말렸고, 그렇기 때문에 현재의 모습에는 당연히 살아남기 위해 감내한 변화의 흔적들이 크던 작던 남아 있을 수밖에 없다.[162] 이처럼 강릉단오제는 변화의 시대에 맞서 단오민속놀이인 씨름과 그네, (강릉)농악 놀이, 난장 형성, 체육행사 등이 함께 공존해 왔다. 특히 강릉지역은 1920년대부터 소규모 마을 단위의 축구놀이가 마을 공동체의 보편적인 행사로 이어졌으며, 이것이 '단오(제)'의 한 풍속으로 응집되면서 체육행사로 편승되는 계기를 마련하였다. 이를 계기로 전국 단위의 '관동단양제 축구 대회'로 확대되면서, 1920년대부터 강릉단오제 행사와 접목되는 특성으로

횃불 빛은 일대장관(一大壯觀)이더니, 수년간에는 전연히 폐지(廢止)하였으나 이전부터 숭배(崇拜)하던 일을 생각하여 심중(心中)으로 평안(平安)이 왕반(往返)하기와 만사여의(萬事如意)함을 축원하고…"(서인석・박미현, 『1910년대 강릉 장현마을 김씨 할머니의 서울 구경』, 『강원도민일보』, 2007, 35쪽).

161 옛날에는 굿패 행렬이 대성황사에 이르러 여기에 위패와 신목을 모셔두고 제사를 지내고 굿을 했으나, 대성황사가 없어진 뒤로는 매년 남대천에 제단을 가설하고 여기에 위패와 신목을 모셔놓고 삼실과 포로 간단히 제상을 차려 놓고 단잔을 부어 놓고 굿패 일행이 모두 4배하고 나서 굿패는 헤어져 도가나 자가로 가는데, 밤에는 야간 숙직원들이 남아서 밤을 지새며 제단을 지켰다(이보형, 「무형문화재 전수실태조사(1) : 강릉단오제」, 월간 『문화예술』 통권88호.(7・8호), 한국문화예술진흥원, 1983).

162 한양명, 「고을 축제로서 강릉단오제의 절차와 내용에 대한 검토」, 『공연문화연구』 제18집, 2009, 565쪽.

부각되었다.

강릉단오제는 1910년대의 일제 식민지 정책 등으로 해서 1920년대에 단절과 부활의 시기를 갖는다. 그리고 그 잔존의 형태와 관련하여 제보자의 기억을 통해 1930년대에는 당시의 강릉단오제 연행 방식과 풍속들이 재구성되어 기록되었다.[163] 이때의 기록화 작업은 일본인 학자가 중심이 되어 조선민속(지)라고 하는 조사 기록물[164]로 남겨졌다. 당시 강릉뿐만이 아니라 서울, 평양, 개성 등의 전국 각지에서도 '단오'에 즈음해서 비슷한 풍속의 내용들이 'ㅇㅇ행사', 'ㅇㅇ대회'로 그 맥을 잇고 있었다. 이에 대한 내용은 일제강점기 때 발간된 근대 신문 및 잡지, 당시의 행사장 풍경 사진[165] 등을 통해 알 수 있었다.

한편, 일제 식민지적 법인 '어업령漁業令'(1911.6)이 제정되었고, 이와 아울러 종교적으로는 풍어제를 통제하는 정책으로 고수하였다. 조선총독부는 경찰범처벌규칙(1912.3)과 포교규칙(1915.8)을 정하여 미신이라고 규정된 유사종교類似宗敎에 대한 규제를 강화하였다.[166] 이러한 규제법은 1910년대 일제의 무단통치 시기뿐만 아니라, 1920년대 식민지 정책의 전환이 이루어진 문화통치 시기에도 그대로 유지되었다. 일제는 단속의 편의를 위하여 '숭신인조합崇神人組合(1920)'을 이용하기도 했다. 동해안 지역 무당들은 일제의 무속 통제 정책으로 인하여 숭신조합에 가입하고, 무업巫業을 유지하기도 했다.[167]

일제강점기 동해안 굿은 경찰범처벌규칙에 의하여 규제를 받게 되었다. 전승집단은 규제를 피하는 하나의 방식으로 명칭의 변경을 도모하였다. '별신굿'

---

163 秋葉 隆, 앞의 책, 285~294쪽.
164 이는 일본인 학자 개인의 학문적인 관심에 의한 것으로 시작되었다고 하더라도 당시의 식민지 정책에 따른 현실이 반영된 것이며, 이후 조선총독부『생활태조사보고서』(1931)와 『부락제』(1937) 등으로 기록화 된다.
165 1920년대 강릉단오제 사진, 1930년대 단오장 씨름 사진, 1940년 7월 기우제 사진은 당년 단오제 행사를 일제의 중지 지시로 개최치 못하였던 바 극심한 투魃(가뭄)로 기우제를 지냄(사진으로 보는 『江陵 溟洲의 近代 風物』, 강릉문화원, 1992; 『國譯 江陵生活狀態調査』, 강릉문화원, 2002, 사진 참조).
166 최석영,「1920년대 일제의 무속 통제책」,『일제하 무속론과 식민지 권력』, 서경문화사, 1999.
167 윤동환,「동해안 굿의 전승과 변화」, 고려대 박사논문, 2008, 182~183쪽.

에서 '풍어제'로 명칭이 전환된 것은 외부적 강제에 대한 전승집단의 대응방법 중 하나였던 것이다.[168] 이 당시 겪었던 전통 행위의 단절 및 왜곡(미신행위), 향리들이 주재하는 읍치 제의에 따른 관청 소속 집단의 해체, 대성황사의 폐지로 인한 제의 형식과 내용의 변화 등이 당시의 전승 상황이면서 사회적 현실이었다. 이러한 시대적 상황에서 강릉단오제의 전승은 어떻게 이어졌을까? 계속해서 질문에 꼬리를 문다. 과연 강릉단오제는 이 시기에 어느 '중심 집단'에 의해서 그 전승의 맥을 잇고 있었는지와 '중심 집단'은 어떤 형태로 존재했는지도 자세하게 밝혀지지 않고 있다.

이와 관련하여 문제 제기와 아울러 몇 가지 시사하는 선행 연구 자료가 있다. 먼저 정은주는 과거 단오 때의 제의 모습은 일본인들의 조사 보고(秋葉隆 1954; 村山智順 1937 · 1941)를 통해 전해지며, 일제강점기에서는 한 때 중단되었던 적이 있었고, 1967년 중요무형문화재로 지정된 후 지금까지 매년 행해오고 있다.[169] 이 축제가 언제부터 시작되었는지는 확실하지 않으나, 일제시대에 "단체가 모이면 반란이 있을까 봐 미신타파라는 명목하에" 중단되었던 적이 있었고, 해방된 후에는 일부 관심있는 촌로들에 의해, 특히 강릉에 처음으로 형성된 중앙시장 상인들을 중심으로 그 명맥이 이어져 왔다고 하였다.[170]

이와 관련하여, 한양명은 전근대 사회에서 전승된 고을 축제 일반의 구성 원리와 강릉단오제에 관한 문헌 및 조사보고 자료를 바탕으로 고찰하였다.[171] 그는 일제강점기에 일인(日人)의 조사 보고서(아키바, 류사와, 무라야마)와 문화재 지정 조사 보고서(임동권)에 대한 차이를 분석하고, 당시의 전승 상황에 대한 기록을 연결시키면서 변화의 문제를 제기하였다. 하지만, "일제의 강점이 시작된 이래 강릉단오제가 1960년대에 이르기까지 어떤 양상으로 전승되었는지 소상하게 파악할 수 있는 자료는 없다"고 하면서 황루시,[172] 남근우[173]의 선행 연구와 함께

---

168 윤동환, 위의 글, 185쪽.
169 정은주, 「향토축제와 '전통'의 현대적 의의」, 서울대 석사논문, 1993, 16쪽.
170 정은주, 위의 글, 31쪽.
171 한양명, 「고을 축제로서 강릉단오제의 절차와 내용에 대한 검토」, 『공연문화연구』 제18집, 2009, 586쪽.
172 황루시, 「강릉단오제의 전통성과 지속성」, 『역사민속학』 제9집, 한국역사민속학회, 1999.

"비록 공식적인 단오행사로 수용된 것은 해방 이후라 하더라도, 일제강점기에 단오제의 전승이 단절된 것은 아니었다. … 단오를 맞아 시장에서 굿판이 벌어졌고(아키바의 기록), 이를 주도한 것은 행로의 안녕과 장사의 번창을 바라는 중앙시장의 상인들이었다"고 하였다. 이렇게 보면 1920년대 이후 해방 시기에 이르기까지 강릉의 단오행사는 시장 상인들이 주도하는 무당굿[174]과 임영청년회가 주도한 운동회로 이원화 되었다가, 해방 이후 '강릉단양제'라는 이름 아래 일원화 되었다.[175]

이상의 내용을 정리하면, '중앙시장 상인', '성남동 부락 번영회', 촌로들이 자발적으로 구성한 '단양대회 위원회' 등이 그 맥을 유지할 수 있었다고 짐작된다. 중요한 것은 해방 이후의 전승 실태 또는 중심 집단에 대한 것은 어느 정도 합일점을 찾을 수 있다. 하지만, 1920년대의 일제강점기에서 해방 전까지가 확실하지 않다는 것이다. 이때도 상인들의 지원(후원)이 없지는 않았겠지만, 구체적인 내용이 없다. 아마도 '시장' 본연의 기능 외에 또 다른 역할의 가능성과 한계 상황이 있었을 것으로 본다. 당시의 강릉 실정을 조사한 『강릉생활상태조사』(1930)에 강릉군의 상업 호수에 대한 기록(1928~1929) 등이 있어 그 가능성을 살펴본다.

"강릉군의 시가지로서는 읍내 이외에는 대체로 주문진이 있으며, 따라서 상설상가의 상업이 성행하지는 않았다. 상품은 교통 관계상 부산과 원산 양방향으로

---

173 남근우, 「민속의 문화재화와 관광화 : '강릉단오제'의 포클로리즘을 중심으로」, 『한국민속학』 제43호, 한국민속학회, 2006.
174 황루시 교수는 무녀 신석남의 인터뷰 자료를 토대로, "일제시대부터 단오제의 비용을 내는 담당자는 상인으로 바뀌었다", "중앙시장을 중심으로 장사를 하는 사람들이 무당패들을 불러다가 대관령을 오고가면서 사고가 나지 않고 장사 잘되게 해달라고 제의를 올렸다"고 한다. 또 "무당들이 상인을 찾아다니면서 걸립을 하기도 했는데 이러한 양상은 해방 후에도 상당기간 계속되었다고 한다"(앞의 글, 161쪽).
175 "여기서 흥미로운 것은 두 가지다. 하나는 일제 식민지기에 사용된 관동의 '단양운동(대)회'라는 명칭이 강릉의 '단양놀이'로 바뀐 점이다. 또 하나는 이 단양놀이의 '다채로운 행사와 경기' 중에 씨름, 그네, 축구, 배구, 정구와 함께 '풍년굿'이 보인다는 점이다"(남근우, 「민속의 문화재화와 관광화 : '강릉단오제'의 포클로리즘을 중심으로」, 『한국민속학』 제43호, 한국민속학회, 2006, 213쪽).

많이 거래되었으며, 상권은 이 두 지방에 속했다. 일부 상품은 경성에서 자동차로 운반되었지만, 겨울에는 대관령 부근의 폭설로 교통 두절이 발생하였다. 따라서 경성방면에서 직접 상품 거래가 이루어지지는 않았다. 그래서 시가지에 있는 상점도 조선인과 일본인이 함께 하는 소규모였기 때문에 거액의 상품거래가 이루어지는 큰 상점은 거의 볼 수 없는 상태였다"고 하였다.[176]

각종 상업의 종류별 종사 호수 및 그 매상고는 각주로 대신한다.[177] 그리고 지방행상地方行商에 대한 자료로 "시가지가 발달하지는 않고 교통이 불편한 관계로 시장에서 시장으로 마을에서 마을로 행상을 행하는 상인은 상당히 많았다. 외래 행상자는 인접한 정선, 평창, 양양, 삼척군 등지에서 온 사람이 많았으며, 또 이 지방에 행상자들도 평창, 삼척, 양양 등 모든 지방에 영향을 미쳤다. 그리고 시장거래에 있어, 시장에는 상설점포가 있고, 항상 매매를 행하는 상인 및 일정한 점포를 가지고 있지 못해 장날에 매번 노점을 가설하고 순회 판매를 행하는 상인과 아울러 지방민의 자가 생산품 매매자가 매번 장날에 모여서 일반 수요자와 현금으로서 매매 행위를 함으로써 옛날의 물물교환 형태가 점차 진보하였다."[178] 조선 후기를 거쳐 일제강점기에 접어들어 장시가 번성하게 된 데에는 세금 징수와 1차 산품의 매집이라는 외부적 변수가 크게 작용했던 것[179]

---

[176] 國譯, 『江陵生活狀態調査』, 강릉문화원, 2002, 83~84쪽.
[177] 위의 책, '강릉군'의 〈상업의 종류와 종사 호수 현황〉

상업의 종류	종사호수	1년간 매상고(엔)	상업의 종류	종사호수	1년간 매상고(엔)
물품 판매업	218	2,623,020	금전대부업	21	37,072
제조업	64	523,208	운송업	3	84,100
인쇄업	1	12,100	사진업	1	2,200
전기 공급업	1	17,500	청구업	7	126,000
요리점업	9	44,580	여인숙업	7	18,900
대리업	2	979	문옥(問屋)업	1	570
운송 취급업	8	15,527	창고업	2	564

[178] 위의 책, 85~87쪽.
[179] 일제는 1916년 강점하기 이전인 1908년경부터 이미 장시를 총체적으로 파악하고 규제, 감독하기 위한 조치를 취하기 시작하였다. 통감부는 대한제국 하에서 지방관이 담당하고 있던 시장의 신설과 위치 변경문제를 중앙의 농공상부(農工商部)로 이관하였고, 강점 후에는

으로 보는 견해도 있다. 그렇다면 당시 강릉군의 '강릉시장'[180]은 사회·경제적인 측면에서뿐만 아니라 정치적, 문화적인 측면에서도 지역 사회의 중심 고리 역할을 하고 있었다고 보아도 무리는 아닐 것이다.

그런데 최철은 강릉단오제가 문화재로 지정된 이후, 임동권의 조사 자료를 근거로 '강릉단오제江陵端午祭 일정日程과 행사行事'에 대하여 재조사하는 과정에서 다음과 같은 내용을 남겼다.

> 해방 전(1945년 이전), '일제 때'와 '구한말'에는 관청에서 성주城主는 부사가 되어, 국사성황제와 단오제 관계를 맡아 할 유명한 巫覡에게 성황굿을 떼어 주었다. 관청의 허가 없이는 대관령에 올라가지 못했다. 성황굿을 떼기 위해서는 먼저 관청에 巫覡이 돈을 준다. 그러면 단오제가 끝난 후에 부사는 맡긴 돈에다 더 후하게 보태어 내 주었다고 한다."[181]

시장을 변경할 경우에 도지사가 총독에게 보고하여 처리하는 것으로 바꾸었다. 그리고 일제는 장시에 대한 감독과 단속을 경찰관서에서 담당하도록 하였고, 담당 경찰은 필요할 경우 시장 상인이나 장시에 온 사람들에 대해 공안, 위생, 교통 등에 대한 필요한 조치를 할 수 있는 근거를 마련한 것이었다. 이는 일제가 장시가 불온한 목적으로 활용될 수 있는 장소로 인식하고 있음을 보여준다. 일제는 장시를 통해 원자재와 식량을 매집하는데 집중하기 시작했다. 즉 1차 생산품의 잉여분을 교환하던 장시가 점차 자본주의적인 상품이 교환되는 장소로 변모되고 농업 생산품이 반출되는 장소로 변모하게 된 것이다(홍성흡, 「지방 정기시장의 변화과정과 지역사회」, 『한국경제지리학회지』 제7권 제2호, 한국경제지리학회, 2004).

180 「'강릉군'의 〈시장 유통 현황〉」, 앞의 책, 86쪽.

시장명	출장 판매 지수 1시장 평균	구매객수 1시장평균	1년간 매상액(엔)					
			농산물	수산물	직물	축산물	기타잡품	계
강릉시장	278	2,500	334,700	86,800	248,500	155,025	205,000	1,040,025
주문진시장	70	550	23,555	13,825	19,391	9,240	72,810	138,821
옥계시장	55	400	20,800	10,200	26,100	10,150	5,500	72,750
강동시장	10	35	9,000	1,800	1,500	-	2,050	14,350
연곡시장	30	150	1,890	1,000	1,200	-	1,460	5,550
계	443	3,635	339,945	113,625	296,691	174,415	286,820	1,271,496

181 崔喆, 『嶺東民俗志』, 通文舘, 1973, 128쪽.

'해방전(1945년 이전)'이라는 시대 기준과 함께, 순서가 바뀌었다고 할 수 있지만, '일제 때'와 '구한말'을 언급하면서, '관청', '성주城主', '국사성황제', '단오제', '유명한 무격', '성황굿', '돈' 등에 대한 기록으로 보아, 분명 구한말까지의 지방 행정 제도가 개혁[182] 등으로 해서 그 존재 자체가 분명치 못한 상황에서 최철의 기록은 좀 더 면밀한 접근이 필요하다.

〈표 9〉 강릉군의 당시 호구 증가표(戶口增加表)

구 분	조선인		일본인		중국인		합계	
	호수	인구	호수	인구	호수	인구	호수	인구
1919년	12,291	68,972	223	751	9	28	12,423	69,751
1929년	14,376	81,852	284	1,086	26	85	14,685	83,023
10년간 증가수	2,185	12,880	61	335	17	57	2,263	13,272

최철은 아키바 다카시秋葉 隆의 기록[183]과 임동권의 조사 보고서[184]를 근거로 조사하였다. 조사 당시(1969~1970년도)의 전승 상태 및 일제강점기의 상황을 기록하였다.

3월 20일에는 제의용 술을 빚는다. 단오제는 관청에서 행하던 것이기에 이는

---

[182] 『國譯 江陵生活狀態調査』, 19쪽을 보면, '강릉군'은 갑오년(1894)에 이르러 '관찰도'로 고치고 1년 반이 되어서는 '군'이 되었으며 지금까지 유지되고 있다. 행정구획(行政區劃)은 강릉읍내에 강릉군청을 두었고 군내를 12개 면으로 나누었으며, 18개 정(町), 108리동(里洞), 합계 116개 정, 리, 동으로 구별하였다. 강릉면의 경우, 면장(1명), 부면장(1명), 서기(書記) 6명, 기수(技手) 1명, 구장(區長) 14명으로 기록되어 있다.
[183] "지금은 옛날의 모습을 보이고 있지 않지만, 그래도 5월 1일부터 7일까지 읍내에 장이 서고, 시장 한쪽 구석에서 무녀의 歌舞가 행해지고 있어 역시 옛 신앙의 흔적이 샛별처럼 남아 있는 듯하다"(秋葉 隆 著·沈雨晟 옮김, 『朝鮮民俗誌』, 동문선, 1993, 202쪽).
[184] "… 지정은 해 놓았는데 막상 몇 가지 문제점이 있는 것을 보완해야겠다는 것을 느꼈습니다. 첫째 강릉단오놀이 전체의 진행에 있어서 이 관노가면놀이가 차지하는 비중은 크고 또 관노놀이를 한 사람은 있는데 그 당시 관노가 썼던 탈은 어떻게 생겼던가 하는 문제입니다. 단오제는 일제 때에도 행해졌습니다만 관노놀이만은 기능자가 없어지고 또 관노로서 자기가 행세하고 싶지 않아서 관노놀이가 일찍이 단절되고 말았습니다. 관노가면극은 금세기 초에 이미 단절 상태에 들어갔던 것입니다"(임동권,「江陵端午祭의 回顧와 展望」,『臨瀛文化』제8집, 1984, 43쪽).

官給으로서 이루어진다. 호장, 부사, 每色, 首奴, 城隍職(男巫長), 內巫女(女巫長)가 沐浴齋戒하고 封을 해서 戶長廳 下房에 둔 것이다. 근년에는 이런 일이 없어졌다. 1950년[185] 6.25 사변 전만 하더라도 대관령 국사성황제의 祭祀는 대단하였다. 반드시 소 한 마리는 잡고, 떡과 祭物은 대단하였다. 日政시대에도 孔子님 제전과 대관령 국사 城隍祭만은 사사롭게 소를 잡았다고 한다. 최근에 와서는 祭費가 적어서 돼지 머리 하나와 약간의 쇠고기와 果物을 장만하고, 제를 마친 후에 그날 대관령에 오신 祭官, 巫覡, 손님들을 대접한다.

또한, 해방 후의 전승 상태를 다음과 같이 기록했다.[186]

해방 이후 근년에는 예전과 많이 달라졌다. 우선 여성황사의 위치가 달라졌고, 鄭氏家趾에는 崔氏가 살고 있고, 대성황사가 없어진 것이다. 현재에는 많이 간소화되어, 4월 15일 아침에 차를 타고 대관령에 이르러 국사성황신과 산신께 제사를 지낸다. 이때 祭費는 강릉시청과 명주군청에서 받고 金信默翁과 崔在明翁이 祭費를 갖고 祭物을 장만하고 있다. 또 巫覡은 강릉, 주문진, 삼척, 포항 등지에서 온 7~8명이 주동이 되어 巫굿을 하고, 강릉의 지방 유지들이 모여 제사를 올린다. 최근 몇 년간에는 약 400여명이 모여 제사를 지낸다.
4월 17일, 21일, 27일, 이렇게 세 차례에 걸쳐 단오제의 단골 왕 무당이 강릉의 상점을 다니면서 積善을 빌면서 돈과 물건을 구한다. 그러면 각 상인들과 일반 시민들은 복을 비는 의미에서 명주, 광목, 실, 돈 등을 내어 놓는다. 이렇게 거둔 것으로 巫覡들은 상당히 치부했다.

---

[185] 1950년대 당시의 강릉단오제의 전모(全貌)를 알 수 있는 자료는 아직 발견되지 않았다. 강릉단오제 관련 설화를 부분적으로 조사 기록된 자료는 있다. 『溟洲』 第4號로서 1956년 발간되었으며, 명주지에 수록된 범일국사 탄생설화에 대한 사료로 당시에 구전된 내용을 소개하였다. 명주지는 강릉의 송치훈 등에 의해 발간된 강릉문화 종합지로 5호까지 프린트본으로 나오다가 6호부터 활자본으로 간행되었다. 이 책자는 향토논단과 문학지의 성격을 공유한 잡지로 시사적인 내용과 역사 자료를 소개하고 있다. 그리고 1958년의 경우는 1930~1940년대에 걸쳐 전국적으로 유행 했던 그네대회 등이 가사로 나타난다(『강원일보』, 1958.6.9).
[186] 崔喆, 앞의 책, 128~159쪽.

이상의 내용으로 볼 때, 강릉단오제는 전승의 암흑기인 일제강점기에 대성황사의 폐지로 인하여 전체 연행 중, 영신迎神과 오신娛神은 축소되고 변모되었으며, 시장 상인들은 직접적인 지원보다는 상업의 번영을 위해 개인적인 부조扶助의 형태로 참여했을 것으로 짐작된다. 대성황사의 기능이 지금의 남대천 단오장 임시 굿당(제단)으로 옮겨지는 시기도 일제강점기[187]이며, 1920년대 이후에는 단옷날에 맞추어 씨름, 그네 등과 함께 각종 체육행사가 군중을 동원하는 등의 역할을 하였다.

해방 이후, 동해안 굿은 여전히 지속되었으나, 예전의 전통을 회복할 기간을 충분히 갖지 못한 채, 지식인들이나 국가에 의해 다시 문화적으로 제약을 받았다. 문화적 강제는 어떤 명백한 물리적인 제재 없이도 일상생활의 여러 국면을 지배하게 된다. 또한 외국에서 교육을 받은 지식인들과 정치 지도자들은 해방 후에도 문화적 제국주의의 시녀로서 중요한 역할을 담당하였다.[188]

일제강점기 때 강릉단오제는 태산이 무너진 형국이었다. 강릉은 물론이고 영동지역 일대의 주민들에게 민속신앙으로 전승되어 온 것이 타민족의 논리로 무너진 상황이었다. 그 잃어버린 시간 또한 반세기가 넘도록 제자리(전부터 이어온 전통 연행)를 찾지 못하고 있다. 오히려 오늘날도 100년 전前의 신앙과 그 원형, 기억 속의 강릉단오제를 찾고자 부단히 조사 연구하고 있다.

일제강점기 강릉단오제 전승의 맥을 잇다 [189]

> 일제 강점하에서 대성황사의 폐지는 곧, 수백 년 동안 면면히 지역민의 삶과 함께해 온 신앙의 억압이었다. 결국 그 전통은 수년간 타민족의 식민지 정책에 의하여 단절되었다가 강릉의 중앙시장 상인들의 정성으로 다시 계승되었다.
> 황루시 교수는 "더욱이 아키바는 자신의 보고서 마지막에 5월 1일부터 7일까지 읍내에 장이 서고, 시장 한 구석에서 무녀의 가무가 행해진다."는 기록을 토대로

---

187 사진으로 보는 『江陵 溟洲의 近代 風物』, 강릉문화원, 1992.
188 金敬昊, 「미신타파 이후의 洞祭와 마을의 正體性」, 嶺南大學校 碩士學位論文, 1996.
189 황루시 外, 『강릉의 단오문화 연구 : 강릉단오제의 전승 양상』, (사)강릉단오제위원회, 2011.6.

하여, "일제강점기에 강릉단오제의 전승이 단절되었다고 단언할 수는 없다."고 했다. 그래서 전승이 중단된 것으로 잘못 알려진 일제강점기의 전승 상황을 추적한 것이다.

제3장에서는 강릉단오제의 전승과 근대 단오제의 전승과정을 추적했다. 그동안 강릉단오제 전승사에서 가장 취약한 부분은 일제강점기에서 1970년대까지다. 강릉단오제는 1967년 중요무형문화재로 지정되었으나, 이전의 방식대로 단오제를 치렀다. 강릉시를 거쳐 강릉문화원이 주관하면서 조금씩 조직을 갖추어갔지만, 상당 기간 단오제 전승의 실상은 밝혀지지 않은 채, 지금까지 왔던 것이다. 이 연구에서는 그 시기를 이어간 주체가 바로 시장상인이라는 점을 중시하여 조사를 진행했다.

조선시대의 강릉단오제는 관에서 주관하던 읍치성황제의 하나였다. 나라를 잃고 식민지가 되면서 대부분의 읍치성황제는 전승이 중단되었다. 그러나 강릉단오제는 살아남았고 결국 오늘날 유네스코 무형유산으로 등재되기에 이르렀다. 이렇게 단오제의 전승을 이은 주체는 바로 강릉의 시장상인들이었다. 지금의 중앙시장과 그 이전의 성남시장 상인들이 관을 대신하여 제사를 지내고, 무당을 불러 굿을 하면서, 단오제의 전통을 이어갔던 것이다. 그러나 실제로 잃어버린 시간을 재구성할 수는 없었다. 증언을 해줄 분들이 대부분 사망했기 때문이다. 따라서 실제 밝혀진 내용은 많지 않다. 그렇지만 어느 정도의 추론이 가능했다. 조선조부터 상인들은 비용을 대는 중요한 임무를 수행했다.

그리고 관에서 강릉단오제를 더 이상 주관하지 못했을 때, 행사 전체를 맡게 되었다. 이는 대관령 신앙 때문이었다. 험한 고개를 넘나들면서 장사를 해야 하는 상인들에게 단오제는 매우 중요한 행사였던 것이다. 상인들은 제물을 장만하여 제사를 지내고 무당을 불러 굿을 했다. 그러면서 강릉단오제의 공간은 시장 옆의 남대천변으로 바뀌게 되었다. 해방 후에도 행사를 계속했고, 강릉단오제가 중요무형문화재로 지정된 이후에도 시장의 상인들은 제물을 장만하고 굿 비용을 부담했다.

강릉단오제 명맥 이어온 주역, 가난하고 힘 없는 민초(民草)[190]

일제, 대성황사 모멸시키고 그 자리에 신사 세워
日 감시 속 상인 중심 후원 시장 곳곳 굿판 벌어져

100년 전 일제의 식민지 문화정책은 천년을 이어온 강릉단오제를 겨냥했다. 의지할 곳 없던 서민들이 복을 빌고 근심을 털어내던 서낭당은 일제의 식민지 통치 정책에 사라져 갔다. 그러나 한 세기가 흐른 2010년에도 강릉단오제는 찬란하게 꽃핀 천년의 역사를 자랑하며 전 세계에 이름을 알리고 있다.

식민지 문화정책에 대성황사 소멸. 천년을 이어온 강릉단오제도 일제의 식민지 문화통치는 피해갈 수 없었다. 결국 단오제는 갑오경장이 이뤄진 1894년께부터 단절의 위기를 맞았다. 1900년대 들어 대성황사가 사라지면서 강릉단오제는 더 이상 열리지 못했다.

강릉단오제의 주신인 12신은 당초 대성황사에 모셔졌다. 현재의 용강동 인근에 위치해 있던 대성황사는 일제시대 이전까지만 해도 강릉단오제의 중심 공간인 동시에 제례를 올리는 제의 공간이었다. 그러나 일제는 대성황사를 소멸시켰고 그 자리에 신사를 세웠다.

박도식 관동대 교수는 "대성황사에 모셔졌던 12신위는 갑오경장 때 흙속에 묻혔고 대성황사는 일제의 침략이 본격화되는 1909년에 훼철됐다"며, "일제가 강릉단오제를 중단시킨 것은 사람들이 한데 모이는 것을 꺼려했기 때문"이라고 설명했다.

대성황사가 사라지면서 강릉단오제는 암흑기에 접어들었다. 일제의 통치가 시작되면서 집요한 감시가 이어졌고, 사람들은 더 이상 단오가 되어도 한데 모이지 않았다. 단절은 3~4년간 이어졌고, 사실상 소멸의 위기를 맞았다. 제의는 물론 강릉단오제의 백미인 관노가면극의 전승도 중단됐다.

일제 통치하에서도 가난한 민초의 축제로. 강릉단오제를 부활시킨 이들은 상인들이었다. 일제 치하의 관들이 제의 비용을 내놓지 않자 상인들은 단오 때가 되면

---

190 경술국치 100년 특집, '도내 항일 발자취'(강원일보, 2010.8.21).

스스로 주머니를 털어 떡을 만들고 소를 잡았다. 돈이 없어 나서지 못했던 사람들도 시장에 나와 함께 굿을 보고 세시풍속을 즐겼다. 강릉단오제의 명맥을 이어온 주역은 가난하고 힘없는 민초民草였던 셈이다. 강릉 중앙시장, 성남동 부락번영회, 촌로들이 자발적으로 구성한 단양대회 위원회 등도 중요한 역할을 했다. 강릉단오제는 이 시기에 관官 주도에서 민民 주도의 제의 행사로 전환됐다.

일제의 집요한 감시와 통제는 계속됐지만 상인들은 그늘에서 강릉단오제를 지원했다. 상업의 번영을 위해 개인적인 후원 형태로 참여하는 이가 대다수였다. 대성황사에서 열리던 굿은 굿판이 벌어질 수 있는 공간만 있으면 시장 곳곳에서 이뤄졌다.

사람들은 이 같은 후원에 힘입어 함께 복을 빌고 지금의 남대천 일원에 임시로 굿당을 세워 이곳에서 제례를 올렸다. 일제는 대성황사를 없앴지만, 민초가 이어온 굳은 믿음과 특유의 놀이문화는 소멸시키지 못했다.

임영청년회 역시 강릉단오제에 쏠린 일제의 시선을 체육행사로 돌리기 위해 운동회를 주도했다. 단오민속놀이인 씨름과 그네뛰기, 농악놀이 등을 통해 제의가 아닌 체육대회임을 부각시켰고, 이는 전국 규모의 '관동단양제 축구 대회'로 확대됐다.

각종 민속행사와 제의, 난장이 뒤섞인 현재의 강릉단오제는 이 시기에 형성됐다. 그러나 관노가면극은 일제강점기 내내 전승되지 못했다.

잃어버린 60년, 화려한 부활. 반세기 가까이 이어진 일제 통치하에서도 명맥을 이어온 강릉단오제는 광복 이후 '문화재'로 인식되면서 부활을 시작했다. 민초가 지키고 전승한 강릉단오제는 1960년대에 들어서야 '미신'이 아닌, 하나의 '민속문화', '향토문화'로 인정받았다.

1966년에는 60여년 만에 원형에 가까운 관노가면극이 모습을 드러냈고, 같은 해 강릉단오제는 중요무형문화재 제13호로 지정되면서 당시 유일한 지역 신문이었던 본지에도 원형과 복원에 대한 심도있는 기사가 보도되기도 했다. 이와 함께 제례, 관노가면극, 무당굿 등 강릉단오제를 구성하는 3개 요소가 완성됐다.

특히 2005년에는 유네스코 세계무형유산 걸작으로 등록돼 전 세계에 이름을 떨쳤다. 그러나 아직도 강릉단오제는 원형 논란과 함께 제자리를 찾지 못하고 있다. 반세기가 넘도록 단절·축소·변형된 강릉단오제의 원형을 복원하기 위한 노력은 여전히 진행형이다.

"강릉단오제의 전승상황 연구" 논문으로 박사학위를 받은 이경화 박사(강릉단오제위원회)는 "단순한 유적 복원에 의미가 있는 것이 아니라, 오늘날 단오제가 잃어버린 신명에 불을 지피는 것이 중요하다"며, "미래의 민속문화는 어제의 전통과의 연속을 통해 발전돼야 한다"고 말했다.

제2장

문화재 지정과
강릉단오제의
전승 담론

『중요무형문화재 조사 자료』 보고서
축제의 원형 복원화 담론 : 1960년대 강릉단오제

제2장

문화재 지정과 강릉단오제의 전승 담론

강릉단오제는 일제 식민지 정책으로 인해 수년간 폐지되어, 전승의 공백기를 가졌다.[1] 1930년대에 일본인 학자들이 강릉단오제의 연행과 풍속을 제보자들의 기억과 당시 잔존한 모습을 토대로 기록하였다.[2] 기억의 내용은 팔단오(八端午)의 제의 절차에 따라 대관령성황신을 맞이하는 풍경과 벽사진경의 신앙적 의미 등이 근간을 이루고 있다. 그리고 당시 기록자가 본 전승 현장에서는 씨름과 그네뛰기 놀이가 행해졌으며, 각종 체육행사(운동회)가 포함되어 그 맥을 이었다.

또한, 대성황사의 폐지로 인해 제의 공간이 남대천 단오장으로 옮겨졌으며, 그곳에서 무당굿이 벌어졌다는 것과 시장이 들어섰다는 내용이 있다. 특히, 소규모 마을 단위의 축구 놀이가 마을 공동체의 보편적인 행사로 이어졌다. 이것이 축제의 한 풍속으로 자리를 잡으면서 체육행사로 편승되었다. 이를 계기로 전국 단위의 '관동단양제 축구 대회'로 확대되어 오늘날까지 계승되고 있다.

---

1   강릉단오제가 '수년간 폐지'되었다고 하는 기록이 있다. 심일수(1877~1947)의 『둔호유고』에 "융희 3년 기유 … 5월 단오날 대관령국사성황신 맞이 무격회는 일본인들의 금지로 폐지되기 시작했다"에서 강릉성황제의 폐지가 언급된다. 그리고 서인석, 「1910년대 강릉 여자의 서울구경 -『서유록』의 경우」, 『우리말글』 23호, 우리말글학회(2001)에서 김씨 할머니가 서울 여행을 한 시점인 1911년은 물론 글을 쓴 1913년까지도 폐지 정책이 지속되었음을 알 수 있다. 秋葉 隆은 「강릉의 단오굿(端午祭)」에서 "실제로 3개월에 걸친 대읍락제이지만, 갑오경장(1894) 이후 단절되어 볼 수 없게 되었던 것이다"라고 서두에서 밝힌다.
2   日人 학자 개인의 학문적인 관심에서 비롯된 것이기는 하나, 식민지 정책에 따른 현실이 반영된 것으로 본다. 이후 조선총독부 『생활상태조사보고서』(1931)와 『부락제』(1937) 등으로 조선의 민속이 기록화 된다.

축제 공간이 바뀌면서 전승에는 시간적 변화가 발생되었고, 축제 요소들이 새롭게 만들어져 계승되고 있음을 알 수 있다.

강릉단오제 전승과정에 가장 큰 영향을 미친 것은 전통문화의 전승 보존을 강조한 정부의 문화재 정책이다. 1962년 '문화재보호법'이 제정·공포되면서 향토문화에 대한 새로운 인식의 전환점을 맞이하였다.[3] 이 시기에 「문화재관리국」의 문화재위원들은 문화재 지정 목록 선정 및 현장 조사를 수행하였다.[4] 강릉단오제도 현장 조사 결과와 일제강점기 일본인의 조사 보고서를 토대로 문화재 지정을 위한 「중요무형문화재 조사자료重要無形文化財 調査資料(江陵端午祭)」(1966)가 만들어 졌다. 이후 수차례의 심의를 거쳐 1967년에 중요무형문화재로 지정되었다.[5] 이에는 1930년대 일인(日人) 학자들이 '과거의 기억'을 토대로 조사한 자료와 1960년대 전승되고 있는 현장기록 등이 기초를 이루고 있다.[6]

---

3   1970년 8월 10일자 문화재보호법 개정 당시에는 제51조의 2에 '지방문화재'라는 명칭으로 삽입되었다. 그러나 1982년 12월 31일자 개정시에 '시·도지정 문화재'로 명칭이 바뀌어 오늘에 이르고 있다(이장렬, 『한국 무형문화재 정책 : 역사와 진로』, 관동출판, 2006, 47쪽 재인용). 1962년 문화재보호법은 유형의 문화적 소산과 함께 무형문화재를 국가적 보호의 대상으로 규정하면서 제정되었다. 무형문화재는 '민족 문화의 원형'을 보유한 문화·예술 형태를 지칭하는 것이다.
4   1960년대 문화재위원은 임동권(중앙대), 성경린(국립국악원장), 예용해(한국일보논설위원), 이두현(서울대), 장주근(경기대), 이혜구(국립국악원교수), 박헌봉, 김천흥(국립국악원장), 석주선(단국대), 장사훈(국립국악원), 양재연, 유기룡, 임석재, 이선근, 황혜성, 최상수 등이다(이장렬, 위의 책, 225쪽).
5   1930년대 일본인 학자 秋葉 隆의 조사 보고서(강릉단오제 현장 조사), 1931년 조선총독부의 촉탁 善生永助의 『생활상태조사』 3, 강릉군 편, 1937년 村山智順의 『部落祭』로 강릉성황제 현장조사 자료가 있다. 이 기록물들은 일제강점기 바로 전 해인 1909년에 폐지된 이후 1930년대 강릉단오제에 대한 조사라는 점에서 자료적 가치가 높다. 1941년 조선총독부의 『朝鮮의 鄕土娛樂』에는 당시 조사된 관노가면극에 대한 언급이 있다. 등장인물은 5명이며, 탈은 목제로 전염병을 예방하기 위한 것이라고 기록되어 있는데, 1966년 『중요무형문화재 제13호 강릉단오제 지정조사 보고서』에 언급되어 있는 '시시딱딱이' 가면에 대한 고증자(김동하·차형원)의 언급과 일치한다.
6   당시 문화재위원으로 조사를 시작한 임동권 박사와 강릉단오제와의 인연은 조선총독부에서 발행된 조사자료 『부락제(部落祭)』를 통해서 시작되었다. 이 자료에는 강릉단오제가 소개되어 있었는데, 임동권은 이를 근거로 1962년 여름부터 강릉을 수차례 방문하여 강릉단오제를 조사하였다. 이후 1964년과 1966년 문화재지정을 위한 조사를 거쳐 1967년 1월 16일 문화재로 지정되면서 그간의 기록화 작업이 총괄적으로 완성을 본다(임동권, 「무형문화재로서의 강릉단오제」, 『2009 강릉단오제 국제학술대회 : 한·중 단오문화의 차이와 다름』, 강릉단오제위원회, 2009).

문화재 지정 보고서는 이후, 강릉단오제가 전승·보존하는데 있어 원형적 기틀이 되었다. 하지만 중요무형문화재로 지정된 이후에도 지역의 향토사 연구자들에 의해 강릉단오제의 전통성과 원형성에 대한 반성적 담론이 끊임없이 제기되었다. 이러한 진통은 1970~1980년대까지 이어져 왔다. 주로 강릉단오제의 정통성, 원형, 고증, 연희 주체 등에 대한 조사와 연구가 병행되어 학술적 담론으로 발전하였다.

강릉단오제가 시대적 변화를 능동적으로 수용하고, 이것을 통해 지역의 정체성을 정립하고자 했던 실질적인 주체는 '강릉 사람들'이었다. 강릉단오제는 문화재로 지정되기 이전부터 오늘날까지 내외적 환경에서 주어지는 사회 문화적 여건 속에서 변화되어 왔다. 그리고 지속적으로 존재하기 위하여 전승을 위한 재창조의 변화과정을 겪어왔다.

1. 『중요무형문화재 조사 자료』 보고서
: 任東權, 『重要無形文化財 調査資料(江陵端午祭)』(1967)

강릉단오제를 중요무형문화재로 지정하기 위해서 1966년 8월에 임동권 박사가 조사한 보고서 중, 당시의 전승 상황만을 살펴본다.

『중요무형문화재 조사자료重要無形文化財 調査資料(江陵端午祭)』(1966.8)로 조사자는 임동권 박사로, 부 추엽 융 자료附 秋葉 隆 資料를 첨부하였다. 이 조사 자료의 목차는 다음과 같다.

① 重要無形文化財 指定에 關한 理由書
   * 江陵端午祭의 特徵
② 江陵의 地理的 條件과 歷史背景
③ 江陵端午祭의 由來와 傳說
④ 江陵端午祭의 遺跡[7]
⑤ 江陵端午祭[8]

⑥ 江陵端午祭의 巫굿

⑦ 江陵端午祭의 官奴假面劇(假面, 科場)

⑧ 江陵端午祭의 禁忌

⑨ 江陵端午祭의 保有者

　　* 別添 : 江陵巫歌(1966년 6월 23) 錄音

　　　　大關嶺서낭 祝願歌, 江陵市 笠岩洞 女巫 崔在粉(77歲) 唱

위 보고서의 주요 내용을 요약하면 다음과 같다.

대성황당은 지금 없어지고 그 자리에 측후소가 들어 앉았다. 원래는 강릉시의 대성황사이었으며, 대관령국사성황을 이곳에 모셔 놓고 제사를 하던 곳이다. 日人이 들어온 후로 행사가 억제抑制되고, 祠宇도 頹落하였다는 것이다. 대성황사에는 12신위를 봉안하였다. 松岳山之神・太白大王神・南山堂帝形太上之神・紺岳山大王之神・城隍堂德慈母王之神・神武堂城隍神・金庾信之神・異斯夫之神・草堂里夫人之神・西山松桂夫人之神・蓮花夫人之神・泛日國師之神이다. 祠宇가 없으므로 금년도 假設 祭壇(1966년의 단오제 臨時假設祭壇)을 마련하였다.[9]

당시의 강릉단오제는 대관령국사성황을 제사하는 제祭와 이것을 계기로 하여 벌어지는 여러 가지 행사, 즉 그네・씨름・체육대회 등, 기타 각종 행사를 관장하는 집행부서로 나누었다. 민속놀이와 각종 대회를 일러 '단양대회'라고 하였다. 국사성황 제사만을 담당하는 부서를 대관령국사성황 유지회維持會 임원

7　1. 大關嶺城隍堂 2. 大關嶺山神堂 3. 邱山城隍堂 4. 女城隍堂 5. 鄭氏家趾 6. 大城隍堂(一九六六年의 端午祭 臨時假設祭壇) 7. 大昌驛과 大昌城隍 8. 石泉

8　1. 名稱 2. 執行部署와 任員 3. 祭日程과 祭儀 4. 陳設 5. 笏記와 祝文 6. 祭費調達

9　任東權,『重要無形文化財 調査資料』(江陵端午祭), 1966.8.
　一. 舞台의 높이는 二尺쯤이고 위는 天幕을 쳤음.
　二. 正面에는 祭床이 있고 祭物을 陳設하고 紙花・淨水桶이 놓여 있다.
　三. 位牌는 大關嶺國師城隍 大關嶺國師女城隍之神位라 써 있다.
　四. 位牌뒤에는 神竿木이 세어 있고 天幕외에 華蓋가 높이 세워 있다.
　五. 舞台위에 樂工의 伴奏에 따라 巫女의 굿이 있다.

에는 회장, 부회장, 총무, 유사有司 2인으로 되어 있으며, 단양대회에는 임원에 회장, 부회장, 총무, 재무 외에 각 행사 종별마다 부장이 있었다. 1966년 강릉단오제 집행부서는 그 분야에 직접 참여하는 단체의 대표가 맡았다.[10]

집행부에서는 강릉단오제의 제례 진행 일체를 결정하였으며, 특히 제비祭費 및 일반 경비조달과 행사 일정 등 모두를 결정·집행하였다. 유지회의 임원이나 대회 임원은 덕망이 있고, 그 분야의 일을 잘 알거나 부정이 없으며 목욕재계를 해야 했다. 집행부와는 달리 국사성황을 제사할 때의 제관이 있으며, 이는 강릉단오제가 옛날부터 지방 수령이 담당하던 것인 만큼 지방관원이 헌관이 되고, 덕망과 경험 있는 인사 중에서 선출하였다. 1966년 명단을 보면,[11] 오늘날의 제례 분방과 큰 차이가 없어 보인다. 이 밖에 제물祭物만을 장만하는 사람을 도가都家라 해서 따로 있다. 집례執禮는 홀기忽記를 읽으며, 찬인贊人은 홀기忽記 읽는 대로 복창復唱하는 사람이며, 사장司掌은 신주神酒를 담당擔當한다. 판진설判陳設만은 이인二人으로 되어 있다. 그리고 강릉단오제는 5월 5일 단오를 중심으로 하는 것이나, 단오제의 시작은 3월 20일에 신주근양에서 부터 5월 6일의 소제까지 치면 근 50일에 걸치는 축제였다고 하였다.

〈표 1〉 강릉단오제의 일정 비교

1930년대 조사 당시의 祭日程(秋葉 隆)	1966년 조사 당시의 祭日程(임동권)
· 3月 20日 神酒謹釀 · 4月 1日 (初端午)獻酒와 巫樂 · 4月 9日 (再端午)獻酒와 巫樂 · 4月 14日 奉迎出發 · 4月 15日 (三端午) 奉迎, 大關嶺城隍祭 및 山神祭	· 3月 20日 神酒謹釀 · 4月 15日 奉迎, 大關嶺城隍祭, 山神祭 · 5月 3日 女城隍祭, 炬火行進, 巫樂, 官奴假面劇, 農樂 · 5月 4日 弓道大會, 體育大會

---

10 1966년 강릉단오제 임원 명단 : 위원장 金南亨(市長), 부위원장 金鉉邦 崔潤澤 崔圭鶴 朴童德 崔燉重 金益培, 총무부장 咸基玩, 재무부장 李秋男, 제전부장 金振泰, 시설부장 金斗洙, 경호부장 金宇起, 구호부장 金赫濬, 지도부장 咸鍾台, 선전부장 白基洪, 민예부장 權赫春, 농악부장 崔海圭, 그네부장 朴童德, 궁도부장 朴亨洙, 체육부장 崔燉虎.

11 丙午五月初三日 大關嶺國師城隍祭祀 獻官 及 諸執事 分榜 : 初獻官 강릉시장 金南亨, 亞獻官 명주군수 李相赫, 終獻官 강릉경찰서장 趙海璋, 執禮 幼學 崔密圭, 大祝 權寧極, 判陳設 李挺玖, 權五奎·吳建源, 奉爐 崔海顯, 奉爵 高永男, 奠爵 金泰振, 獻幣 廉燉煥, 奠幣 崔燉植, 司尊 李挺玖, 贊引 崔玟洙.

・4月 27日 (四端午) 巫祭 ・5月 1日 (五端午) 花蓋, 官奴假面劇 　＊本祭 始作 ・5月 4日 (六端午) 官奴假面劇, 巫樂 ・5月 5日 (七端午) 官奴假面劇, 巫樂 ＊ 本祭 ・5月 6日 (八端午) 燒祭, 奉送	・5月　5日 巫樂, 官奴假面劇, 農樂, 그네・ 　　　　씨름大會, 弓道大會, 體育大會 ・5月　6日 巫樂, 官奴假面劇, 農樂, 　　　　그네・씨름大會, 體育大會 ・5月　7日 巫樂, 燒祭

위의 표에서 보듯이, 1930년대 조사 자료와 1966년 당시의 강릉단오제 일정이 다른 이유는 제의_{祭儀} 공간이었던 대성황사가 폐지되었기 때문이다. 이로 인해서 그 공간이 남대천 단오장 임시제단으로 옮겨지면서 축소 또는 생략된 것으로 볼 수 있다. 그리고 1966년 조사 당시의 기록으로는 "그 때의 규모에 따라 다소 신축성이 있다"고 하면서, 이는 "단오제가 현대생활에 알맞은 방향으로 변용하고 있는 것"으로 변화의 의미를 언급하였다. 그리고 지난날의 무악, 관노가면극, 민속놀이, 농악을 유지하면서 초・중・고등학생의 체육대회를 겸하는 방향으로 운영되었다. 1966년에는 여성황제와 봉영 때에 행하는 거화 행진을 5월 3일에 강릉고등학교 학생을 동원하여 재연한 것은 문화재 조사를 위한 현지 관민의 호의에 의한 것이었음도 기록하였다.

1966년 조사 당시 제비조달_{祭費調達}에 대한 내용도 있었다. "제의가 대대적인 만큼 제비도 막대하게 소요된다. 옛날에는 관급_{官給}에 의해서 제전이 마련되었으며, 읍민은 기꺼이 자진해서 전곡을 기부하였다고 한다. 관급 외의 경비는 위토수입_{位土收入}・기부금_{寄附金}・걸립_{乞粒}・업자갹출_{業者醵出} 등으로 충당하고 있다. 1945년 해방되던 해인 을유년_{乙酉年}에 기록_{記錄}된 대관령국사성황사중수락성전_{大關嶺國師城隍祠重修落成殿}을 보면 위토_{位土} 목록"[12] 또한 상세하게 기록하였다. 또한 "입토_{立土} 수입은 제비_{祭費}로 썼을 뿐 아니라, 사당_{祠堂}의 관리 및 중수에도 보태 썼다. 제사 때에는 유지로부터 전곡의 기부가 있었다. 상인들도 자진해서 상운번창_{商運繁昌}을 위하여 기부를 한다. 또 농악대가 마을 가가호호를 찾아다니며 걸립을 하기도 한다." 그리고 오늘날의 축제 기간 동안 난장을 형성하고 있는

12　성산면 어흘리 374-1번지 畓 418평, 374-2번지 畓 422평・964평, 155번지 畓 96평, 378번지 田 421평, 427번지 田 351평, 429번지 田 225평, 434번지 田 641평, 443번지 田 218평.

각종 상가(식당·노점 등) 분양을 통해 수입을 얻는 것처럼, 1966년 당시에도 규모의 차이는 있었겠지만 어느 정도의 운영비를 상가 분양을 통해 충당한 것으로 보인다. "단오제 때에는 수만 군중이 구경차 운집하므로 성시를 이루니 상계는 큰 대목을 보게 된다. 그래서 각 업종별로 조합에서 갹출금을 낸다. 임시로 마련된 점포에서도 유지회에서 갹출한다. 이러한 수입은 모두 제전을 위한 경비로 지출이 된다. 옛날에는 각자가 자진해서 기부하는 일이 많았으나 근래에는 그런 일이 적고 따라서 경비 조달의 어려움으로 강릉단오제 운영에 지장이 있을 뿐 아니라 제사를 쉬거나 간략하게 형식만 갖추기도 한다"는 실무자의 어려운 상황을 기술해 놓았다.

이밖에도 1966년도 당시의 강릉단오제 전승 예비 보유자 명단이 있으며,[13] 강릉시 포남동에 거주하는 노무老巫 장대연(85세) '열두거리'[14]와 강릉관노가면극을 조사·기록하였다.[15]

---

13 崔準集(74세, 獻官, 강릉시), 金信黙(74세, 祭官·都家, 명주군 성산면 구산리), 崔在明(68세, 祭官·都家, 강릉시 송정리), 權周生(71세, 有司, 명주군 성산면 구산리), 金永來(61세, 有司, 명주군 성산면 금산리), 咸鍾台(58세, 大祝, 강릉시 홍제동), 朴南顯(65세, 執禮, 명주군 왕산면 고단리), 崔敦義(58세, 判陳設, 명주군 성산면 금산리), 辛基善(60세, 贊引, 명주군 성산면 송암리), 洪淳卓(64세, 奉享, 명주군 성산면 구산리), 金東夏(84세, 관노가면극, 강릉시 임당동), 車亨元(79세, 관노가면극, 강릉시 교동), 洪在玉(60세, 樂工(날라리), 강릉시 노암동), 張대연(88세, 巫女, 강릉시 포남동), 崔在粉(77세, 巫女, 강릉시 입암동).

14 '열두거리': 告祀(序曲) 1. 부정굿 2. 서낭굿 3. 성주굿 4. 군웅굿 5. 세존굿 6. 조상굿 7. 설영싓(칠성 물동이 작두타는 굿) 8. 제석굿 9. 당고마기 10. 심청굿 11. 손요굿 12. 뒤풀이 (任東權, 『重要無形文化財 調査資料』(江陵端午祭), 1966.8).

15 江陵端午祭에는 官奴들이 하는 假面劇이 있었다. 元來 假面劇은 庶民들이 하는 것이나 江陵에서는 官奴가 맡아서 했다. 祭期中 늘 하는 것이 아니라 五月一日의 大城隍祠 앞에서 하고 端午날까지 날마다 했다. 官奴놀이가 언제부터 始作되었는지 그 起源을 詳考할 길은 없으며 韓末에 벌써 消滅하였다고 한다. 江陵出生의 金東夏翁(八四歲)에 依하면 二十一歲 때에 보고 그 後로 없어졌다고 하니 去今 六三年前이며 車亨元翁(七八歲)은 十七歲 때에 본 것이 마지막이었던 것 같다고 하니 去今 六二年前인바 지금으로부터 六十餘年前에는 官奴假面劇이 있었으나 그 後로 消滅된 것이다. 이 官奴假面劇을 復活시키자는 現地 官民의 熱望에서 그 동안 公報部 主催의 鄕土民俗藝術祭에서 公演한 바 있고 今年에도 文化財 發掘을 爲하여 祭時에 再演한바 있다. 現地의 金東夏(84세)·車亨元(78세)·咸鍾台(58세)·張대연(女, 88세) 등 古老들의 말을 綜合해 假面과 놀이 科場을 조사 기록해 놓았다(任東權, 『重要無形文化財 調査資料』(江陵端午祭), 1966.8).

2. 축제의 원형 복원화 담론 : 1960년대 강릉단오제

1) 문화재 지정에 따른 사회 문화적 전승 담론

'강릉'과 '단오', '단오제'는 어떤 사회 문화적 요건과 환경에 의해서 오늘날까지 전승되고 있는 것일까?

'강릉단오제'로 명명된 시기는 중요무형문화재로 지정되기 1년 전인 1966년이었다. 강릉단오제가 문화재로 지정되는 시기인 1960년대에는 지역 사회의 요구와 기대가 컸다. 이것은 전통의 지속과 변주, 전통의 창조, 지역민의 정체성 찾기 등이 당시의 사회 문화적 분위기였다고 볼 수 있다. 여기서는 이러한 상황에서 '강릉단오제' 전승의 맥을 형성하게 된 배경과 특징에 대해서 살펴본다.

강릉단오제는 1920년대 '대성황사'가 폐지되면서 전승상의 변화를 갖는 원인이 되었다.[16] 그리고 1967년도는 중요무형문화재 제13호 지정되면서 또 다른 측면에서의 변화가 시작되었다. 우선적으로는 전승 현장에서 전승의 주체가 가시적으로 등장하게 되었다. 문화재로 지정된 분야는 제례, 관노가면극, 무당굿 등 3개 분야이다. 이 분야는 오늘날까지 강릉단오제 전승의 핵심적 축을 이루고 있다.

당시 중요무형문화재 지정에 관한 이유서를 보면, "강릉단오제江陵端午祭는 영동嶺東 제일第一가는 규모規模의 향토신사鄕土神祀로서 이미 이조중기李朝中期의 문헌文獻에 산견散見되는 바 오랜 전통傳統을 가지고 있다. 옛날에는 제비祭費가 관급官給으로 지급支給되고 지방수령地方守令이 제관祭官이 되어 거행擧行했던 만큼 강릉시

---

16 "갑오경장(1894) 이후 관이 주관하는 읍치 성황제로서의 강릉단오제는 중단되었다. 그러나 강릉단오제는 계속되었는데, 이는 중앙시장의 상인들이 행사를 맡았기 때문이었다. 읍치성황제로서의 강릉단오제는 인구의 대다수를 차지하는 농민들 중심의 행사였다. 그러나 주체 집단이 상인으로 바뀌면서 자본주의 성향이 강해졌다. 상인들은 행사 비용을 대면서 동시에 상업적 이윤을 추구했던 것으로 보인다. 그런데 이 과정에서 강릉단오제의 중심 공간과 연행 방식이 바뀌게 되었다. 원래 강릉단오제는 대성황사, 약국성황사, 대창리 성황사와 관청 등을 돌아다니면서 굿과 탈춤을 하던 일종의 길놀이 형태의 축제였다"(황루시, 「강릉단오제의 원형보존 방안」, 『세계인류문화유산 등록기념 : 강릉단오제 원형 보존 및 세계화 방안』, 강릉문화원·강원도민일보, 2005, 19쪽).

江陵市는 물론勿論이며 인근 군일대隣近郡一帶에서 수만관중數萬觀衆이 군집群集한다. 그리고 강릉단오제江陵端午祭는 다음과 같은 특징特徵"이 있다고 했다.[17]

一. 大關嶺國師城隍 및 魂配한 女城隍, 大關嶺山神을 비롯하여 아울러 諸城隍을 祭祀하는 바 國師城隍은 泛日國師요, 女城隍은 鄭氏家女이요, 肉城隍은 蒼海 力士요, 素城隍은 金時習으로 江陵出身 또는 江陵과 有關한 人格神이란 点이 特色있고,
二. 祭天儀式의 遺風으로서의 豊年祭와 江陵의 陸路가 大關嶺을 通過 해야 하는 데서 行路安全과 漁村이 가까운데서 龍王굿을 兼하고 있는 点
三. 數十名의 巫覡이 動員되어 賽神을 擔當하며
四. 官奴假面劇도 演出되니 黙劇으로 進行되며 山臺劇에서 보는 것처럼 兩班에 對한 諷刺가 果敢하지 못한 것은 官奴들이 俳優인 까닭이다. 江陵端午祭는 鄕土神祀, 巫俗, 假面劇이 混合되어 綜合的으로 行해지는 오랜 傳統을 가진 鄕土神祭이므로 重要無形文化財로 指定하여 湮滅의 危機에 있는 民俗을 繼承保存함이 時急하다고 생각되어 提議하는 바입니다.

특히, 四항의 '관노가면극의 창출과 진화'는 가장 큰 변화라고 볼 수 있다. 이 당시의 신문 기사를 보면 관노가면극의 새로운 시작을 짐작케 한다.

전국적으로 널리 알려진 강릉의 단오제가 21일부터 남대천 백사장에서 풍년제로부터 그 막을 올린다. 25일까지 5일 동안 계속되는 금년 단오제는 축제로 그치지 않고 「광대」놀이를 비롯한 그네, 씨름, 농악 이밖에 체육대회 등 다채로운 행사를 벌이게 된다. 특히 금년 단오제는 강릉의 옛 민속놀이를 되찾기 위해 지금부터 60여년 전 「관노가면」 탈춤놀이를 갖게 되어, 이 고장의 민속발굴은 물론 학계에서 까지 크게 관심을 갖고 있다. 문교부 당국은 이번 단오제를 엄중 평가한 후, 명년부터는 민속문화재(무형문화재)로 그 명칭을 바꾸어 영구 보존할

---

17   任東權, 『重要無形文化財 調査資料』(江陵端午祭), 1966.8.

예정으로 있다. 21일에는 문교부 촬영반과 중앙문화재 보존위원회 전문위원들도 참석한다.[18]

이 당시 강릉단오제는 전국적으로 그 규모면에서나 전통성에 있어, 타 지역의 단오 행사와는 다른 강릉만의 특별한 전통을 간직하고자 했다. 그리고 무형의 복원이라는 '관노가면' 탈춤놀이를 세상에 선보였다. 이로써 1960년대는 강릉의 전통문화에 대한 새로운 발견과 창조로 발돋움하기 시작하는 시기로 보여진다.

오늘날의 강릉단오제가 형성되기까지는 정부의 문화재 정책을 언급하지 않을 수 없다. 1958년 전국민속예술경연대회 개최, 1962년 1월 10일 문화재보호법 제정, 1965년 7월 지방문화사업조성법 제정, 1969년 전국민속조사 등의 사업이었다.

그러나 민속문화에 대한 관심은 의도적으로 선택된 것이었다. 정부는 민속을 '민족문화' 또는 '민족예술' 차원에서 발굴·계승해야 할 대상으로 인식하는 것과 비과학적이고 불합리한 미신으로 간주된 것을 타파해야 할 대상으로 인식하였다. 새마을 운동 당시 당집을 부수고 동제를 지내지 않은 것은 이와 같은 맥락에서 이루어진 것으로 보는 견해도 있다.[19]

1962년 문화재보호법의 제정으로 강릉단오제는 전통문화에 대한 새로운 국면을 모색하였다. 이 시기는 일제강점기하에 기록화 된 과거의 전승 실태에 대한 보고서를 선지식先知識으로 놓고 재조사를 실시하였다.[20] 그리고 강릉단오제의 원형 복원에 대한 담론이 본격적으로 제기되었다. 또한 이때부터가 강릉단오제의 전통성 정립과 문화재로서의 가치 기반이 중요한 쟁점이 되는 시기라고 할 수 있다.[21] 그러면서 1930년대 일본인이 기록한 민속지 등의 자료와 1966년

---

18 『강원일보』, 1966.6.19.
19 한양명, 「우리 축제가 가야 할 길을 묻는다」, 『민족문화의 새 전통을 구상한다』, 실천민속학회, 집문당, 1999, 163쪽.
20 『重要無形文化財 調査資料』(1966) 겉표지에 '調査者 任東權'하면서 '(附 秋葉 隆)'으로 표시되어 있음.
21 '강릉단오제'에 대한 명칭이 1966년 조사 보고서에 정의되어 있다. "江陵端午祭도 몇 가지

당시 전승되고 있는 현장성을 토대로 보고서가 만들어졌다. 한국인 학자에 의해 처음으로 강릉단오제에 대한 기록화 사업의 단초를 마련하면서,[22] 강릉단오제 기록의 새로운 전환점을 맞이하였다.

하지만 당시 문화재로 지정되기까지 지역 사회의 요구와 문제 제기는 여러 해 동안 이어졌다. 지정된 이후에도 전통성과 원형성에 대한 자기 반성적 담론이 제기되었다.[23] 또한, "강릉단오제는 전통적 사회에서 향토사회의 문화적 소산

명칭이 있으니, 端午祭·端午굿·端午노리·端陽祭·端陽굿·端陽노리 등으로 불려지는 바 크게 端午와 端陽으로 나누어진다. 端陽의 陽은 結局은 午와 같은 뜻이며, 일반적으로 가장 널리 불리워지는 것은 역시 端午祭이다. 굿 또는 노리의 명칭이 붙으나, '굿'하면 巫儀的인 인상을 주고 '노리'하면 遊戲的인 것 위주가 된다. 端陽祭는 일명 豊年祭라 부르기도 한다. 여기에서는 단오제라 부르기로 한다". 그리고, "단오제는 대관령국사성황을 제사하는 祭와 이것을 계기로 하여 벌어지는 여러 가지 행사, 즉 그네·씨름·체육대회 등 기타 각종 행사를 관장하는 집행부서로 나누어진다. 이 후자만을 가리켜서 端陽大會라 부르기도 한다."(任東權, 『重要無形文化財 調査資料』(江陵端午祭), 1966.8) 1966년 이전에는 '강릉의 단양절 행사', '端陽祭 大盛況', '강릉의 단양절 경기' 등으로 불리어 졌다(『강원일보』, 1965.6.1). 비를 기다리는 念願 속에 端午節, 民俗大會 등 行事도 꾸며. "4일(음력 5월 5일)은 우리나라 3대 명절의 하나인 단오절(端午節)이다. 예부터 내려오는 풍습에 따라 남자는 씨름대회를 여자는 그네대회를 벌이는 등 남녀노소가 이날을 마음껏 즐긴다. 이 명절을 기해 강릉지방에서는 단양(端陽) 대회가 열려 각종 경기가 벌어지는 한편 기우제를 올려 비를 기다리는 농민의 염원을 하늘에 고한다"(『강원일보』, 1965.6.4). 豊年빌며 힘자랑, 남대천 백사장에 영동의 이목집중, 端陽祭 大盛況 - "전국적으로 이름난 강릉의 단양절 행사가 금년에도 예년과 다름없이 남대천 백사장에서 2일 풍년제를 갖고 시작되었다. 이 단양 행사는 오는 7일까지 연 6일간에 걸쳐 씨름, 그네, 농악, 궁도 등 여러 가지 행사를 벌이게 된다(『강원일보』, 1965.6.5).

[22] 최철은 『嶺東民俗志』(1972)의 「部落祭」 중, '江陵의 端午祭' 槪觀에 보면, "江陵端午祭는 오랜 전통을 가진 嶺東地方 민속 부락제로서 이미 李朝 中期의 각종 문헌에도 散見되는 행사였다. 許筠의 文集中 大嶺山神贊竝序나 南孝溫의 『추강선생문집』 등에서 간략하게 나마 그 一面을 엿볼 수 있다. 이런 강릉지방 部落祭에 관하여는 이미 1927년 아키바 다카시(秋葉隆)의 『朝鮮民俗誌』에서 간략한 조사가 있었고, 그 후 1936년 조선총독부 조사자료 44집 『부락제』와 기타 민속관계 조사 자료집에서 간혹 언급된 바 있었다. 그러나 이에 대한 총체적인 조사 보고서가 1945년 이전에는 없었던 것이 사실이다. 그러던 와중에서 1966년 8월 임동권 박사에 의해 강릉단오제가 중요무형문화재로 지정하기 위한 조사 보고서가 작성되었다. 이 조사 보고서는 전기한 일인 학자에 의한 것 보다는 여러 방면에서 자세하게 조사되었을 뿐만 아니라, 학문적인 체계에 의해서 강릉단오제를 종합적으로 정리한 보고서이다.

[23] 1967.1. 강릉단오제는 중요무형문화재 제13호로 지정된다. 그리고 그 해 중요무형문화재의 첫 공개 행사인데도 불구하고 '原型잃은 官奴假面劇, 衣裳 등 살리지 못해' … "가면을 원형대로 살리지 못해 유명무실화 돼버렸다. 60여년 전 이곳 민속으로 유일한 관노가면극은 원형으로 된 가면과 복장을 구입치 못하고 작년에 춘천에서 빌려온 가면과 의상을 그대로 입어 되찾은 민속이라기보다는 형식에 불과했다는 평들이 많았다" 등의 자기 반성적

으로서 총합적이고 독자적인 향토 주체를 형성하여 왔으므로 우리는 향토의 영(靈)과 상(像)인 문화재를 주지시키고 애호하고 발전시켜야 한다"는 논단(論壇)[24]을 통해 향후 발전 전략 등에 대한 강한 의지의 글도 있었다.

이상의 내용을 토대로 하여, 1960년대 강릉단오제의 사회・문화적 담론의 시기별 특징을 살펴본다. 먼저 1960년대는 문화재로 지정(1967)되기 이전부터 '강릉단오제'에 대한 관심이 지역 신문을 통해 관심이 높았다. 1950년대까지만 해도 '단오'와 '강릉'이라는 등식보다는 단옷날(절) 풍속 일반에 대하여 기사화 되었다. 1958년의 경우는 1930~40년대에 걸쳐 전국적으로 유행시 되었던 ○○ 대회 등이 나타났다.[25] 그러면서 **1960년**은 단옷날 즈음하여 단오절에 대한 유래와 각 지방의 놀이 광경이 특집으로 실렸다.[26]

1961년은 당시 표현으로 '5.16 혁명 이후 처음 맞는 단오절 하루의 고요한 흥취' 속에 '정취와 단아(端雅)의 하루', 창포물에 머리감고 그네 뛰고 등의 기사,[27] **1962년**은 현충일과 단오가 겹쳐 '오늘은 현충일이자 즐거운 단오 - 조국 지킨 반공의 얼을 추모, 곳곳에서 민속잔치'가 있었다는 기사가 있다. **1964년**부터는 '단오' 관련 기사가 '강릉'으로 시선을 집중하였다.[28]

목소리와 함께 이를 극복할 수 있는 여건을 모색한다(『강원일보』, 1967.6.13).
[24] 향토의 상징적인 존재로서 봉사하여 오던 성황신들은 역사 변천에 따라 盲信에서 그들 偉人에 관한 것을 깊이 연구하여 올바른 崇仰心을 고치하고 豊年祭, 무격, 관노가면극 등에 대한 시대적 문화소산을 올바르게 연구 파악하여 문화재의 가치를 인식시켜야 한다. 또 단오제에 따르는 각종 행사로 體力向上, 娛樂協同心, 美風良俗 등에 관한 연구를 하여 발전시킨다면 文化創造에 크게 이바지할 것이다. 이와 아울러 단오제는 전국적으로 보다 屈指의 민속행사이므로 국내는 물론 海外에도 宣傳하여 觀光江陵의 상징적인 행사로서 外國의 藝術祭 못지 않게 多樣化 한다면 觀光收入源도 될 수 있으리라 믿는다(崔善萬, 「論壇 : 강릉 端午祭 보호 발전책」, 『강원일보』, 1969.6.24).
[25] 대한부인회 춘천시지부에서 단오날인 10일 춘천시 서부시장 광장에서 그네대회를 개최한다. 1등에게는 금지환(금반지)을 부상으로 수여함 등. 그리고 단오풍속에 대한 칼럼으로, "단오절을 맞아 집안사람끼리 떡을 빚고 술을 담가 기쁜 하루를 보내고 … 귀염둥이와 조무래기들은 새 꼬까옷으로 곱게 단장하고 해가 저물도록 뛰논다" 등(『강원일보』, 1958.6.9).
[26] 단오의 유래(중국의 음양설에서 오는 것으로, 삼국시대에도 이미 행해졌던 기록)와 함께 '앵두화채', '앵화편', '보리수단' 등의 단오음식과 씨름, 그네 등의 단오놀이 방법 등을 소개함(『강원일보』, 1960.5.29).
[27] 『강원일보』, 1961.6.17.
[28] 14일은 端午節, 단오절의 유래는 구구하나 어떤 전설에 의하면, 강원도 강릉 지방에 단오절의 본산(本山)으로 되어 있다. 무술과 학문을 잘하는 강릉 어떤 선비가 여름철이면 모기

1965년은 「강원민속예술의 재생再生」 기사[29]를 통해 강릉단오제의 주요 행사인 대관령국사성황제와 탈춤에 대해 그 기원과 연희과장까지 소개되었다. 이에 대한 자세한 내용은 당시 강릉시 문화재보존위원회의 이준호李俊浩 위원이 신문에 기고하였다.[30] 이는 지역 신문을 통해 강릉단오제에 대한 상세한 내용이 소개되는 첫 시도로 짐작된다. 당시의 정황을 알 수 있는 기사로 '비를 기다리는 염원 속에 단오절'에는 단오명절을 기해 강릉지방에서는 단양대회가 열려 각종 경기가 벌어지는 한편 기우제를 올려 비를 기다리는 농민의 염원을 하늘에 고한다고 했다. 그리고 '풍년 빌며 힘 자랑'에는 이 해의 단오제 행사를 자세하게 기록해 놓았다.[31]

1966년은 문화재 선정 여부에 대한 관심을 높이고자 「영동의 유일한 민속놀이 단오제 임박」, 「60년 만에 관노가면극 부활」 등의 의욕적이며 시사성 높은 기사가 실렸다.[32] 그리고 3만 명의 주민들이 들끓는 가운데 성황을 이루면서, '단오장에 나가 못 보는 사람은 사람 구실 못 한다'[33]라는 향토성 짙은 말(속언)로 단오장의 분위기를 알리고 있었다. 이때 당시의 체육행사 특징으로 초·중·고등학교 학생 축구 대회가 있었고, 육상 및 마라톤 경기가 단오장 옆 공설 운동장에서 벌어졌다. 그리고 '강릉단오장 20만 인파'[34]가 몰렸다고 했다. 그러면서

와 파리가 못살게 하기 때문에 그네뛰기를 시작했고, 씨름은 병술(兵術)의 하나로 전래된 것이라고 한다. 해를 거듭할수록 단오절의 인식은 희박하나 단오절을 몇 일 앞두고, 그래도 농촌에선 장날이면 새 옷감을 끊고 마을 동구나무에는 그네가 매어지고 있다(『강원일보』, 1964.6.14).

29 강릉농악, 江陵 龍굿춤, 대관령국사성황제와 탈춤 등에 대한 자세한 설명이 있다. 그리고 농악의 발상지로 강릉농악을 논한 점 또한 특별하다(『강원일보』, 1965.6.1).
30 영동과 영서의 분수령으로 유명한 대관령 정상에는 국사성황이 있다. 대관령국사성황은 강릉지방의 수호신으로 범일국사를 신위로 하였다고 말하고 있다(『강원일보』, 1965.6.1).
31 전국적으로 이름난 강릉의 단양절 행사가 금년에도 예년과 다름없이 남대천 백사장에서 풍년제를 갖고 시작되었다. 이 단양 행사는 6일간에 걸쳐 씨름, 그네, 농악, 궁도 등 여러 가지 행사를 벌이게 된다. 2일부터 남대천 백사장에는 수백호의 천막집들이 즐비하게 들어앉아 저마다 노다지 꿈을 꾸고 있는가 하면, 이번 강릉의 단양절 경기에 한몫 볼려고 각처에서 많은 장사꾼들이 모여들었고 그 중에서도 동물원, 민속 연예단, 써커스 등으로 더욱 성황을 이루고 있다(『강원일보』, 1965.6.5).
32 『강원일보』, 1966.6.19.
33 『강원일보』, 1966.6.22.
34 『강원일보』, 1966.6.24.

1966년 강릉단오제 총평 기사에는 '원형 잃은 단오제'라는 제목으로 "많은 인파가 몰리면서 성황을 이룬 단오였지만 강릉의 굿은 너무나 형식적이고 근대적이며, 굿당 설비마저 보잘 것 없이 허술하게 차려놓아 단오제의 중심이 대포집(술먹는 것)인지, 서커스단인지, 그렇지 않으면 굿인지 그 중심을 가려내기 어려워 실망을 준 듯하다"고 까지 거침없는 혹평을 하였다.

1966년 강릉단오제는 무형문화재로 지정받기 위해 그 어느 때보다 많은 준비와 노력을 기울인 해였다. 중앙의 문화재 관리위원들이 강릉단오제를 찾아 심사까지 하였다. 그러나 현실은 그렇지 못했다는 평가였다. 무당의 의상이 제멋대로 인데다 굿 자체가 대관령성황에 대한 굿이어야 함에도 잡종굿으로 뒤범벅이 되어 아낙네들의 놀이가 되고 말았다는 허물도 있었다. 그 이유는 대관령 성황당굿에 대한 주무당(장노파 88세, 강릉시 포남동)을 제쳐놓고 되는대로 무당을 선택했기 때문에 그렇게 되었다고 하였다. 심사원들은 옛 민속의 진미를 찾을 수 없어 주무당(장노파)을 여관방에 불러놓고 옛 대관령 성황굿을 '녹음'까지 하면서 기록을 남겼다.[35] 또한 관노가면 탈춤만 해도 전국적으로 경남의 '영산'과 충남의 '은산' 그리고 강원도의 '강릉' 이렇게 3개소 밖에 없는데, 그 중에 강릉의 탈춤은 그 원형을 망각했다는 평이었다. 우선 강릉여고 학생(1966년부터 시작함)들로 하여금 탈춤을 추게 했다는 점은 적지 않은 오류를 범한 것이었고, 탈춤(8무당)은 원래 단오제 중심인 굿당 안에서 추게 되어 있는데, 굿당을 이탈하여 광장에서 탈춤을 추었다는 것은 격에 맞지 않을 뿐더러 결국 굿당이 중심이 되지 않고, 탈춤이 중심이 된 격이 되었다는 것이다.[36] 탈춤 의상도 원형을 벗어나 현대적인 것이었고, 게다가 춤의 체계화와 민속화가 되어 있지 않아 탈춤이라기 보다는 트위스트 춤에 불과했다고 한 전문위원의 평가[37]로 이 해의 단오제 행사를 마무리하였다.

---

[35] '열두거리' : 告祀(序曲) 1. 부정굿 2. 서낭굿 3. 성주굿 4. 군웅굿 5. 세존굿 6. 조상굿 7. 설영굿(칠성 물동이 작두타는 굿) 8. 제석굿 9. 당고마기 10. 심청굿 11. 손요굿 12. 뒤풀이 (任東權, 『重要無形文化財 調査資料』(江陵端午祭), 1966.8 참조).

[36] 특히, "금년 단오제는 강릉의 전통을 자랑하는 대관령 국사성황을 모신 '굿당'을 중심으로 한 관노가면 탈춤놀이를 무형문화재로 지정받으려는데 크게 신경을 썼다고 했다."

[37] 『강원일보』, 1966.6.29.

1966년도 강릉단오제 행사에 대한 몇 가지 특징을 보면, 무형문화재 지정을 앞두고 주최 측에서 전년과 달리 행사 준비에 만전을 기했으며, 시민들의 많은 참여와 즐김에도 불구하고 강릉단오제의 명성에 걸맞지 않다는 평가가 나왔다. 그리고 이 당시에는 강릉뿐만이 아니라 영동 지역의 무격들이 즐비한 상황에서 '유명한 무격巫覡에게 성황굿'을 떼어 주어야 했었는데, '선무당이 사람 잡는다'는 식으로 미숙한 무당이 문화재 지정을 앞두고 일을 그르쳐 놓은 상황으로 짐작된다.

오늘날의 강릉단오제 '단오굿'은 세습무 중심으로 그 전통을 이어왔다. 이 당시는 아직 단오굿 전반에 대한 나름의 중심을 잡고 있는 부류가 있었다기 보다는 주최 측과 협의를 통해 선택되고 있음을 간접적으로 이해할 수 있다. 그리고 관노가면극 또한 춤사위, 의상, 놀이 공간 등에 대한 '원형론'을 규명하는 데 있어 많은 아쉬움을 남겼다. 이 당시를 시점으로 관노가면극이 부활하는 과정에서 이를 발굴하고, 지도 연출하는데 참여했던 사람들에 대한 기록[38]도 중요하다고 본다. 왜냐하면 관노가면극에 대한 지역 사회에서의 논의는 1960년 대에서 시작하여 1970~1980년에 이르기까지 그 원형성에 대한 끊임없는 담론이 줄을 이었기 때문이다.

1967년은 '60여년 전前, 이 고장의 민속 전통을 되찾기 위해 중요무형문화재 제13호로 지정된 강릉단오제'로 '되찾은 민속民俗의 해'라는 의미가 크게 작용하였다. 그리고 신문 기사 내용에 걸맞게 단오장에 모여든 인파, 굿당에서 굿하는 장면, 관노가면극, 영신행차 등 4장의 사진[39]이 단오장의 분위기를 실감 있게

38　1965년 최상수의 권고로 당시 춘천여고 교사 정의윤의 지도로 춘천여고생들이 제6회 전국민속예술경연대회(서울)에 가면극이 출연하여 첫 선을 보였다. 1966년 임동권 박사에 의해 관노가면극 고증 및 강릉단오제 조사 보고가 이루어졌다. 1967년 1월 16일 중요무형문화재 제13호로 지정·인정되었다. 예능보유자로 제관·도가 김신묵, 무가 장재인, 관노가면극 김동하·차형원이 인정되었다. 1967년 제8회 전국민속예술경연대회(부산)에 강릉여고생으로 구성되어 출연하였다. 1968년 제9회 전국민속예술경연대회(대전)에는 강릉성황제 가면극으로 출연하여 문화공보부 장관상을 수상하였다. 1972년 7월 2일 관노가면극 예능보유자 차형원옹이 타계하였다. 그리고 1976년 7월 31일 관노가면극 예능보유자 김동하옹이 타계하였다.

39　『강원일보』, 1967.6.9.

보도하였다. 이 해의 단오제 행사를 3개부로 구분하였다. '문화재부'는 서제·가면놀이·가면무, '민속부'는 농악경연대회·씨름·궁도·민요경연대회·줄다리기, '체육부'는 축구(초·중·고, 일반부)·야구(초·중학교)·농구, 800m 계주경기(초)·태권도(도내 단체)·유도·배구·마라톤 등 이었다. 6월 13일자에는 섭씨 32도의 무더운 날씨에도 단오제가 절정을 이루면서, 굿당에 8만 명의 인파와 황소를 노리는 씨름판은 대성황을 이루었다고 하였다. 예나 지금이나 '단옷날'은 덥다 못해 무더워야 하고, 작열하는 태양 아래 농악대의 구성진 가락과 함께 씨름판의 구경꾼들은 그 더위를 단오장에서 식힌다는 속언이 강릉에만 있는 것은 아닐까 한다.

1967년도의 강릉단오제는 특별한 의미를 갖는 기념비적인 해임에도 불구하고, '원형原型 잃은 관노가면극官奴假面劇', '의상衣裳 등 살리지 못해' 지난해에 지적되었던 문제가 계속적으로 반복되었다. 이 해는 중요무형문화재 제13호로 지정된 후 처음으로 벌어진 강릉단오제 행사였으나, 가장 중요한 민속부문인 관노가면극이 의상과 가면을 원형대로 살리지 못해 유명무실화 되어 아쉬움을 남겼다. 또한 60여년 전前, 강릉민속으로 유일한 관노가면극은 원형으로 된 가면과 복장을 구입하지 못하고, 작년에 춘천에서 빌려온 가면과 의상을 그대로 입어 다시 찾은 민속이라기보다는 형식에 불가했다는 평가[40]로 이 해의 축제를 마무리하였다.

1968년도의 강릉단오제는 "옛 풍습 그대로 지켜 내려와 성황신 모셔놓고 20여 일 동안 갖가지 놀이"와 함께 축제 분위기는 지난해와 큰 차이 없이 행사되었다. 강릉의 단오제가 유명해지는 것은 다른 지방에서 갖고 있는 못한 옛 강릉 풍습을 가지고 있다는 기사,[41] 남대천 '풍년제단'에 대관령 신목을 모시고 풍년豊年·풍어豊漁를 기원하면서 시작된다고 하는 의미, 가면극과 탈춤, 씨름, 농악놀이, 줄다리기, 시조, 궁도 등이 개최되었으며, 공설 운동장에서는 각종 체육행사(축구·야구·배구·농구·유도·권투·태권도) 등이 다채롭게 진행되었다. 굿당에서는 아침

---

40 『강원일보』, 1967.6.13.
41 『강원일보』, 1968.5.25.

일찍부터 남녀 수 백여 명의 제객들이 모여들었고, 남녀 무당들은 무악과 춤으로 풍년과 풍어를 빌었다. 작년에 연희 장소의 이탈을 문제점으로 지적한 관노가면극은 굿당 앞에서 벌어졌다.[42]

  1969년도는 어느 해와는 달리 강릉단오제에 대한 정보 제공 차원에서 언론사의 지면 할애가 많았다. 강릉단오제의 특징, 유래, 행사 일정 등을 소개하면서, "과거에는 제비祭費가 관비官費로 지급되고 지방수령이 제관이 되어 행사를 거행했으나, 이제는 시민들의 찬조로 이루어지고 있다"는 기사가 있었으며, 그간 강릉단오제의 유래를 소개하면서 "단오제에 모시는 신은 대관령산신이 아니라 대관령국사성황신을 모셔다 제사하는 것 같다"는 것과 "산신으로서는 김유신 장군을 말하기도 하고 이사부라고도 한다. 강릉 출신이거나 강릉과 관계있는 사람을 성황신으로 모시고 있다"는 등의 기사가 소개되었다. 이러한 내용[43]은 임동권의 조사 자료를 근거로 작성된 것으로 짐작된다. 그리고 문화재 지정을 계기로 관노가면극 뿐만 아니라, 횃불 행진도 함께 부활시켜 옛날 이 고장의 전통적인 고유 민속을 되살렸다는 내용도 있었다. 이 해의 행사 내용 또한 그네, 씨름, 농악, 바둑, 배구, 야구, 축구, 농구 등 각부별로 벌어졌으며, 단오장에는 서커스단을 비롯한 2백여 개소의 음식점과 오락장들로 불야성을 이루었다. 또한 굿당에서는 밤낮없이 시골 노파들이 모여들어 성황신목에 절을 하고 안택을 빌기도 하였다.

  이 당시의 사회 문화적 관심은 강릉단오제를 문화재로 지정하는데 있었으며, 지정 이후에도 지속되었다. 그 가운에 최선만 선생[44]이 적극적이었다. 1969

---

42 『강원일보』, 1968.5.29.
43 『강원일보』, 1969.6.17.
44 최선만(崔善萬, 1930년생)은 강릉출신 향토사학자로 "… 청민하고 강직한 인품에 천성이 인자하고 지성적이며 활동적인 연구 노력가로서 향토문화발전에 공이 큰 지도적 언론·문화인으로 알려진 인물이다. 강릉상업학교 5년 수료, 강릉사범학교를 나와 동아대학교 정경학부 정법학과를 졸업했다. 그 후 초등학교 교단생활 5년, 국제고학생연맹 초대 위원장과 임영향토문화연구소 소장, 계간 『鄕土文化』 발행인, 한국농업통신교육원 설립위원이기도 했다. 노동청 편집위원, 월간 『勞動과 企業』 주간을 맡고 있으며, 『法政行政』 발행인이기고 하다. 1962년 강원도 문화상을 받은 바 있는 선생은 저서로 『江陵의 歷史變遷과 文化』 등이 있고, 강릉단오제의 무형문화재 지정을 주창했으며 지방문화 발전에 많은 기여를 했다"(장정룡, 『강릉단오제 현장론 탐구』, 국학자료원, 2007, 433쪽. 재인용).

년 6월 24일 『강원일보』 논단論壇을 통해 '강릉단오제 보호 발전책'에 대한 글을 실었다.

> "민족문화는 향토문화의 창조와 전통의 기반 위에서 비로소 이루어지는 것이다. 그러므로 우리 鄕土先民이 이룩한 유·무형의 문화재는 곧 민족문화의 핵이요 조국 근대화의 터전이 되는 것이다. 그러기에 선민의 오랜 역사 생활과 더불어 천년 전통인 강릉단오제의 계승 보존은 절실한 것이다"고 하면서 평소 강릉단오제의 문화재 지정을 강조하였다.[45]

논단의 내용은 문화재 조사 보고서의 내용을 정리해 놓았으며, 최선만 선생 나름의 강릉단오제 보호 발전책을 제시하여 범시민적인 관심을 갖도록 하였다.

이상으로 1960년대 강릉단오제 원형 복원에 대한 담론과 그에 따른 지역 관계자의 노력을 엿볼 수 있는 시대적 상황과 전승 양상을 살펴보았다.

지난날 강릉단오제의 제의 공간과 놀이 장소가 일제의 민족문화 말살 정책에 의해 옮겨질 수밖에 없었다면, 1967년 중요무형문화재 제13호로 지정되면서 전승 주체가 분야별로 가시화되어 제의 전승에 변화를 가져왔다. 가장 큰 변화는 관노가면극의 부활이었다. 관노가면극은 이미 60여년 이상 전승이 중단되었으나 생존해 있던 탈춤 연희자들과의 인터뷰를 통해 복원된 것으로 그 원형을 찾았다는 점에서 의미가 있었다.

하지만, 강릉단오제가 그 당시 전승되고 있는 상태가 아니라, 지정 대상을 중심으로 내용이 새롭게 재구성되었음을 의미하는 것이다.[46] 특히, 관노가면극

---

45 端午祭는 우리 향토문화 발전과 어떠한 연관성을 가지며 그 성격과 의식 내용은 어떠하기에 문화재로서의 보존 가치가 있는가? 한 마디로 말해 단오제는 향토민 생활의 집약적인 문화 표현이라고 할 수 있다. 다시 말해서 향토민의 생활 감정은 오랜 역사 생활과 함께 면면히 이어 왔으며, 그 전통은 羅末 麗初에 시원하여 李朝末까지의 정신적 문화적인 역사 배경을 주요소로 하였다. 또 옛날에는 祭費를 官給으로하고 守令이 제관이 되어 관민이 일체가 되어 지낸 향토적인 행사였다(崔善萬, 「論壇 : 강릉 端午祭 보호 발전책」, 『강원일보』, 1969.6.24).

46 황루시, 「강릉단오제의 원형보존 방안」, 『세계인류문화유산 등록기념 : 강릉단오제 원형 보존 및 세계화 방안』, 강릉문화원·강원도민일보, 2005; 남근우, 「민속의 문화재화와 관광화

의 경우가 그러하다. 이 당시의 문화재 지정에 따른 여건이나 현실적 상황은 문화재 전문위원들이 문화재로 지정해야할 '대상'을 발굴해서 조사하고, 그 조사에 적합한 '보유자' 또한 발굴해서 인정하는 시기였다. 이를 뒷받침하는 국가 단위의 행사가 바로 1958년 제1회 개최된 전국민속예술경연대회[47]이며, 이 대회를 통해 대통령상이나 국무총리상을 수상하는 종목에 대해서 별도의 심의과정을 통해 국가지정으로 '중요무형문화재'가 탄생하는 계기를 마련하였다.

강릉단오제는 중요무형문화재로 지정되면서 이른바 인간문화재 제도에 의하여 예능보유자, 예능보유자 후보, 조교, 이수자, 전수생들이 '지정문화재' 행사를 주도하게 되었다. 민속놀이인 씨름과 그네는 경기의 형태로 자리를 잡게 되었으며, 거기에 각종 경축행사와 민속놀이 등 부대 행사가 더해져 오늘날의 강릉단오제가 형성된 것이다.[48]

2) 민속 조사 보고서에 나타난 전승 실태

1967년 문화재 지정 이후, 영동(강릉)지방 민속조사 보고서가 2회에 걸쳐 나왔다. 1969년에 최철 교수가 낸 강릉의 '민속예술・오락, 구비전승'과[49] 1970년은 최철・백홍기 교수가 공동 조사한 '강릉단오제'(강릉 부락제-단오)였다. ① 단오와 강릉 ② 단오제의와 유적 ③ 단오제의 일정과 행사 ④ 단오제의와 무(巫)굿 ⑤ 단오제와 금기 ⑥ 단오제의 소요경비 등이 조사 보고 되었다.[50]

-'강릉단오제'의 포클로리즘을 중심으로」, 『한국민속학』 제43호, 한국민속학회, 2006; 한양명, 「고을축제로서 강릉단오제의 절차와 내용에 대한 검토」, 『공연문화연구』 제18집, 2009.
47 1999년 제40회부터 '한국민속예술축제'로 그 명칭이 바뀐다.
48 황루시, 앞의 글, 19쪽 참조.
49 당시 강릉교육대학에 재직한 최철이 강릉의 민속예술, 오락, 구비전승에 대하여 조사 집필한 내용이다. 이 조사 보고서는 1969년 문교부 학술연구 조성비 400,000원을 받아 수행한 것이다. 이 보고서에는 1. 총론, 5. 세시풍속, 6. 의식주, 7. 민속예술・오락, 8. 구비전승이 수록되어 있다. '연희'에는 ① 관노가면극 ② 대관령 새신과 단오굿 ③ 대가면 ④ 무당춤 ⑤ 용굿 ⑥ 효자무가, '구비전승'으로 신화에는 ① 창해역사 ② 학바위와 범일국사의 탄생 ③ 여국사성황에 대해서 수록하였다(장정룡, 『강릉단오제 현장론 탐구』, 국학자료원, 2007, 475쪽).
50 이 조사 보고서는 강릉 부락제와 산업 기술을 묶은 것으로 1969년에 나온 조사 보고서의

문화재 지정 이후 강릉단오제 '원형'에 대한 계속적인 발굴과 탐색으로 부분적으로는 만족했다고 하지만, 제의 절차, 탈놀이, 농악 등의 연행에 있어서 문제점들이 발생되었다. "근년에 와서는 단오제 행사가 본래의 민속제전과 부락제의 성격을 벗어나 여러 가지로 변모된 것이 많다. 운동경기(구기 등), 써커스단, 극단, 잡상인들의 행상 소동 등이 단오제의 분위기를 흐려 놓는다"고 했다.[51] 이와 같은 모든 경기와 민속행사가 남대천 백사장을 중심으로 이루어 졌다. 이 모든 관리를 강릉시청에서 주관하였으며, 단오제 관리위원들이 맡은 각 부서에서 거행되었다.[52]

1969년과 1970년도 행사 일정을 보면 다음과 같다.

- 5월 3일 : 횃불행진(시내), 始祭
- 5월 4일~8일 : 祭典
- 5월 5일 : 관노가면극(남대천), * 보이스카우트 전진대회
- 5월 5일~8일 : 씨름, 弓道(남대천)
- 5월 5일 : 줄다리기 (공설운동장)
- 5월 5일~6일 : 시조창(도미노 예식장)
- 5월 6일~7일 : 민요창(남대천 백사장)
- 5월 5일~8일 : 배구, 야구, 축구, 농구, 정구, 유도, 태권도(공설운동장)

후편이다. 당시 강릉교육대학 백홍기와 공동연구를 한 내용이다. 특히 1970년도 강릉단오제에 대한 자세한 내용이 소개되어 있어 중요한 자료로 평가된다. 이 내용은 최철, 『嶺東民俗志』, 통문관, 1972에 '강릉의 단오제'라는 제목으로 103~160쪽에 걸쳐 전문이 실려 있다(장정룡, 앞의 책, 478쪽).

51 崔喆, 「江陵端午祭 研究」, 『亞細亞 研究』, 고려대 아세아문제연구소, 1971, 250쪽.
52 〈총무부〉: 횃불행진, 각부 지원, 행사운영 〈제전부〉: 대관령 성황신제, 국사여성황제, 남대천 가설 성황사의 제전, 무악 〈문화재부〉: 가면극, 시조경창, 민요, 바둑, 윷놀이 〈농악부〉: 농악경진 〈그네부〉: 그네뛰기 〈씨름부〉: 씨름대회 〈궁도부〉: 궁도 〈줄다리기부〉: 줄다리기(각동, 읍, 면 대항) 〈체육부〉: 농구, 배구, 축구, 야구, 태권도 〈선전부〉: 선전보도 〈시설부〉: 행사장 시설 〈섭외부〉: 숙박 안내 〈경비부〉: 주변 경비, 주변 정화 〈구호부〉: 불의의 사고 예방, 구호 〈관리부〉: 행사장 관리 등(崔喆, 위의 글, 251쪽).

이러한 여러 가지 행사 중에서 가장 중심적인 것은 '풍년기원'과 지방 수호와 안녕을 비는 '무巫굿'과 '성황신제', 그리고 강릉의 관노가면극, 농악, 씨름, 윷놀이, 그네뛰기, 줄다리기, 궁도 등 이었다.

　최철 교수는 당시 조사 과정에서 제의 공간의 이동과 변모된 것들에 대하여 의문점들을 밝히려고 하였다. 특히 언제부터 남대천 백사장에 무巫굿터를 설치하여 단오제 제전을 행하였는지 확실한 년대는 밝히지 못했다고 하면서, 1900년에 들면서 일인日人의 간섭과 통제로 성황사가 폐지되므로 이곳에서 행한 것으로 기록하였다. 그리고 '무巫굿당'을 일러 '남대천 풍년제전豊年祭典'으로 기록하고, 남대천에 설치한 '임시 가설 제단'에서 행한다고 하였다. 조사 당시(1969·1970) 무巫굿당에 모인 사람은 매일 약 6~700명이 된다고 했다.

　1969~70년대 조사 내용 중, 무격巫覡에 대한 높은 관심으로 상세하게 기술하였다. 당시의 왕무당王巫覡은 성남동 박용녀(57세)가 맡았으며, 홍제동 여성황사에서 남대천 임시 가설 굿당으로 모시는 저녁 6시 경이 되면 단오제의 중심되는 무격들이 전부 모인다고 했다. 당시 단오제 무격은 강릉을 중심하여 영동지방 일대(주문진, 묵호, 삼척, 평해 등)에서 온 15명 내외가 된다고 하면서, 1969년[53]과 1970년[54] 강릉단오제에 참여한 무격 명단을 기록해 놓았다. 무격들에 대한 사례비는

---

[53] 명단 : 김복용(42세 남 주문진), 진차천(50세 남 주문진), 김업용(35세 남 묵호), 김용택(23세 남 주문진), 이종백(37세 남 경주), 길제출(45세 남 경북 구룡포), 이금옥(47세 여 삼척 근덕), 변금주(39세 여 죽변), 김영숙(23세 여 주문진), 진분선(42세 여 속초), 최송죽(45세 여 주문진), 김근자(29세 여 강릉) * (나이는 1969년 기준) · 굿석수(19가지) : 1. 부정굿 2. 성황굿 3. 성황맞이굿 4. 화회굿 5. 청좌굿 6. 세존굿 7. 조상굿 8. 각대성조굿 9. 군농굿 10. 산신령굿 11. 토주지신굿 12. 군경예비군 합동축원굿 13. 심청굿 14. 손님굿 15. 농사 및 상업풍년 굿 16. 천왕굿 17. 꽃노래굿 18. 너름 강신굿 19. 성황 모시는 굿(崔喆, 앞의 글, 248쪽).

[54] 명단 : 김창수(57세 男 묵호), 박용녀(57세 여 강릉), 신석남(45세 여 삼척), 송동숙(53세 남 울진), 변연호(45세 여 울진), 김미향(33세 여 영해), 제갈 태호(30세 남 울진), 김영희(30세 여 울진), 김장길(25세 남 울진), 송명희(20세 여 울진), 김애심(18세 여 울진), 김명익(24세 남 삼척), 김광일(26세 남 삼척), 김금천(42세 여 강릉), 신동해(40세 남 삼척) * (나이는 1970년 기준) · 굿석수(25가지) : 1. 부정굿 2. 골매기굿 3. 청좌굿 4. 화회굿 5. 축원굿 6. 조상굿 7. 세존굿 8. 산신굿 9. 성조굿 10. 칠성굿 11. 후원굿 12. 노래굿 13. 조웅굿 14. 장군굿 15. 축원굿 16. 천왕굿 17. 심청굿 18. 설영굿 19. 지신굿 20. 손님굿 21. 제면굿 22. 꽃노래굿 23. 능(등)노래굿 24. 뒷풀이 25. 한우(환우굿)(崔喆, 위의 글, 248쪽).

강릉시에서 보조금으로 4만원을 지급하였고, 단오제를 계기로 시민들로부터 보조금(걸립)과 단골신자로부터 받은 돈을 합하면 상당한 액수가 될 것으로 추정하였다.

강릉단오제의 전승 과정에서 조사되어야 할 중요한 것 중 하나가 무굿(단오굿)이다. 오늘날처럼 무당굿과 관련하여 특히, 단오굿 예능보유자를 중심으로 여러 무녀와 양중들이 세습과 학습을 통해 운영되었음을 알 수 있다. 동해안 일대에서 무업巫業을 하는 5~6명의 구성원은 혈연으로 맺고 있는 무녀와 양중들도 함께 하고 있다. 또한 단오굿의 규모가 옛 기록의 규모는 아니더라도 동해안에서는 큰 굿(大굿)이였음을 짐작케 한다.[55]

최철 교수의 보고서에도 강릉관노가면극에 대한 조사와 함께 그동안 발굴 과정에 대한 내용이 있다. "60여년 동안 자취를 감추었다가 1965년 전국민속예술경연대회에 참가하기 위하여 강릉시민들의 열의와 최상수님, 그리고 강릉인 김동하옹, 차형원옹, 장재인 노파의 고증을 토대로 미숙한 대로 일차 상연을 했다. 그 후 1966년 강릉단오제 때에 처음으로 일반에게 공개되었는데, 이때 강릉의 고노古老들 다수가 자진하여 소도구, 복장에 이르기까지 상세한 고증이 있었다. 그 후 지금까지(1969·1970) 단오제의 관노가면극은 강릉여자고등학교에서 받아 행하고 있다"고 하였다. 1969년에는 관노가면극이 음력 5월 5일 단옷날에 연희되었으며, 오후 시간을 이용하여 잠깐 동안(1시간 정도) 굿터 옆(1969), 또는 농악 장소(1970)에서 한 번씩 연희되었다. 이 당시까지도 관노가면극은 춤사위, 복식 등이 갖추어지지 않은 상황으로 보아 지속적인 고증과 재정비를 요구하였다.[56]

---

[55] 단오굿은 1967년 지정 당시 춤과 무가를 연행하는 무녀로서 예능보유자가 된 장재인(張在仁, 여, 1907~1973)이 1970년대 초반까지 활동하였고, 이어서 예능보유자가 된 박용녀(朴龍女, 여, 1912~1989)가 1980년대 후반까지 활동하였다. 앞선 장재인, 박용녀와 오랫동안 단오굿을 관장하였던 신석남(申石南, 여, 1930~1992)이 뒤늦게 보유자가 되었으나, 1990년대 초반에 세상을 떠났고, 8년 정도 보유자가 없는 상태였다가 2000년 보유자가 된 신석남의 며느리 빈순애(賓順愛, 여, 1959生)를 중심으로 보유자 후보인 신석남의 동생 신동해(申東海, 남, 1932生, 1992년 인정)가 악사를 맡았다.

[56] "강릉의 관노가면극은 당시까지만 해도 더 많은 考證이 필요하다. 그것은 문헌상에 기록이 全無하다시피 하고, 또 60여년 동안 강릉에서 이 가면희 연출이 단절되었고, 이에 대한

강릉단오제 행사에 소요되는 경비에 대한 조사가 처음으로 기록되는 해는 1969~1970년도이다. 이때의 단오제는 강릉시가 주관하였으며, 강릉시와 명주군 시민 대표를 위원으로 단오제위원회가 구성되었다. 각 행사 부서에 따라 예산은 달리 책정되었다. 그리고 예산은 시비 보조와 일반 찬조에 의해 충당되었다. 찬조금은 시내 각 기관 및 사회단체, 개인 기업체에서 받았다. 1970년도 단오제 예산 편성을 보면, 총 소요 경비를 1백만 원으로 잡고, 시비로 10만원, 찬조금이 90만원이었다.[57] 강릉시가 강릉단오제 행사 전반에 걸쳐 운영의 주도권을 갖고 있었다.[58]

〈표 2〉 1969·1970년 강릉단오제 예산 비교표

부서별	1970년 예산	1969년 예산	부서별	1970년 예산	1969년 예산
총무부	421,100	484,450	체육부	–	65,750
제전부	170,000	171,420	선전부	50,000	30,000
문화재부	51,000	82,940	시설부	70,000	59,000
농악부	40,000	54,500	섭외부	5,000	5,000
구네부	52,000	52,315	경비부	30,000	30,000
씨름부	115,400	158,615	관리부	14,000	14,000
궁도부	50,500	60,000	보호부	4,000	4,000
줄달리기부	100,000	25,300	계	1,000,000	1,155,290

(단위 : 원)

보유자가 드문 때문이다. 日人인 秋葉 隆의 논문이나, 최상수, 임석재, 최근 임동권의 보고서 등이 있으나 이것은 단편적인 것이고, 정의윤씨의 춘천 '江原歷史學會' 발표 논지 요약을 볼 때에도 이에 대한 재고증이 제시되었다"(崔喆, 앞의 글, 248쪽 참조).

57 崔喆, 앞의 글, 155쪽 참조.
58 단오제 경비 내역, 운영관계, 소요예산 등을 책정하고 운영 담당 부서는 강릉시청 문화·공보계에서 하였다. 1970년 단오제의 임원 명단을 보면 다음과 같다. 위원장 : 김형기(강릉시장), 부위원장 : 최윤택·최돈웅, 위원 : 김남열·이강준·이추남·강용의·고의숙·김재석, 감사 : 심상만·최돈영, 고문 : 김남열·김동수·김옥봉, 총무부장 : 김남열, 구호부장 : 고의숙, 선전부장 : 주영기, 문화재 부장 : 정치규, 농악부장 : 최돈영, 제전부장 : 김진태, 그네부장 : 심대석, 경비부장 : 송보현, 궁도부장 : 노창갑, 관리부장 : 이만우, 체육부장 : 김재석, 시설부장 : 함연추, 줄달리기 부장 : 임중모, 섭외부장 : 이추남, 씨름부장 : 최종백(崔喆, 앞의 글, 156~157쪽 참조).

최철 교수는 2년(1969~1970)에 걸쳐 강릉단오제를 조사한 결과, 강릉단오제는 제의와 민속제의 성격을 차츰 벗어나 행사와 흥행에 불과한 인상마저 준다고 했다. 단오제의 중심 행사는 굿당에서의 제의와 관노가면극, 농악, 씨름, 윷놀이 등 주로 과거부터 전해온 풍속과 경기인데, 오히려 이런 경연보다는 현대적인 운동경기인 구기球技 종목 등에 치우쳐 있음을 지적하였다.

이밖에도 단옷날 그네놀이에서 보여주던 고전미의 퇴색, 마을 단위 농악이 점차 활력을 잃어가면서 1970년에는 2개 팀이 단오제에 참여하였으며, 농악 자체의 원형적인 열두 가락이 불과 네 가락 장단에 지나지 않았다는 점이다. 관노가면극 또한 전통미 보다는 현대적으로 다듬어져서 양반에 대한 재미와 풍자 등이 세련되지 못했으며, 가면의 제작과 광대들의 동작이 너무나 섬세함을 흠으로 보았다. 끝으로 단오제에서 가장 중심이 되는 무격의 무굿은 축원굿 정도의 수준에서 머물렀으며, 내용의 빈약과 무격들의 예능적인 측면에서 많은 문제점을 내포하고 있음을 지적하였다.

지금까지 강릉단오제가 문화재로 지정된 시기를 중심으로 전승 양상에 대해 살펴보았다.

1603년 허균의 『성소부부고』에 기록된 강릉단오제의 모습은 조선조 내내 큰 틀을 유지했던 것으로 짐작된다. "대관령에서 신을 모시고 내려와 강릉에서 잡희를 벌인다"는 이 기록은 오늘날과 크게 다르지 않다. 그 후, '전승의 암흑기'라 할 수 있는 일제강점기를 거치면서 당시의 전승 상황에 대해 조사 기록되었다. 강릉단오제에 대한 '기억의 전통', 즉 '기억 속의 강릉단오제'에 대해서는 일본인 학자들의 조사 보고서를 통해 알 수 있었다. 그리고 당시의 강릉단오제 전승 상황을 자세하지는 않지만 각종 체육행사와 함께 전승되었다.

강릉단오제 전승에 있어 큰 변화는 1920년대에 일제가 대성황사를 강제로 폐지하면서부터였다. 조선조 내내 제의적 공간이었던 대성황사가 없어지면서 전통적인 연행 방식과 놀이 장소에 변화가 온 것이다. 결국은 대성황사가 폐지됨으로 해서 수년간 전승이 중단되었다. 그리고 1930년을 전후한 강릉단오제의 풍경은 그 옛날의 전승 문화는 찾기 어려운 상황이었다. 하지만 단옷날을 전후로 해서 시장이 서고 무당굿이 행해졌다는 기록을 볼 때, 일제강점기부터 강릉단오제의 전승 양상이 운동회나 축구 대회로 이어졌음도 우연한 계기는 아닐 것이다. 이점은 전국 각지에서 단옷날에 즈음하여 체육행사가 다양하게 이루어졌음을 통해서도 알 수 있었다.

다음은 문화재 지정 이후의 강릉단오제 원형 복원과 전승 실태에 대한 것도 살펴보았다. 오늘날의 강릉단오제가 전승되는데 있어 민족문화의 발굴과 보존을 강조한 정부의 문화재 정책도 한 몫을 했다. 1958년 전국민속예술경연대회 개최, 문화재보호법 제정(1962), 지방문화사업조성법 제정(1965), 1969년 전국민속조사 등의 사업이었다. 그러나 민속문화에 대한 관심은 의도적으로 선택된 것이었다. 정부는 '민속'을 '민족문화' 또는 '민족예술'의 차원에서 발굴・계승해야 할 대상으로 인식하였으며, 비과학적이고 불합리한 미신으로 간주된 것을 타파해야할 대상으로 인식하였다. 새마을 운동 당시 당집을 부수고 동제를 지내지 않은 것은 이와 같은 맥락에서 이루어진 것으로 볼 수 있다.

1960년대는 문화재로 지정(1967)되기 이전부터 지역 언론을 통해 '강릉단오제'에 대한 관심이 높아갔다. 그 이전인 1950년대까지만 해도 '단오'와 '강릉'이라는 등식보다는 단옷날(절) 풍속 일반에 대하여 기사화 되었다. 앞에서도 언급했듯이 강릉단오제가 일제강점기 때에 제의 장소와 연행 방식이 변화되었다면, 1967년 중요무형문화재로 지정되면서부터는 그 내용면에서 변화가 시작되었다. 문화재로 지정된 분야는 제례, 관노가면극, 무당굿 등 3개 분야다. 이 셋은 오늘날까지 강릉단오제의 핵심적 축을 이루고 있다. 그 중에서 가장 큰 변화는 관노가면극의 부활이었다. 관노가면극은 이미 60여년 이상 전승이 중단되었으나 생존해 있던 연희자들과의 인터뷰를 통해 복원한 것이다. 이는 그 원형을 찾았다는 점에서 의미가 있다고 하겠다. 하지만 이것은 그 당시 전승되던 상태가 아니라, 지정 대상을 중심으로 내용이 새롭게 재편성되었음도 전승상의 한 특징으로 보여진다.

제3장

강릉단오제의
현대적 수용과
변용

江陵端午祭

강릉시 축제 주관 : 1970~1973년까지
민간기구 축제 주관 : 1974년 이후부터

제3장

강릉단오제의 현대적 수용과 변용

강릉단오제의 축제성 담론은 1970년대를 기점으로 논의가 본격화 된다. 그리고 전통적인 민속문화의 전승과 변용[1]을 통한 축제의 이미지와 가치의 변화도 이 시기와 함께한다.

1960년대에는 중요무형문화재(제13호)로 지정(1967)되면서 '강릉'과 '단오', '단양제' 등의 다양한 호칭이 '강릉단오제'라고 하는 공식적인 명칭으로 탄생하게 이른다. 이후, 1970~80년대를 거치면서 축제의 원형 전승과 향토 축제로서의 자긍심이 높아갔다. 이 시기는 전통문화에 대한 복원·계승이 지역 사회 내에서 큰 부담감으로 다가왔다. 그리고 1990년대와 새 천년(2000)을 맞이하면서 축제의 관광자원화에 대한 연구와 노력들이 힘을 갖게 되었다. 그리고 이 모든 사회 문화적 성과는 강릉시민의 역량이 총체적으로 작용하였기 2005년 11월 25일 유네스코로부터 세계무형유산 걸작으로 등재되기에 이르렀다.

1970년대는 강릉단오제에 대한 현장 조사 보고서와 함께 학문적 연구가 본격적으로 시작된 시기다. 이를 뒷받침해 주는 것으로 최철 교수의 2년에 걸쳐

---

1 전통적인 민속의 변형과정을 세 단계로 정리해보면, 첫째는 민속이 본래의 표현방식 속에서 살아있는 단계이고, 둘째는 민속이 전통적인 형태를 유지하면서 본래의 예술적 통합성을 간직한 채 현대적인 매개에 적응하면서 기존의 고유한 특징들을 잃어버린 '새로운 민속'이 현대의 대중문화 시장속에 나타나는 단계이고, 셋째는 민속이 현대예술에 모티브와 리듬, 내용, 그리고 아이디어를 제공하면서 문화적인 실체들에 새로운 영감을 부여하는 기능을 하는 단계이다(한상일, 「우리시대의 관광자원으로서 민속의 가치구현에 관한 연구」, 『실천민속학 연구』 제14호., 2007, 163쪽 재인용-).

현지 조사를 통해 성과물을 발표하면서 시작된다. 훗날 조사 구술 내용을 보면, 당시의 조사 여건이 쉽지만은 않았다고 했다. 특히 강릉단오제 전승의 암흑기라고 할 수 있는 구한말부터 해방 전후의 시기에 대한 자료가 충분하지 못하였으며, 제보자를 만나기가 어려웠던 것으로 짐작된다.

그래도 1970년을 기준으로 김신묵金信黙 옹[2]을 비롯한 몇몇 분들이 40~50여 년간 계속 단오제와 관련을 맺고 있었다.[3] 문화재 지정(1967) 이후, 원형에 대한 계속적인 발굴·탐색으로 수십 년간 연행되어 왔던 제의 절차 등은 큰 틀로 유지되었다. 하지만 무巫굿(단오굿), 관노가면극 연희, 강릉농악 가락 등의 예능적인 부문과 부대 행사(각종 체육행사)의 운영 규모에 대하여 문제를 제기하였다.[4] 여기서는 1970년대의 강릉단오제 전승에 따른 당시 관련 자료를 토대로, 그 실태의 특징을 현대적 수용과 변용[5] 양상으로 살펴본다.

---

2 구산의 金信黙 노인은 祭官과 都家의 일을 담당하였다. 대관령산신제에 필요한 모든 祭器와 가마 등을 보관하고 있으며, 4월 15일 대관령에 성황신을 모시러 갈 때 모든 음식과 제물은 이 집에서 관장했다. 제비는 강릉시에서 3만원, 명주군에서 3만원 도합 6만원을 갖고 장만 했다고 한다. 예전에는 소를 잡고 제사의 음식을 대단히 장만했다고 한다. 6.25 때에는 대관령에 갈 수 없어 구산 성황사에서 성황제를 지냈다고 한다. 1970년에도 松亭里의 崔在明(72세) 노인과 함께 都家의 일을 맡았다(崔喆, 최철, 「江陵端午祭 研究」, 『亞細亞 研究』 14, 고려대학교 부설 아세아문제연구소, 1971, 239쪽).
성산면 구산에 거주하는 金信黙(1893년생)翁과 송정동의 崔在明(1889년생)翁 두 분이 해방 후부터 계속 都家로 대관령성황신제의 제물을 장만한다. 제비로 강릉시청과 명주군청에서 각각 3만원 도합 6만원을 갖고 1969, 1970년을 지냈다고 하며, 간혹 地方 인사의 찬조금을 얻기도 한다. 이 금액으로 약 400여명(1969, 1970년)의 성황제 제빈들을 대접한다. 최근에 와서는 祭費가 적어서 돼지 머리 하나와 약간의 쇠고기와 果物을 장만하고, 祭를 마친 후에 그날 대관령에 오신 祭官, 巫覡, 손님들을 대접한다(崔喆, 앞의 글, 245쪽).
3 과거 단오제 행사에 관한 문헌상 기록이 全無한 실태이므로, 현지 古老에 의한 조사로선 不充分하고 애매한 것이 적지 않았다. 이런 미숙한 점은 다음에 보유해 나갈 생각이다. 그리고 현존하는 古老들도 端午祭儀에 관하여 자세히 아는 분이 드물고, 다만 현재 생존한 분 중에서 성산면의 金信黙翁, 松亭洞의 崔在明, 그리고 시내 咸鍾台, 張在仁, 崔敦曦 등 만이 약 50여년간 계속 단오제와 관련을 맺고 있을 뿐이다. 앞으로 단오제 정리는 1910년 이전의 소위 역사적인 원형과 그 후에 있어온 것과의 대비로서 이의 복원이 시급하다. 우선 역사적인 것의 색출 작업이 곤란하다. 그것은 현지 古老들 중에 端午祭儀를 소상하게 기억하는 분이 드물고, 이 방면의 과거 조사문헌이 없다는 사실이다(崔喆, 위의 글, 226쪽).
4 근년에 와서는 단오제 행사가 본래의 민속제전과 부락제의 성격을 벗어나 여러 가지로 변모된 것이 많다. 운동경기(구기 등), 써커스단, 극단, 雜商人들의 행상소동 등이 단오제의 분위기를 흐려 놓는다(崔喆, 앞의 글, 241쪽).
5 과거의 민속문화를 동시대의 필요에 따라 있는 그대로 받아들이는 일을 '현대적 수용'이라

1. 강릉시 축제 주관 : 1970~1973년까지

1970년도 강릉단오제는 여느 해 못지않게 남다른 의미를 갖고 시작되었다. 강릉단오제의 개막을 알리는 신문 사설을 통해 알 수 있다.[6] 이 사설은 예전의 강릉단오제에 대한 접근 시각과 차이가 있어 시사하는 바가 크다고 하겠다. 당시 축제 운영에 있어 국비지원에 대한 기대와 함께 향토 문화제로서의 그 위상을 높이고자 했다. 하지만 그렇지 못함을 안타깝게 생각하면서, 그동안 지역민의 참여와 성원으로 지켜온 강릉단오제를 지방민의 부담으로 베풀어진다고 하는 점을 강조하였다. 이는 오늘날의 축제 예산 운영과 큰 차이가 없어 보인다.

또한, 관노가면극을 관광 상품으로 개발하여 축제 기념품화 방안도 처음으로 제시되었다. 그리고 전통의 답습이라고 하는 차원에서 벗어나 시민이 주인이 되는 축제의 방향 정립, 강릉만의 축제가 아닌 범지역적인 축제 참여 유도, 축제가 지방 정부의 예산 지원으로 운영된다고 하더라도 민간이 중심이 되어 전승되어야 함을 강조하였다.

이 해부터 관노가면극은 굿당 앞에 자리를 잡고 연희되었다. 지난날 대성황사에서 관노가면 탈춤이 연희되었다는 문화재 지정 보고서에 맞추어 그 형식을 갖추고 연희되었다. 또한 "강릉의 단오는 사람 구경이라는 말"이 전하듯이, 예산의 부족으로 행사가 다소 축소될 것 같았지만, 예년과 별다름 없이 남대천 단오장에는 비켜설 자리 없이 인산인해의 성황을 이루었다고 했다. 행사 내용은 횃불행진와 시제, 제전과 무악, 본제, 관노가면극, 농악, 그네, 씨름, 궁도, 줄다리기, 시조, 민요, 배구, 야구, 축구, 농구, 정구, 권투, 유도, 태권도, 보이스카우트 전진대회 등이 있었다.

하지만, 1970년도 강릉단오제도 그 전통성에 걸맞지 않는 전승상의 문제점

고 한다면, 현대적 가치에 맞게 바람직한 양식으로 변화시키거나 재창조해서 받아들이는 것을 '현대적 변용'이라고 할 수 있다(임재해, 「민속문화의 현대적 수용과 변용의 논리」, 『실천민속학연구』 제1호, 실천민속학회, 1999, 11~64쪽 참조).

6 「江陵端午祭의 開幕」, 『강원일보』, 1970.6.8.

들이 제기되었다. 단오장을 찾는 관람객은 헤아릴 수 없이 많았지만, 강릉단오제의 중심 행사(굿당, 관노가면극, 씨름, 그네, 농악, 각종 체육대회 등)가 단순히 행사로만 만족한다는 것과 내용 자체가 빈약했다는 평가였다. 농악부에서는 2개 팀이 참가할 정도로 마을 농악대 전승 문제와 12가락 전부가 소개되지 못하고 4가락만 선을 보일 정도로 내용이 빈약했으며, 관노가면극 연희도 굿당 앞에서 1회로 그치고 말았다는 것이다. 그동안 강릉단오제가 문화재로 지정되기까지 뜻있는 인사들의 참여와 노력이 컸었다. 하지만 당시 강릉단오제의 전승 형태가 그 뜻을 잊어버리고 있다는 반성의 평가도 있었다. 각종 체육대회도 우호적인 관계의 참여와 승부가 아니라 시시비비가 많았다. 다행히도 이 해의 큰 성과라면 굿당의 규모를 새롭게 단장하고 엄숙한 분위기 속에서 제의가 진행되었으며, 굿당 옆에 높이 달린 5색 초롱(호개등)이 매우 인상적이었다고 평가하였다. 단오장을 찾는 내외 관람객이 많아지면서부터 지정문화재 행사의 의미와 민속놀이 등에 대한 흥미 있는 프로그램 개발이 절실하게 요구되었다.

1971년은 지난날의 역사성과 오늘날의 전승 실태를 조사·연구한 학자의 시각에서 부터 담론이 시작되었다.[7] 문화재로 지정된 이후, 신주근양을 비롯하여 대관령산신제, 대관령국사성황제와 여성황제, 구산서낭제, 영신맞이 횃불, 단오장 임시 제단(굿당)에 신위와 신목을 모시는 연행 등은 변함없이 진행되었다. 하지만 축제의 다양한 요소(巫굿, 관노가면극, 농악, 각종 체육행사 등)들은 해를 거듭해 갈수록 내용적인 면에서 많은 비판을 받았다.

이 해는 단오장이 재건교(지금의 남산교) 부근으로 옮겨졌다. 문화재로 지정된 후, 다섯번째로 열리는 강릉단오제는 해를 거듭할수록 전통성과 장기적인 전승 주체(집단)의 필요성이 제기되었다. 그동안 관노가면극 전승 팀이 강릉여고 1팀이었지만, 강릉교대(1971년부터) 학생들이 연희에 참여하였다.

그리고 민속놀이의 전통이 점차로 흐려지고 체육대회에 밀려 본래의 뜻을 잃고 있다는 평가를 받았다. 관노가면극의 경우도 문화재로 지정될 당시에 제작한 강릉여고의 가면과 강릉교대의 가면이 서로 딴판이어서 가면에 대한 원형과

---

7 崔喆, 「江陵端午祭의 어제와 오늘」, 『강원일보』, 1971.5.27.

고증에 관심을 갖게 되었다.

행사 규모가 점점 커지면서 문제점으로 드러나는 것은 난장(시장)이었다. 남대천 단오장은 흥행과 사행 행위가 뒤범벅이 된 난장판이라 지적하면서, 남대천 다리위에는 전국 각처에서 모여든 흥행 단체와 대규모의 약장수, 주점, 식당, 노점상 등이 1만여 평의 강변을 메워 술과 노래, 춤으로 절정을 이루고 있다는 기사도 보인다. 또한 야외무대에다 고성능 마이크로 몇 가지 촌극을 갖고 열심히 선전해 대는 약장수들의 극성에다가 빙고, 뺑뺑이 돌리기, 공 던지기, 팽이 돌리기 등 각양각색의 사행성 오락 행위가 공공연히 이루어져 숱한 청소년 또는 촌로들의 호주머니를 긁어내고 있으며, 그밖에 서커스, 농악, 차력, 노점상 주점, 식당들이 야간에도 불야성을 이루어 문화재라는 인상을 찾아볼 수 없게 되었다는 것이다. 이러한 문제를 해결하고자 해당 관계자들은 다방면으로 손을 섰지만 쉽게 해결될 수 있는 일들이 아니며, 단오제가 빨리 끝나기만을 기다릴 뿐 특별한 해결책을 제시하지는 못했다.

1970년대를 거쳐 1980~90년대까지의 지나친 상행위는 오히려 단오제 난장의 삐뚤어진 전통이 되다시피 하였다. 이 문제는 끊임없이 이어져 축제가 끝난 뒤에도 강릉시내 상인들은 근본적인 해결책 마련을 요구하였다. 한편으로 행사 내용 중, 체육행사는 주관 단체의 오랜 연륜이 축적되어 규모면에서 확대 운영되었다. 이점이 오히려 단오제 본연의 의미를 퇴색시키는 결과를 초래하였다. 이렇듯 강릉단오제는 문화재라고 하는 상징적 의미와 함께 전통문화의 현대적 재창조, 강릉지역 고유의 문화를 전승 발전시켜야 하는 과제 등이 산적해 있었다. 1971년도 강릉단오제는 '옛 전통傳統 되살려야'라고 하는 총평을 통해 총체적인 반성의 계기를 갖는다.[8]

---

8   강릉의 향토문화제전인 단오제는 5일간의 예정을 모두 끝내고 31일밤 굿당을 철수함으로써 그 막을 내렸다. 그러나 올해 단오제는 이 고장의 오랜 民俗傳統을 살려 후세에 남겨주려는 근본 의도와는 달리 民俗行事보다는 體育行事로 둔갑된 것 같은 인상을 주었을 뿐 아니라 進行에 있어서도 여러 군데서 미스를 드러내 적지 않은 문제점을 남겼다. 특히 관노가면희(탈춤)는 굿당 앞에서 해야만 굿과 탈춤이 調和를 이루어 祭典 분위기를 조성하는 데 비해 금년에는 웬일인지 지금까지의 전통을 무시하고 장소를 공설 운동장 한복판으로 옮겨 본연의 의의를 잃게 했다(『강원일보』, 1971.6.3).

1972년도 강릉단오제의 시작은 먼저 강릉시의 주요인사[9]가 참석한 가운데 '강릉단오제江陵端午祭 전승傳承과 문제점'을 주제로 한 대담이 있었다. 이를 통해 문화재 지정 이후의 각종 현안 사항을 논의하였다. 대담 배경을 살펴보면, 영동지방 주민의 가장 큰 관심을 끄는 민속 행사인 강릉단오제가 남대천 백사장에서 펼쳐졌다. 도내道內 유일의 중요무형문화재로 지정된 이 행사는 근래에 와서 행사내용 등을 둘러싸고 여러 논란이 있어 왔다. 이에 단오제 개막을 앞두고 '단오제의 전승과 그 문제점' 등에 관한 좌담회를 갖게 되었다.

　　당시의 몇 가지 쟁점화 된 내용을 중심으로 정리해 보면, 행사 관련 예산 규모를 지난해 보다 10만원이 불어난 1백 20만원 규모(김영진 시장)로 준비되었으며, 당시 새마을 운동 정신과 연계되어, 혹 강릉단오제가 단순히 무당 불러 굿하는 행위로, 미신적 행위로 결부되어 쟁점이 될 수 있지 않을까 했지만(사회자), 마을의 풍년제나 안녕을 기원하는 신앙적 의미도 있을 뿐더러(이상혁), 제천의식의 한 차원에서 전승되어 온 점을 인식(김진백)하면서, 일부에서 미신행위에 대한 경향이 있다 없다고 하는 점은 개인의 마음가짐에 달려 있다는 점(김영진)을 강조하였다. 관노가면극의 원형에 대한 아쉬움을 토로하면서 단오제에 참여할 때만 준비하지 말고 지속적으로 활성화되길 바랬다(이상혁). 농악이나 민속은 행사를 열기위한 수단이 아니고 그 자체가 목적이어야 하며, 어떤 강제성이나 규제는 예술의 경지에까지 갈 수가 없다. 집행을 맡는 사람들의 자세가 행정위주의 편의에 따라가다 보면 민속의 가치가 떨어지는 경우가 있음을 지적하였다(최종민). 이 지방에도 문화재 보존 전문위원회 같은 것이 마련되어 수시로 연구하고 발표할 수 있어야 하며(김진백), 특히 가면극은 전문위원 구성으로 하루빨리 그 원형을 찾도록 하고, 무가 등도 그 전습傳習해야 함을 강조하였다. 앞으로는 문화재 보존을 위해 탈춤 등은 격식에 맞는 것으로 원색 필름에 담아놓고, 무가도 녹음해 두도록 하겠다고 했다(김영진). 향후 광범위한 강릉단오제 홍보를 통해

9　참석자 : 金榮珍(강릉시장, 단오제위원장), 金振伯(반공연맹지부장), 崔鍾敏(강릉교육대 교수), 崔振圭(강릉연예협회장), 李相赫(前강릉시장), 咸鍾台(단오제위원회 문화재부장), 사회자 : 정기문(영동취재부장), 기록 : 정석화(강릉주재기자), 일시 : 1972년 6월 9일(강릉시장실).

관광의 효과도 가져올 수 있도록 노력해야 하며, 강릉단오제는 삼척에서 고성까지, 또 영서지방에서도 많은 인파가 모여들고 있는 현실을 고려해서, 이 지방 상업인들은 좀더 적극적으로 불경기를 타개할 수 있는 여건이 마련되기를 기대하며 마무리 하였다.

지상 간담회와 함께 전문가의 제언 또한 강릉단오제의 전승에 중요한 지침을 마련하였다. 최승순 교수는 「강릉 단오제端午祭의 제언提言」이란 글에서 강릉단오제가 앞으로 나아갈 방향 등을 논하였다.[10] 그 내용을 정리하면 다음과 같다.

"오늘날(1972)에도 단오굿을 비롯하여 관노가면 놀이, 씨름, 추천 등을 행하였던 것은 옛날이나 지금이나 비슷 한데가 있으나, 요즘 더 첨가된 것이 있다면 체육대회 등을 들 수 있다. 체육대회는 일제 때부터 이미 근대식 체육대회가 병행되어 왔으니 이것도 상당한 연륜이 쌓인 셈이다. 지금(1972)하고 있는 관노가면 놀이는 시초에서부터 내려온 것이 아니고, 일제 때 수십 년 동안 중단되어 오던 것을 근년 古老들의 고증에 의하여 복원한 것이다. 그런데 이것도 이 방면에 종사하고 있는 전문직종에 의하여 해마다 전승되어지고 있는 것이 아니고, 대개의 경우 학생들에 의하여 전승되어가고 있는 형편으로 전승에 세심한 고려가 있어야 함을 당부한다. 그리고 강릉단오제는 지정문화재이니 만큼 전승시키는 데 필요한 재정적 뒷받침이 있어야 할 것은 물론, 누구에 의하여 전승되어져야 할 것이냐 하는 문제도 충분히 고려되어야 하며, 단오굿이 하나의 민속 내지는 민간신앙의 형태로 오늘까지 전승되어 오고 있는 것은 민속적 견지로 보나 강릉단오제의 전통성으로 보나 다행한 일이다. 무가의 가사 내용이 점차 전통적인 것에서 벗어나 가고 있는 현상이 나타나고 있는데, 여기에도 전통무가의 보존을 위한 顧念이 필요하겠다. 요즘 들어 농악의 출연이 줄어들고 있는 듯한 인상을 받게 되는 데도 一考의 여지는 있다 하겠다."

---

10 최승순, 「강릉 端午祭의 提言」, 『강원일보사』, 1972.6.13.

마지막으로 최승순 교수는 강릉단오제가 전통 행사라는데 그 생명이 있다는 것을 강조하면서 "시류에 물들지 아니한 그 전통성의 보존이 가장 중요한 문제"임을 제언하면서 사회적 공감대 형성에 기여하였다.

이 해의 특징은 강릉단오제가 제4회 시민종합체전을 겸하여 벌어졌다는 것이다.[11] 오랫동안 단오제와 체육행사가 병행되어 왔고, 많은 시민들이 참여하고 관람할 수 있다는 점을 고려하여 행정 당국에서 계획적으로 추진한 것으로 볼 수 있다. 그리고 홍제동 굿당에서 제사를 지내고 신목을 앞세우고 5백여 명의 학생과 여성 농악대들의 등불행진으로 예년에 없던 성황을 이루었다는 것과 농악경연대회와 씨름, 그네대회가 있었고, 공설 운동장에선 가면극(강릉여고·강릉교대)이 벌어졌다.

1972년 강릉단오제 행사를 마무리하는 과정에서 『강원일보』는 「민속제전民俗祭典의 육성育成문제 - 한국韓國의 강릉단오제江陵端午祭로 발전시키자」라고 하는 사설을 통해 향후의 과제에 대한 몇 가지를 제안하였다. 이 내용을 정리해 보면 다음과 같다.

> "강릉단오제가 담고 있는 내용(단오굿 놀이 - 국태민안을 비는 서민 유희, 씨름 - 尙武精神, 그네 - 여성의 율동미, 관노가면극 - 민속극적 요소 등)은 영동지방 주민의 생활을 담고 있으며, 현대적 생활에서도 문화적 기능을 충분히 발휘하고도 남음이 있는 것이다. 수십 년 동안 단절되었다가 근년에 고증되어 복원(원형 발굴)된 관노가면극에 대한 전문적인 연구과제가 남아있으며, 굿놀이는 미신적 요소를 어떻게 불식해야 하는 문제가 남아있다. 또한 근대식 체육대회를 어떻게 단오제의 행사 종목으로 발전

---

[11] "제4회 시민종합체전을 겸한 강릉단오제가 13일 상오 10시에 강릉 공설 운동장에서 막이 올랐다. … 강인한 체력향상은 공격의 토대며 조국 근대화의 활력소, 새마을 운동과 발맞추어 체육의 생활화를 통해 시민의 단합과 협동 애향심을 불러 일으켜 달라고 당부, … 이 고장의 오랜 전통이며 자랑인 중요무형문화재 제13호인 강릉단오제와 시민체전이 함께 개막됨은 뜻깊은 일이라. … 단오제의 서막을 알리는 등불행진이 시내 일원과 남대천변에서 벌어지며 14일 상오에는 홍제동 여성낭당에서 시제를 올리고 대관령에서 모셔온 신목을 남대천 굿당으로 옮겨 이날부터 씨름, 농악, 가면극 등 본격적인 단오제 행사가 열린다" (『강원일보』, 1972.6.13).

시키느냐 하는 과제 등을 제시하였다. 한국적인 민속제전으로 육성하자는 것은 첫째, 영동지역 사회를 넘어서서 한국의 고유민속으로 발전시키자는 것과 둘째, 한국적인 특색을 지닌 한국의 주체성을 살려나가는 하나의 모범으로 삼자는 것이다. 전자는 태백문화권으로 적립시키는데 의의가 있으며, 후자는 올바른 전승에 그 참뜻이 있는 것이다. 태백문화권의 형성은 영동지방을 한 문화권으로 편성하고 나아가서 영동과 영서를 함축성 있게 강원도적인 특성으로 살리면서 한국의 민속으로 적립시키는데 이바지하자는 것이다. 그렇다면 한국의 강릉단오제로 육성하기 위해서는 어떻게 해야 할 것인가? 강원도나 해당 지방자치 단체는 강릉단오제의 올바른 계승을 위한 상설 연구 보존단체를 운영할 필요가 있다는 것이었다. 관노가면극의 경우 전문 전수자를 통해 전승이 이루어지도록 시스템을 만들어가야 할 것이며, 현대 감각과 충돌되는 미신적 요소 같은 것도 전문적 연구보존 기관만 있다면 충분한 연구 검토로 이를 바로 전승하면서 현대화할 수 있는 길이 있다는 것이다. 1백 20만원의 예산은 한국의 단오제로 적립시키는데 결코 충분한 예산이랄 수 없으며, 1972년도 강릉단오제를 분기점으로 예산 및 행사집행 전반에 걸쳐 일대 전환이 필요하며, 한국의 단오제로 적립시키는데 全道民의 관심과 참여가 있어야 한다."[12]

이 내용은 축제의 현대적 의미를 강조하면서, 향후 축제의 올바른 전승에 대한 방향을 모색하는 계기가 된다. 그리고 강릉의 단오제가 아닌, 한국의 단오제로 그 위상을 높여야 한다는 취지로 전도민全道民의 참여를 강조하였다.

1973년도 강릉단오제[13]는 단옷날을 중심으로 전후 약 7일 동안 열려오던

---

12 『강원일보』, 1972.6.14.
13 1973년도 강릉단오제 행사 개요를 보면 다음과 같다. 산신제 : 1973.5.17, 강릉단오제 : 1973.6.1~5(5일간), 주최 : 강릉단오제위원회, 주관 : 강릉문화원, 후원 : 문화공보부, 문화예술진흥원, 강원도, 강릉시, 명주군. 행사내용은 산신제(대관령, 풍농풍어, 향토안전, 소원성취, 기도제/제전부), 국사성황제(대관령, 풍농풍어, 향토안전, 소원성취, 기도제/제전부), 여성황제(황제동, 풍농풍어, 향토안전, 소원성취, 기도제/제전부), 등불행진(홍제동~행사장, 고등학생 200명, 농악대 30명/총무부), 서제(행사장/제전부), 시제(행사장/제전부), 제전(행사장, 무악(무당)/제전부), 농악경연(행사장, 농악경대대회/농악부), 그네(행사장/문화재부), 씨름대회(대회장/씨름부), 시조경창(강릉문화원, 시조경창대회)(『江陵端午祭 白書』, 강릉문

것을 이 해에는 단오 다음날이 현충일이라 5월 1일부터 시작해 5월 5일에 모든 행사를 마쳤다. 그리고 1972년에 이어 제5회 시민종합체전과 함께 개최되었다. 이 해에 무당 8명을 엄선하고 무악으로 본격 행사를 시작했다는 내용이 있다. "밤 10시까지 무당 8명(남3, 여5)이 굿으로 시작하는 제전이 본격화 되었다. 이른 바 무악巫樂이다. 이 무악에 참여하려는 무당은 전국 각지에서 수 없이 모여드나 주관자는 인원을 제한하여 난무를 막았다. 무당들은 여기에서 무악을 연출하고 주최자로부터 사례를 받으며 제단에 놓는 숱한 배례자들의 복채를 모두 수입으로 잡기 때문에 제전에 앞서 무당들의 대목장이기도 하나 무가를 올바로 읊을 수 있는 유능한 사람이 채택 된다"는 것이다. 당시 예능보유자로 인정된 무녀가 중심이 되어 유능한 무격을 해마다 선발하여 굿당을 운영한 것으로 짐작된다. 그리고 관노가면극의 경우 그동안 여러 가지 문제점을 해결하고자 연출·연희의 개선 방향을 모색하였다. 다행히 이 해는 강릉교대와 강릉여고 학생들이 번갈아 가면서 1일 2회씩 공연을 하였기에 큰 호응을 얻었음으로 보아 탈, 춤사위 등이 문화재 지정 당시의 기록에 충실했던 것으로 짐작된다.

2. 민간기구 축제 주관 : 1974년 이후부터

1974년도[14]는 강릉단오제 행사 운영과 예능분야의 전승 관련하여 새로운 체계를 마련하였다. 이 해 4월에 '강릉단오제위원회'가 발족됨으로서 축제는 민간기구 주관으로 운영되기 시작하였다. 이는 관 중심의 축제 운영을 일찍이 민간으로 넘겼다는데서 향후 여러 분야에서 변화를 예고한다. 또한 관노가면극의 원활한 전승을 위해 '관노가면극 연구소'를 만들어 강릉교육대학에 설치하

화원, 1999). 이 백서는 1973년부터 관련 자료를 시대별로 정리해 놓았다.
14 1974년도 강릉단오제 행사 개요를 보면, 강릉단오제 기간 : 1974.6.22~26(5일간), 주최 : 강릉단오제위원회, 주관 : 강릉문화원, 후원 : 문화공보부, 문화예술진흥원, 강원도, 강릉시, 명주군. 행사 내용은 서제(행사장), 등불행진(홍제동~행사장), 시제(남대천 가설 성황당), 제전(행사장), 관노가면놀이(행사장, 여고), 그네(행사장), 씨름(행사장, 일반·예비군·초중고 학생), 농악경연대회(행사장, 일반), 시조경창(『江陵端午祭 白書』, 강릉문화원, 1999).

고, (강릉)농악과 관련된 '농악 연구소'를 강릉농공고등학교에 설치하였다. 이는 문화재 지정 이후 그 원형적 전승과 예능인을 발굴하는 차원에서 시작된 것으로 보여진다.

지상 언론을 통해서도 강릉단오제에 대한 시민적 관심도가 높아가고 있었다. 한 예로 강릉단오제의 민속놀이를 축제 때만 무대에 올리는 1회성 행사 위주에서 상설무대에 올리는 공연 상설화의 지향이 필요함을 제시하였다. 강릉을 찾는 관광객이 항상 관람할 수 있고, 이런 기회를 통하여 단오민속을 인상 깊게 관람할 수 있도록 하며, 나아가서는 관광의 필수요소로 만들어야 한다는 내용이다. 이는 민속공연의 육성과 관광객 유치라는 일석이조의 효과를 얻으려는 방안으로 짐작된다.

특히, 관노가면극 공연 상설 단원을 만들어 최소한 1년에 4회 정도 공연과 함께 이를 대중화시키는 방법이었다. 강릉시 내에 직장별, 학교별로 운영하여 경연을 하도록 해서 단오제 때 발표하고, 그 우수 공연 단체를 선정하여 시상과 장려를 하도록 하는 방안까지 제시하였다. 이는 관노가면극 전승에 있어 체계화가 되어가고 있음을 간접적으로 이해할 수 있는 부분이기도 하다. 1967년 문화재 지정 이후 지역 사회의 원형 복원·발굴 등에 관한 요구와 관계 전문가들의 설득력 있는 제안과 대안을 제시했기에 그 결실이 점차 현실화되었음을 알 수 있는 내용이다.

이 해에 학림회(회장 정순웅) 주관으로 학술 발표회가 처음으로 개최되었다. 주제는 「강릉단오제 원형에 관한 연구」로 강릉교육대학 최종민 교수가 발표하였다. 이 해를 시점으로 매년 마다 학술연구 발표회가 공개적으로 개최되었으며, 이후 공식 행사로 정착되었다.

1974년에도 범시민적 관심의 분위기를 지속적으로 발전시키고자 민간기구인 강릉단오제위원회 초대 위원장(이상혁)을 중심으로 강릉단오제 결산 좌담회를 개최하였다.[15] 이것은 강릉단오제의 체계적이고 발전적인 전승에 있어 중요한

---

15 참석자 : 李相赫(강릉단오제위원장), 鄭義哲(강릉시부시장), 朴南哲(단오제위원회 상임위원), 白弘基(강릉교대 교수), 洪文杓(관동대학 교수), 李春影(강원도문화재위원), 金榮子(강릉시

시점으로 작용하였다. 문제의 요지는 그동안 전통민속 행사의 가치가 높이 평가되고 있는 강릉단오제가 그 원형의 보존과 전승에 있어 많은 문제점을 안고, 해마다 반복되는 행사만을 치른다는 것이다. 따라서 행사를 주관해 온 관계자와 학계, 그리고 시민이 한자리에 모여 단오제 행사의 배경과 문제점, 유지 계승에 대한 의견을 논의하였다. 그 내용을 정리해 보면 다음과 같다.

1974년은 민간단체(강릉단오제위원회)가 중심이 되어 강릉단오제 행사 전반에 대해, 특히 문화재 전승과 각종 민속놀이, 체육행사 관계자들과 협의하여 추진하였다. 市가 주관하던 것을 민간단체에서 집행을 해보니 어려움도 많았다. 기록 등이 없어 원형을 복원할 수 없었던 것이 아쉬움이라고 보겠다. 앞으로 그네 같은 것은 단오제 행사 때만 참여케 하는 것보다 연습장을 두어 실시할 계획이고, 관노가면극 등도 면모를 바꿔 실시할 계획이다. 올해는 민간단체인 강릉단오제위원회가 구성됐기 때문에 주관했던 것이다(이상혁). 시市가 주관하는 것보다 민간단체가 주관하면 침체된 분야를 연구 개발하는데 퍽 유익할 것으로 생각돼 시도한 것인데 첫 행사로는 성과가 좋았다고 보겠다(정의철). 총 예산은 약 2백만 원이 소요됐으며, 집행과정에서 제전부는 요식업체, 관노가면극은 강릉여고, 그네는 고물상조합, 씨름은 강릉청년회의소에서 집행했고, 농악은 숙박업소에서 주관, 시조경창은 함종태씨가 맡아 집행했다(박남철). 당시 중·고등학교 학생들을 단오장에 출입 금지시킨 것에 대해서도 논란이 있었다. 학생들에게 우리의 민속을 보여줘 배우고 이해할 수 있는 길을 막았다는 것은 개선이 필요하며, 사행성 난장을 비교육적인 측면으로 볼 수 있지만, 다른 것은 몰라도 그네, 씨름, 풍년제를 지내는 것 정도는 참관해야 하지 않을까 하는 아쉬움을 갖는다(김영자). 전통연희의 전문성을 위해, 단오제는 민속적인 놀이기는 하나 굿놀이 등은 시민적인 요소를 지니고 있는 것으로 전통을 갖추어야 할 것이며, 관노가면극은 상당한 연구과제로 무당 위주의 형태에서 연극적 요소를 더욱 개발할 필요가

부녀계장), 사회 : 黃永穆(강릉지구 취재부장), 기록 : 張振起(강릉주재기자), 1974.6.29(강릉문화원)(강원일보에 기록된 『강릉단오제 기록물 편람Ⅰ : 1950년대~1990년까지』, (사)강릉단오제위원회, 2007, 286~287쪽).

있다(홍문표). 문화재 보호에 있어서도 1974년은 중요한 계기를 마련했으며, 실천 과제로는 민속행사 외의 곡예단, 유기장 같은 것 등은 질서를 유지하도록 주도해야 하고, 우리 것을 찾아내어 그 원형대로 전승되어야 조상들의 향수를 느낄 수 있음을 요구하였다(백홍기). 행사 내용이 충실하려면 평소 연구팀들의 연구된 것을 발표, 종합적인 의견을 가지고서 결정하고 연구함으로써 강릉단오제는 좋은 결과를 남길 것으로 보며, 관노가면극의 경우 고깔 문제도 우리 형태의 것을 그대로 해야 하며, 가면은 '가면 연구소' 등을 대학에 두고 평소 분야별로 연구해가며 시정을 요구했다. 옛것을 그대로 계승시키는 것이 우리의 과제임을 강조하였다(이춘영). 농악이나 씨름 등은 민간단체에서 점차 연구 개선하면 발전적인 것이 나올 것이며, 한 번에 이루어지는 것이 아니지만 점차 발전적인 계기가 될 수 있다는 것이 이번 민간단체에서 주관한 것이 퍽 좋은 것으로 보고 있다(정의철). 향후, 전통의 복원 등에 대해서는 성황제와 관노가면인데 기록이 없어 과거의 원형을 살릴 수 없었다는 것이 아쉬우며, 전문가를 두고 연구하는 것도 중요함을 강조했다(백홍기). 이 해 뿐만이 아니라 이전부터 무巫굿에 대해서 무격巫覡의 예능성을 많이 요구했다. 굿하는 무당이 무가도 외우지 못하고 잡굿을 하는 것은 어떻게 보면 풍년과 향토 안녕을 비는 서낭제를 직업적인 무당으로 행사 해 돈에만 치우쳐 굿하는 것으로 느꼈고, 도중에 돈을 계산하는 모습은 보기 흉했다고 하면서, 명년부터는 충분한 주위와 체계 있는 무가를 외워 행사에 임하도록 준비할 것임을 강조하였다(박남철). 그러면서 강릉단오제 운영에 있어 상설기관이 있으니 예능보유자에게 연구비(전승비)를 지원하여 연구(연습)에 집중토록 하는 방법도 제시되었다(정의철). 행사 운영에 있어 사소한 일이지만, 이해에 농악대 참여자들이 운동화를 신고 나온 점, 그 원형대로 실시하는 것이 민속 잔치임을 강조, 민속행사는 미신이 아니라는 것을 재인식시켜야 하며, 이러한 것들은 교육면에서도 영향을 길러줘야 함을 강조하였다(이춘영). 관노가면극은 여전히 전통을 살리지 못했으며, 복장(의상)도 나일론이 아니라 무명으로, 가면(탈)도 페인트로 칠하지 말고 전통적인 색채를 이용하는 것이 바람직하며(박남철), 시대적으로 원형을 고증할 수 있는 것이 있어 그것대로 행하면 지방문화의 발전을 가져올 것이며, 연구개발해서 행사의 종류를 다양하게 창조(홍문표), 민간

단체에서 주관했다는 것은 좋은 발전을 약속하는 계기가 되어, 명년에는 계속해서 연구하고 개발한 것을 발표하게 될 것으로 보며, 강릉단오제는 점차 빛을 찾게 될 것을 기대했다(정의철).

이상의 1974년 강릉단오제 행사 결산 좌담회는 민간단체 주관을 통해 발전의 계기는 마련했지만, 관노가면극, 굿당의 예능보유자 확보가 절실하고,[16] 단오장에 학생들의 출입을 금지시킨 것은 교육적으로 양면성을 갖고 있는 현실이지만, 지역의 전통 풍속을 현장에서 볼 수 없게 하는 점은 문제가 있음을 지적하면서 개선을 요구하였다.

1975년도 강릉단오제는 예년과 다른 몇 가지 행사 내용을 담고 시작되었다.[17] 단오제를 맞이하여 강릉시가지는 대형 아치와 현수막을 통해 축제 분위기를 연출하였다. 그리고 관노가면극의 경우 10~20여 명이 출연했던 것을 60여명으로 늘려 공연을 하였다. 또한 10명의 무당과 30명의 농악대, 고등학생 2백 명이 횃불 행진에 참여하였다. 그리고 남대천 백사장에 설치된 가설 서낭당에서 박용녀씨 등 10명의 무가巫家들이 풍년과 향토의 안녕을 기원하는 시제가 올려졌다.

문화재 지정 이후, 강릉단오제의 학술적 연구와 원형 발굴 등이 필요함을 강조했던 탓으로 작년에 이어 1975년에도 강릉단오제 연구를 위한 학술 강연회

---

16 1974년 강릉단오제 무격의 명단을 보면, 박용녀(責任者, 여, 65세, 강릉시 성남동), 신석남(執事巫女, 여, 50세 삼척군 근덕면 교가리), 김순희(執事巫女, 25세, 삼척군 근덕면 교가리), 사화선(執事巫女, 45세, 강릉시 입암동 662-3), 신동해(執事巫夫, 43세, 강릉시 입암동 662–3), 김명철(執事巫夫, 25세, 삼척군 교가리 4동), 김장길(執事巫夫, 30세, 경북 울진군 평해면 삼률 4리), 손명회(執事巫女, 23세), 변영호(執事巫夫, 49세, 경북 울진군 울진면 죽변 1동), 김영달(執事巫夫, 50세, 부산시 부산진구 양정2동 20통3반 156)(김선풍,「江陵 神歌「巫歌」各論」,『臨瀛文化』제1집, 강릉문화원, 1977, 139쪽).

17 1975년도 강릉단오제 행사 개요를 보면, 산신제 : 1975.5.25. 강릉단오제 : 1975.6.12.~6.16(5일간), 주최 : 강릉단오제위원회, 주관 : 강릉문화원, 후원 : 문화공보부, 문화예술진흥원, 강원도, 강릉시, 명주군. 행사 내용은 산신제(대관령산신당, 제관 및 일반), 국사성황제(대관령성황당, 제관 및 일반), 여성황제(여성황사, 제관 및 일반), 서제(여성황사, 제관 및 일반), 등불행진(홍제동~남대천, 학생 200명, 농악), 시제(남대천 가설 성황당, 기관장 및 시민), 제전(무악)(남대천 행사장, 기관장 및 시민), 관노가면희(가면놀이), 그네대회(부녀자), 농악경연(일반), 씨름대회(중고학생, 일반, 예비군), 궁도(전국 일반), 학술강연(문화원, 초청인사, 단오제 연구 발표), 연구지 발간(문화원, 전국에 배포), 테니스 대회(공설 운동장, 영동지구)(『江陵端午祭 白書』, 강릉문화원, 1999).

가 있었다. 주제는 『서낭제 서낭굿 연구』로 발표자는 김선풍(관동대), 홍문표(관동대), 이기원(『강원일보』 문화부 차장)과 1백여 명의 지역 인사들이 참석하였다. 1975년도 '강릉단오제江陵端午祭 후평後評'은 '아쉬운 원형전승原形傳承'으로 변질된 무형문화재 가면극, 신간神竿을 제관이 드는 등 굿당의 제물, 제기는 변형된 것으로 평가하였다.[18] 하지만 진행부의 짜임새 있는 행사 진행은 높이 평가하였다.[19]

1976년도 강릉단오제는 영동고속도로가 개통한 이후, 첫 번째 맞는 행사라 관람객이 크게 늘어나 단오장이 성황을 이루었다. '풍어豊漁・농농農, 무사태평無事泰平을 기원祈願…강릉단오제江陵端午祭', '남대천 백사장에 10만 인파, 선조先祖의 민속문화유산民俗文化遺産 길이 전승傳承'을 담고 있는 강릉단오제에 대한 관심은 높았다. 신문 지상에는 '오늘의 현장現場 : 특별 취재'를 통해 관노가면극,[20] 농악, 그네, 씨름, 굿당 등의 역동적인 모습들을 사진으로 담았다.[21] 이 해에는 강릉단

---

18 "굿당에서 굿을 이끄는 무녀들의 무가도 그것이 변질되어 있다는 사실이 체크되어 이를 전승시키는 방안도 연구되어야 했다. 관노가면극희의 전승 문제는 그것을 전승할 수 있는 사람이 없다는 점에서 특히 문제가 되는 것 같다. 연희자의 생존이나 가면의 보존이 이루어지지 않고 있어 당초 무형문화재로 지정될 때부터 문제점을 안고 있던 것이기는 하나, 이미 그것이 어떤 형태를 갖추어서 무형문화재로 지정이 됐으며, 1차적으로 이의 전승보존에 완전을 기하여야 했고, 2차적으로는 문제점의 해결을 위한 조사 연구가 이루어져야 했을 것이다. 현재의 관노가면희는 무형문화재로 지정되었던 때에 비해 너무 변질되어 있었다. 1967년 무형문화재로 지정된 이래 이미 8년째를 맞이한 단오제의 단오굿이나 관노가면희가 고정되어 정립되지 못했다는 것은 단오제 보존 전승을 위협하는 사실이라고 아니할 수 없다. 다행히 금년부터 강릉단오제위원회가 연구 논문집을 간행하고 이어 연구발표회 등을 개최함으로써 단오제 연구에 관심을 갖기 시작했다는 것은 다행스러운 일이다"(『강원일보』, 1975.6.17).
19 "단오인 14일 하오에는 굿堂이 마련되어 있는 남대천 백사장에 10만 이상의 人波가 모여 단오를 즐기고 있어 단오제가 이 지역 주민들에게 갖는 의미를 웅변해 주었다. 입추의 여지가 없이 모이는 단오장을 축제 장소로서의 질서를 유지하고 사고 없이 행사를 치른 집행부의 조직적인 행사처리도 높이 살만했다. 향토미 넘치는 단오장의 시설, 전통민속 행사만을 축제 프로그램으로 올린 기획도 나무랄 데 없었다. 특히 온 시민이 참여할 수 있도록 계획하고 유도한 주최 측의 노력도 높이 평가될 만했고 축제로서는 성공적으로 치러진 행사였다. 그러나 단오제는 이 고장 주민들의 축제일뿐 아니라, 이것을 무형문화재로서 보존해야 한다는 힘겨운 일을 안고 있다는 것에 주의를 게을리 해서는 안 될 것 같다"(『강원일보』, 1975.6.17).
20 "강릉여고생 55명이 출연한 관노가면희는 지난해 보다 내용면이 크게 향상, 양반의 변(모자)을 서구식에서 고구려시대 것으로 바꾸고, 수염도 배꼽 밑까지 늘리는 한편 소매각시가 비녀를 찌르고, 시시딱딱구리가 검은 머리에서 승려의 머리로 바꾼 가면을 쓰고 안무를 했다"(『강원일보』, 1976.6.3).

오제 연구를 위한 '국제민속학술 심포지움'을 개최하였다. 한국을 비롯하여 일본과 중국 3개국의 학자들이 6일간 펼쳐진 강릉단오제를 관람하는 등 해외에 소개하는 계기를 마련하였다.

1976년도 강릉단오제[22]도 남대천 가설 서낭당에서 시장(이창석), 군수(서명택), 이상혁(위원장) 등 기관장과 시민들이 참석한 가운데 제전이 거행됨으로서 본격적인 행사에 들어갔다. 영동지방에서 몰려든 1만여 주민들은 가설 서낭당에서

---

21 강릉단오제 행사는 지역 內 관련 기관에서 부별로 맡아 진행되어 왔다. 이에 대한 자료가 1976년부터 있어 참고해 둔다. 이러한 행사 담당 부서의 참여와 노력은 강릉단오제가 명실공히 민간중심으로 그 전승의 맥을 잇고 있다는 점을 알려주는 것이다. 1976년은 총무부장(권영현, 강릉시 문화공보실장), 제전부장(김진덕, 중요무형문화재 제13호 전수 장학생), 관노가면부장(함종태, 강릉시 문화재위원), 농악부장(이성실, 강릉시 숙박업회장), 그네부장(박래응, 강릉시고물상 조합장), 씨름부장(김영홍, 강릉청년회의소 회장), 궁도부장(강용의, 강릉상공회의소장), 시조경창부장(황구주, 강릉시우회장), 시설부장(손익하, 강릉시 건설과장), 연구부장(최인학, 관동대학 민속연구소장), 경비부장(최우돈, 강릉경찰서 경비과장), 구호부장(박재헌, 강릉 의사회장), 선전부장(주욱영, 강릉기자구락부 간사장), 체육부장(최돈표, 강릉시 체육회부회장), 감사부장(심상만, 종합주차장 관리소장/정창연, 강릉시 감사실장)(『1976년도 강릉단오제 행사 결산』, 강릉단오제위원회, 1976).

22 1976년도 『강릉단오제 행사 계획서』에 보면 다음과 같다. 1. 목적 : 중요무형문화재 제13호로 지정된 강릉단오제 행사를 거행하므로, 향토 고유의 미풍양속을 길이 전승하고 향토민속을 더욱 발전시키며 향토애를 선양함에 있음. 2. 방침 (가) 본 행사는 강릉단오제위원회에서 주최 운영한다. (나) 본 행사를 원활히 운영하기 위하여 위원회 산하에 각부를 구성하고 다음 사항을 심의 결정한다. (1) 본 행사 범위 및 소요 경비 (2) 각 기관 및 각계각층의 협조 사항 (3) 기타 제반 사항 (다) 위원회에서는 각부를 두고 계획에 의한 전문별 준비와 행사를 진행한다. (라) 전래의 순수한 민족적 관례에 의한 향토제로서 각 홍보 매개체에 의한 문화행사의 의의 및 문화주민으로서의 긍지를 새마을 운동에 승화 시킬 수 있는 민족문화 창조의 척도가 될 수 있도록 인식을 드높인다. 행사 개요는 (가) 행사명 : 강릉단오제 (나) 장소 : 강릉공설운동장 및 남대천 광장 (다) 기간 : 1976.5.31~6.4(5일간) (라) 주최 : 강릉단오제위원회 (마) 주관 : 강릉문화원 (바) 협조 : 각 기관 사회단체 (사) 후원 : 문화공보부, 문화예술진흥원, 강원도, 강릉시, 명주군. 행사 내용은 산신제(대관령, 풍농풍어·향토안전·소원성취·기도제), 국사성황제(대관령, 풍농풍어·향토안전·소원성취·기도제), 여성황제(홍제동, 풍농풍어·향토안전·소원성취·기도제), 서제(홍제동, 풍농풍어·향토안전·소원성취·기도제), 등불행진(홍제동~행사장), 제전(무악), 관노가면희(관노가면극 발표), 그네, 농악경연, 씨름대회, 시조경창, 체육대회(정구), 궁도, 연구지 발간(관노가면희 연구지 발간), 국제민속학 심포지움(관동대학 민속 연구소), 시민위안노래(시민위안잔치, 강릉문화방송), 축구 대회(고등부), 민속예술 대향연(사단법인 대한노인회 전속 국악인 공연) *심사위원 구성 (1) 행사종목에 따라 해당부서에 사계전문가 위촉 (2) 심사기준은 심사위원회 별로 한다. *시상범위 : 각 부서에서 결정 후 본부에서 발표 시상한다. 현재의 (사) 강릉단오제위원회에서 보관하고 있는 연도별 강릉단오제 계획서는 1976년부터 참고함.

풍어와 풍년, 안녕을 기원하는 제배가 줄을 이었고, 예능보유자 박용녀씨(69세)의 무악[23]이 단오제전을 더욱 빛냈다. 강릉여고생들의 관노가면희, 농악경연,[24] 씨름대회, 궁도대회, 시조경창, 테니스 대회 등 다채롭게 펼쳐졌다.

1977년도 강릉단오제[25]는 "대관령산신, 국사성낭의 강신제가 대관령국사성황당에서 초헌관 정의철鄭義哲 명주군수 집례로 거행되면서 시작된다. 강신제는 매년 음력 4월 보름날 영동지방의 안녕과 풍년 풍어제도 함께 거행하고, 오는 18일까지 홍제동 여서낭당에 모셨다가 단오제전 때 여성황(당)과 함께 단오장 굿당으로 옮겨진다. 올해 단오제전은 오늘 19일 전야제에 이어 24일까지 남대천 백사장에서 거행된다"는 기사와 함께 산신당 제의 장면 사진을 실었다. 신문 지면으로 '대관령산신당'의 모습이 기사화된 것은 이 해가 처음으로 보여진다. "향토鄕土의 안녕, 풍년豊年 빌어, 강릉단오제 개막, 남대천 백사장서"에서 김정명金正明(강릉시장), 정의철鄭義哲(명주군수), 이상혁李相赫(위원장) 등 각급 기관장과 시민 등 1만 여명이 모인 가운데 서제가 진행되고, 박용녀씨朴龍女(70세)의 무악과 함께 축제가 개막되었다.

---

23 1976년 강릉단오제 무격 명단을 보면, 박용녀(責任者, 67세, 강릉시 성남동), 신석남(後繼者, 52세, 삼척군 근덕면 교가리), 김순희(執事巫女, 27세, 삼척군 근덕면 교가리), 김명익(執事巫夫, 30세, 삼척군 근덕면 교가리), 사화선(執事巫女, 47세, 강릉시 입암동 4통 2반), 신동해(執事巫夫, 44세, 강릉시 입암동 4통 2반), 김유선(執事巫女, 45세, 부산시 동래구 중1동 1070), 김석출(執事巫夫, 54세, 부산시 동래구 중1동 1070), 김복일(執事巫女, 26세, 부산시 동래구 중1동 1070), 김애심(執事巫女, 22세, 부산시 동래구 중1동 1070), 송동숙(執事巫夫, 49세, 경북 영덕면 영해리), 김금이(執事巫女, 37세, 경북 영덕면 영해리), 제갈태오(執事巫夫, 37세, 부산시 동래구 온천1동), 김영희(執事巫女, 36세, 부산시 동래구 온천1동)(김선풍, 「江陵 神歌·巫歌 各論」, 『臨瀛文化』 제1집, 강릉문화원, 1977, 139쪽).

24 이 해 농악경연에 참여하여 많은 인기를 끈 팀은 성덕국교, 강릉농공고, 홍제동 농악부였다(『강원일보』, 1976.6.3).

25 1977년도 강릉단오제 행사 내용은 산신제(대관령 산신당), 국사성황제(대관령성황당), 여성황제(황제동 여성황당), 서제(제전부), 등불행진(홍제동~행사장, 학생 200명, 농악대 30명/총무부), 제전(가설굿당, 무악/제전부), 관노가면희(간노가면희 발표/관노가면부), 그네(그네부), 농악경연(농악부), 씨름대회(학생, 일반/씨름부), 시조경창(시조경창부), 마라톤대회(중·고교 마라톤 대회/체육부), 마스게임(강릉중, 경포중), 가요잔치(강릉단오제 경축 강릉문화방송국 개국 9주년 기념공연), 축구 대회(강상·강농 축구 정기전), 궁도대회(광덕정, 궁도부), 테니스대회(전국테니스대회, 강릉 테니스협회), 동북아세아 민속학 심포지움(관동대학, 민속학 심포지움, 한국·일본 학자 참석)(『1977년도 강릉단오제 행사 결산』, 강릉단오제위원회, : 『江陵端午祭 白書』, 강릉문화원, 1999).

이 해의 단오장은 많은 인파와 잡상인 등으로 혼잡을 이루었다. 외지 전세 버스 대절, 인근 지역 버스 노선의 증회 운행 등의 기사가 있었으며, "지난해 보다 농촌의 모내기가 일찍 끝나 촌로들이 도시락을 들고 단오장으로 줄을 이어 이날 강릉시내는 인파로 메워져 택시 잡기가 어려웠고, 강릉~삼척 간 운행 열차는 난간까지 초만원을 이뤘다."[26]

신문 지상에서는 「고유민속固有民俗의 생활화生活化」라고 하는 사설[27]에서 "향토문화제鄕土文化祭에 반드시 그 지방 고유 민속행사를 포함하고 이를 통해 생활화를 이룩할 것을 거듭 당부해 둔다. 특히 고유민속 발굴 육성에 문화행정 당국은 물론 전문가와 주민이 적극 참여해야지만 큰 성과를 거둘 수 있다는 것을 다시 한 번 환기해 둔다. 그리하여 우리의 향토문화의 고유성과 우수성, 그리고 진취성을 고유 민속놀이에서 찾아야 하겠다"고 하는 지역 문화의 중요성을 강조하였다. 이는 강릉단오제 행사가 지역의 고유문화 발굴과 육성 등으로 활성화가 되었음을 인식하면서, 강원도 시·군별 나름의 지역 문화를 발굴하여 정신적 구심점이 될 수 있는 여건을 마련하는데 의미가 큼을 말해주는 것이다.

1977년에는 처음으로 '강릉단오제 제전 행사 절차江陵端午祭 祭典 行事 節次(案)'가 제정되어 일반인들에게 공개되었다. "본 절차는 중요무형문화재 제13호 강릉단오제의 예능보유자 김신묵씨金信黙氏의 지도 감수에 의하여 전수 장학생 김진덕씨金振悳氏가 초草하여 작성한 것이다"고 일러두었다. 전체 10장으로 1장, 총론은 "중요무형문화재 제13호로 지정된 강릉단오제를 거행함에 있어 제전 행사 절차" 2장 제례의 순서와 일시 및 장소는 "대관령산신제(음력 4월 15일, 10시, 대관령산신당), 대관령국사성황제(음력 4월 15일, 11시, 대관령성황당), 봉안제(음력 4월 15일 17시, 홍제동 여성황당), 영신제(음력 5월 3일, 17시, 홍제동 여성황당), 조전제(음력 5월 4일~7일 「4일간」, 단오장 제단), 송신제(음력 5월 7일 단오장 가설제단)"이며, 3장은 제수祭需의 봉공奉供, 4장은 헌관 급及 제집사, 5장은 시설施設, 6장은 운반運搬 및 수송輸送, 7장은 행례行禮의 절차節次, 8장은 사례謝禮 및 임금賃金, 9장은 경리經理, 10장은 부칙附則, 그리고 성황제 홀기, 산신제

---

26 『강원일보』, 1977.6.21.
27 『강원일보』, 1977.6.22.

홀기, 영신축문(前夜祭), 단오장 행사 축문, 송신 축문, 성황제 축문, 여성황제 축문, 산신제 축문 등이 있어 전수 교본으로 손색이 없을 만큼 정리해 놓았다.[28] 강릉단오제 전수교본은 이후 현재에 이르기까지 제례·무속·관노가면극 부문에 수정·보완이 이루어졌다.[29]

1978년 강릉단오제[30]에는 관노가면극 전수팀으로 관동대학 학생들이 처음으로 참여하였다. 또한, 향토민요경창대회가 마련되어 나이 60~70대의 숨어 있는 향토의 명창들이 오독도기(오독떼기), 자진아라리, 사리랑, 모심기 노래 등 강릉지방 고유의 토속민요를 불러 주목을 끌었다고 하였다. 예능보유자 김신묵씨의 집례로 영신제로부터 시작된 5일간의 강릉단오제는 이 지방의 풍년과 안녕을 비는 제례(단오굿 포함)와 관노가면희 등 지정문화재 행사를 비롯하여 각종 민속놀이와 체육, 연예 행사 등이 벌어졌다.

이 해부터 강릉단오제의 내용으로 '지정문화재'라고 하는 중심 행사를 부각시킨다. 무당굿의 예능보유자 박용녀씨(朴龍女)를 비롯한 10여명의 무인(巫人)들이 축원굿을 통하여 대관령국사성황을 위무하며 주민의 소원성취를 비는 굿을 벌였다. 1978년 처음으로 관동대학 부설 강릉무형문화연구소(소장 洪文杓)에서 또 하나의 관노가면극 팀이 탄생하였다.[31] 이것은 시대적 요구이면서 만들어질

---

28 「江陵端午祭 祭典 行事 節次(案)」, 『임영문화』 제1호, 강릉문화원, 1977.
29 『강릉단오제 원형 콘텐츠』, 강릉시, 2008.
 『강릉단오제 제례 전수 교육 교본』, 사)강릉단오제보존회, 2015.
30 1978년도 강릉단오제는 산신제(대관령산신당, 풍농풍어, 안전을 기원/제전부), 국사성황제(대관령성황당, 풍농풍어, 안전을 기원/제전부), 국사여성황제(홍제동 여성황당, 풍농풍어, 안전을 기원/제전부), 서제(홍제동 여성황당, 풍농풍어, 안전을 기원/제전부), 등불행진(홍제동~행사장, 학생 200명, 농악대 30명/총무부), 제전(행사장 가설굿당, 무악/제전부), 관노가면극(관동대학, 강릉여고/관노가면부), 향토민요경창대회(민요경창부), 농악경연(농악부), 궁도대회(소학정, 일반/궁도부), 씨름대회(학생 일반/씨름부), 시조경창대회(강릉문화원/시조경창부), 축구 대회(공설운동장, 단오제 경축 '강상-강농'/체육부), 테니스대회(경포코트/테니스부), 마스게임(공설운동장/강릉여중), 가요잔치(강릉단오절 경축 강릉문화방송국 개국기념/강릉문화방송),(『1978년도 강릉단오제 행사 결산』, 강릉단오제위원회, 1978. :『江陵端午祭 白書』, 강릉문화원, 1999).
31 "관동대학 관노가면희가 시작된 배경을 보면, 1978년 3월 한국 탈춤의 예능보유자였던 金千興씨의 안무로 가면부에 3·4학년 학생 남녀 15명과 농악부에 1·2학년 학생 남녀 30명 등 45명의 혼성팀으로 구성했다. 가면희는 기존 가면극을 무시하고 한국가면극의 기본 동작에 입각한 20여 가지 동작을 연습하고 과장에 따른 안무를 익혔으며 농악은 강릉시

수밖에 없는 전통의 재창조라고 할 수 있다. 그리고 지역 사회 내부의 오랜 담론의 결과로 이루어진 셈이다. 이에 편승되어 "오늘날 단오민속의 자취가 감추어 버렸고, 일반은 단옷날을 잊어간다고 하면서, 우리의 문화에 맥맥이 흘러내리던 전문 민속은 망각의 상태에 놓이게 되었다. 비단 단오 민속만이 아니다. 우리나라 사계에 걸친 숱한 민속도 마찬가지의 상황에 놓여있는 것이다. 그러므로 이를 향토고유 민속이 완전히 사라지기 전에 일부만이라도 보존하여 전통민속의 귀중한 자산을 이어가야 하겠다"면서 신문 지상에는 "향토 고유 민속鄕土固有民俗의 보존保存 – 단오민속端午民俗과 강릉단오제江陵端午祭에 붙인다"라고 하는 사설이 실렸다.32 이는 관노가면극의 새로운 변화와 등장에 대한 사회적 인식을 바라는 것과 변화를 모색하기 전에 원형을 발굴하고 보존하는 것도 함께 병행되어야 한다는 점을 강조하였다.

1978년에는 관동대학 관노가면극 팀의 새로운 등장과 함께 공연으로서의 관노가면극 전반에 대한 담론이 많았다. 강릉단오제는 지역 사회의 축제로서는 정착이 되었지만, 주도층主導層의 연구적 태도 결여, 관노가면극의 가면도 재검토되어야 한다는 목소리도 있었다. 그리고 "향토문화제적鄕土文化祭的 측면에서는 전통의 보존이 손상損傷되어 가고 있다"고 지적하였다. 이와 같은 현상은 이 제전祭典의 주도층에서 향토 문화제의 본질에 접근하려는 연구적 태도가 결여되어 있고, 사명 의식이 없기 때문인 것으로 보았다. 한 예로 조전제에 참여한 제관의 복장이 양복 위에 제복을 입은 겉치레와 집사의 일부 옷차림 문제, 무녀의 사설과 행동은 급격히 세속화되어 마치 TV에 출연하는 연예인처럼 쇼맨이

홍제동 농악을 강원도의 대표적 농악으로 보고 따랐다"(『강원일보』, 「農樂前奏 官奴假面戱 - 올 강릉단오제서 관동대 팀 첫선 보여」, 1978.6.9).

32 "향토 고유 민속 보존 문제에 대해 두 가지 엇갈린 견해가 있는 줄 우리는 알고 있다. 하나는 향토 고유 민속은 모두 보존되어야 하거나 선별해서 보존해야 한다는 긍정론이고, 다른 하나는 세계는 변하고 있으므로 옛 것에 얽매일 필요가 없이 오늘날의 새로운 민속을 만들어내면 되지 않느냐는 부정론이다. 이제 단오제의 일반의 풍속이 망각되는 가운에 이어지는 강릉단오제인 만큼 그 원형 발굴과 민속 보존은 막중한 사명이 되고 있는 것이다. 향토 고유 민속의 보존과 계승은 전통문화의 계승과 확충, 주체성의 자각과 행사에 절대적인 활력이 된다. 단오절의 민속보존과 강릉단오제 개최를 그러한 측면에서 우리는 다시금 주시한다. 전통계승과 주체의 확립을 위한 우리 것에의 사랑이 꽃피길 바란다"(『강원일보』, 「鄕土 固有民俗의 保存」, 1978.6.10 사설).

되었고, 무녀의 복색에도 문제가 있음을 '손상損傷'이라 표현하였다. 그리고 특히 관동대학 관노가면극의 첫 출연 공연에 있어 춤사위와 가면 등에 많은 문제점을 제시하였다.[33] 당시 관노가면극 가면의 형태에 대하여, "눈이 크고 무섭다는 고 김동하 옹의 증언이 출처가 된 시시딱데기의 가면은 일본탈의 색채가 너무 짙다"고 전제하고 "관노가면희의 가면은 우리나라 가면이 공통적으로 갖고 있는 해학성이 전혀 없다"고 주장하였다(이춘영). 끝으로 강릉단오제가 축제로서 정착하였으며, 이 제전이 특색있는 향토제로서 발전할 수 있도록 그 특성을 살리고 보완하는 작업에 관심을 갖고, 관동대학 민속연구소가 관노가면희를 다시 안무하여 보다 뚜렷한 춤사위로 새로 선보인 노력은 높이 평가하였다. 오랜 연습을 거쳐 자연스럽게 과장을 넘기는 솜씨를 보여준 강릉여고의 관노가면희 공연도 박수를 받을 만했다고 평가하였다.

1979년 강릉단오제[34]는 행사 일정이 한 달 전에 미리 지면으로 알려졌다. 이 해에도 사흘간의 굿, 민속, 체육, 연예인 큰잔치, 관동대와 강릉여고 학생들의 관노가면극 등이 축제의 절정을 이루는데 중요한 역할을 하였다. 남대천 가설 서낭당에서는 조전제에 이어 박용녀씨 등 10명의 무가巫家들이 풍년과 향토의 안녕을 비는 시제, 관노가면극, 농악, 그네, 궁도, 씨름대회 등 민속놀이가 베풀어 졌다. 특히, 1979년에는 처음으로 강릉농공고와 강릉상고, 주문진수고의 축구 경기가 새롭게 시도된다. 그리고 굿당에서는 김유신 장군의 유덕을 기리는

---

33 "관동대학 민속연구소가 첫 출연한 관노가면희는 우리나라 놀이의 기본적인 패턴을 이해하지 못하고 있었으며 농악놀이 무당춤 등을 가면극의 도입부에 곁들여 복합화 시킴으로서 관노들에 의해 이루어졌던 관노가면희의 특성을 흐렸다. 획일적인 스텝, 획일적인 동작은 마스게임적인 인상을 떨쳐버리지 못했고, 흥과 신명을 살리지 못해 놀이의 흐름도 형성되지 못했다. 이와 같은 異議는 지정 당시부터 학계에서 논란되었던 것이고 오랫동안 여기에 관심을 갖고 조사해 온 이춘영씨(道문화재위원)에 의해서도 이의가 제시되었으나, 이에 대한 검토는 본 고장에서는 전혀 안 돼 왔다. 이씨는 근거가 희박하고 국적불명의 가면을 그대로 사용할 바에는 차라리 강릉지방에서 출토된 瓦當의 文樣을 본떠서 가면을 다시 제작하는 것이 바람직하다고 提議하고 있다"(「傳統의 保存 損傷 돼」, 『강원일보』, 1978.6.14).

34 1979년 강릉단오제는 「지정문화재 행사」로 산신제, 국사성황제, 국사여성황제, 서제, 등불행진, 제전(가설굿당), 그네대회, 관노가면극이 있었으며, 「민속행사」로 민요경창대회, 농악경연, 궁도대회, 씨름대회, 시조경창대회, 「경축행사」로 축구 대회, 테니스대회, 가요잔치, 강릉단오 사진전이 있었다.

장군굿이 올려진다는 것을 특징으로 삼았다. 단오제 기간 날씨는 강릉이 35도로 최고의 폭더위 속에서도 연 30만 명이 단오장을 찾았다. 매년 여자들의 전유물로 여겨졌던 그네대회가 처음으로 남자들도 참가하였다.

1979년 강릉단오제 총평을 보면,[35] 전통문화 행사를 계승시켜 나가야 할 시점에 농번기와 소비절약을 감안, 당초 계획보다 하루 앞당겨 행사를 끝낸 것이 아쉬웠으며, 무(巫)굿과 관노가면극은 해를 거듭할수록 내용면에서 크게 향상되어 관객들의 관심이 집중되었다. 그리고 올해 첫 선을 보인 놋동이굿은 무형문화재를 연구하기 위해 단오장을 찾은 외국인과 대학생, 기타 일반 연구팀의 관심을 모았으며, 관노가면극 공연이 그동안 낮에만 하였는데, 이해부터는 밤에도 벌어져 관람객의 호응도와 예능이 향상됨을 강조하였다. 그네, 씨름, 시조경창, 궁도 등에 경향 각지에서 참가하는 것은 강릉단오제가 점차 전국 행사로 발전하고 있다는 것을 보여줬지만, 행사 예산[36]이 부족하여 지방 독지가들에 의존한다는 것은 단오제를 향상 발전시켜 나가기에는 큰 문제점으로 대두되었다.

끝으로 강릉시가 단오제 행사를 필름에 담아 보존하려고 시도한 계획은 지방 문화재 기록에 좋은 투자라고 하였다. 1979년도 강릉단오제위원회 평가 자료를 보면, 준비와 질서 유지 등 차질 없이 진행되었으며, 일기가 양호하여 모내기에 바쁜 때임에도 예년에 못지않은 많은 주민이 참여하여 단오제의 의의를 십분 구현했다. 학계 및 언론계의 관심이 계속 증대됨은 전통문화 선양의 정부시책 구현과 더불어 강릉단오제의 문화재적 가치가 더욱 인증된 증좌로 본다고 하였다. 방송국 참여는 중앙방송, 동아방송, 문화방송이며, 연구반은 서울대, 연세대, 세종대, 명지대, 관동대 교수 및 학생 30여 명이 참여, 외국인은 일본 국립음악학교 교수와 명지대 대학원생이 참여하였다. 그리고 시·군 행정

---

35 『강원일보』, 1979.6.4.
36 1979년도 예산을 보면, 총 세입 : 11,149,880원, 총 지출 : 11,009,055원, 차인 잔액 : 140,825원이다. 세입을 보면, 국비(문예진흥기금) : 500,000원 / 도비 : 250,000원/시비 : 2,250,000/군비 : 500,000원/일반 찬조금 : 4,994,880원/현장 찬조금 : 2,655,000원 이다.(『1979년도 강릉단오제 행사 결산』, 강릉단오제위원회, 1979).

기관, 사회단체, 기업체의 협조가 매우 컸기에 성공적으로 마무리를 하였다. 각 부별로의 행사 평가에서 제전부는 무격(굿놀이) 행사의 진행방법에 연구가 필요함을 강조하였고, 향토민요경창대회는 특색 있는 행사로 관중의 공감을 얻어 의미가 컸으며, 향후 참여자의 확대와 토속민요 창가자(唱歌者) 양성대책이 요망된다고 하였다. 농악경연은 성덕국교와 강릉농고 농악단의 예능과 연출 내용이 크게 향상되었지만, 일반(마을별 성인) 농악의 육성대책이 강구되어야 함을 강조하였다.

    1970년대는 강릉단오제가 지역 내에서 사회 문화적 가치를 놓고, 논의의 중심으로 떠오른 시기다. 1970년대는 1960년대의 성과인 문화재 선정을 위한 지역 관계자의 노력, 준비, 조사 발굴, 시민들의 참여가 바탕이 되었다. 그리고 전문가들의 직접적인 참여를 통해 단오제 행사 운영에서 드러난 문제점, 원형 복원 등에 대한 본격적인 점검과 발굴, 연구가 집중적으로 시도되어 그 성과를 거두었다. 특히, 1970년대는 민간 기구인 강릉단오제위원회가 발족되어 일찍이 민간전승의 토대를 만들었다. 각종 민속행사는 전국적인 관심도가 높았으며, 참여 비율은 타 지역이 많았다. 이는 전국 행사로 발돋움하는 강릉단오제로 그 인식의 전환을 모색하는 시기로 이해할 수 있다. 그리고 학술 보고서와 학술 연구 발표회를 통해 본격적으로 강릉단오제를 연구하는 시기였다. 또한 강릉교대와 관동대학에서 관노가면극 전승팀을 창단해서 그 맥을 잇는데 중요한 역할을 하였다. 관동대 관노가면극은 오늘날까지도 매년마다 단오장 공연에 참여하고 있다.

제4장

축제의
관광자원화에
따른 변화 양상

江陵端午祭

'86 아시아 경기와 '88 서울 올림픽
'94 한국 방문의 해와 축제 운영 기구의 재검토
2002 월드컵과 2004 강릉국제관광민속제

제4장

축제의 관광자원화에 따른 변화 양상

1960~70년대는 강릉단오제의 원형 복원에 대한 사회 문화적 담론[1]의 활성화로 가시적인 성과를 얻었다. 이후 축제 전승에 있어서는 안정적인 기반을 마련하였다. 이때는 축제의 관광자원화에 대한 시대적 요구와 변화였다. 1980년대는 축제의 관광자원화에 대한 원천소스를 강릉의 '민속문화'에서 찾았다. 그 대표적인 것이 강릉단오제이며, 그 속에 담겨져 있는 대관령과 연계된 신화성과 신앙적 요소, 그리고 놀이성이 바탕이 된 축제장의 역동성이었다.

강릉단오제는 지역민의 적극적인 참여로 전승의 맥을 함께한다. 여기에는 지역 언론의 적극적인 홍보와 각종 단체의 행사 주관, 그리고 행사 운영 찬조금을 통한 중소업체·상인 등의 동참이 축제 전승의 기반이 되었다. 또한, 시대적 변동에 편승되어 강릉단오제의 발전 방향도 새롭게 모색하였다. 그 배경은 범국가적 행사인 '86 아시아 게임과 '88 서울 올림픽 대회가 국내로 유치되고, '94 한국방문의 해를 맞이하면서 지역 문화의 세계화에 단초를 마련하였다. 그리고 2000년대는 새 천년의 해를 기점으로 2001 '지역문화의 해'를 시작으로 축제 프로그램이 민속·관광·체험 등의 지역성을 강조하는 프로그램으로 운영되었다. 또한 2004 강릉국제관광민속제를 통해 국내·외적으로 홍보가 강화되었으며, 2005년 11월에는 유네스코 세계무형유산으로 국내에서는 세 번째로 등재되었다.[2]

---

1   특히, 강릉단오제의 전승상에 나타난 연행과정(제의 및 단오굿)과 연희(단오굿, 관노가면극, 강릉농악 등)에 대한 원형성 추구 등이다.

1. '86 아시아 경기와 '88 서울 올림픽

1970년대의 강릉단오제는 전통문화의 '원형 복원'과 그 '가치'를 탐색하는 시기였다. 따라서 전통의 큰 줄기를 올곧게 전승해 오면서 '전통성'과 '현대성'의 사회 문화적 변화와 요구에 대처해 왔다. 그리고 지역민의 향토애가 바탕이 되어, 각종 조합과 협회의 적극적인 참여[3]가 1980년대에도 지속되었다. 이때부터 강릉지역 차원에서 벗어나 보다 더 넓은 강원도 차원, 국가적인 차원에서의 축제를 홍보하고, 강릉의 관광·문화산업와 연계할 수 있는 강릉단오제의 하드웨어 구축과 소프트웨어의 활용 가치를 모색하였다.

먼저, **1980년**도 강릉단오제는 홍제동 국사여성황당에서의 영신제와 다음날 아침 조전제를 시작으로 막이 올랐다. 이에는 정연상鄭然祥 강릉시장, 김진환金振煥 명주군수 등 각급 기관장들이 참석한 가운데 조전제가 거행되고, 박용녀씨朴龍女 등 10명의 무녀들이 풍년과 향토의 안녕을 기원하는 무당굿이 있었고, 강릉여고생들의 관노가면희와 그네, 씨름대회 등 민속놀이가 벌어졌다.[4] 민속 잔치가

---

[2] 2001년도에는 '종묘제례 및 종묘 제례악'이 등록되었다. 종묘(세계문화유산)에서 행하는데, 전통적인 건축공간에서 진행되는 장엄하고 정제된 아름다움이 묻어나는 동양적 종합예술의 정수이자, 500년이라는 시공간을 초월한 정신적 문화유산으로 평가받고 있다. 특히 종묘제례악은 중요무형문화재 제1호로 지정되어 있어 한국의 대표적인 무형유산이라 할 수 있다. 2003년도에는 '판소리'가 등록되었다. 판소리는 한 사람의 소리꾼이 고수와 함께 판을 이끌어가는 음악적, 연극적, 문학적 요소가 복합된 민간종합예술로서 독창성과 우수성이 세계적으로 인정받고 있다. 2005년도에 등록된 '강릉단오제'는 우리의 세시풍속인 단오에 벌어지는 대표적인 민속축제로서 조선시대의 기록에도 나타나는 역사성을 지니고 있으며, 단오굿·관노가면극 등 강릉지방의 농사와 어업을 기반으로 하는 지역문화의 특성이 잘 나타나 있다. 세 종목의 무형문화재가 세계무형유산 걸작으로 선정된 것은 유네스코의 기준에 따른 것이기도 하지만 한국의 중요무형문화재 중에서 분야별로 대표적인 무형문화재를 선택해 응모했다는 것은 한국의 제도적인 특성이 반영된 것이라 할 수 있다. [참고] 한국의 무형문화유산 대표 목록 : ① 종묘제례 및 종묘 제례악(2001) ② 판소리(2003) ③ 강릉단오제(2005) ④ 강강술래(2009) ⑤ 남사당놀이(2009) ⑥ 영산재(2009) ⑦ 제주칠머리당 영등굿(2009) ⑧ 처용무(2009) ⑨ 가곡(2010) ⑩ 대목장(2010) ⑪ 매사냥(2010) ⑫ 줄타기(2011) ⑬ 택견(2011) ⑭ 한산모시짜기(2011) ⑮ 아리랑(2012) ⑯ 김장문화(2013) ⑰ 농악(2014) ⑱ 줄다리기(2015) ⑲ 제주해녀문화 ⑳ 씨름(2018). 이 목록 중에서, 강원도의 전통美를 담고 있는 종목으로 강릉단오제를 비롯하여 정선아리랑, 강릉농악, 삼척기줄다리기가 포함되어 있다.

[3] 강릉시 숙박협회, 강릉시 고물상 조합, 강릉청년회의소 등이 행사 운영에 참여한다.

절정에 오른 단옷날 남대천 가설 성황당인 굿당은 촌로들이 도시락을 준비하면서까지 자리를 지켰다. 예능보유자 박용녀씨朴龍女 등 10여명의 무가巫家들이 향토의 안녕과 풍년을 비는 굿이 축제기간 벌어졌다. 이 해는 '강릉단오제江陵端午祭의 전국화全國化'란 사설에서 강원도적인 것의 계발을 통해 구체적인 테마 '관광'으로까지 연결시키는 프로그램 개발을 요구했다.[5] 그 내용을 보면, 우리의 굿은 놀이의 일면을 가지고 있으면서도 축제의 요소를 가지고 있는 것이다. 이 요소를 살려 관광 축제觀光 祝祭로 전환시켜 보자는 것이었다. 강릉에서는 '관광'에 대한 발전적 담론이 1960년대부터[6] 있어 왔기에 새삼스러울 것은 아니다. 하지만 구체적으로 축제와 관광을 접목하고자 한 때는 1980년대로 접어들면서이다. 강릉단오제가 강원도적인 것을 대표하는 축제로 정착시키는 것이 바람직하다며, 이를 전국적인 민속행사로 확대하고, 심지어 단오 때 행하던 삼척의 오금잠제를 부활하여 지역 축제의 활성화를 기대하였다. 강원도의 중요한 산업개발 분야의 하나가 관광이라면, 민속은 중요한 기여를 하는 문화 양식임을 강조하였다.

1981년도 강릉단오제는 남대천 백사장과 강릉 공설 운동장 등 4개 보조 행사장에서 열렸다. 이 해 처음으로 신문지상을 통해 단오제 행사 예산을 공개하였다. 총예산이 16,440,000원이었다. 보조금 6,788,000원, 찬조금 10,657,900원이었다. 보조금은 문예진흥기금, 강원도비, 강릉시비와 명주군비가 합쳐진 금액이다. 이 해의 특징은 한동안 침체 상태에 있던 강릉농악을 단오제 행사와 병행한 '농악 경연'으로 시내 19개 동洞에서 모두 출전시키는 것으로 하였다. 이 해의 행사 관련 총평을 보면, 어느 해 보다도 규모면이나 내용면에서 알찬 행사였으나 매년 되풀이되고 있는 공연장 주변에 빽빽이 들어선 잡상인들로 인해 민속공연 장면을 많은 관람객들이 동시에 볼 수 없는 폐단은 이 해에도 시정되지 않았다는 아쉬움이 있었다. 이러한 행사장 내內 잡상인(노점)에 대한

---

4 『강원일보』, 1980.6.16.
5 "… 근대화를 서구화, 현대화를 국제화로 착각 우리의 전통적인 것이면 무조건 前近代的이오 非合理的이라 기피하는 것이 오늘의 현실이다. 굿을 모두 迷信이라고 한다. 굿은 놀이의 일면을 가지고 있다. 즉 축제의 요소를 가지고 있다. 이 요소를 살려 觀光 祝祭로 전환시켜 보자는 것이다"(『강원일보』, 1980.6.18).
6 崔善萬, 『觀光案內 – 江陵의 歷史 變遷과 文化』, 江陵觀光協會發行, 1962.

문제는 2000년 초에 이르러 혼잡성을 해결하고자 행사장과 난장을 분리시켰다. 이해 처음으로 제전부에서 부사府使 행렬을 재현한 점은 큰 의미를 갖는다고 했다. 이밖에도 관노가면극은 강릉여고[7]와 함께 1978년부터 관동대 무형문화연구소가 민속학적 연구와 실연實演에 참여하고 있어 해마다 그 진가는 더해가고 있다는 중론으로 호응도가 컸다. 그리고 각부 행사의 참가자들이 전국적인 단위에서 속속들이 강릉단오제를 찾는다는 점에서 점차 큰 축제로 발전하고 있음을 긍정적으로 보았다.

1982년도 강릉단오제는 강릉단오제위원회 총회를 통해 초대 이상혁 위원장을 유임시켰고, 부위원장을 새롭게 뽑았다.[8] 강릉단오제의 개막은 여느 해와 마찬가지로 성황을 이룬 가운데 이루어졌으며, 그네·씨름 등 18개 행사가 벌어졌다. 이 해에도 총평을 통해 문화재 관리를 맡고 있는 정부의 적극적인 정책배려가 아쉬웠으며, 오늘날 세대에 있어 옛 것의 인식부족이 큰 문제임을 지적하였다. 그리고 모든 행사에 있어 원형이 변화되는 현실에 대한 안타까움을 논했다.[9]

1983년도 강릉단오제는 매년 10여 명의 무녀가 참여하다가 이 해에는 박용녀朴龍女 무녀를 비롯한 20여 명의 무녀들이 참여했다. 그리고 굿당에 많은 노인들이 찾아들어 가내 안녕과 자식들의 번성을 빌었다. 단오장 곳곳에는 인파의 물결속에 우리 고유 전래의 옛 모습들이 재현됐다. 그리고 관동대학 학생 50명이 출연한 관노가면극의 열연으로 많은 인기를 끌었다. 지난해(1982) 불상사로 취소된 강릉농공고 대對 강릉상고의 축구 정기전 대신, 강릉중학과 주문진중, 강릉농공고와 한양공고의 축구 경기가 벌어졌다. 난장의 오랜 풍속은 강릉시민이 1년 살림살이를 모두 장만한다는 것이다. 단오장에는 전국 각지에서 모여든

---

7   강릉여자고등학교 관노가면극은 1981년도 강릉단오제를 마지막으로 전승에 참여하였다.
8   부위원장 : 崔燉澤(예총강릉지부장)·崔善慶(강릉상의회장)·朴佑根(PTP클럽회장), 감사 : 鄭寅和(경월주조사장)·李海宗(강릉시공보실장).
9   "신문, 방송 TV는 강릉단오제를 보도함에 앞서 한결같이 우리 민족의 고유의 전통민속이 점차 쇠퇴해가는 속에서도 유일하게 명맥을 유지해 가고 있는 강릉단오제의 그 원형 보존의 중요성을 일깨우는 아쉬운 여운을 남겼다. 사실상 강릉단오제 그 원형 보존의 문제를 거론함에 문화재 관리를 맡고 있는 당국의 적극적인 정책배려는 물론이거니와 우선 오늘날 세대에 있어서 옛것의 인식 부족이 더 큰 문제가 아닐 수 없는 것 같다"(『강원일보』, 1982.6.29).

상인들로 대규모 상설시장을 방불케 할 정도였으며, 단오장의 특징은 물건 값이 파격적으로 싸다는 것이다. 그 품질은 다소 떨어지지만 쓸 만한 물건들이 많아 크게 인기를 끌고 있고, 상인들 대부분은 부산·전주 등 외지인들인데 물건 값이 시중 가격의 20~30% 밖에 안 돼 많은 시민들이 단오장에서 옷가지와 생필품을 구입하고 있다는 것이다.[10] 이해는 예년보다 단오장을 찾은 사람들이 많았는지 미아가 50여 명 발생하여 단오장 관리본부에서는 안내 방송을 통해 보호자 찾기와 미아보호에 진땀을 흘렸다고 했다.

이 당시 강릉단오제 행사의 중심축에서 전승 전반에 대한 지도와 운영을 맡고 있던 조기현 원장(曺基鉉(강릉문화원)과 이춘영 위원(李春影)(道문화재위원)의 대담을 통해 문제점과 새로운 방향 제시가 있었다.[11] 1983년은 정부가 '일도일민속—道—民俗' 육성 계획에 따라 강원도를 대표하는 민속행사로 '강릉단오제'를 지정, 축제를 더욱 뜻깊게 치렀다. 하지만 몇 가지 문제점으로, 첫째 단오제의 근원인 대관령 성황당의 보호 문제를 거론하면서 이 성황당을 문화재로 지정해야 함을 강조했다(이춘영). 이번 단오제에서 고무적인 부분도 많았는데, 특히 농악, 그네, 씨름대회 등 각종 민속 행사에 예년의 배가 넘는 인원이 참여했던 것으로 씨름에 18개팀, 그네에 19개팀, 농악에 9개팀 등의 출연은 민속 인구의 저변 확대를 위해 큰 수확이었다(조기현). 하지만 농악이나 가면극 등은 누가 지도하느냐에 따라 매년 그 모습의 변화와 전승상의 변화가 있음을 볼 때, 고증의 세심함과 그 특색을 살려야 함을 강조하였다(이춘영). 이 점을 보완하고 강릉민속을 깊이 있고 정확하게 유지 발전시키기 위해 행사 중심의 위원회를 구성하는 것이 바람직하며, 여기서는 단오제 행사를 주관하고 각종 민속자료를 수집·연구하는 상설단체 내지 위원회가 별도로 구성되어야 우리나라에서 가장 권위 있는 강릉단오제의 위상과 고증이 완벽한 민속제전으로 전승될 수 있을 것임을 강조하였다(이춘영). 그네 대회에 많은 여성이 참여함으로서 명실상부한 여성의 민속 놀이로 자리 잡기 위한 발전적인 제안으로 관내 여자 중고등학교에 그네를

---

10 『강원일보』, 1983.6.16.
11 『강원일보』, 1983.6.21.

설치하여 체육 시간이나 특별 활동 시간에 학생들을 지도하면 그네 인구의 저변 확대에 도움이 될 것임을 강조하였다(조기현). 난장과 관련해서는 관계 기관이 노점 상인들과 실랑이를 벌이면서 외형적인 질서를 요구하였으나, 단오장은 질서가 없으면서 질서가 있는 곳이니, 외형적인 질서에 당국은 지나치게 신경을 썼던 것으로 소방차까지 동원하는 사태까지 발생하였다. 하지만 서울, 부산, 대구 등지에서 몰려온 상인들은 단오장의 중요한 구성원이고 귀한 손님인데, 그들을 좀 심하게 대응한 것 같다면서 지나친 질서 계도는 오히려 더 큰 문제를 야기하는 경우를 초래한다(이춘영)고 하면서, 순박한 농민들의 집단이 파도처럼 밀리는 그 자체가 질서임을 강조하였다.

1984년도 강릉단오제[12]는 문화재로서의 지식, 정보성 지면 기사와 함께 지역 언론(방송)의 관심이 점점 높아가는 시기였다. 매년 4~5회 정도의 기사를 통해 행사 전반에 대한 소개 및 평가가 이루어졌다. 1984년부터(15회)는 10~15회 정도로 확대되었다. 이러한 언론의 관심에 따른 변화의 요인은 강릉단오제가 1960~1970년대를 거치면서 향토애를 바탕으로 전통성(역사성)을 찾는데 노력해 왔으며, 지역 내 관련 기관들이 축제 행사 주관의 역할과 기능을 담당하고, 지역민의 적극적인 참가 축제로 정착되는 시점에 이르렀기에 가능하였다. 이 해부터는 언론 기관이 단위 행사를 맡아서 운영하는 등 후원 기관으로 자리를 잡았다. 특히, 그네대회를 강릉 KBS에서 주관하여 전국대회로 확대하였고, 농악경연대회 또한 KBS 사장기 쟁탈전으로 영동지역에서 10여개 팀이 출연하는 등, 행사 홍보 등이 지역 단위에서 전국적으로 커짐을 알 수 있다. 또한 행사 기간 중, 강릉단오제와 민속 보존에 대한 사설을 통해 그동안 여러 차례 제안되고, 그 필요성을 강조했던 '관노가면희의 상설공연', '민속자료의 상설 전시관' 설치 등의 담론이 결실을 맺도록 하였다. 1984년도 강릉단오제에 특별히 지대한 관심을 갖는 것은 세 가지 점[13]이라고 하면서, 행사 운영 및 내용의 변화에

---

12 1984년은 강릉단오제위원회 임원 및 위원에 변동이 있었다. 그동안 위원장직을 맡았던 이상혁씨는 명예위원장으로, 신임 위원장은 崔燉澤(예총강릉지부장), 부위원장은 金溴來(강릉상고회의소 회장)・朴洛晉(평통 명주군 협의회장)・朴佑根(PTP 강릉회장)(『1984년 강릉단오제 행사 계획서』, 강릉단오제위원회, 1984).

대한 발전적 기대감을 불러일으켰다. 그리고 '강원 시론江原 時論'을 통해서 '단오端午의 현대적 조명照明'을 통해 "시대時代가 변해도 선민절일先民節日 재현 확산"을 바라는 글을 실었다.[14]

이 해 굿당에도 변화가 왔다. 굿을 하는 무격은 예능보유자 박용녀씨朴龍女(75세)와 수제자 신석남씨申石南(61세)의 활동이 두드러지게 나타났으며, 전수 장학생 박금천씨朴金千(31세) 등 무녀 8명과 양중 5명 등 13명이 참여했다. 굿당은 모두 17거리로 신석남씨의 부정굿에 이어 신을 모셔 앉히는 청좌굿이 사화선史花善(58세) 무녀에 의해 이어졌고, 박금천 무녀의 산신굿이 한바탕 벌어졌다고 했다. 이밖에 굿거리는 산신굿에 이어 하회굿, 조상굿, 세존굿, 칠성굿, 심청굿, 성주굿, 군웅굿, 천황굿, 손님굿, 재면굿, 꽃노래굿, 등노래굿, 초롱굿, 환우굿이 벌어졌다.

그 동안 강릉단오제를 주제로 한 연구 성과가 개별적이고 부분적인 담론에서 머물렀다면, 이러한 연구 성과를 바탕으로 각 분야의 전문 학자들이 총체적인 시각에서 강릉단오제를 학술적으로 정립하는 시기에 이르렀다. 1984년 제2회를 맞이한 강원도민속학 대회[15]에서 『강릉단오제의 심층적 연구』가 주제로 발표되었다. 이는 단오제 행사의 하나로 열렸으며, 강릉단오제의 전망과 의의, 무속음악, 관노가면극의 춤사위, 강릉농악의 특질, 강릉지방의 민요 등에 대한 주제 발표가 있었다. 이를 통해 강릉단오제와 강릉민속이 문화유산으로 전승되

---

13 "첫째는 강릉단오제를 학문적으로 정리하는 『강릉단오제의 심층적 연구』라는 학술 발표회가 열리는 것. 둘째는 제전위원에 명주군 인사까지 추대, 강릉·명주지방의 인적 구성을 확대한 것. 셋째는 그네와 농악을 경연으로 확대, 그 규모와 조직면에서 예년에 비해 다채로울 것으로 기대되는 것이다"(『강원일보』, 1984.6.2).

14 "강릉의 단오가 옛날과 같이 성행하고 있는 이유는 여러 가지가 있겠으나 그 중 가장 핵이 되는 것은 4월 15일 대관령에서 지내는 산신제에서 비롯한 단오굿이고 이 국태민안을 기원하는 단오굿은 제천의식과 그 맥락이 같다할 때 강릉의 단오 뿌리는 실로 오래되었고 그 뿌리가 오래 되다보니 일제의 탄압 속에서도 연명을 하여 왔던 것이다. 지난날의 우리 節日이 農耕俗을 바탕으로 만들어졌고 오늘은 근대산업시대가 되었음으로 이러한 産業俗의 변화가 불가피하게 節日의 변화를 가져왔다는 것은 필연적 추세라 말할는지 몰라도, 意義의 부여 여하에 따라서는 재현 보존의 필요성은 있다. 그 좋은 예가 산업사회 속에서도 맥락을 그대로 잇고 있는 강릉단오제이다"(최승순,「端午의 현대적 照明」,『강원일보』, 1984.6.4).

15 강원도민속학회(회장 김선풍, 관동대 교수) 주최로 KBS 강릉방송국 공개홀에서 열려 임동권(중앙대 교수) 등 국내 민속학 권위자들과 道민속학회 회원 등 10여명이 연사로 나와 주제 발표를 했다.

기 위해서는 당국이나 지방민이 열성을 가지고 가꾸는 한편 관노가면회, 농악놀이 등에서 나타난 문제점을 보완해 나가야 한다고 하였다.[16]

임동권 박사는 「강릉단오제의 회고와 전망」에서 강릉단오제는 허균의 문집 기록, 범일국사의 전설, 왕건의 고려건국 과정에서 파생된 이야기 등으로 미뤄 고려시대 초까지 거슬러 올라가는 역사성과 내용이 있는 행사이며, 문화재로서 지정받아야 마땅하다는 생각에서 1960년도부터 수차례에 걸친 조사를 했다고 밝혔다. 또한, 음악·무용·연극으로서 민족 생활의 추이를 알 수 있고, 예술·역사상 가치가 큰 것이라야만 문화재로 지정받을 수 있다는 문화재보호법의 법적인 여건을 갖추기 위해 연극에 해당하는 관노가면희의 정립을 서둘렀다고 회고했다. 임 박사는 강릉관노가면희는 20여년도 되지 않은 기간 동안 많은 변화가 있었던 것 같다고 지적하면서, 시시딱딱이 가면이 타 지방 탈춤에서 볼 수 있는 가면으로 변하고, 시시딱딱이 2명, 장자마리 2명 양반과 소매각시 등 6명의 주역이 뒤로 밀려나고 조역인 무당이 주역으로 올라선 느낌을 받았고, 춤도 이해하기 힘든 춤사위로 변했다고 하였다. 또한 25년前 자신이 봤던 국사성황신 그림이 현재까지 2번에 걸쳐 바뀌었고, 대관령에 있는 5개의 성황당(산신당·성황당·칠성당·수구당·용신정)이 원형을 잃고 있음을 지적하였다.

장주근張籌根(경기대)은 「강릉단오제의 현대적 의의」라는 주제 발표에서 강릉단오제는 민간 주도형으로 진행되는 우리나라 향토 문화제의 모델 케이스라고 못박고, 강릉단오제는 혈연이나 특수 계층이 아닌, 전全 지역적인 유대를 굳히는 행사이며, 지역의 독자적인 총화의 다짐이고 바탕이 되는 광장이라고 하였다. 또한 강릉단오제를 찾는 관중이 60만 명으로 잡았을 때, 한 사람이 2천 원씩만 써도 12억 원이라는 돈이 떨어져 강릉지방 경제에 윤활유 역할을 할 것이라는 경제적 의의를 단오제에 부여하였다.

정병호鄭昞浩(중앙대)는 「관노가면희의 춤사위」를 주제로 관노가면희의 반주 음악은 왈츠나 폴커스탭이 되고 있어 안타깝다고 지적하였다. 그는 또 칼춤은 군중 무용을 연상케 하고, 군무는 입체화 돼 마당놀이의 자연성을 해치고 있다

---

16 「강릉단오제의 심층적 연구」, 『臨瀛文化』 제8호, 1984, 41~83쪽.

며, 회전하는 동작, 반회적 삼진삼퇴 갈지자 걸음걸이, 디딤사위 등 이른바 강릉 지역의 독특한 발짓춤을 살려나가야 할 것이라고 하였다. 관노가면극의 특징은 무언극이며, 대사가 없는 만큼 흥과 생동의 예술이기 때문에 반주 음악에 신경을 써야한다고 거듭 강조하고, 도입부와 종결부에 농악무용을, 무당춤에 강릉 무녀의 춤을 복원하는 등 가면놀이가 재구성되어야 한다고 하였다.

이보형李輔亨(문화재 전문위원)은 「강릉농악의 특질」이란 주제로 소고와 법고가 다른 지방에서는 구별이 없으나, 자루가 달린 소고와 끈이 달린 법고의 구별이 있다는 점을 특색으로 들었다. 그러나 농악은 연주전에 놀이임을 전제하고, 농악경연대회에 와보면 농사풀이를 할 때 농사짓는 시늉만 하면 되는 것임에도 쟁기 등 소도구를 가지고 출연하는 현상을 볼 수 있다며, 이와 같은 연극적 매스 게임식 농악은 지양되어야 한다고 지적하였다. 그리고 농악이 토착화되기 위해서는 지역 어느 행사든 농악대가 동원되고, 농악대가 춤을 출 수 있는 기회가 자주 주어질 때 가능하다는 점을 강조하였다.

최종민崔鍾敏(한국학 대학원 교수)은 「강릉단오제의 무속 음악」이란 주제로 영동권 무녀들은 박용녀씨(75세)를 제외한 신석남 무녀(61세) 등 대부분 무녀들이 세습무이기 때문에 무속음악이 정통성을 유지하고 있으며, 느린데서 빠른 템포로 가는 우수한 특징의 청보장단 위주라고 했으며, 권오성權五聖(한양대)는 「강릉지방 농요의 선율형태」란 주제로, '솔·라·도' 형태가 강릉농요의 특징이며 학산·회산 등지에 남아있다고 하였다.

김선풍金善豊(관동대)은 「강릉단오제의 무가와 설화」란 주제로, 관노가면극의 괫대는 성황당의 서낭지신, 시시딱딱이는 여역지신, 장자마리는 토지지신과 용왕지신, 양반과 소매각시는 성황당에 비는 무녀나 인간과 같은 맥으로 볼 수 있다고 주장하였다.[17]

이 해의 행사 총평을 보면, 전국 각지에서 30여만 명의 인파가 몰려 축제의 열기를 더 했다는 내용과 강원도민속학회 주최로 열린 『강릉단오제의 심층적 연구』라는 민속학술대회와 그네대회에 여고생부와 쌍그네부를 신설한 점, 농악

---

17 김선풍, 「강릉단오제의 심층적 연구」, 『臨瀛文化』 제8호, 1984, 41~83쪽.

의 질적인 향상 등이 돋보였으나 예년과 같이 일부 민속행사는 고증의 뒷받침이 미비했다는 지적이 여전히 뒤따랐다. 농악의 경우는 질적으로 향상됐다는 점도 있었으나, 3~4년 전에는 14~15개 농악대가 출전 흥을 돋웠던 것이 지난해에는 11개팀, 올해는 KBS 강릉방송국이 주최하면서 예년과 비교가 되지 않는 4백 50만원의 상금을 내걸었으나 9개 농악대만이 출전해 전승상에 문제를 제기하였다. 마을 농악대의 참여가 점점 줄어드는 현상에 대해 일부 관심 있는 인사들은 강릉농악 전승상에 위축되지 않을까하는 염려도 있었다. 관노가면극의 경우는 '고증' 면에서 미비했다는 지적과 함께 시시딱딱이 탈은 지난 1967년 단오제가 문화재 지정됐을 당시의 탈과는 전혀 다른 탈로 변해버렸으며, 장자마리의 복장도 해초와 곡식이 무성하게 매달려 있어야 했으나 그렇지 못했다는 지적도 있었다. 난장에 대한 평가는 "성내동 광장에서 노암교까지 2백여 미터에 장사꾼들이 들어서지 못하도록 사전에 조치함으로써 이곳을 찾는 주민들의 소통에 원활을 기했다는 점에서 질서 잡힌 단오제라고 평가" 되기도 했으나, 일부에서는 단오제의 중요한 구성원인 장사꾼들을 몰아낸 것은 질서를 지나치게 강조한 나머지 단오제 자체를 위축시키는 결과가 되지 않을까하는 조심스런 지적도 있었다.

1985년도 강릉단오제는 그동안 강릉여자고등학교(1966년~1981년도까지)와 관동대학교 국어교육과(1978년부터~현재) 학생들 중심으로 전승의 맥을 잇고 있던 관노가면극이 지역 주민(유천동)들이 중심이 되어 전승의 기틀을 잡았다. 권영하씨權寧夏(68세)를 비롯한 강릉시 유천동 주민 25명에 의해 전승되면서부터 오늘에까지 이르게 되었다.[18] 또한 농악경연대회의 경우도 참가팀들의 예능적인 향상이 돋보였으며, 특히 저동苧洞의 '경포달맞이 농악', 사천진沙川津의 '답교농악' 등에서 새로운 장면이 선보인 점 높이 평가하였다. 하지만 4~5년 전만해도 20개

---

18 "유천동 주민 권영하씨 등 24명이 출연한 관노가면희는 춤사위에서 한국 농악과 강릉 무속춤을 겸했고, 반주는 강릉농악 반주에 탈춤 반주를 가미했으며, 탈의 모습을 바꾸는 등 상당한 노력과 연구 끝에 새 모습으로 등장함으로써 호응을 얻었다. 무엇보다도 그동안 강릉여고, 관동대 등 학생들에 의해 재현돼 오면서 뜻있는 인사들로부터 전수에 문제점이 있다는 우려를 받아왔으나 처음으로 민간인들에 의해 재현됐다는 점에 의의가 컸다"(『강원일보』, 1985.6.22).

가까운 농악대가 출연하였는데, 2년째 9개 팀만이 참여하여 영동 농악이 위축될 것을 우려하였다. 지난해 신설된 여고생 그네부에 학교별 대표로 총 23명이 참가한 것은 민속놀이가 학교 체육에 활용되는 고무적인 현상으로 받아들였다. 이 해의 단오장 풍경의 일면으로 조미료 회사의 지나친 광고 행위로 인해 시민들에게 빈축을 샀다는 등의 뒷얘기도 있었다.[19]

「1985년 행사 결과 보고서」를 간단히 살펴보면, 준비상황으로 행사장 바닥 정지, 임시가교, 상하수도 시설 및 간이 화장실 시설 등 차질 없이 실행되었으며, 행사장 안내판, 교통 표시물, 순찰함 등 질서 유도시설 11점 설치(경비부와 협조), 각 행사부별로 책임부서에 의해 행사 준비에 최선을 다했다는 평가가 있었다. 행사진행 사항은 문화재 행사를 비롯한 23개 소종목 행사가 차질 없이 집행되었으며, KBS TV에서는 기획프로 '내고향 지금은' 도내 생방송과 뉴스, 스포트 방영을 하였으며, 강릉 MBC는 강릉 현지 녹화를 중앙 MBC를 통하여 신속하게 전국에 소개하는 한편 유명 연예인이 출연한 시민위안 잔치로 단오 축제를 더욱 흥겹게 하였고, 라디오를 통한 행사 소개도 전 기간에 걸쳐 실시하였다. 『강원일보』는 지면을 통하여 강릉단오제의 행사 상황은 물론 민속의 의의, 그리고 평가사항에 이르기까지 성의를 다한 행사로 강릉단오제의 보존·육성에 크게 공헌하였다. 이 해 장래 전망과 문제점으로는, 첫째 해마다 증가가 예상되는 관람객 및 상인의 수용문제(행사장 및 질서문제), 둘째 대관령산신당 마당의 정지 및 제신당의 복원(임동권 박사 제안), 셋째 홍제동 여성황당의 이축移築 문제, 넷째 민속놀이 행사(농악, 씨름, 그네, 토속민요 등)의 참여 인구의 확대 대책 등, 다섯째 행사장 토질의 경화硬化에 따른 하수구 대책 등이었다.[20] 이 중에서 여성황당의 이전 문제에 대한 논의가 오래전부터 있어 왔는데 2009년에 이르러서 해결되었다.

---

19 "단오 행사장에는 조미료 회사인 미원과 미풍에서 설치한 선전 플랜카드와 깃발이 행사장을 뒤덮어 관중들의 빈축을 샀다. 행사장 입구를 비롯 각 3~4군데에 진을 친 2개 조미료 회사는 수 십 명의 여자 종업원을 동원 북이나 플라스틱통을 두드리며 요란하게 떠들다 지나가는 부녀자들을 붙들고 늘어져 곤욕을 치르게 하기도 했다. 이들 회사가 설치한 광고 현수막 깃발이 행사장에 너무 많이 나붙자 주민들은 '지역민들의 축제가 조미료 회사의 판매장으로 둔갑한 것 같다'고 한마디씩 했다"(『강원일보』, 1985.6.22).
20 『1985년 강릉단오제 결산』, 강릉단오제위원회, 1985.

이 해 처음으로 전야제의 축제 분위기 조성을 위해 폭죽 50발을 터뜨렸다. 폭죽은 전야제에 많은 사람들을 끌어들이는 요인이 되었다.

1986년도 강릉단오제는 '86 아시아 게임이 있었던 해였다. 이 해에 강릉단오제위원회 임원의 변동이 있었으며,[21] 19개동 대항 투계대회(닭싸움), 등반대회, 줄다리기 대회가 신설되었다. KBS 전국노래자랑과 강릉 MBC가 주관하는 내 고향 큰잔치(경포해수욕장)가 축제 기간에 진행되었다. 유천동 주민들로 구성된 '강릉관노보존회' 회원들이 펼친 관노가면극은 새롭게 만든 양반탈이 첫선을 보여 관중들로부터 극찬을 받았다. 이 해에는 유난히 외국인들의 취재가 많았다. 일본법정대 외간수선外間守善 교수(한국 무속춤사위 및 농악에 관심)와 오끼나와 예술대학 부속연구소 파조간영길派照間永吉 강사, 일본 RBC 방송국 카메라 기사 2명 등이 굿당을 비롯 관노가면희 등을 촬영하였다. 미국·독일 방송국 등에서도 단오장 곳곳을 누비며 취재에 열을 올려 마치 세계 속의 강릉단오장 같은 인상을 주었다고 하였다. 1986년도는 50여만의 인파가 단오장을 찾았으며, 성숙된 민속 축제로 평가 보고회를 가졌다. 특히 관노가면극의 성숙된 재연에 관심이 많았다.[22]

1987년도 강릉단오제는 축제의 '전국화'와 '국제화'에 그 화두를 두었다. 전국 대부분의 고장에서는 단오민속이 사라져 세시성 풍습을 엿볼 수 없는 상황에서 강릉의 단오민속은 면면히 지켜가고 있는 이유와 이에 대한 고유성과 향토성으로 인해 한국인 모두에게 사랑을 받게 되었다는 내용이었다. '단오민속' 하면 강릉을 연상하게 되었고, 단오 때가 되면 강릉으로 '단오관광'을 떠올린다는 것이다. 결국은 강릉단오제를 관람하기 위해 전국에서 관광객이 몰려드는 장점을 살려야 한다는 것으로 해외 사례를 언급하였다. 단오절을 전후하여 홍콩

---

[21] 위원장 金振伯, 상임부위원장 曺基鉉, 부위원장 金溪來·朴洛晉, 감사 沈長燮(『1986년 강릉단오제 행사 계획』, 강릉단오제위원회, 1986.

[22] "강릉관노가면극은 2년 전까지 강릉여고, 관동대학 학생들에 의해 전승·재현돼 오면서 관노가면극 주인공의 탈이 원형과 다르다는 전문가들의 지적이 있어, 올해는 원형의 탈을 제작·정착시켰다는데 더 큰 뜻이 있다. 지난해 유천동 관노가면극보존회원들과 관동대 학생들과의 관노가면극 복장과 탈이 다르다는 지적이 있어, 올해는 1966년 임동권(중앙대 교수) 조사 자료를 근거로 金東夏(작고)와 車亨元씨(작고)의 녹음을 토대로 김선풍과 장정룡 공동으로 강릉관노가면의 원형 탈을 만들어 통일시키게 됐다"(『강원일보』, 1986.6.16).

과 대만에서의 용놀이(용선경기)는 세계적인 것이 되었으며, 이 나라를 떠올리게 하는 민속놀이가 용선경기로 중국적인 이미지를 갖고 있다는 것이다. 강릉단오제도 이와 마찬가지로 국제화의 목표를 설정하여 '88 서울 올림픽과 '91 잼버리 대회를 앞두고 국제화하는데 절호의 기회로 삼아야 한다는 것과 강릉단오제만의 민속문화적 요소를 연구·개발하여 외국 관광객들에게 보여주어야 한다는 것을 중요한 과제로 제시하였다. 또한 강릉단오제는 대관령국사성황신을 모시고 내려오는데 있어 그 '신목神木'은 신화시대의 의식과 통하고, 남대천 단오장 굿당에서 펼쳐지는 굿마당은 세습무로서 한국적 샤머니즘의 표본이며, 관노가면희는 해학을 살린 사랑의 탈놀이다. 이 분야를 연구하는 외국학자들, 이색적인 풍속을 채록하는 외국 예술가들, 신화와 신앙, 그리고 탈놀이의 사랑 과정을 외국 관광객들에게 보여주어야 한다고 하였다. 그래서 홍콩과 대만의 용선경기에 버금가는 국제관광 프로젝트를 만들어 강릉 단오민속의 전국화를 내실 있게 다져가면서 국제화를 서둘게 되면, 강릉단오제는 브라질의 카니발처럼 세계적인 축제가 될 것임을 강조하였다.[23] 이 당시 강릉단오제에 대한 지역민들의 자긍심과 함께 각종 언론에서 축제 발전을 위한 대안을 속속들이 제시하였다.[24]

이 해 단오제 상가 터 분양추첨에 대한 언급[25]과 함께 단오장 내에 점점 늘어나는 잡상인들의 무질서 문제, 이에 대한 해결 방안 등을 고민하였다. 매년마다 남대천 단오장에 펼쳐지는 행사 기간은 5일이었다. 이 해에는 강릉단오제 폐막을 하루 앞두고 18mm의 비로 남대천 단오터가 물바다를 이루어 대목을 보려던 서커스단과 가설 쇼무대, 상가에는 고객들의 발길이 뜸했다고 하면서, 지난달 12일 거행된 대관령국사성황제 때 구산성황당에서 제를 올리지 않아

---

23 『강원일보』, 1987.6.3.
24 "단오민속의 전국화와 국제화의 첩경은 대중화와 상설 무대화에 있다. 관노가면극이나 단오굿의 예능보유자를 양성하면서 일반인도 친근하게 놀이할 수 있으면 금상첨화이다. '단오문화관'을 설치해서 언제든지 관광객이 무당옷과 관노가면을 쓰고 사진 촬영을 할 수 있어야 하고, 즐기고 원한다면 그 자리에서 무복을 입고, 또는 관노가면을 쓰고 기초 동작을 익힐 수 있는 수준이 되어야 한다"(『강원일보』, 1987.6.3).
25 "단오장의 상가(노점) 분양에 있어, 이해 언급된 규모나 범위는 강릉단오제위원회(강릉문화원)가 직접 분양(본 행사장 內) 하는 것만을 소개하였다. 총 85개 상가 中 지방인에게 50개(동), 외지 상인에게는 35개(동)로 나누었다"(『강원일보』, 1987.5.28).

대관령 산신이 노한 게 아니냐고 한마디씩 했다는 기사가 있었다. 해마다 단오제는 모내기와 밭농사 파종을 마치고 나서 1년 농사의 풍년을 기원하는 행사였기 때문에 단오제 기간에는 비가 오지 않고 화창한 날씨를 보여 왔다는 것이다. 그러나 영동지방 촌노村老들은 단오제 때 단비가 내리면 풍년이 든다며 비를 맞으면서 즐거운 표정들이었다는 뒷얘기도 있었다.

1987년은 어느 해 못지않게 굿당(제단)을 찾은 인파가 10만 명이 넘었다고 하였다. 굿당에는 단오제를 연구하려는 학생들이 무대의 좋은 자리를 다 차지해 모처럼 신바람 나는 단오굿을 볼 수가 없어 촌노들을 안타깝게 했다면서 굿당의 규모를 확대하여 신앙심을 갖고 찾아온 노인과 부녀자들에게 배려가 있어야 함을 강조하였다. 그리고 단오제의 부사 행차는 강릉대학 레오클럽 학생들이 재현했으나, 지나치게 간소화시켜 고을원님 행차의 옛 모습을 볼 수가 없었으며, 강릉단오제가 문화재로 지정된 이후 30여만 명이 붐비는 축제임에도 불구하고 예년과 같이 단오제 행사 비용을 시민들로부터 찬조를 받아 다소 문제가 생기기도 했는데, 앞으로는 타지방의 민속행사와 같이 행사비를 시·군에서 지원해야만 할 것으로 제시하였다.[26] 외지 장사꾼들의 불량상품 판매는 여전하여 곳곳에서 말다툼이 많았다는 지적도 있었다. 1987년도 강릉단오제는 문화재 지정 10년이 되는 해였다. 지정 당시의 예능보유자 일부는 작고하였고, 새롭게 인정된 보유자 또한 고령이었다. 어느덧 10년의 세월이 흐르고 향후 한 세대를 이끌어 가야 할 예능보유자, 후계자(門下生) 육성이 절실한 시기가 도래했음을 알 수 있었다.[27]

---

26 1987년도 세입 규모를 보면, 총 세입이 61,750,900원이었으며, 이 중에서 찬조금이 36,249,900원이었다.*보조금은 10,000,000원(국비, 문화진흥기금, 강원도비, 강릉시비, 명주군비)이었다. 그리고 지원금이 15,501,000원(강릉 KBS 주관행사 출연금 7,976,000원과 강릉문화방송 주관행사 출연금 7,525,000원)이 있다. 실질적으로 찬조금과 지원금으로 행사를 운영하고 있는 셈이다. 보조금은 전체 행사비의 10%에 해당한다고 볼 수 있다(『1987년 강릉단오제 행사 결산』, 강릉단오제위원회, 1987).

27 "도내 유일의 중요무형문화재 제13호인 강릉단오제 지정문화재 행사를 이어나갈 예능보유자 확보가 아쉽다. 강릉단오제는 유구한 역사를 가진 부락 공동의 향토신제로 지난 1967년 1월 문화재로 지정되고, 제례와 무격굿, 관노가면극 등 3가지는 지정문화재로 지정하면서 예능보유자를 선정했다. 그러나 대부분 연로한 보유자들을 선정해 관노가면극 보유자인 金東夏씨는 이미 타계했으며, 무격굿 보유자인 朴龍女씨(78세)는 노환으로 누워 후계자

1988년도 강릉단오제는 '신주神酒 담그기'를 칠사당에서 공개적으로 재연한 해였다. 이후로 신주 담그기는 강릉단오제 지정문화재의 첫번째 행사가 되었으며, 축제의 시작을 의미하는 중요한 행사로 자리를 잡았다. 그리고 신주빚기 행사를 전후해서 시민들로부터 '신주미(獻米)'를 받는 행사는 2000년도부터 시작되었다. 1988년 강릉단오제의 화두는 '강릉단오제의 관광 자원화'였다. 그 이전에도 '관광'에 대한 관심이 없었던 것은 아니었다. 매년 축제를 준비하는 강릉시나 명주군에서는 영동지역은 물론이고, 국내 및 외국인 관광객을 불러들이기 위해 다방면으로 홍보 방안을 강구하였다. 신문 지면을 통해서도 강릉단오제의 관광 자원화 방안 모색이 지속적으로 제기되었다.[28] 특히, 이 해에는 '88 서울올림픽이 열린 해라서 관심이 높았다. 이러한 제안들은 1990년대에 이르러서 조금씩 가시적인 성과로 나타났다.

　1988년도 행사는 지정문화재 행사를 중심[29]으로 각종 경축행사 등이 예년과 마찬가지로 운영되었다. 이 해에 처음으로 한시 백일장이 선을 보여 전국의 한시 애호가들이 단오장을 찾게 되었다. 그리고 강릉농공고와 강릉상고의 축구

　　인 申石南씨(63세)가 대를 이어 활동을 하고 있다. 또 제례 행사 보유자는 金信黙씨를 이어 金振憲씨가 지정됐으나 김씨 역시 70세가 넘은 노인으로 후계자 선정이 시급한데도 마땅한 사람이 없어 후계자를 지정치 못하고 있다. 현재 예능보유자 지정이 시급한 것은 관노가면극과 제례 행사의 후계자 선정이 시급하다"(『강원일보』, 1987.7.2).
28　"강릉단오제의 관광자원화를 촉진시켜 나가야 한다. 강릉단오제는 민속문화의 특성을 가지면서 관광문화의 특성도 갖는다. 지금까지 민속문화에는 충실했지만, 관광문화에는 소홀한 감이 없지 않았다. 국태민안과 풍년, 풍어 그리고 防疫을 기원하는 단오제를 현실적으로 지역발전과 관광효과를 가져오게 하는 모티브로, 소재로 살리자는 것이다. 강릉지방의 관광조건을 정적인 것에서 동적인 것으로 전환시키는 조건이 될 것이다. 관광객이 즐길 수 있는 단오문화의 풍물을 만끽할 수 있게 되면 관광객은 묵었다 가게 될 것이다. 특히 외국 관광객에게는 더욱 이색적이 될 것이다. 단오제를 거행하면서 단오문화 전시관 설치, 단오민속의 상설 무대화가 충분히 논의되고 실현되게 하기를 바란다"(『강원일보』, 1988.6.16).
29　"강릉단오제는 홍제동 국사여성황사에서 올리는 영신제를 시작으로 전야제의 막이 오른다. 영신제에 이어 합방한 국사성황과 국사여성황의 위패가 남대천 백사장 굿당에 모셔지게 되면 50발의 경축 폭죽이 밤하늘을 수놓게 된다. 이날 전야제에는 관동중학생 200여명이 펼치는 등불행진과 강릉대학 레오클럽학생 40여명의 부사행차, 가장행렬이 성황당 위패를 호위한다. 20일까지 계속될 강릉단오제는 지정문화재 행사인 조전제, 무격굿, 관노가면극을 비롯, 민속행사로 향토민요경창, 시조경창, 그네, 씨름, 궁도, 줄다리기 대회, 농악경연 대회가 열린다"(『강원일보』, 1988.6.16).

정기전이 1982년 이후 다시 재개되었다. 한동안은 단오장 옆 공설 운동장에서 축구 경기가 벌어졌는데, 이 해에는 교동에 위치한 종합경기장에서 열렸다. 이후 몇 차례 양교의 축구 정기전이 취소되는 사태를 맞이하였다. 그리고 경기장이 단오장에 멀리 떨어지는 관계로 해서 강릉단오제와는 관계성에서 한동안 점점 멀어지는 계기가 되었다. 경기 일정도 단오제 기간이 아니라, 단오제 행사가 끝나는 주週의 토요일로 정하는 관계로 겹치는 경우가 많지 않았다. 이 해에도 관노가면극의 올바른 전승을 위해 임동권 박사가 단오장을 찾아 유천동 관노가면극을 관람하면서 격려를 하였다.[30] 이 해 난장에서 벌어졌던 '중공산中共産 공예품 등장'에 대한 재미있는 일화가 신문에 소개되어 시대적인 단면을 보여주었다.[31]

이 해 강릉단오제의 특징을 정리해 보면, 앞서도 언급했듯이 칠사당에서 '신주神酒 담그기'[32]를 재현해 빚은 술로 산신제와 국사성황제의 제주祭酒로 사용

---

30 강릉관노가면희를 발굴, 문화재로 지정케 한 중앙대 임동권 박사가 17일 단오장을 찾아 유천동 주민들이 출연한 가면희를 열심히 관람. 김선풍 교수(중앙대), 향토민속학자 김기설씨 등과 단오장에 나온 임동권 박사는 춤사위, 복장 등을 일일이 체크하며 강석환 강릉문화원장에게 개선점을 알려주기도 하였음. 이날 임동권 박사는 유천동 주민들의 열연에 전수를 위해 노력하는 여러분들의 노고에 감사한다고 인사하였다(『강원일보』, 1988.6.19).

31 단오장인 남대천 난장에 '중공산 공예품 매장'이 등장해 눈길. 중공산 수입품이라고 선보인 공예품은 갈대나 부들처럼 보이는 초목을 재료로 엮은 시장 바구니, 방석, 돗자리, 주렴 등 10여 종인데 수입품 치고는 너무 조잡해 진짜 중공산인지 의심할 정도. 값은 2천5백원에서 15만원까지 부르고 있으나, 호기심에 구경꾼만 몰려들 뿐, 사는 사람은 별로 없다. 그러나 구경꾼들은 상품의 眞否를 떠나 '중공산 수입품 매장'이란 플랜카드가 당당히 걸리는 것을 보니 적대시 해오던 중공이 어느새 우리 이웃이 됐다는 것을 피부로 느끼게 됐다며 세상 많이 변했다(『강원일보』, 1988.6.19).

32 "강릉단오제 서막-'神酒謹釀' 칠사당서 치러', 중요무형문화재 제13호 강릉단오제의 서막을 알리는 신주근양이 30일 오전 10시 30분 명주동 칠사당에서 있었다. 이날 의식은 단오제위원회 위원 민속 전문가 등이 지켜보는 가운데 제관 도가 예능보유자 金振憲씨, 무가 예능보유자 후보 申石南씨 등에 의해 행해졌다. 신주근양은 단오제 때 산신제와 성황제 등 제의에 쓰일 제수용 술을 빚는 의식으로 매년 음력 4월 5일에 치러지고 있다"(『강원일보』, 1990.4.30). 이것으로 보아 1988년 복원 당시에도 음력 4월 5일에 치른 것으로 확인된다. "「신주근양」, 4월 5일 실시 잘못", "강릉단오제의 서막을 알리는 신주근양 시기가 고증과 달라 단오제 원형 및 전통보존의 의미가 퇴색되고 있다는 지적. 이같은 지적은 신주근양이 근래 한동안 없어졌다가 단오제 원형보존을 위해 지난 1988년 복원됐는데, 그 날짜를 원래에 하던 음력 3월 20일이 아닌 음력 4월 5일로 변경한데 따른 것. 더구나 올해에는 음력 4월 5일이 일요일이라고 해서 다음날인 6일에 치렀다"(『강원일보』, 1990.5.3).

하는 등, 민속행사의 원형보존에 노력했던 점은 높이 평가하였다. 하지만, 단오 장의 꽃인 굿당 옆을 약장수들에게 분양, 이들의 스피커 소리가 무격들이 펼친 굿마당을 크게 방해하는 등의 문제점을 갖고 있었다. 또한, 매일 조전제 이후, 단오제 행사의 시작이자 끝일 정도로 중요한 굿당이 잡상인들의 방해를 받아서 는 안된다는 지적이 많았다. 농악경연대회 참가팀이 6개 팀으로 수년전 강릉시 읍면동과 명주군에서 대거 출전했던 때와 비교해 우리의 전통을 보존하고 가꾸 려는 의식이 퇴색되어가고 있는 것이 아닌가 하는 아쉬움을 남겼다. 그리고 강릉단오제위원회의 결산을 통해 1988년도 행사 준비 및 운영 등의 총체적인 면을 놓고 담론이 있었다. 그 내용을 정리해 보면 다음과 같다.

> "… 한국 최대의 주민 공동 축제로 전국적으로 각광을 받고 있으며, 국내는 물론 외국의 TV 방송국, 신문사, 잡지사, 민속학자, 민속연구가들의 참여가 눈에 뛰 게 증가하였고, 한결같이 찬사를 아끼지 않고 있습니다. 금년 행사 중, 강농·강 상의 정기 축구 대회의 부활과 신주근양, 한시백일장, 학술 발표회, 수석전 등 신규 행사가 추가되었고, 투계대회가 제외되었던 것은 시민들의 긍·부정적인 호응을 받은바 있습니다. 또한 각부의 행사가 도내 대회에서 전국대회 규모로 확대됨으로서 외지 관광객의 증대를 가져왔고, 관광도시로서의 면모를 과시한 바 있습니다. 다만, 이 관광객들을 우리 고장의 여러 관광자원과 연결시켜 관광 수입과 연계시켜 나가는 문제가 연구 검토되어야 하겠습니다. 특기할 만한 것 은 KBS, MBC 양 방송국에서 '생방송 전국은 지금', '가정저널', '문화가 산책', '생방송 차인태 출발 새 아침', '시민위안잔치' 등 축제 현장을 전국에 생동감 있게 중계 방송해 주었으며, KBS에서는 헬기를 동원하여 전 규모를 공중에서 촬영하여 시각적으로 전국에 소개하여 줌으로서 전국의 시청자에게 강릉단오 제의 규모가 얼마나 큰 것인가를 알려주는 좋은 기회가 되었다고 생각합니다. 각부 행사에 있어 경제면에서 어려운 여건임에도 불구하고 읍면동장들의 적극 적인 참여와 담당부서 임원 여러분의 희생적인 봉사로 아무런 차질 없이 원만 히 유종의 미를 거두었다는 것은 시·군민의 전통의식과 이 고장을 사랑하는 아끼는 마음 …[33]

1989년도 강릉단오제는 단옷날인 8일부터 송신제 마지막날까지 계속 내린 비로 일부 행사가 취소되거나 연기되어, "우중雨中에도 불구하고 단오장을 찾은 사람들을 아쉽게…" 하였다. 이 해에도 지난해에 이어 신주 담그기를 재현했으며, 관노가면극은 유천동 주민들이 애착을 갖고 전승함으로서 원형 보존과 전수에 꾸준히 노력하고 있다는 점이 높이 평가되었다. 농악경연대회는 수년전부터 참가 팀이 줄어들어 아쉬움이 많았는데, 강릉·명주뿐만 아니라 동해 천곡동 농악을 비롯하여 양양·삼척에서까지 참가하여 10개 팀에 이르는 성과와 호응도가 높았다. 이 해의 강릉농공고와 강릉상고의 축구 정기전이 축제 기간 공설 운동장에서 펼쳐지는 관계로 응원전을 비롯하여 양교 축구 팬들에게 큰 호응을 얻었다.

　이 해, 난장의 운영면에서 문제가 지속적으로 제기되었다. 특히, 단오장 임시 상가(식당·노점) 전매 행위가 근절되지 않았다는 점이다. 상가는 단오제 행사의 중요한 구성 요소로 인식하고, 강릉단오제에서 '난장'이 차지하는 비중 또한 높았다. 그 중에서 가장 큰 비중은 축제 운영상의 수입이었다. 물론 보조금과 각부 행사에 따른 관련 기관 및 업체의 지원금도 있었지만, 난장 분양으로 얻어지는 수입(현장 찬조금)도 적지 않았다. 이 당시만 해도 강릉단오제위원회가 분양하는 영역과 기타 동(노암동, 중앙동, 내곡동)에서 분양하는 지역이 달랐다. 결국 4개 지역으로 분할되어 난장이 형성되고 수입 또한 독립적으로 운영되는 관계로 정확한 수입 범위는 알 수 없지만, 위원회가 얻는 현장 찬조 수입금의 5배 가량은 될 것으로 추산되었다.[34] 난장의 일부가 전매되는 과정에서 비싼 임대료를 지불하고 장사가 원활하지 못했을 경우 향후 강릉단오장을 기피할 염려가 있었기 때문이다. 이는 전국에서 찾아오는 상인들이 단오장을 기피하면 행사장의 풍성함과 특색도 반감된다는 이유도 있었으며, 오히려 난장들이 기피하는 원인

33　『1988년 강릉단오제 결산 자료 – 총평 및 발전 개선 방안』, 강릉단오제위원회, 1988.
34　1989년도 강릉단오제 행사 때, 강릉단오제위원회가 분양하여 얻어진 현장 찬조금은 11,668,000원이었다. 그 내역을 보면, 뉴서울곡예단(1,000,000원), 국악 김뻑국(400,000원), 국악 임인철(300,000원), 괴기전 2개소(500,000), 식당 86개점(5,160,000원), 노점 103개소(3,708,000원), 미니카(300,000원), 빙고(300,000원).『1989년도 강릉단오제 행사 결산』, 강릉단오제위원회, 1989.

을 제공하기보다는 유인책을 강구해야 한다는 주최 측의 생각도 다분히 난장의 활성화를 기대하는 것으로 짐작된다.

이 해에도 단오제 학술 세미나가 개최되었는데, 특이한 몇 가지 내용들이 제시되었다. KBS 강릉방송국은 올해 강릉단오제를 마무리하면서 전통예술문화와 생활문화의 접목을 시도하고자 『강릉단오제의 본질과 전승 발전 과제』라는 주제로 학술 세미나를 KBS 강릉방송국 공개홀에서 열었다. 이날 세미나에는 김선풍 교수(중앙대)가 「강릉단오제의 원형보존과 방향」[35]에서 대성황사에 대한 복원 문제를 제시하였다. 이상전 교수(성균관대)가 「강릉단오제의 현대적 전승 : 축제의 본질에 관하여」, 최종민 교수(한국정신문화연구원)가 「강릉단오제 행사의 論理와 方法」이란 주제 발표를 통해 강릉단오제의 전통을 굳건히 이어갈 수 있도록 제반 문제를 제시하였다. 1989년에는 강릉단오제가 벌어지는 남대천 백사장 단오장터의 공간(축제 공간)에 대한 새로운 조성을 요구하였다.[36] 기존의 남대천을 고수부지로 조성해서 우천시 하천의 범람을 막고, 단오제 기간은 행사장으로

---

[35] 김선풍 교수는 오늘날 강릉단오제 행사 때, 대관령국사성황과 대관령여국사성황이 최준집씨 댁만을 돌고 남대천 가설 성황당으로 향해지지만 원래는 주신인 김유신 장군이 봉안된 花浮山祠에 들러 굿을 친 다음에 가설 성황당으로 신위를 모셔가야 옳다고 주장했다. 김 교수는 1970년대 초까지만해도 대관령 정상에는 산신각을 비롯, 대관령국사성황사, 용신당, 칠성단이 있으며, 수부당까지 있어 제신이 사이좋게 모여 있는 모습이 정겹기만 했으나, 없었던 불당이 이곳 제신 옆에 끼어들었다고 지적하고 신당이 불당에 예속될 수 없기 때문에 당국은 하루빨리 불당을 철거해야 한다고 했다. 김교수는 원래 강릉 성황사(대성황사)는 현 측후소 자리에 있었고, 그곳에 김유신 장군신과 범일국사신 외에 10분을 모셨던 곳이기 때문에 대성황사를 복원하여 신화에 나타난 강릉신을 다시 모시고 큰 굿을 치고 관노가면희나 풍물로 밤을 지새며 흥겨운 놀이마당을 벌여야 한다고 했다. 이밖에도 대성황사에는 모시지 않았지만 김시습을 모셨던 素성황당과 창해역사를 모셨던 육성황당도 가능한 한 옛 모습대로 복원돼야 한다고 했다. 그리고 그 자리에는 외국의 경우처럼 비나 돌기둥을 세워 어느 성황사의 옛터였는지를 자손에게 알려줘야 한다고 했다(『강원일보』, 1989.6.12).

[36] 영동지역 최대의 축제인 강릉단오제가 열리는 남대천 백사장 단오장을 고수부지 형태로 건설하고 확장해야 한다는 여론이 제기되고 있다. 강릉시 인구가 16만 명에 육박하고 편리해진 교통 때문에 전국에서 인파가 찾아들자 행사장도 극히 협소해 졌다. 강릉단오제는 국내 최대 민속축제로 보존과 전수의 가치가 그만큼 높아진 이상 행사장을 위한 투자도 이뤄져야 할 시점에 왔다는 주장이다. 강석환 강릉문화원장은 앞으로 강릉수력이 발전을 함으로써 늘어날 수량에 대비하고 전천후 행사장이 되기 위해서는 단오장을 고수부지 형태로 건설해야 하며 외지에서 찾아드는 인파의 수용과 이들이 이용하는 차량의 주차를 위해서도 단오장 확장은 필요하다고 말했다(『강원일보』, 1989.6.13).

활용하는 방안을 관계 당국에 요구하였다.

지금까지 1980년대의 강릉단오제 전승과 관련해서 다양한 담론이 있었음을 살펴보았다. 특히 강릉단오제와 연계된 관광 프로그램 개발과 강원도를 대표하는 축제로의 발전을 요구하였고, 각급 언론의 홍보를 통해 가시적인 성과도 있었다. 그리고 강릉단오제 행사에 관계된 예산이 공개되면서 민간 참여(각종 찬조금 등)가 늘어났으며, 단오장 상가분양을 통해서 얻는 수입도 늘어났다. 관노가면극이 유천동 주민들을 중심으로 한 민간전승의 기틀을 확고히 하는 시기였다. 이러한 담론은 1970~1980년대를 걸쳐오면서 강릉단오제의 전통성, 원형, 고증, 연희 주체 등의 담론들이 연구되고, 각종 언론을 통해 제기되면서 안전적인 전승 기반을 모색하는 시대였다고 보여진다. 그리고 1990년대에 이르러 비로소 사회적 합의 또는 축제로서의 가치 평가를 통해 집단적(지역적) 정체성과 관광화, 세계화에 대한 사회적 요구가 한층 강화되었다.

2. '94 한국 방문의 해와 축제 운영 기구의 재검토

1990년대는 강릉단오제 전승 기반의 재정립[37]과 행사 운영 예산의 증가[38]로 인해 그 규모가 확대되었다. 1980년대의 강릉단오제가 문화재 지정 이후, 전통 문화의 원형에 대한 재확인 및 안정적인 전승 기반을 마련하기 위한 시기였다면,

---

37 重要無形文化財 第13號 『江陵端午祭 實測調査報告書』, 文化財管理局, 1994.12 참조. 이 보고서는 1966년 임동권 박사가 강릉단오제를 문화재로 등록하기 위해 조사 보고 한 『重要無形文化財 調査資料(江陵端午祭)』(1966.8) 이후, 29년 만에 나온 실측 조사 보고서였다. 위 보고서가 갖는 의미로 대외적으로는 당시('94)까지만 해도 무형문화재의 '실측조사'는 '강릉단오제'가 처음이었다. 그리고 내적 의미로는 문화재 지정 이후, 재조사의 성격과 함께 시대적 변화에 따른 당대의 전승 상태를 확인하고 기록한 것이다. 그 한 예로, 강릉단오제의 본격적인 제의는 현재('94) 음력 5월 3일부터 시작되는데, 단오굿과 관노가면극을 중심으로 그네·씨름·줄다리기·윷놀이·궁도 등 각종 민속놀이와 기념행사가 벌어진다고 하였다. 이는 지금까지도 음력 5월 5일을 전·후 한, 5월 3일 영신제를 축제의 시작으로 보는 것과 같다. 그리고 위 보고서는 원형 파괴를 없애고 몇 백년 이후에도 교과서(교본)적 구실을 할 수 있도록 치밀한 조사를 실시하였다고 했다.
38 「1990~1999년 강릉단오제 결산서」 자료 참조.

1990년대는 이를 확고히 자리매김 하는 차원에서 축제의 규모가 확대되는 시기로 보여진다.

1990년도 강릉단오제는 예전의 영신맞이 부사 행차를 대대적으로 재연하면서 시작되었다.[39] 음력 4월 5일 신주빚기 행사가 본 행사에 앞서 치러졌으며, 음력 4월 15일 대관령산신제와 국사성황제 등이 치러졌다. 그런데 이 해에 신주빚기 행사 날짜를 두고 논의가 있었다. 원래는 음력 3월 20일인데, 음력 4월 5일로 변경한 것은 "음력 3월 20일인 것은 맞으나 이날에 신주를 빚을 경우 술이 쉬어져 음력 4월 15일 산신제·성황제 등 제의에 쓸 수 없기 때문에 부득이 음력 4월 5일로 옮기게 됐다"[40]는 것이 이유였다. 원래를 기준으로 본다면, 초단오(음력 4월 1일)와 재단오(음력 4월 9일)로 이어져야만이 그 의미를 찾을 수 있다. 하지만 초단오와 재단오가 생략되고 바로 삼단오(음력 4월 15일)로 넘어가는 현실에서 다소 신축성을 발휘하여 변경시킨 것으로 볼 수 있다.

1990~1999년 강릉단오제 행사 운영 예산 규모의 변화

구분	총계	보조금(국비 : 문화재 공개 지원)					찬조금		
		소계	국비/기금	도비	시비	군비	소계	일반	현장
1990	92,570	10,500	1,500/3,000	3,000	2,000	1,000	82,070	(26,263) 43,052	12,755
1991	92,889	10,500	1,500/3,000	3,000	2,000	1,000	82,389	(13,917) 51692	16,779

---

39   여성황당에 합사(合祠)한 국사성황과 국사여성황을 단오장 제단으로 모시기 위한 영신제에 이어 전야제의 하이라이트이며 강릉부사가 관속과 부민(府民)을 거느리고 국사성황을 영신(迎神)하는 의식인 부사 영신행차가 펼쳐진다. 서울신문사와 강릉단오제보존회 주관으로 올해는 많은 민간인과 강릉상고생 3백50여명, 관동중학생 1백여명 등 예년보다 3배나 많은 7백50여명이 참여, 대대적으로 펼치는 부사행차는 강릉상고를 출발, 시외버스터미널, 강릉역, 옥천오거리, 시청앞 광장, 남대천 백사장 제단으로 행렬이 이어진다. 이날 부사행차는 화개를 앞세운 신목, 88 서울 올림픽 개막을 알렸던 대형 북과 같은 크기의 대고(大鼓), 여주 농고의 취타대, 부사행렬, 대관령 형상, 혼례 행렬, 유가행렬, 강일여고 농악대, 관노가면극 순으로 행진하며 오후 6시 시청앞 광장에서 약 10분간 화관무가 펼쳐진다(『강원일보』, 1990.5.26).

40   『강원일보』, 1990.5.3.

1992	117,968	11,000	2,000/3,000	3,000	2,000	1,000	106,968	(11,670) 66,598	28,700
1993	187,223	27,000	2,000(문체부) 3,000/3,000	3,000	15,000	1,000	160,203	(13,587) 89,116	57,500
1994	358,555	36,000	1,500 3,500/5,000	1,500	23,500	1,000	316,828	(66,654) 158,986	91,161
1995	406,274	36,500	3,500/5,000	3,000	25,000	–	369,774	(77,539) 179,885	112,350
1996	406,118	47,000	4,000/5,000	–	25,000 13,000	–	359,111	(20,148) 223,393	115,570
1997	464,086	85,000	5,000/ –	20,000	60,000	–	379,055	(62,607) 196,971	119,477
1998	342,520	72,200	5,000/7,000	20,000	42,000	–	263,038	(21,561) 131,217	110,260
1999	429,463	122,000	5,000/5,000	12,000	100,000	–	300,127	(25,102) 150,809	124,216

(단위 : 천원)

1990년 5월 8일 강릉단오제 무녀 예능보유자로 인정된 신석남씨申石南(61세) 등 무격들이 단오장 굿당에서 부정굿, 청좌굿, 화회동참굿, 조상굿, 성주굿, 천왕굿, 칠성굿, 지신굿, 꽃노래굿, 등노래굿, 환우굿 등 소원 성취와 집안의 태평을 비는 굿마당이 벌어졌다. 그리고 관동대학교 학생들과 강릉단오제보존회 회원들이 관노가면희를 연출했다. 이 해 '90 강릉농고 대對 강릉상고' 축구 정기전과 국가대표 대對 서독 도르트문트 평가전(강릉종합경기장)이 벌어지자 강릉시가지는 텅빈 채 단오장과 축구장에 인파가 몰렸다고 하였다.

이 해에 강릉단오제위원회 총회에서 임원 개선이 있었다. 임기 만료된 김진백金振伯 위원장, 강석환康錫煥・김명래金溟來・박낙진朴洛晉 부위원장, 심장섭沈長燮・장종환張鍾煥 감사를 유임시키고, 3명에서 5명으로 늘어난 부위원장에 김진환金振渙(제3지구 의료보험조합장)・최찬규崔鑽圭(바르게살기운동 강릉시협의회장)를 새로 선출하였다.[41] 그리고 관노가면극, 단오굿, 강릉농악 등의 놀이마당이 상설화 될 수 있는

---

41 강릉단오제위원회 2명의 부위원장 추가로 인해 1990년도 각 부별 업무 담당 일람표를 통

전수회관 설립이 시급함을 강릉문화원장을 통해 제시되었다. 이해 특히 홍보물 제작이 많았는데, 행사 포스터와 팜플렛 외에 4쪽짜리 단오제 소식지 5만부를 발행하였다.

매년마다 제기된 상가분양 문제도 이 해에 큰 이슈였다. 분양된 상가의 전매 행위로 인해 최고 3배 이상 가격으로 전매되어 몇몇에게 불로소득을 안겨주었고, 바가지 요금과 장사를 위해 찾은 외지 상인들에게 좋지 않은 인상을 주게 된 원인이 되었다. 1990년 행사 이후에 논의된 것 중, 강릉관노가면극의 맥이 끊길 위기에 처해 있다는 기사와 함께 관노가면극의 예능보유자가 15년째 인정이 이루어지지 않아 민간차원의 전승 노력에 어려움이 있다[42]는 점을 강조하였다.

1991년도 강릉단오제는 1990년에 이어 '부사 영신 행렬'에 다수의 학교(강릉대학교, 강릉농공고, 경포중학, 명주국교)에서 학생 700여명이 참가하였으며, 거리에서의 횃불놀이는 고증을 통해 시도하여 좋은 반응을 얻었다. 이해 단오맞이 강릉농공고 : 강릉상고의 축구 정기전은 전국대회 출전 관계로 무산되었으나, 전국 우승 여자축구 초청 경기가 이를 뒷받침하였다. 이 해부터 그네 대회는 KBS 강릉방송

해서 당시의 행사 운영 체계를 살피는데 참고가 된다. 이는 오늘날의 시스템과 많은 차이를 갖는다. 당시는 1명의 위원장 산하에 5명의 부위원장을 두고, 부위원장 산하에 각 부별 행사 담당 부장을 중심으로 행사가 운영되었다. * 총무담당 부위원장(康錫煥) : 총무부장(조규돈), 제전부장(최두길), 관노가면부장(장정룡), 민요부장(김영운), 농악부장(박남규), 선전부장(강돈원) * 商街담당 부위원장(金溟來) : 분양부장(김명규), 상가1부장(홍영표)·2부장(김원기), 외지부장(조규돈) * 행사담당 부위원장(崔鑽圭) : 전야제부장(정문교), 시조부장(최의규), 그네부장(조두환), 줄다리기부장(박철환), 궁도부장(김원구), 한시부장(權寧嶽), 축구부장(축구협회), 테니스부장(박제용), 게이트볼부장(장세원), 태권도부장(박영철), 탁구부장(황준구), 고공낙하부장(엄삼영), 수석전부장(조인현), 서예전부장(최하용) * 전기·교통담당 부위원장(金振渙) : 전기부장(최무규), 전화부장(이만용), 교통부장(김형삼), 주차부장(김태식), 경비부장(홍장표), 불꽃놀이부장(조규돈) * 시설·보호담당 부위원장(朴洛晉) : 시설부장(김진갑), 급수부장(김완묵), 안내부장(손종환), 구호부장(최근문), 보호부장(김미자), 환경부장(최선욱), 하수부장(김진갑)(『1990년도 강릉단오제 행사 계획서』, 1990, 강릉단오제위원회 참조).

[42] 강릉시 유천동에서 7대째 살고 있는 權寧夏씨는 1965년부터 강릉단오제에 참여해 왔는데 1988년에 문공부로부터 관노가면극 이수자로 인정, 무형문화재 지정 당시 관노가면극 원형 복원에 고증을 했던 사람 중 현재 생존해 있는 咸鍾台씨의 고증을 재차 받아가며 관노가면극의 맥을 잇기에 안간힘을 다하고 있다(『강원일보』, 1990.8.13).

국에서 주관해 오던 것을 강릉 로타리클럽 연합에서 주관하게 되었다. 그 이유는 그동안 주관해 오던 강릉방송국이 농악경연대회와 그네 대회를 함께 주관해 온 관계로 예산 지원에 있어 어려움이 많았던 것으로 짐작된다. 단오장 시설면에서는 남대천 정비계획으로 단오장 일부가 정돈되었고, 내년에는 남산교 동편도 정비가 될 것으로 기대하고 있었다. 이밖에도 전기, 수도, 임시가교, 화장실 등의 시설물도 임시 시설로서는 문제가 많아 단계별로 영구시설 설치를 요구하였다. 매년 행사의 규모는 확대되고 관람객도 증가하는 추세로 국제적인 축제 행사로 바뀌어 가고 있는 현실에서 실질적으로 행사를 기획하고 운영하는 실무 인력은 고정되어 있어 위원회 기능의 발전적 보강과 전문인의 양성이 시급함을 과제로 제시하였다.[43] 상가분양과 관련된 문제는 강릉단오제 행사의 일부이기도 하지만, 그 파급되는 문제가 지역 상권에까지 영향을 미치는 관계로 단순한 것은 아니었다. 1970년대부터 간간이 제기된 상가 분양 문제가 이 해에 이르러 절정에 다다른 것으로 보여진다. 이 문제를 해결하기 위한 주최 측의 첫 시도가 2003년도에 단오장을 중심 행사장과 난장(노점상인)으로 분리하여 운영하였다.[44] 오늘날의 단오장 중심부 거리에 노점상이 없어지고 각종 운영부스로 활용하였다. 그리고 2006년도에 비로소 30여년이 넘게 강릉단오제를 반감시켰던 상가 분양 문제에 대한 동별洞別 이해 관계자 간의 합의점을 찾았다. 2006년부터는 그동안 3개동으로 구분되어 분양되었던 단오장 상가 일체가 위원회로 일원화되었다.[45] 그리고 단오장 전체를 재구성하여 난장 중심이 아닌, 관람객 편의

---

43 이 해 처음으로 '강릉단오제 발전 연구 기획단' 운영을 제시하였다. 현 위원회 기능으로는 항상 '고식적 전철을 답습'하고 있는 실정임을 감안하여 좀더 획기적인 전통문화 활성화 방안의 연구 방안 창출이 요망됨에 따라 유능한 두뇌집단을 보유하고 있는 시청에서 발전 연구 기획단을 설치하여 현 세대에 걸맞는 발전적인 새로운 단오제 운영방안을 수립하여 본 위원회로 하여금 집행할 수 있도록 조치 요망하였다(『1991년 강릉단오제 결산』, 강릉단오제위원회, 1991).
44 최근 단오제의 가장 큰 문제는 난장의 비대화이다. 전국 최대 규모의 축제라는 명칭에 걸맞게 전국에서 몰려든 난장 상인들로 단오제는 몸살을 앓게 되었다. 난장의 비대화는 결국 정상적인 단오제의 진행 자체를 방해하기에 이르렀다(황루시, 「강릉단오제의 원형보존 방안」, 『세계인류문화유산 등록기념 : 강릉단오제 원형 보존 및 세계화 방안』, 강릉문화원·강원도민일보, 2005, 20쪽).
45 '단오제 상가분양 창구 일원화, 강릉단오委', '무질서·불법행위 근절' : 강릉단오제위원회

중심으로의 전환을 시도하였다.

1991년 행사에 있어 몇 가지 문제점 중, 상가의 전매 행위에 대한 근절책이 시급하였다. 단오장 정비로 부지가 많이 협소해 지면서 상인들의 수요를 충족치 못하는 현실, 남대천 제방위에 분양하는 관계로 인근 주민들의 불만 확대, 전매 행위로 인한 상인들의 불친절과 음식점 등의 바가지 가격 등 이었다. 이에 대한 해결책으로 상가 분양 공간의 확대(공급 물량), 중앙동과 노암동의 분양 방법에 대한 새로운 방안책, 실수요자 선정 방법 등에 대한 준비 사항을 내적으로 마련하고자 하였다. 그리고 분양 업무의 조정으로 위원회가 담당하기에는 한계점에 도달(인력의 절대부족 등)하였기에 강릉시장에게 전담기관 조정 협조를 요구하기로 하였다.[46]

1992년도 강릉단오제[47]는 33개 종목에 이르는 행사가 벌어졌다. 특이한 내용

가 세계유산으로 등록된 강릉단오제의 정체성을 유지하면서 쾌적한 축제의 장을 마련하기 위해 상가분양 창구를 일원화하는 등 대책 마련에 나섰다. 강릉단오제위원회(위원장 최종설)는 19일 오후 단오문화관에서 위원장단 회의를 열고 단오제 상가분양 개선 방안에 대해 논의했다. 이날 회의에서는 기존 단오제위원회와 중앙동·강남동·내곡동 협의회에서 각각 분할해 분양해 오던 상가를 올해부터는 단오제위원회를 중심으로 분양 창구를 일원화하되 상가 분양 수익금 일부를 해당 지역 발전기금으로 기부하고 난장 관리 등에 해당 지역 주민단체 인력들을 활용하는 방안이 제안됐다. 이는 그동안 각 동마다 상가분양 수익금으로 장학사업 및 불우이웃돕기 등의 다양한 공공사업들을 전개해왔기 때문이다. 이에 단오제위원회는 3개동 마다 공공사업의 일부를 보장하면서 상가 난립으로 인한 무질서, 지역경기 침체 및 상가 전매 등의 불법행위를 근절해 나가겠다는 것이다. 또 기존 도로상에 상가 분양을 전면 금지하고 하천부지로 제한함으로써 단오제 주변 도로 이용 개선 등 인근 주민들의 주거 생활권도 보호키로 했다. 최종설 위원장은 "3개동 대표자 및 유관 기관들과의 협의를 거쳐 매년 고질적인 문제로 제기돼 온 상가분양 관련 잡음들을 불식시켜 나갈 것"이라고 말했다(강원도민일보, 2006.4.20).

46 이해 결산 총회에서 「상가분양 업무 전담부서 조정협조 의뢰의 건」이 상정되었다. 그 내용을 보면, 상가분양 업무는 수년래의 현안 문제로 업무의 복잡성과 상인 상호간의 이해관계가 연계되어 고도의 기술성이 필요하며 다수의 인력마저 소요되는 업무로서 그간 새마을 협의회, 상공회의소 등에서 분담 시도하였으나, 소기의 성과를 거두지 못하고 현대에 이르고 있다. 본 업무는 점차 지능화되어가는 상인들을 앞서가지 못하므로 책임있는 관계단체에서 장기간의 연구와 검토로서 빈틈없는 분양이 이루어져야 할 것으로 믿는바, 1991년 12월까지는 강릉시장이 책임 있는 기관, 단체를 선정 분양 업무를 전담할 수 있도록 협의 조정해 주시기 바라며 불가할 시는 비록 민간단체 주도의 강릉단오제 행사이지만 부득이 시당국에서 분양 업무를 전담해 주시도록 의뢰하기로 결의코져 합니다.(『1991년 강릉단오제 결산』, 강릉단오제위원회, 1991).

47 1992 강릉단오제 행사 내용은 5개 분야 33개 프로그램으로 운영되었다. (1) 지정문화재 행

은 작년에 이어 부사・영신행렬에 명륜고 학생이 참가, 국사성황 행차로 이어져 전야제 행사로서는 3만이 넘는 인파가 강릉시내에 운집하여 대성황을 이루었다. 그동안 단오장은 야간 행사가 전무한 상태였는데, 이 해에 '대관령大關嶺 푸너리'가 무대 공연으로 시도되어 향후 야간 축제장의 활성화를 기대하였다. 전통문화 행사 중심의 단오제에 한국통신의 정보기계 전시회가 개최되어 초중고등학생들의 단오제 참여를 유도하였다.[48] 이 해 정부에서는 1994년을 '한국방문韓國 訪問의 해'로 정하였으며, 외국인 관광객 유치에 홍보를 강화할 것과 1994년 5월은 강릉단오제 방문으로 결정된바 있다고 하였다. 이를 기하여, "고식적姑息的인 예년답습例年踏襲의 되풀이만으로는 세계인을 모실 수는 없는 긴급緊急한 과제를 안고 있습니다. 획기적인 개선책을 연구 검토하여, 1993년 강릉단오제는 1994년을 대비한 '준비의 해'로 하여 대대적인 세계 수준의 모습으로 탈바꿈하여야 하겠습니다. … 우리의 단오제가 세계 속의 모범 축제가 되어 후손들에게 우리의 세대는 훌륭한 단오제를 치렀다고 자랑할 수 있는 방법을 강구"[49] 하는 바램을 보였다. 이 해에도 강릉단오제 예능보유자 인정 및 후보자 인정의 시급함을 요구하였다. 특히 관노가면극의 예능보유자와 제관과 무격의 후보자였다. 그리고 신규 인정 요구로 무격 악사, 도가, 제례 집사자는 지방 예능보유자로의

사(11개) : 신주근양, 산신제, 국사성황제, 성산성황제, 봉안제, 영신제, 국사성황행차(강릉대학 35명, 동명중학 200명), 조전제, 무격(굿), 송신제, 관노가면극 (2) 민속 행사(11개) : 부사영신행렬(강릉대학 35명, 명륜고등학교 400명, 학산농요 6명), 향토민요경창대회, 향토민요 발표회, 대관령 푸너리 발표 공연, 시조경창대회, 그네대회, 농악경연, 씨름대회, 줄다리기대회, 궁도대회, 한시백일장 (3) 체육 행사(5개) : 축구 대회, 테니스대회, 태권도대회, 탁구대회, 승마대회 (4) 경축 행사(6개) : 불꽃놀이, 강일수석전, 서예전, 92 정보통신 전시회, 민속학술 발표회, 고공낙하(기상관계로 취소)(「1992년 강릉단오제 결산」, 강릉단오제위원회, 1992).

48 1992 강릉단오제 기념 공중전화 카드가 발행, 전국적으로 판매됨으로서 홍보효과를 거두었다.

49 1994 한국방문의 해를 대비하여 1993년을 준비의 해로 정하고 획기적인 범시민적 단오제 집행위원회의 기구 설치가 요망됨에 따라, 현 강릉단오제위원회를 발전적 해체하고 강릉시장 또는 강릉시의회에 특별 대책위원회를 설치하여 전시민과 민간단체가 함께 참여하는 상설(非常設) 단오제 집행위원회를 구성 발족시켜 1993년을 한국방문 준비의 해로 1994년을 세계인의 축제 한마당으로 발전시킬 수 있도록 조치 강구 요망하였다(『1992년 강릉단오제 결산』, 강릉단오제위원회, 1992).

인정을 요구하였다.

　1992년은 단오제를 계기로 어린 시절의 고향을 회상시켜 출향인들이 강릉을 찾도록 하는 범시민적인 '단오날 고향 찾기 운동'이 전개되었다. KBS 강릉방송국이 주관해 오던 그네 대회를 1991년부터 로타리 클럽에서 새로이 주관을 맡아 2년을 해오다가 1993년부터는 행사 주관을 못한다는 통보가 있었다. 이를 개선하고자 "그네 대회大會는 단오제端午祭에 있어 떼어놓을 수 없는 전통 민속행사傳統民俗行事이며, 또한 강릉단오제江陵端午祭는 예부터 상공인商工人들이 주관主管해 오던 전래행사傳來行事인데 그네 대회 개최 불가 의사 표시大會開催不可意思表示는 이해불가理解不可함. 다시 종용 주관 개최慫慂主管開催 토록 협조요망協助要望함"을 알렸다.

　1993년도 강릉단오제는 "시군민市郡民의 자발적이고 적극적인 협조와 참여 속에서 '한국의 대표 축제로 발전시켜야 한다'는 열화熱火와 같은 의지로 '94 한국방문의 해'를 대비한 준비로 획기적으로 발전된 축제가 되었다"고 평가하였다. 문화체육부의 문화재위원, 전문위원과 많은 민속학자가 참석하여 강릉단오제를 두루 살피고 "한국의 대표적인 축제로서 손색이 없다"고 높이 평가하였으며, 이제는 국제 무대에 내놓아도 되겠다는 자신감을 갖게 하였다.

　1993년에는 단오제위원회의 정관을 개정하여 운영위원회[50]를 구성하여 전반적인 행사 준비의 중지衆智를 모았으며, 10개 분과 위원장[51]을 위촉하여 소신껏

50　운영위원회 위원장(崔益善), 부위원장(崔鍾珉), 위원(권태원 김기설 김미자 김성래 김양기 김원구 김재일 김종달 김종성 남용현 배연순 심상각 심현수 왕종배 윤양소 李炳燐 장영길 장정룡 정문교 정태환 정해영 조광남 조규돈 최돈준 최창주 황루시 黃翰老(가나다 順) (「1993년 강릉단오제 결산」, 강릉단오제위원회, 1993).

51　총무분과 위원장 조규돈(기획부 임용수, 총무부 조규돈, 서무부 심오섭, 재정부 엄수진, 본부관리부 김봉래)·홍보분과 위원장 김종달(선전부 김종달, 보도부 김동찬, 안내부 김경남, 관광부 김용배)·문화재 행사분과 위원장 정문교(제전부 최두길, 무격부 신동해, 관노가면부 권오집, 농악부 김종성, 국사성황행차부 마성돈, 부사행렬부 최춘규)·민속행사분과 위원장 심현수(한시백일장부 권영악, 민요경창부 김경택, 시조경창부 최의규, 푸너리공연부 김명광, 그네부 최돈준, 씨름부 배연순, 줄다리기부 조광남, 국악경연부 채형근)·예술행사분과 위원장 정태환(서예전시부 최하용, 연극공연부 신성구, 촬영대회부 최찬윤, 사생대회부 김용원)·체육행사분과 위원장 김원구(축구부/궁도부 김원구, 테니스부 김현규, 탁구부 김남훈, 승마부 전병진, 태권도부 이상철, 게이트볼부 황윤식)·경축행사분과 위원장 남용현(고공낙하부 박영봉, 수석전시회 조돈인, 축포부 조규돈, 도서전시부 '93 책의 해 조직위원회, 민속놀이부 남용현)·상가분과 위원장 황한로(상가부 황한로, 전기부 한국전

일할 수 있는 기틀을 마련하였다. 이것은 행사 준비 및 운영 활성화에 모태가 되었다.[52] 그동안 강릉단오제위원회는 학자 및 관련 인사들의 의견을 수렴하여 『강릉단오제 발전 연구江陵端午祭發展研究』라고 하는 결과 보고서가 1993년에 공개되었다. 이 자료는 시대적 변화에 있어 시사적인 의미를 담고 있었다.[53]

이 해에는 행사장 및 상가의 위치를 전면 재조정하여 질서를 잡으려고 하였다. 또한 상가 분양 업무를 경우회 강릉지회가 맡아 전매 행위를 줄일 수 있는 개선책이 마련되었다. 또한 각 기관의 행사 주관부서와의 협조, 강원도민일보사의 단오제 소식지 5회 무료 발간 배포, 아마추어 무선사의 HAM 활동, 각 사회단체의 어린이 명찰 달아주기, 임영민속연구회의 굿 관람자들에게 조식 무료 제공, 대학생들의 봉사활동, 한전의 적극적인 지원으로 정전사고가 전무하였던 점 등 협조 지원 체제가 다양하게 이루어진 해였다. 홍보면에서는 국제화에 대해 외국인 관광유치를 위해 안내서, 포스터를 한글·영어·일어판으로 제작하여 각국 대사관을 통하여 배포, 대한항공 발행 『Morning Calm』에 12쪽에 이르는 강릉단오제를 소개하였으며, 각 방송사 및 신문사의 적극적인 홍보로 국내는 물론 全세계에 알리는데 주력하였다.[54]

단오장에는 군부대의 협조로 임시 가교가 설치되어 통행에 불편을 최소화했으며, 국사성황 행차와 꽃등(단오등) 행렬에 각급 기관단체의 대표가 참여하는 등 직접적인 참여를 유도하였다. 관노가면극 공연에 있어 '임영회 관노가면극

력공사 강릉지사, 향토음식부 김미자)·시설분과 위원장 최창주(전화부 한국통신공사 강릉지사, 급수부 한영섭, 하수부 신익선, 환경부 고종락, 시설관리부 이상해)·경비분과 위원장(경비부 김덕성, 교통부 황명성, 소방부 이원호, 구호부 박재원, 보호부 남은덕)(『1993년 강릉단오제 결산』, 강릉단오제위원회, 1993).

52 『江陵端午祭 發展 硏究』, 강릉단오제위원회, 1993.
53 1994년 한국 방문의 해를 맞아 강릉단오제가 전국 10대 축제 행사로 선정되어 이에 대비하고 매년마다 되풀이되던 고식적인 행사를 지양하고 국제적인 행사로 승화 발전시키기 위하여 강릉시에서는 총무국장을 위원장으로 강릉단오제 발전 연구 위원회를 각 분야의 권위자로 구성, 기획분과, 문화행사분과, 경축행사분과, 상가분양분과, 홍보분과, 시설분과를 두고 분과 전체 회의를 통해 연구 보고서가 완성되었다.
54 1993년 11월 중순에 프랑스 파리에서 '강릉단오제 사진전'이 있었다. 尹胄榮(前 문화부장관) 초대전 형식이었다. 그리고 일본 石川縣 中島町에서 9월 중순에 '학생예술작품 교류전'이 있었는데, 작품은 1993년도 '단오풍물 사생대회'에서 입선한 50점이었다.

(여성팀)'이 처음으로 참여하여 좋은 반응을 얻었으며, 그동안 여성 참여 놀이는 그네 대회가 고작이었으나 투호 대회를 신설하여 다수의 여성이 참여하는 프로그램을 신설하였다. 야간 행사를 위해 놀이마당의 신설과 국악, 연극, 사물놀이, 푸너리 등의 공연이 있었다. 그동안 관내 초중고 학생들의 단오장 관람을 못하게 하여 문제점이 많았으나, 이 해에는 단오제 풍물 사생대회를 실시하여 학생들 참여의 기회를 갖도록 하였다. 1993년에도 작년에 이어 강릉단오제 운영의 효율성을 위한 상설기구의 설치가 필요함을 강조하였다.[55] 이 해에 상설 위원회를 설치하여 1993년 8월 10일부터 업무가 시작되었다.[56]

1994년도 강릉단오제[57]는 '94 한국 방문의 해를 통해 외국인 관광객이 어느 해 보다도 많이 찾았다. 특히 외국 언론의 취재 열기도 한층 더 했다. 한국 방문의 해 기간 축제가 운영되는 관계로 그 내용면에서 고증을 통한 재현 과정이 있었다. 한 예로 제수미祭需米를 시市에서 받아 사용하였다. 이는 조선시대 말末까지만 해도 관청에서 모든 제수 비용을 지급하였기 때문이다. 이 해의 국사성황 행차는 각급 기관장 및 부녀 단체의 적극적인 참가로 전야제 행사가 성황을 이루어 전시민 동참의 축제로 변모해 가고 있음을 보여주었다. 전야제 불꽃놀이

---

55 강릉단오제 행사를 매년 음력 3월이 되야 준비 착수하게 됨으로 졸속한 행사가 될 수밖에 없는 형편입니다. '94년을 대비하고 아울러 지속적인 세계인의 축제로서의 위상을 굳건히 다지기 위해서는 오늘 이 시간부터 철저하고도 합리적인 계획이 수립 작업이 수차례의 협의와 토론회를 거친 거시안적인 Master Plan 이 마련되어야 될 것입니다. 특히 안내 책자 등은 3~4개월의 준비기간이 필요함에 따라 금년 중에 편집 제작 완료하여 각국에 송부되어야 할 것으로 생각됩니다(『1993년 강릉단오제 결산』, 강릉단오제위원회, 1993).

56 상설위원회는 위원장 1명(무보수), 사무국장 1명(유급), 직원 1명(유급)으로 문제점으로는 상설위원회 운영 예산 확보와 사무국장 적임자 선정이었다.

57 1994 강릉단오제 행사 내용은 5개 분야 47개 프로그램으로 운영 되었다. (1) 지정문화재 행사(13개) : 신주근양, 산신제, 국사성황제, 성산성황제, 봉안제, 영신제, 국사성황행차, 진또배기제, 조전제, 무격(굿), 송신제, 관노가면극, 농악경연대회 (2) 민속 행사(11개) : 한시 백일장, 향토민요경창대회, 전국시조경창대회, 국악경연, 강릉사투리경연대회, 사물놀이, 그네대회, 씨름대회, 줄다리기대회, 투호대회, 궁도대회 (3) 예술 행사(6개) : 연극공연, 전국사진공모전, 단오풍물사진, 미술작품전시, 학생사생대회, 교산백일장, 어린이합창경연대회 (4) 체육 행사(8개) : 축구 대회, 테니스대회, 태권도대회, 탁구대회, 역전마라톤대회, 야구대회, 게이트볼대회, 생활체육 에어로빅경연대회 (5) 경축 행사(9개) : 불꽃놀이, 단오등 띄우기, 고공낙하시범, 수석전, 서예전, 단오미인선발대회, 올스타 청백전, 선교장 소장품 특별 전시회, 민속학술 강연회(『1994년 강릉단오제 결산』, 강릉단오제위원회, 1994).

도 강릉단오제 경축 행사로 정착하였으며, 단오등 띄우기도 5천여 시민이 참여하여 남대천을 불꽃으로 수를 놓았다. 이해 언론사의 행사 참여가 특색을 갖는다. 강릉 MBC가 주관한 '단오미인 선발대회', KBS 강릉 방송국의 올스타 청백전, 『강원일보』의 '강릉사투리 경연대회' 등 지방 언론사의 적극적인 행사 주관으로 대외적인 홍보 효과가 매우 컸음을 알 수 있다. 수년 전부터 지역 학생들의 단오장 참여에 논란이 있어 왔는데, 이 해부터는 교육청이 나서서 향토애와 문화재에 대한 소중함을 학생들이 이해할 수 있도록 유도하였다. 일부 학교에서는 단축 수업을 실시하여 학생사생대회, 교산 백일장, 어린이 합창대회, 초·중 야구대회, 역전마라톤 대회 등에 참가를 권장하였다. 이밖에도 투호 대회는 임영회와 숙박협회가 주관하여 개인 및 단체전을 실시하여 여성들의 참가를 유도하였고, 사물놀이 경연대회는 16개 팀이 참가하여 대회의 위상을 높였다.

1994년 강릉단오제를 기점으로 한국의 축제에서 100만 인파가 참여하는 세계속의 축제로 그 변화를 모색하는 계기를 마련하였다. 축제 프로그램을 늘리는 기획에서 하나하나 다듬어 정예화하고, 강릉만이 갖고 있고 강릉단오제에서만 볼 수 있는 축제로 발전시키는 과제를 남겼다. 이것은 강릉단오제가 경제축제로 전환할 시기에 이르렀음을 밝히는 것으로 보여진다. 1980년대부터 논의되어 온 강릉단오제의 관광 자원화를 통해 지방경제 활성화에 시군민의 중지를 모아야 할 시기임을 강조하였다. 특히 강릉 전통음식의 중요성을 강조하면서, 단오장에 예림회원들이 참여하여 강릉의 전통음식을 맛볼 수 있는 기회를 제공하여 축제 참가자들에게 긍정적인 평가를 받았다. 1994년 7월 3일은 강릉단오제위원회를 10여년 동안 맡아 왔던 김진백 위원장께서 유명을 달리한 해였다.

1995년도 강릉단오제[58]는 40년간 분리되었던 강릉시와 명주군이 통합된 시

---

58   1995 강릉단오제 행사 내용은 6개 분야 48개 프로그램으로 운영되었다. (1) 지정문화재 행사(14개) : 신주근양, 산신제, 국사성황제, 구산성황제, 봉안제, 영신제, 국사성황차, 진또배기제, 조전제, 무격(굿), 송신제, 관노가면극, 농악경연대회, 학산오독떼기 (2) 민속 행사(10개) : 한시백일장, 향토민요경창대회, 전국시조경창대회, 줄다리기대회, 씨름대회, 그네대회, 강릉말(사투리) 경연대회, 궁도대회, 투호대회, 단오장기대회 (3) 예술행사(5개) : 단오제풍물전국사진공모전, 학생사생대회, 교산백일장, 어린이합창경연대회, 단오풍물사진 및 미술전시회 (4) 야간 공연(3개) : 국악공연, 연극공연, 사물놀이 (5) 체육행사(7개) : 상·

점에서 행사를 운영하였다. 강릉시와 명주군은 역사적으로 문화적 토양이 크게 다르지 않아 강릉단오제의 전승에 있어서도 공동의 합의에 따라 지원해 왔었다. 이 해는 양 시·군의 통합과 함께 '강릉단오제의 세계화', '구경하는 단오에서 참가하는 단오'에 역점을 두고 추진하였다. 기반 시설면에 있어 중앙동 제방의 2차선 도로확장으로 질서 정연한 상가가 형성되었으며, 남산교 입구변의 상가 형성도 축제 분위기 고양에 도움이 되었다. 그러나 이 해 수해水害를 대비한 수방대책이 소홀하여 71mm의 강우량에서 일부 지역이 피해를 입어 사전 대책 문제가 지적되었다. 그래도 상가 분양, 남산교 잡상인 근절, 교통의 원활한 소통, 시민질서 의식 고취, 전기의 안전 공급 등 각 기관의 적극적인 지원으로 운영 시스템이 자리를 잡았다.⁵⁹

1995년에는 '참가하는 단오 축제' 프로그램의 일환으로 대관령에서 성산면 어흘리까지 도보로 옛길을 따라 국사성황신 모시기 행사를 시도하였다. 강릉시 산악회 회원들의 많은 참여로 의미 있는 행사였으며, 강릉시와 명주군의 통합으로 道무형문화재 제5호인 학산오독떼기가 단오장에서 공개 발표회를 가졌다. 이를 계기로 학산오독떼기는 강릉단오제 행사에 추가되어 '영산홍가(영신가)'를 비롯하여 강릉·명주 농요의 전승에 변화를 가져왔다. 이 해 처음으로 단오날 각급 학교 휴교 문제가 논의되었으며, 각급 학교장 재량으로 단축 수업이 실시되었다. 이를 기점으로 초등학교에서는 '단오 방학'이라고 해서 학교별로 단오장이 현장 체험 학습장으로 활용되기 시작하였다. 2000년대에는 강릉시 전역의 초등학교가 '단오 방학'을 실시하였다.

농 축구 정기전, 테니스·탁구·야구·태권도·게이트볼·역전마라톤 대회 (6) 경축행사 (9개) : 불꽃놀이, 단오등 띄우기, 고공낙하시범, 수석전, 서예전, 강릉단오제 세미나, 단오 미인 선발대회, 전국노래자랑, 성황신 모시기(『1995년 강릉단오제 결산』, 강릉단오제위원회, 1995).

59 강릉단오제 행사 운영 경비 지출은 강릉단오제위원회가 총괄하며, 유관기관의 예산 집행은 강릉시와 한국전력이 1994년도에 지출하였다. 이 해 처음으로 유관기관 예산 집행이 공개된다. 〈강릉시 : 총 100,738천원〉·부대시설(공연무대, 가교, 화장실, 제단) : 40,668천원·읍면동 민속행사 출전 지원금 : 30,000천원·무형문화재 행사 출전 보조금 : 20,000천원·기타(안내판, 직원모자, 급식비) : 10,070천원 〈한국전력〉·전기외선 공사비 : 4,000천원(한전부담)·동성전기(주) 외선공사비 : 2,000천원(동성전기부담)(『1995년 강릉단오제 결산』, 강릉단오제위원회, 1995).

1996년도 강릉단오제는[60] '전국 최대 민속 축제'에서 '세계 속의 강릉단오제로 발전'시키기 위한 다양한 행사 프로그램을 마련하였다. 49개 행사 중, 각 부별 주관 단체의 운영 노하우와 협찬금이 원만하게 조달되어 점차적으로 전문성이 인정되고 있었다. 1996년에는 전국 장사씨름대회 유치와 짐카나 경기대회를 마련하여 시민들로부터 호응이 컸다. 단오장 기반시설은 강릉시의 지원으로 B지구(남산교 아래쪽) 통로 포장으로 관람객의 편의제공, 전용 변압기 설치, 하수차집관을 설치하여 오수가 하수도로 연결되어 행사장 주변 오염을 방지하였다.[61]

1997년도 강릉단오제[62]는 단오장과 인근 행사장으로 활용되었던 노암동 공

---

[60] 1996 강릉단오제 행사 내용은 6개 분야 49개 프로그램으로 운영되었다. (1) 지정문화재 행사(14개) : 신주근양, 산신제, 국사성황제, 구산성황제, 여성황당 봉안제, 강문진또배기제, 영신제, 국사성황행차, 조전제, 무격굿, 송신제, 관노가면극, 농악경연대회, 학산오독떼기 (2) 민속 행사(13개) : 한시백일장, 향토민요경창대회, 전국시조경창대회, 줄다리기대회, 씨름대회, 그네대회, 강릉사투리경연대회, 궁도대회, 투호대회, 단오장기대회, 전국장사씨름대회, 전통민속예술팀 초청공연, 택견시범 (3) 경축 행사(5개) : 성황신 모시기, 단오등 띄우기, 불꽃놀이, 고공낙하시범, 짐카나 경주대회 (4) 예술 행사(7개) : 단오제 풍물사진공모전, 학생사생대회, 교산백일장(시·산문), 한국여류작가초대전, 동화구연대회, 단오풍물사진전시회, 미술전시회 (5) 체육 대회(7개) : 농·상 축구 정기전, 테니스·탁구·야구·태권도·게이트볼·역전마라톤대회 (6) 야간 공연(3개) : 국악공연, 연극공연, 사물놀이(『1996년 강릉단오제 결산』, 강릉단오제위원회, 1996).

[61] 1990년대부터 단오장 기반시설에 대한 행정 기관의 관심과 지원으로 행사 운영비와는 별도로 시설비가 매년마다 집행된다. 이는 강릉단오제 행사 예산 편성에서 제외된 항목이다. 〈96년도 강릉시 예산 집행 : 총 224,000천원〉·기반시설(단오장 변압기, 남산교 동쪽 중앙 통로 포장, 오폐수 차집관 설치) : 120,000천원·부대시설(공연무대, 가교, 화장실, 제단) : 40,000천원·읍면동 민속행사 출전 지원금 : 36,000천원·행사 경상비(단오홍보 멀티비전 임차, 남대천 정화 인부임, 급식비, 안내판 제작) : 18,000천원.

[62] 1997년 강릉단오제 행사 내용은 6개 분야 56개 프로그램으로 운영되었다. (1) 지정문화재 행사(15개) : 신주근양, 산신제, 국사성황제, 구산성황제, 여성황당 봉안제, 강문진또배기제, 영신제, 국사성황행차, 조전제, 단오굿, 송신제, 관노가면극, 농악경연대회, 어린이농악경연대회, 학산오독떼기 (2) 민속 행사(14개) : 한시백일장, 향토민요경창대회, 전국시조경창대회, 줄다리기대회, 씨름대회, 그네대회, 강릉사투리경연대회, 궁도대회, 투호대회, 단오장기대회, 이리농악, 북청사자놀음, 중국형주기예단, 태국민속춤 (3) 경축 행사(10개) : 성황신 모시기, 단오등 띄우기, 불꽃놀이, 단오제 경축 고공낙하시범, 산수경시대회, 수석전, 백합축제, 학술세미나, 공군군악대시범, 육군의장대시범 (4) 예술 행사(7개) : 단오제 풍물사진공모전, 학생사생대회, 교산백일장(시·산문), 동화구연대회, 단오풍물 사진전시회, 미술전시회, 한전합창단 초청공연 (5) 체육 대회(6개) : 상·농 축구 정기전, 테니스·탁구·태권도·게이트볼·역전마라톤 대회 (6) 야간 공연(4개) : 국악공연, 연극공연, 사물놀이, 강릉매화전(연극) 등. (『1997년 강릉단오제 결산』, 강릉단오제위원회, 1997).

설 운동장의 매각,[63] 남산교 신新가설(일부 단오장이 공사장으로 확대)로 인하여 단오장 협소 및 적합성 여부 등이 논의될 것을 예상하여 현실성 있는 단오장 운영 배치가 요구되었다. 이 해부터 강화된 '기부금품 모금 금지법'의 시행으로 강릉단오제 행사 운영, 특히 각부의 찬조금 모금에 많은 어려움이 있었다. 이후 혈연, 지연, 학연 등으로 연결되었던 고정적인 후원 업체(사·공기업, 각종 협회, 중소사업체 등)가 점차 줄어드는 사태를 맞이하였다. 그 예로 씨름부의 경우는 1997년도에 13개의 업체에서 후원을 받아서 행사를 운영하였다.[64] 이때만 해도 씨름대회를 주관하는 강릉청년회의소 회원들 간의 인·물적 네트워크가 지역 내 각종 업체와도 연결이 순조롭고, 경제 사정도 좋았기에 가능했다고 보여진다. 요즘은 당시의 절반도 되지 않는 후원으로 행사를 운영하고 있다. 다른 예로 그네부의 경우에는 강릉지역 로타리클럽협회가 그네 대회 행사 전체의 운영비를 일정하게 나누어 지원하고 있다. 이 같은 경우는 외부의 후원이 전혀 없는 경우이다. 강릉단오제가 면면히 전승되어오기까지 그 저력의 밑바탕은 지역민과 업체의 물질적 후원이 있었기에 가능했음을 보여주는 한 예이다.

1997년 강릉단오제의 몇 가지 특징적인 것을 보면, 홍제동에 위치해 있는 여성황당의 공간 협소로 이전 문제가 계속해서 제시되었고, 지정문화재 행사 중, '산신제' 행사와 '도가都家'만을 별도로 지방문화재 지정(인정)으로 추진 요구한 일이 있었다. 그리고 행사 종목의 다양화를 위해 시민 참여행사 확대, 청소년 참여 행사, 폐막 행사 등의 계발이 논의되었다. 상가분양 문제는 전매행위 근절 방안에 대한 근본적인 해결책 마련과 행사 종료 후, 상가 조기 철거가 이루어지지 않아 지역 내 상인들의 불만이 점차 확대되면서 해결책 마련에 고심하였다.

---

63 당시 공설 운동장을 매각한다는 여론이 있었을 뿐, 현재는 '강릉단오제전수교육관'과 '단오공원'으로 조성되어 있다.
64 강릉청년회의소가 행사를 주관하는 1997년 씨름대회의 경우 총 예산이 48,640천원이었다. 이 중에서 강릉청년회의소가 회비 및 기타 예산으로 지원하는 금액은 6,400천원이며, 나머지 42,240천원은 행사 찬조금으로 충당된다. 후원 업체를 보면, 교육보험회사(1천만원), 담배인삼공사(6백만원), 대한생명(4,500천원), 경남기업(3백만원), 동부생명(2백만원), 대한항공(2,700천원), 대한투자신탁(2,940천원), 조선맥주(3,000천원), 경월(2,000천원), 현대해상보험(3백만천원), 한라건설(2,500천원), 동해관광호텔(3십만천원), 경포비치호텔(3십만원)(『1997년 강릉단오제 결산』, 강릉단오제위원회, 1997).

특히 중앙동 고수부지 주차장을 분양하는 관계로 주차장 확보에 문제가 있었으며, 분양 단일화(중앙동과 노암동)를 위한 합의점을 찾는데 어려움이 있었다.

1998년도 강릉단오제[65]는 IMF의 영향으로 1997년도에 대비하여 1억2천만 원 정도가 감소되었다.[66] 행사 전반에 걸쳐 침체된 분위기 속에서도 각 부서별 전문성과 노하우를 바탕으로 예년에 준하여 행사가 마무리되었다. 이 해 처음으로 제주도 탐라문화재위원회와 강릉문화원(강릉단오제위원회)이 양 도시의 축제 간 자매결연을 맺어 매년 공연문화 교류의 물꼬를 텄다. IMF의 영향으로 대외적인 홍보를 지양하고 강릉시 관내 택시에 깃발달기 운동과 단오등(현등) 달기 운동을 벌였다. 깃발은 택시업계의 협조로 원만히 진행되어 경축 분위기를 조성하는데 기여하였으나, 단오등은 IMF로 인한 시민의 호응도 미흡으로 적은 참여 속에 진행되었다.

1999년도 강릉단오제[67]는 새 천년을 대비하는 준비의 차원에서 많은 변화를

---

65 1998 강릉단오제 행사 내용은 6개 분야 50개 프로그램으로 운영되었다. (1) 지정문화재 행사(15개) : 신주근양, 산신제, 국사성황제, 구산성황제, 여성황당 봉안제, 강문진또배기제, 영신제, 국사서낭행차. 조전제, 단오굿, 송신제, 관노가면극, 농악경연대회, 어린이농악경연대회, 학산오독떼기 (2) 민속 행사(11개) : 한시백일장, 향토민요경창대회, 전국시조경창대회, 줄다리기대회, 씨름대회, 그네대회, 육담대회, 강릉사투리경연대회, 궁도대회, 투호대회, 단오장기왕대회 (3) 경축 행사(10개) : 성황신 모시기, 불꽃놀이, 단오등 띄우기, 서울예술단 공연, 시립예술단공연, 중국기공무술시연, 산수경시대회, 수석전, 화훼전시회, 청소년 해돋이 가요제 (4) 예술 행사(6개) : 사진 공모전 및 사진 전시회, 학생 사생 및 미술전시회, 교산백일장, 동화구연 (5) 체육 대회(4개) : 테니스대회, 농·상 축구 정기전, 탁구대회, 태권도 대회 (6) 야간 공연(4개) : 국악공연, 연극공연, 사물놀이 경연대회, 안양예고 국악공연 (『1998년 강릉단오제 결산』, 강릉단오제위원회, 1998).

66 1998년도 총 결산액 : 342,520,007원으로 1997년도 총 결산액 : 464,086,470원 대비 121,566,463원 감소되었다. 특히, 지원금(KBS 강릉방송국, 강원일보, 강원도민일보)이 4천만원 감소, 찬조금이 7천4백만원 감소되었다.

67 1999 강릉단오제 행사 내용은 9개 분야 58개 프로그램으로 운영되었다. (1) 지정문화재 행사(16개) : 신주근양, 대관령산신제, 국사성황제, 성산성황제, 학산성황제, 여성황사봉안제, 강문진또배기제, 영신제, 국사성황행차, 조전제, 무당굿, 송신제, 관노가면극, 농악경연대회, 어린이농악경연대회, 학산오독떼기 (2) 민속 행사(11개) : 한시백일장, 향토민요경창대회, 전국시조경창대회, 줄다리기대회, 씨름대회, 그네대회, 육담대회, 강릉사투리경연대회, 궁도대회, 투호대회, 단오장기왕대회 (3) (중요)무형문화재 초청 행사(7개) : 고성오광대, 승무, 경기민요, 줄타기, 진도다시래기, 남해안별신굿, 정선아리라 (4) 국내 민속단 초청공연(1개) : 제주도 한라문화재 위원회 민속 예술단 (5) 외국 민속단 초청공연(2개) : 중국 형주시 민속단, 일본 지치부시 민속단 (6) 경축 행사(6개) : 성황신 모시기, 불꽃놀이, 단오등 띄우기, 화훼전시회, 고공낙하시범, 그린실버악단 공연 (7) 예술 행사(7개) : 단오제 사진 공모

모색하였다. 특히 중요무형문화재 초청 공연[68]과 한라문화제 민속예술단과의 상호문화우호 교류 사업은 의미가 컸다. 그리고 강릉시 자매도시인 중국 형시주와 일본의 지치부시 교류 사업 또한 국외적인 차원에서 지속적인 교류를 유지하였다. 1999년도에는 지정문화재 행사에도 변화가 있었다. 처음으로 대관령국사성황신(범일국사)의 학산 방문이었다. 강릉시 구정면 학산 마을은 설화 전승에 있어서 범일국사의 탄생지라 그 의미가 남달랐다. 학산 2리 서낭당에 신위와 신목을 모셔놓고 구산서낭당과 같은 절차로 학산 마을 주민들이 중심이 되어 서낭제를 올렸다. 그동안 학산 마을 주민들의 건의로 실행에 옮겨진 이 절차는 강릉단오제가 현대인의 의식변화, 특히 주민들의 의식변화에 따라 '전통문화에서 의미 찾기', '지역(향토) 인물의 선양'이라고 하는 새로운 전통 만들기의 한 예로 보여진다. 그리고 이 해에 단오장 제단(굿당)의 위치를 기존의 방향에서 180도 돌려 설치하였다.[69] 제당의 위치를 중앙으로 이동해야 한다는 문제가 제기되었지만, 결론 없이 과제로만 남겨졌다.[70] 이 해 단오장 천막이 일부(식당)

전 및 사진 전시회, 한·중 서화 교류전, 학생사생대회, 미술전시회, 교산백일장(시·산문), 동화구연대회 (8) 체육 행사(5개) : 테니스대회, 상·농 축구 정기전, 탁구대회, 태권도 대회, 마라톤 대회 (9) 야간공연(3개) : 국악공연, 연극공연, 사물놀이(『1999년 강릉단오제 결산』, 강릉단오제위원회, 1999).

[68] 중요무형문화재 초청 공연이 시도된 이유는 전국적으로 산재해 있는 중요무형문화재 공개발표 행사가 의무에서 자율로 바뀌어 졌음에 착안하여 전국 최대의 민속 축제인 강릉단오제에서 축제의 부대행사로 전국의 무형문화재를 공연함으로서 강릉단오제의 위상 제고는 물론 단오장에 오면 전국의 중요한 민속놀이를 한 자리에서 관람할 수 있는 장으로 만들고, 이를 바탕으로 세계적인 민속축제로 발전시킨다는 계획 아래 전국 중요무형문화재 초청 공연을 시도하였다(『1999년 강릉단오제 결산』, 강릉단오제위원회, 1999, 66쪽).

[69] 단오장 제당(굿당)의 방향이 180도 바뀌어진 이유는 단오장을 찾는 사람들이 행사장을 지나 제당을 바로 볼 수 있도록 하기 위함이며, 제당과 다른 행사장의 단절을 해소하여 단오제의 연속성을 유지하고자 하는 뜻에서 이루어진 것입니다. 제단의 방향을 변경한 결과보다 많은 관람객이 제당을 찾는 효과를 보았으며, 국사서낭신이 단오장 전체를 굽어 살필 수 있는 곳에 좌정하여 굿과 제사를 받음으로서 단오제 주신으로서의 위엄을 확보하였습니다. 또한 각종 행사와 문화재 행사가 분리된 듯했던 인상을 불식시켰으며, 모든 행사가 유기적으로 연관되는 효과를 보았습니다(『1999년 강릉단오제 결산』, 강릉단오제위원회, 1999, 64쪽).

[70] 제기된 문제의 요점은 제당이 가장 중요한데, 이것이 단오장 변두리에 있기에 문제가 된다는 것이다. 그러나 제당을 처음 이곳에 설치할 당시 변두리에 세운다는 개념이 아니라, 제의를 치르는 곳으로서 신성하고 조용한 곳을 찾되, 대관령과 가까운 곳에 모신다는 의미에서 현재의 장소가 선택되었다. 소제를 올릴 때 대관령과 가장 가까운 곳까지 가서 제

몽골 텐트로 설치되어 좋은 평을 받았다. 이를 계기로 단오제 행사장 전체가 몽골 텐트로 교체되었다.

강릉단오제는 강릉지역 고유의 무형문화 자산이 계승되고 활성화되는데 있어 그 역할과 기능을 다하고 있다. 특히 관노가면극의 조사·발굴, 이후 지역민의 지속적인 관심과 원형 발굴에 따른 연구와 지도, 전승 현장에 있는 보존회원 및 관노가면극 전승 학교(초중고, 대학)와 일반인의 참여가 무엇보다도 중요하게 작용하였다. 제례와 단오굿 또한 전승 주체의 참여 의지와 노력으로 활성화되었다.

강릉농악도 축제 현장에서 빼놓을 수 없는 강릉의 소중한 무형자산이다. 1960~1970년대 농촌 마을의 변화, 새마을 운동의 근대화 영향과 1980년대 농촌 인구의 도시 이동으로 인한 인구 감소, 농촌 문화의 변화, 종교·가치관 변화 등의 영향으로 마을 단위의 서낭굿 등이 사라지면서 마을 풍물놀이도 그 자취를 감추기 시작하였다. 이러한 상황에서 강릉단오제 기간 KBS 강릉방송국이 주관하여 농악경연대회가 활성화되면서 그 전승의 맥을 지켜올 수 있었다. 강릉농악은 당초 도道무형문화재로 지정되었다가 국가지정 중요무형문화재로 격상된 경우로 이 또한 강릉만의 문화적 특징이라고 볼 수 있다. 학산오독떼기의 경우도 마찬가지이다. 농촌의 기계화와 노령화로 인하여 농요를 부르는 사람들이 점점 사라지고, 그 기회도 자리를 찾지 못하였다. 그러던 와중에 강릉문화원을 통해 농요 및 전승자 발굴이 시작되고, 마을 자체적으로 공개 발표회와 단오장에서 공개 발표회의 기회를 통해 오늘날까지 계승되고 있다.

강릉단오제의 세계화와 축제의 관광 상품화에 목적을 두고 매년 행사를

의를 진행하는 것도 이와 같은 맥락이라고 할 수 있다. 그러나 이러한 의미는 시대가 변함에 따라 달라질 수 있는 것이고, 충분한 검토 후 새로운 의미가 부여된다면 수용할 수 있는 부분이다. 그러나 제당을 옮기는 문제에 있어 가장 중요한 부분은 제의를 주관하는 단오제보존회의 입장이다. 이중 특히 무당들은 굿을 하는 동안 자신이 연희하는 사설을 자기가 들어야 하기 때문에 소음에 민감하게 반응하게 된다. 굿을 하는 중에 다른 소음이 들려오면 굿을 제대로 할 수 없다. 과거 제당이 중앙(*1966도 단오장 사진)에 있었던 경우가 있었으나, 이때는 제당에서 하는 굿보다 더 큰 소리가 없었기 때문에 가능하였지만 지금은 그때와는 사정이 다르다. 이러한 연유로 현재 제당 주변에는 안내 스피커를 설치하지 않고 있으며, 큰 소리가 나는 공연장과도 거리를 두도록 행사장을 배치한 것이다(『1999년 강릉단오제 결산』, 강릉단오제위원회, 1999, 68쪽).

운영하면서도 문제로 제기되는 것이 단오상품 개발이 저조하다는 지적이었다.[71] 이 문제는 오늘날도 거론되고 있는 사항으로 현재는 상품개발 업체가 개발 판매에 참여하고 있다.[72]

1999년 강릉단오제 행사를 성공적으로 치루고 난 후, 행사 주관을 놓고 언론을 통해 첨예하게 논의되었다. 강릉문화원은 1970년대부터 강릉단오제 행사를 주관해 왔다. 그런데 강릉문화원이 향후 강릉단오제를 주관하는데 한계에 이르렀으며, 이를 개선하기 위해서는 강릉시에서 새로운 단체를 만들어 단오제를 주관하게 할 것이라는 내용의 언론 보도였다.[73] 이에 대하여 1999년 강릉단오제 결산 총회를 통해 주관 단체인 강릉문화원(강릉단오제위원회)의 입장을 밝혔다.

> 강릉단오제가 30년 前이나 지금이나 변한 것이 하나도 없다는 말이나, 새로운 조직을 전제로 한 세미나의 개최 발언 등은 그간의 단오제 운영을 제대로 이해하지 못한 상태에서의 발언이라고 밖에 볼 수 없습니다. 그간 변변찮은 보수와 열악한 근무 조건에서도 지역 문화발전에 대한 소임으로 최선을 다한 문화원과 아무런 대가없이 단오제의 발전에 헌신한 단오제위원회의 자존심에 큰 상처를 남긴 이 같은 보도 내지 발언에 대해 심히 유감의 뜻을 밝히며 다음과 같은 제안을 하고자 합니다. 우선 단오제 행사를 지정문화재 행사와 그 외 행사로 구분하여 지정문화재 행사는 강릉문화원 산하 단오제보존회에서 행사를 주관하

---

71 그동안 위원회와 문화원은 다양한 단오상품을 개발하는데 진력하여 관노가면극을 이용한 공예품과 진또배기 모형 및 열쇠고리, T셔츠 등을 선보였으며, 여성회관에서 개발한 자수 보자기 및 전통 옻과 옻관, 사임당 21에서 개발한 전통 매듭 장신구의 판매 지원, 예림회를 통한 전통음식의 개발 등 다양한 상품개발과 지원을 하였습니다. 그러나 단오제 관련 상품이 성공하는 데에는 개발에서 그치는 것이 아니라 홍보하고 판매하는 조직이 한데 어우러져야만 하는 사업입니다. 그러기 위해서는 단기적인 이익에 집착하지 않으면서 많은 예산을 지원할 수 있는 곳이 필요하며, 판매망을 구축해서 수익을 올릴 수 있는 전문 사업인이 필요한 것입니다. 기존의 방식으로는 1년의 기간 중 단오제 5일을 기대하고 물건을 만들어 판매해서는 수익을 기대하기가 매우 어렵기 때문에 모두들 참여를 꺼려하고 있습니다(「1999년 강릉단오제 결산」, 강릉단오제위원회, 1999, 70쪽).
72 염미란, 「강릉 문화상품 디자인 연구」, 『江陵文化散策』(초당 정호돈 원장 고희기념논총), 2005.
73 "단오제 행사 전면 재검토"(『강원일보』, 1999.7.10), "강릉단오제 주관 싸고 힘겨루기", "강릉시·문화원, 단오제 주도권 논쟁"(『강원도민일보』, 1999.7.28).

고, 기타 행사는 강릉시에서 행사를 담당하자는 것입니다. 지정문화재 행사는 문화재청에서 지정한 단오제보존회가 아니면, 그 어느 기관이나 단체에서도 관여할 수 없기 때문에 보존회를 관리하고 있는 문화원에서 맡아 하는 것이 이치에 맞습니다. 그러나 그 외의 많은 행사들은 그 규모나 내용 면에서 점차 확대 발전되는 상황이며, 또한 미래를 대비하는 지금 시점에서 문화원이나 그 밖의 소규모 단체보다는 대규모의 인력과 조직, 예산, 추진력 등을 모두 보유하고 있는 강릉시가 단오 행사 전체를 전담 운영하는 것이 바람직하다는 것이며, 현재로서 이러한 조건에 부합하는 곳은 강릉시청 밖에 없기 때문입니다. 그리하여 강릉시는 기반 시설의 정비, 사회 간접 시설의 확충 및 단오제의 문제점과 당면 과제를 해결하는 등 다가올 21세기에 새롭게 발전된 강릉단오제를 선보이도록 하자는 것입니다. 일부에서 제기되는 법인 설립 등 새로운 조직을 구성하려는 발상은 혼란만 가중시키거나, 파행으로 갈 우려가 있으며, 더욱이 새로운 조직이 구성된다 하더라도, 경험 없는 수명의 인원으로 단오제를 운영하면서 현재보다 개선되리라는 전망을 한다는 것은 어려운 일인 것입니다.[74]

이후 강릉단오제 행사 주관을 놓고 강릉시와 여러 방면으로 논의되었다. 2000년 7월, 강릉문화원(강릉단오제위원회)은 "보다 발전적인 단오제의 미래를 위하여 단오제 주관의 소임에서 물러나고자 하오니 양해하여 주시기 바랍니다"[75]라고 발표하였다. 이를 기점으로 강릉문화원과 강릉단오제위원회의 분리를 원칙으로 논의된 이후, 강릉문화원 內에 있는 단오제위원회의 전담 실무자 확보를 위해 2001년 3월에 단오제 행사 운영팀을 별도로 구성하였다. 새롭게 구성된 단오제 전담팀은 수년간 축제 운영의 노하우를 습득한 뒤, 별도의 법인체를 구성하여 분리 독립된 해가 2006년 3월이었다.[76] 이 해를 기점으로 강릉단오제 운영의 총책을 맡아오던 35년간의 강릉문화원 행사 주관 시대는 마감하게 되었다.

---

74 『1999년 강릉단오제 결산』, 강릉단오제위원회, 1999, 71~72쪽.
75 『2000년 강릉단오제 결산』, 강릉단오제위원회, 2000, 59쪽.
76 강릉문화원 내에 있던 강릉단오제위원회가 별도의 독립 기구로 상설화됨에는 2005년 11월 25일 강릉단오제가 유네스코 세계무형문화유산에 등재된 영향도 있다.

1990년대 특히, 1995년 지방자치시대를 맞아 전국적으로 축제가 우후죽순처럼 생겨났다. 그러나 강릉단오제는 오랜 전통을 계승해 온 축제로서 그 위상이 남달랐다. 1990년대가 갖는 의미는 축제성을 바탕으로 강릉단오제의 현대적 담론이 수면위로 나타나는 과정을 겪었다.

1990년대의 강릉단오제를 행사 프로그램의 변화를 중심으로 정리해 보면 다음과 같다. 1990년대와 지속적으로 연결되는 신주빚는 모습(1988년 시작)을 되살리면서 관(市)이 함께 하고, 전통을 계승한다는 의미로 신주근양이 다시 시작되었다. 그 해에 강농공 vs 강상고의 축구 정기전이 부활되었다. 1990년도는 일본 지치부시 민속단이 행사에 처음으로 참가하였다. 1994년 신주빚기 행사에 신주미神酒米를 강릉시장이 내려주는 절차를 재현하게 되었고, 『강원일보』사에 의한 '강릉사투리경연대회'가 시작되었다. 단오장을 토속적인 난장 분위기 조성을 위해 행사장 내㈜ 전통 음식점과 공식 기념품 코너를 초가 지붕 가설물로 설치하였다. 1995년 시·군 통합 후, 첫 강릉단오제에서는 '학산오독떼기'가 상설 공연화되었으며, 향토민요경창대회를 학산농요보존회가 주관하였다. 1997년은 '강릉농악경연대회'가 성인 부문과 학생부문으로 분리하여 어린이 농악 부문에 7개 학교 농악단이 출연하였다. 1998년은 제주도 한라문화제위원회와 지역문화 교류 차원의 공연이 시도되었고, 1999년에는 음력 4월 보름 대관령국사성황 행차가 범일국사의 탄생지인 학산 마을을 처음으로 방문하는 행사인 학산서낭제가 시도되었다. 이해 국외 공연단으로 중국·일본 민속단이 초청되었으며, 처음으로 중요무형문화단체 초청 공연이 함께 시도되어 호평을 받았다. 그리고 1990년대부터 강릉단오제는 관광문화자원으로서의 가능성이 높이 평가되었다.

1994년 '한국방문의 해'를 계기로 강릉단오제는 한국을 대표하는 10대 축제로 선정되었다. 이 해부터 정부 지원을 받아 새로운 프로그램이 개발되었다. 그 내용은 시민의 참가를 유도하는 행사와 민속 공연 보강, 사행성 프로그램을 없앰으로서 초·중·고등학생들이 단오장에 참가하는 방안, 단오민속 체험행사 확대 등 이다. 강릉단오제는 전통문화를 잘 보존하는 행사로 큰 틀은 유지하는 동시에 문화관광의 대상이 되고자 했던 것이다.[77]

3. 2002 월드컵과 2004 강릉국제관광민속제

2000년부터 2005년도까지의 강릉단오제 행사 전반에 대한 사항을 다루고자 한다. 2006년부터는 강릉단오제위원회가 지난 1990년대 후반부터 제기되어 왔던 축제 운영 기구의 상설 독립화가 실현되는 해였다. 2007년도에는 강릉단오제보존회도 강릉문화원에서 독립하여 별도의 사무국을 마련하였다. 따라서 강릉단오제는 강릉단오제위원회와 강릉단오제보존회 그리고 강릉시, 3개 기관이 효율적인 축제 전승 발전을 위한 역할 분담으로 현재에 이르고 있다. 강릉시도 그 동안은 문화예술과(향토계)에서 지원업무를 추진해 오다가 2008년부터 별도의 추진단을 구성하였다.

2000년도 강릉단오제[78]는 대망의 새 천년을 맞이하여 열리는 축제로 그 의미를 부각시켰다. 이 해의 큰 변화는 강릉시의 제안으로 '강릉단오제 운영 기획단'이 구성되었다. 이 기구는 2년간 한시적으로 운영되었으며, 축제 발전 방안을 연구 검토하고, 그 해법을 제시하는 역할을 목적으로 조직되었다. 기획단은 이 해의 단오제를 준비하면서 홍보분야에 중점을 두고 업무를 추진하였다. 특히, 홍보용 팜플렛의 조기 제작 배포, 서울 지하철 5호선 광고, 홍보 베너 깃발

---

[77] 황루시, 「강릉단오제의 원형보존 방안」, 『세계인류문화유산 등록기념 : 강릉단오제 원형보존 및 세계화 방안』, 강릉문화원·강원도민일보, 2005, 20쪽.

[78] 2000년도 강릉단오제 행사 내용은 8개 분야 62개 프로그램으로 운영 되었다. (1) 지정문화재 행사(16개) : 신주근양, 대관령산신제, 국사서낭제, 성산서낭제, 학산서낭제, 여성황사봉안제, 강문진또배기제, 영신제, 국사서낭행차, 조전제, 무당굿, 송신제, 관노가면극, 농악경연, 어린이농악경연, 학산오독떼기 (2) 민속 행사(12개) : 한시백일장, 향토민요경창대회, 전국시조경창대회, 줄다리기대회, 씨름대회, 그네대회, 육담대회, 강릉사투리경연대회, 사물놀이경연, 궁도대회, 투호대회, 단오장기왕대회 (3) 중요무형문화재 초청 행사(7개) : 남사당놀이, 고성오광대, 북청사자놀음, 선소리타령, 줄타기, 밀양백중놀이 (4) 국내 민속단 초청 공연(1개) : 제주도 민속 예술단 (5) 경축 행사(10개) : 성황신 모시기, 불꽃놀이, 단오등 띄우기, MBC 라디오 공개방송, 시립예술단 음악회, 수석전, 수학경시대회, 화훼전시회, 해돋이 청소년 가요제, 고공낙하시범 (6) 예술 행사(6개) : 단오제 전국사진공모전 및 사진 전시회, 학생사생대회, 미술전시회, 교왕백일장(시·산문), 동화구연대회 (7) 체육 행사(6개) : 농·상 축구 정기전, 테니스·역전경주·탁구·태권도·배드민트 대회 (8) 야간 공연(4개) : 국악공연, 연극공연, 한무리풍물단, 그린실버악단공연(『2000년 강릉단오제 결산』, 강릉단오제위원회, 2000).

제작 등 단오제위원회의 업무를 도왔다. 이 해의 특징으로 축제의 시작을 알리는 신주근양 행사를 보완하여 전 시민이 함께 참가하는 행사로 만들기 위해 '단오제주 헌미' 행사를 시도하였다. 기존의 신주근양 행사가 강릉시장이 내려주는 쌀과 누룩으로 신주를 빚어 제사에 사용해 왔으나, 신주의 양이 적고 시민들의 참가 기회가 제한되었다. 그동안 일부 관계자 중심의 소규모 행사로 치러졌던 관행에서 벗어나 범시민적인 행사로 변화를 시도하였다. 첫 해인 만큼 홍보와 준비 부족으로 많은 시민들이 참가는 못했지만 100여 가구가 헌미를 하여 나름 호평을 받았다. 그리고 체험하는 단오제 행사를 위하여 소형 그네와 투호, 진또배기 깎기 마당 등을 새롭게 신설 배치하여 참가 시민들에게 즐길꺼리를 제공하였다.

축제 기간에는 임영민속연구회 주관으로 강릉단오제 역사 문화 유적지 탐방 프로그램을 운영하였다. 이로 인해 일반 시민들이 대관령산신당과 성황사, 학산마을 일대를 답사 체험하는 계기가 되었다. 이 해 강릉문화예술진흥재단(현, 강릉문화재단)이 용역 의뢰한 『강릉단오제 중장기 발전방안 연구』가 있었다. 이는 강릉단오제 행사 운영 전반에 대한 객관적인 시각에서의 평가에 의미를 두었다. 그동안 전국 최고最高 최대最大의 축제임을 자부하면서도 정확한 평가 근거를 제시하지 못했던 어려움을 해결하기 위한 첫 시도였다. 강릉단오제 행사를 주관해 왔던 강릉문화원은 이 해를 기해 새롭고 전문적인 조직과 운영 체계를 기대하면서 시대적 상황에 대응하는 축제 전담 기구의 설립을 요구하였다.[79]

2001년도 강릉단오제[80]는 '2001 지역문화의 해·한국방문의 해'가 겹쳐져

---

[79] 2000년도부터 강릉단오제의 조직 체계에 변화가 온다. 그동안은 전 시민의 의사를 결집하는 방안에 대하여 그리고 실질적으로 행사의 성공적 개최를 고민하고 도모하면서 사무국 실무진을 중심으로 하는 기술적 조직으로 변모하고 있었음을 알 수 있다. 강릉단오제 운영 조직 체계의 특징은 한마디로 정리하면, 강릉시민의 총의를 모아갈 수 있는 조직을 지향하였다. 1980년대 후반부터 매년 강릉단오제 결산 총회 때마다 강릉단오제의 효율적 운영을 위한 상설 법인화를 논의해 왔지만, 매년 논의 과정에서 행사를 맞이하고, 그 때 마다 종전의 예를 쫓아 현재에 이르고 있다. 향후 강릉단오제 개최를 위한 조직 체계가 어떻게 변화되든 실질적 업무 수행 체계를 지향하는 현재적 상황을 깊이 인식해야 할 것이고, 전 시민의 뜻을 모아 가는 모습을 지켜, 경험을 축적해 온 모든 이들이 함께 할 수 있는 것이어야만 한다(『강릉문화원 50년의 발자취 : 개원 50주년 기념』(1945~2004), 강릉문화원, 2005, 240쪽).

각종 홍보에 도움이 되었다. 이 해에도 국비(문화관광부) 5백만원을 지원받았다. 같은 해 7월 20일에는 문화관광부 주관 전국 도(道)단위 지역 대표 민속 축제로 강릉단오제가 선정되었다. 이를 통해 도비 확보에도 적지 않은 도움이 되었다. 신주근양 헌미봉정 행사에 500여 명의 강릉시민이 참가하여 백미 15가마(80kg)를 접수하였다. 영신행차 길놀이 및 단오등 행진 출발 장소를 강릉 의료원 주차장에서 명주초등학교 운동장으로 변경하여 공간 협소로 인한 불편함을 해결하였다. 단오등 행진에 참가하는 기관 단체장들에게 한복 두루마기 입기를 권장하여 축제 분위기 조성에 큰 역할을 하였다.

축제의 사회 문화적 변화가 '보는 것'에서 '직접 다양한 문화를 체험'하는 방향으로 옮겨지는 추세에 맞추어 강릉단오제도 단오민속과 연관된 체험 학습 프로그램을 개발하였다. 창포머리감기, 수리취떡 만들기, 창포뿌리 비녀깎기, 단오날 단오부적(천중부적) 받기 등 이전에 없던 체험 프로그램이 공개되었다. 여타의 민속놀이(씨름, 그네, 투호)도 단오장에서 공개적으로 체험하고 즐길 수 있도록 하였다.

1999년부터 시작된 중요무형문화재 공연 교류는 이 해부터 문화재청으로부

---

80 2001년도 강릉단오제 행사 내용은 9개 분야 74개 프로그램으로 운영되었다. (1) 지정문화재 행사(13개) : 신주근양, 대관령산신제, 국사서낭제, 구산서낭제, 범일국사탄생지방문, 국사여서낭사 봉안제, 영신제, 국사서낭행차, 조전제, 단오굿, 강릉관노가면극, 송신제, 소제 (2) 단오민속 체험 행사(6개) : 단오제 헌미봉양, 창포머리감기 시연, 단오수리치떡 시연, 창포뿌리 비녀 만들기 시연, 청소년 그네대회, 청소년 투호대회 (3) 지역무형문화재 공개 행사(4개) : 강릉농악 시연, 농악경연대회, 어린이 농악경연대회, 학산오독떼기 공연 (4) 중요무형문화재 초청 공연(7개) : 밀양백중놀이, 줄타기, 진주삼천포농악, 봉산탈춤, 송파산대놀이, 강릉탈춤, 통영오광대 (5) 국내・외 민속단 초청 공연(5개) : 국악인 안숙선 공연, 강원도립예술단, 한라문화제 민속예술단, 일본 돗토리현 민속예술단, 중국 호북성 형주시 민속예술단 (6) 민속 행사(17개) : 한시백일장, 전국시조경창대회, 줄다리기대회, 씨름대회, 그네대회, 육담대회, 강릉사투리 경연대회, 사이버 사투리 경연대회, 사물놀이 경연대회, 궁도대회, 투호대회, 국악공연, 한무리풍물단, 주부사물놀이공연(두링쇠 풍물단, 임영사물놀이패), 단오장기왕 대회, 민속학술 세미나, 문화관광학술 세미나 (7) 예술 행사(7개) : 단오제 전국사진 공모전 및 사진 전시회, 학생미술 실기대회 및 미술 전시회, 단오백일장(시・산문), 연극공연, 단오 영화 마당 (8) 체육 행사(6개) : 제29회 강릉단오제 도민 테니스 대회, 초・중학생 연전 경주대회, 상・농 축구 정기전, 탁구대회, 태권도 대회, 배드민턴 대회 (9) 경축 행사(9개) : 불꽃놀이(전야제 축폭), 단오등 띄우기, 화훼 전시회, 고공낙하시범, 강릉단오제 인터넷 방송, 강릉그린실버악단, 강원우표전시회, 해양생물 전시회, MBC-R 공개방송(『2001년 강릉단오제 결산』, 강릉단오제위원회, 2001).

터 출연단체 섭외 및 예산을 지원 받아 운영되었다. 이를 계기로 강릉단오제 행사장이 전국의 중요무형문화재 공개 발표의 장으로 정착되어 오늘날까지 지속되고 있다. 긍정적인 면으로 볼 때, 초·중·고등학교 사회 교과서에 수록되어 있는 '한국의 중요무형문화재' 교과 내용을 현장 학습을 통해 감상할 수 있는 기회를 제공하는 점도 있다. 강릉단오제로부터 시작된 중요무형문화재 초청 공연이 전국의 시·군 단위 축제에서도 전통연희 활성화 차원에서 초청 교류가 빈번해졌다. 특히, 중요무형문화재를 보유(탈춤)하고 있는 지자체에서는 주요 관광지별로 상설 공연장을 만들어 정기적인 공연도 활성화 되었다. 이러한 새로운 무형문화재 정책 변화로 인해 일부 중요무형문화재는 일반 관객들로부터 좋은 반응을 얻어냈다. 전통문화의 대중화에 호흡을 함께 하고, 청소년들에게 전통연희에 관심을 갖도록 하는 젊은층의 전수자 확보와 전승에 활력소를 얻기도 했다. 하지만 탈놀이의 경우에는 무대화 공연 또는 마당 공연의 시간적인 제약으로 전 과장(마당)을 연희하지 않고 일부 특색 있고 관중의 호응도가 높은 부분만 연출되다 보니 무형문화재 원형 전승의 문제점들도 속속들이 발생되었다.[81] 강릉단오제의 관노가면극 경우는 전체 과장(마당)이 일반 탈놀이에 비

---

[81] 하회별신굿 탈놀이의 변화는 주로 상설공연을 시작한 1997년 이후 일어났다. 이때부터 이 탈놀이는 관의 지원 아래 상시적으로 주말 공연을 해왔다. 문화재보호법상 규정된 공개의 의무 때문에 하는 공연이나 산발적인 초청 공연이 아니라, 고정된 무대에서 비슷한 성향을 가진 관광객들을 대상으로 상설공연을 함에 따라 전승집단은 관객들의 반응에 주목하면서 그들이 선호하는 방향으로 탈놀이를 개변시켰다. 개변의 방향은 대중성과 예술성을 확보하는 방향으로 진행되었다(나카무라 카즈요, 「전승집단과 연행상황에 따른 하회탈놀이의 지속과 변화」, 안동대 대학원 민속학과 석사논문, 2004). 우선 대중성을 확보하기 위해서 관중들이 호응하는 등장인물을 중심으로 마당을 재구성하여 이매마당을 창출하였고, 백정마당의 비중을 높였으며, 무언극이었던 파계승 마당을 유언극으로 바꾸었다. 다음으로 연행의 주체들은 춤과 가락을 고도로 세련화 시키는데 관심을 기울였다. 거듭되는 공연을 통해 연행 주체들은 전문가 의식 또는 예술가 의식을 갖게 되었고, 이런 의식은 탈놀이의 표현 매체인 춤과 가락에 반영되어 춤사위는 더욱더 정교한 방향으로 정제되었고, 장단은 선율악기를 포함시키고 곁가락을 많이 씀으로써 복잡하고 화려한 쪽으로 나아갔다. 이와 같은 변화에서 눈여겨 봐야할 것은 탈놀이의 구조와 성격의 변화이다. 애초에 여섯 마당으로 구성되던 탈놀이는 일곱 마당이 되었고, 서낭굿 계통의 탈놀이가 갖던 주술·종교적 성격은, 관객의 취향에 맞춰가는 희극적 분위기 속에서 희석되었다(한양명, 「중요무형문화재 예능분야의 원형과 전승 문제에 대한 반성적 검토」, 『韓國民俗學』 44, 2006. 581~582쪽).

해 연출 시간이 짧은 관계로 연희 전승에 큰 문제는 없지만, 1967년도 문화재 지정 이후 오늘날까지 춤사위, 탈의 모양, 반주 음악 등 부분적으로 변화가 있었다.[82]

이 해 강릉단오제 문화 상품으로 홍보용 CD롬을 제작하여 일반인들이 단오제를 이해하는데 도움을 주었으며, 교육용 시청각 자료로 각급 학교에 배포하였다. 매년 강릉단오제 홍보를 미디어 및 리플렛 등을 활용하였지만, 이 해에는 철도청의 협조와 홍보를 통해 강릉단오제 관람 특별 관광열차가 운행되었다. 축제 기간 내 3일 동안 열차를 통해 1천2백여 명의 관광객이 단오장을 찾았다. 이 중 100여 명이 외국인 관광객으로 큰 호응을 얻었다. 또한 축제 홍보 팸투어 Fam Tour 운영을 통해 국내 문화관광 전문가 18명을 초청하여 향후 강릉단오제 유네스코 등록 사업 설명회 및 강릉단오제의 민속관광 개발에 대한 자문을 얻었다. 축제 기간 단오민속 체험장과 홍보관을 별도로 운영하여 강릉단오제의 역사를 이미지와 영상으로 이해하고, 체험할 수 있는 공간을 만들어 초등학생들의 현장학습 체험장으로 활용되었다. 이 해에는 축제 기간 여러 분야에서 학술행사도 개최되었는데, 한국관광학회가 3일간 관광학술 심포지엄을 개최하여 300여 명의 학자들이 단오장을 현장 답사하였다. 그리고 강원도민속학회와 육담학회 회원들도 학술 발표회를 마치고 현장 조사를 하였다.

2001년을 시작으로 기존의 강릉단오제위원회 전담인력 1명에서 3명을 추가 채용하여 문화재 행사, 홍보마케팅, 총무회계, 행사장 시설 등 단오제 운영팀을 구성하였다. 이것은 그동안 논의되어 왔던 전담인력 양성을 통한 축제의 장기적 발전과 전문성 확보 차원에서 운영팀의 상설화를 위한 것이었다.

2002년도 강릉단오제[83]는 '2002 한·일 월드컵'의 열기가 한층 고조된 분위

---

82 이경화, 「강릉단오제의 축제 담론 형성에 관한 현장론적 이해」, 『유럽사회문화』 제2호, 연세대학교 유럽사회문화연구소, 2009.
83 2002년도 강릉단오제 행사 내용은 6개 분야 45개 프로그램으로 운영되었다. (1) 지정문화재 행사(11개) : 신주빚기, 대관령산신제, 국사성황제, 구산서낭제, 학산서낭제, 봉안제, 영신제, 영신행차, 조전제, 단오굿, 강릉관노가면극, 송신제 (2) 단오민속체험 참가 행사(6개) : 단오제 헌미봉정, 창포머리감기, 단오수리취떡 만들기, 단오부적, 창포머리감기, 관노탈 그리기 (3) 지역무형문화재 공개 행사(4개) : 강릉농악, 농악경연대회, 어린이 농악경연대

기 속에서 운영되었다. 축제 2일째는 한국팀의 월드컵 경기가 있어 야간 공연을 대신해서 응원전을 펼쳤다. 이 해는 2003 강릉국제관광민속제[84]를 대비하는 차원에서 행사장과 난장(식당·노점)을 구분하여 운영하였다. 2003 강릉국제관광민속제에 대한 관심과 기대 또한 높았다. 이에 대한 신문 사설을 참고하여 살펴본다.

민속제의 성공 조건을 충분히 갖추고 있다고 판단한다. 첫째, 우리 나라의 대표적인 단오 축전의 전통을 이어오고 있다. 둘째, 단오 축전을 통해 중국·일본 등 동북아시아권의 독보적인 민속권으로 알려져 있다. 셋째, 단오 축전에 강릉 시민의 참여 열기로 활력이 넘치고 있다. … 강릉문화예술진흥재단의 강릉단오제 중장기 발전방안에서도 강릉단오제를 세계적인 민속 축제로 만들어야 한다는데 초점을 맞추고 있다. 강릉단오제를 통해 민속제를 성공시키자면 세 가지 조건을 구비해야 한다. 첫째, 강릉적인 것이 가장 강원도적이며, 가장 한국적인 것이고 가장 세계적인 것이라는 명제를 살려야 한다. 강릉단오제는 대관령국사성황과 산신을 모시고 관노가면희와 굿당 그리고 거리 축전 등 다른 어떤 고장에서도 찾아볼 수 없는 내용들로 가득 차 있다. 강릉단오제의 정체성이 확실하고 생동감 넘치게 나타나 있다. 다시 말하면 강릉적인 단오제로 정착된 것이다. 강릉하면 단오제, 단오제 하면 강릉이라는 이름에 걸맞게 민속제를 탄생시켜야 하겠다는 것이다. 전통 민속축제로서의 정체성을 확보하면서 지속적이고 체계적으로 세계에 홍보해야 한다. 둘째, 단오 축제를 강릉지역 문화산업과 연계해

---

[84] 회, 강릉학산오독떼기 (4) 중요무형문화재 초청 공연(7개) : 임실필봉농악, 양주별산대놀이, 수영야류, 가산오광대, 줄타기, 밀양백중놀이, 북청사자놀음 (5) 국내외 민속단 초청 공연 (4개) : 강원도립예술단, 한라문화제위원회 민속예술단, 일본민속예술단, 중국 절강성 가흥시 예술단 (6) 민속·경축 행사(13개) : 한시백일장, 시조경창, 줄다리기, 씨름, 그네, 강릉사투리경연, 풍물놀이, 궁도, 투호, 단오장기왕, 한중일 단오민속 국제 학술 세미나, 단오제 사진 공모전, 학생 미술실기 대회(『2002년 강릉단오제 결산』, 강릉단오제위원회, 2002). '2003 강릉국제관광민속제'를 1년여 앞두고 발기인 대회 및 창립총회('02.3.5)가 있었다. 강릉국제관광민속제 추진위원회를 구성하고, 2003년 5월 31일~6월 8일까지 9일간 개최하기로 잠정 결정하였으며, 축제는 '신과 인간의 만남'을 주제로 4개 분야 32개 부문의 20여 개국 전시·민속공연 행사와 함께 국제 학술회의, 청소년 민속 예술제 등(『강원도민일보』, 200.3.6).

야 한다. 단오제를 관광 상품화 하며, 강릉지역의 문화적 위상을 높이고, 경제적으로는 지역 개발로 확산되는 효과를 가져와야 한다. 민속제가 지역개발 효과를 극대화 시킨다는 공감대가 이루어지도록 해야 한다. 추진위원회와 시민이 일체가 될 때 개최 효과가 극대화 된다. 준비 기간은 1년 3개월 정도 남았다. 결코 긴 준비기간도 아니며 오히려 촉박하다. 중지를 모으고 힘을 합쳐 민속제가 세계의 축제로 거듭나게 해야 하겠다.[85]

그리고 단오장 내 공연장을 '대동·놀이·어울' 마당으로 그 규모를 확대하였다. 또한 전년에 이어 단오제 홍보관과 단오민속 체험관[86]을 별도로 설치 운영하였다. 강릉시에서는 단오장 환경 개선 사업의 일환으로 단오장 외곽 주요 출입구에 인력을 배치하여 잡상인 출입을 통제하여 그동안 혼잡했던 단오장 분위기를 여유 있는 공간으로 조성하는데 역점을 두었다. 하지만 단오장 내 일부 빈 공간이 행사 주관 단체의 주차장으로 이용되는 문제에 대해서는 검토가 되어야 할 사항으로 지적되었다.[87] 이 해는 문화관광부가 선정한 지역 대표 민속 축제로 강릉단오제가 선정되었다.[88] 이에 대한 준비로 민속 축제 본연의 전통을 계승하기 위하여 시민 참여형 축제, 체험 중심의 축제로 발전하기 위한 가능성을 모색하였다.[89] 이 해 처음으로 영신행사 때 신위(神位)를 신여(神輿, 가마)에

---

85 『강원일보』, 2002.3.7.
86 창포머리감기, 단오수리취떡 만들어 시식하기, 창포뿌리 비녀 만들기, 단오부적받기, 열두 띠 찍기, 관노탈 그리기 등이 체험 프로그램으로 개발되었다.
87 이밖에 몇 가지 평가 지적 사항으로 (1) 종합 안내소(본부)의 기능이 미흡하다는 점을 지적하면서, 안내소 만큼은 행사장 중심으로 옮겨져 홍보, 안내, 귀빈 접대 등이 이루어져야 함. (2) 행사장 외곽에 상가를 분양한 洞으로 특히, 중앙동 상가분양 지역은 임시 화장실이 설치되어 있지 않은 관계로 불편을 호소하는 상인 및 시민들이 있어 충분히 검토한 후 편의시설 설치 등. (3) 단오장내 3곳의 공연장(대동·놀이·어울) 바닥은 모래와 흙으로 섞여 있어 마당놀이 공연은 흙먼지로 인하여 관람객들에게 불쾌감을 주는 요인으로 작용하기 때문에 모래를 깔고 매 시간마다 물뿌리기를 하여 쾌적한 환경에서 공연이 이루어지도록 조치 등이었다(『2002년 강릉단오제 결산』, 강릉단오제위원회, 2002).
88 2002년부터 국비 지원 금액이 전년도(5백만원)에 비해 4배 증가한 2천만원을 지원받았다.
89 강릉단오제위원회 정기 총회를 통해, 강릉단오제가 문화관광부 지정 민속축제로서 단오제의 주제와 연관성이 부족, 비효율적인 프로그램의 축소 조정을 통해 내실화를 다져야 한다는 의견과 2001년도 배제대 관광이벤트 연구소에 의뢰해 실시한 '강릉단오제 행사 평가

봉안해서 이동하였다.[90]

지난해 행사 프로그램 개선 사항으로 제시된 행사 종목 축소 방안에 따라 강릉단오제의 성격과 거리가 있는 체육·예술·경축 행사 중 일부는 해당 주관 부서가 자체적으로 추진토록 하였다. 특히 축제 기간 각종 체육대회(테니스, 초중학생 역전 경주, 탁구, 태권도, 배드민턴 대회 및 상농(농상) 축구 정기전)은 전면적으로 행사 프로그램에서 제외되었다. 이는 일제강점기 때부터 전국적인 '단오' 행사가 체육대회 등으로 대중의 관심을 끌었던 것으로 오랜 기간 동안 강릉단오제도 유지해 왔다. 1930년대 강릉 단양제 축구 대회로 명성이 높았던 축구 도시 강릉의 이미지는 훗날 강릉농공고와 강릉상고의 축구 정기전으로 그 맥을 이었다. 그러나 단오장 인근에 있던 노암동 공설 운동장에 강릉단오문화관이 건립되면서 축구 정기전 장소가 교동 종합운동장으로 이동되었다. 이후 단오장과의 원거리, 수년간 정기전이 개최되지 않은 관계 등으로 해서 강릉단오제 행사 프로그램에서 제외되었다가 2008년부터 다시 부활되었다.

이 해 '한韓·중中·일日 단오문화'를 주제로 민속학자들이 중심이 되어 국제 학술회의를 개최하였다. 3개국의 단오를 학술적으로 비교 분석하는 첫 프로젝트였다.[91] 또한 '강릉단오제의 상품성'[92]과 '강릉 단오문화의 세계화'[93]에 대한

및 개선 방안에 관한 연구' 결과를 토대로 지난해 기존 74개 행사 가운데 13개 행사를 축소 통합하는 안이 제시되었다. 그리고 단오제 발전을 위해서는 단오제 자료 수집과 연구 등을 담당할 상설기구를 설립하거나 법인체를 구성하고 연구위원을 확충하는 방안이 절실하다고 제안했다(『강원도민일보』, 2002.3.22).

[90] 2001년도 강원도민속학회의 건의문 중, 강릉단오제의 신성성을 위하여 국사성황신과 여성 황신의 위패를 드러내서 제관(祭官)이 들고 거리를 행진하는 것보다는 소중하게 신여(神輿)에 봉안하여 이동하는 것이 좋겠다는 의견에 따라 시작되었는데, 일부 학자들의 다른 의견이 제시되어 2002년 한 해만 하였다.

[91] 세부 주제는: '한·중·일' 단오 연구사, 단오 비교론, 현장론 등으로 30여 명의 국내외 학자들이 참여하였으며, 그 의미는 3국의 단오 역사를 학술적이고 체계적으로 조망하는 첫 국제 행사라는 점에서 주목을 받았다.

[92] 강릉단오제는 강릉지역의 문화 에너지의 총량을 아낌없이 보여주는 대표적 문화재인 것만은 분명하다. 뿐만 아니라 다른 축제와는 달리 정체성 논란을 일으키지 않았음에도 단오제는 축제의 완성도를 높이기 위해 문화·경제적 메커니즘을 끊임없이 고민해 온 결과 매년 성공한 축제로 자리매김해 왔으며, 올해도 행사장을 재배치하고 홍보관을 확대 운영하는 등 전과 달라진 민속축제, 체험축제로서의 다양한 행사를 성공적으로 소화해내고 있다. … 그러나 많은 노력에도 불구하고 단오제가 그동안 여러 차례 지적된 국제관광상품으로

기대와 몇 가지 과제를 제시했다. 2002년도 행사 총평을 보면, 행사장과 난장을 분리해 잡음 없이 공연에 몰두하는데 좋았다는 점과 아울러, 프로그램은 강화해야 한다는 지적과 단오 홍보관과 체험관은 2관으로 분리하여 관람객들이 직접 체험할 수 있는 프로그램은 시민들로부터 큰 호응을 얻었다. 이번 단오제를 통해 2003년 행사를 대비하고 행사장 배치 및 동선 위치 등을 선정하는 작업도 병행 추진한 점도 긍정적이었다.

그런데 2002년 12월 9일, 강릉단오제가 중심 주제가 되어 '2003 강릉국제관광민속제'를 개최하기로 계획되었는데, 지난 8월 31일 태풍 '루사'라는 예기치 않았던 암초를 만나 연기론이 대두되면서 결정이 늦어지고 있을 때, 2004년으로 1년 연기하는 것으로 최종 결정했다. 2003 강릉국제관광민속제 추진위원회에서는 수해복구로 인해 인력이 부족할 뿐 아니라 주민들의 수해로 인한 침체된 상황을 고려해서 2003년 개최는 불가능하며, 지역 시민의 여론을 고려하여 1년 연기하는 것으로 결정하였다.

2003년도 강릉단오제는 지정문화재 공개 행사 11개 종목을 비롯한 단오제 민속체험 참가 행사 8개, 지역(중요)무형문화재 공개행사 4개, 중요무형문화재 10개 팀 공연, 국내 민속 예술단 2개 팀 공연, 민속·경축행사 15개 종목으로 벌어졌다. 전통성과 민속성 그리고 신화성을 바탕으로 한 강릉단오제의 전승·

---

[93] 서의 효용성보다 흥미 있는 프로그램 도입, 지역 상권 또는 영동권 관광 이벤트와의 경제 메커니즘 구축, 단오촌 개발 및 상시 활용화 등의 과제를 어느 정도 해결해 왔는지 자문해 보아야 할 것이다(『강원도민일보』, 2002.6.14).
단오제의 세계화가 지정문화재 행사를 어떻게 집중화·고유화·이미지화 하느냐에 따라 21세기 한국 민속문화로 정립될 것이다. 단오제는 동북아시아, 나아가서 세계 민속학자들의 연구 대상이 되어왔다. 동북아시아 단오문화권의 원형(原型)을 단오제에서 찾을 수 있기 때문이다. 단오제는 동북아시아 민속제전의 중심을 이룰 수 있는 유리한 조건을 구비하고 있다. 이미 단오제 국제 학술대회와 국내에 무형문화재 초청공연과 민속단 공연이 정례화되어 있다. 단오제는 동북아시아의 민속예술을 관람할 수 있게 해야 한다. 단오제를 관람하면서 지정문화재와 국내 지역 무형문화재, 그리고 동북아시아의 민속예술을 동시에 볼 수 있다는 기대를 갖도록 하자. 관노가면극은 단오제의 행사 내용을 극화, 상설무대를 만들어야 한다. 중국의 베이징에서는 경극(京劇)을, 쓰촨성 청두에서는 천극(川劇)을 관광객들이 관람할 수 있다. 이 두 극을 관람하는 것이 관광의 보람이 된다. 강릉에서 관노가면극을 주말마다 관람할 수 있는 상설무대가 단오문화를 세계화하는데 원동력이 될 것이다"(『강원일보』, 2002.6.17).

보존을 통한 강원도민 화합 한마당 잔치를 마련하였으며, 21세기 관광인프라 제고로 지역경제 활성화 차원에서 축제를 기획하였다.[94]

강릉단오제 행사의 기획과 운영에 있어 가장 큰 특징은 행사장 배치의 변화였다. 단오제 지정 행사장과 난장(식당, 노점)을 작년과 같이 구분하여 예전의 혼잡했던 단오장을 정돈하였다. 그리고 행사장 내㈜ 대동·어울·놀이마당의 규모를 확대하였다. 단오제 홍보관과 단오제 민속체험 1·2관을 구분 설치하여 민속체험의 목적에 적합한 내용으로 운영하는데 주력하였다.

강릉시에서는 단오장 환경 개선 사업의 일환으로 작년에 이어 행사장 외곽 6곳에 출입 통제소를 설치, 경비용역 업체에 위탁하여 잡상인 상행위 근절 및 행사의 원활한 진행을 위하여 준비를 하였다. 그리고 강릉문화의 전통성을 세계에 알리기 위한 '2004 강릉국제관광민속제'를 대비하는 차원과 강릉단오제의 성공적인 행사 개최를 위하여 강릉시의 행정 및 재정적인 지원과 협조로 행사를 원활하게 추진하는데 있어 큰 힘이 되었다. 그리고 올해도 작년에 이어 강릉단오제가 문화관광부로부터 도道를 대표하는 민속 축제로 선정되어 국비 2천만원을 지원받아 행사 운영에 많은 도움이 되었으며, 이점은 그동안 단오제에 강릉시민 모두의 역량을 집결한 결과이며, 강원도와 강릉시 관계 기관 모두가 적극적인 마음가짐의 결과라고 평가하였다.

또한 2000년도 『강릉단오제 중장기 발전방안』(한국문화정책개발원)과 2001년도 『강릉단오제 행사평가 및 개선방안에 관한 연구』(배재대학교 관광이벤트 연구소)의 축적된 성과를 바탕으로 금년에도 『2003 강릉단오제 개선방안에 대한 축제평가 학술조사 보고서』(강원발전연구원) 용역 의뢰를 통하여 2003년 문화관광부의 지역특성화 사업 평가 추진 계획에 따른 학술조사를 실시하였다. 향후 강릉단오제의 전반적인 행사 기획 운영을 평가 분석하고, 개선방안을 제시하며, 중장기적인 발전 전략을 수립하는데 기초적인 자료로 활용하였다. 앞으로도 범시민적인 축제의 장 마련과 주민화합으로 결속을 다지는 강릉단오제가 되어야 할 것이며, 더 높은 부가가치를 창출할 수 있도록 창의적인 사고의 전환이 필요한 시점임을

---

94 『2003년 강릉단오제 결산』, 강릉단오제위원회, 2003.

당부하였다.

2003 강릉단오제 행사 내용은 지정문화재 행사를 중심으로 시민 참가형 민속 축제로 자리매김하여 '단오 민속을 체험하고, 단오제를 보다 새로운 차원에서의 전승 보존을 모색'하는데 초점을 두고 행사를 추진하였다. 단오제의 시작을 알리는 신주빚기 행사는 강릉문화원을 출발하여 시청 중앙 현관에서 강릉시장으로부터 신주미를 받아 도보로 시내를 행진하여 칠사당에 도착하였으며, 미리 마련된 화덕에 불을 지펴 가마솥 위에 신주를 담글 독을 엎어놓고 깨끗이 소독消毒시키는 준비를 하였다. 대관령산신제·국사성황제에는 예년에 비해 참가 인원이 많은 관계로 버스를 증차하여 이동하였으며, 구산·학산서낭당, 국사여성황사 봉안제에 이르기까지 순조롭게 진행되었다. 대관령 산신각과 성황사는 제례 공간의 주변 정비로 제례에 참여하는 사람들의 불편함을 줄였지만, 홍제동 여성황사는 제례 공간이 좁아 불편함이 있어 공간의 확장이 필요함을 매년 반복적으로 강릉시에 시설 개선을 요구하였다. 축제 기간 동안 제례(조전제·송신제), 단오굿, 관노가면극은 중요무형문화재 공개 행사로서의 가치를 한층 더 의미를 새롭게 하고자 노력하였으며, 다소 아쉬운 점은 단오굿이 진행되는 동안 일부 종교 단체에서 굿당 난립으로 인하여 굿이 지연되는 등 제단(굿당) 외곽 경비 문제를 검토할 필요성이 있음을 제시하였다. 영신행차 단오등 행진에 '단오등'을 구입한 시민들에게는 강릉단오제 경축 행사의 일환으로 행운상과 참가상을 ㈜현대자동차 외 19개소 협찬처에서 제공한 45점의 경품을 공개 추첨으로 축제 참가 시민들에게 행운의 기회를 제공하였다.

이 해에는 단오제 헌미 봉정에 참가한 각급 기관 단체 및 일반 시민들의 정성으로 1,200여 명의 시민이 참여하여 백미 45가마(80kg)를 모았으며, 헌미는 산신제, 영신제, 조전제, 송신제에 시민들이 음복할 수 있는 제주와 단오신주, 떡을 만들어 참가 시민들에게 제공함으로서 축제장 분위기 조성에 보탬이 되었다. 강릉단오제 홍보관과 체험 1·2관을 설치 운영하였으며, 창포머리감기, 단오수리치떡 만들기, 창포뿌리 비녀깎기, 단오부적, 관노탈 그리기가 체험장을 중심으로 이루어졌다. 그리고 일반 성인 관람자를 대상으로 단오신주 시음회와 단오부채(端午扇) 그리기가 처음으로 시도되었지만 많은 호응을 얻었다. 이러한 민속 체험 행사를 통하여 체험관을 찾은 시민들과 관광객들에게 많은 홍미와 재미를 북돋아 주었으며, 특히 창포물에 머리를 감은 체험 인원은 3,500여 명, 관노탈 그리기에 참여한 학생과 일반인들은 유료 체험임에도 불구하고 4,800여 명에 이르렀다고 하였다. 단오제 홍보관에서는 강릉단오제의 역사를 사진과 해설, 영상을 통해 관람객들이 쉽게 이해할 수 있도록 홍보하였으며, 단오제와 관련하여 13종의 서적을 전시 판매하였다. 다소 아쉬운 점은 게시된 홍보물을 통하여 단오제의 이해를 위한 '단오제 전문 해설사'를 배치하여 외지에서 찾아 온 단체 관광객을 위한 편의 제공이 필요함을 제안하였다.

1999년부터 시행된 중요무형문화재 초청 공연은 문화재청으로부터 출연 단체 섭외 및 출연료 지원을 받아 하회별신굿 탈놀이를 비롯하여 9개 단체가 공연되었으며, 예년에 비해 3개 단체가 늘었다. 단오제 행사장이 중요무형문화재 발표의 장으로 확고한 자리매김을 하였다. 국내외 민속단 초청 공연은 道를 대표하는 강원도립예술단과 탐라문화제 민속예술단 초청 공연이 있었으며, 국외팀 초청 공연은 전 세계적으로 관심을 일으켰던 중증급성 호흡기 증후군(SARS)의 확산과 피해가 확대되고 있는 상황이라 국가 간 문화우호교류 사업이 연기 및 중단되었다. 강릉지역에서 전승되고 있는 강릉농악, 학산오독떼기 공연, 농악경연대회와 어린이 농악경연대회는 해를 거듭할수록 참여도와 인기가 높았으며, 강릉농악 공연은 6개 단체가 6회(1일 1회) 공연, 학산오독떼기는 3일(1일 1회) 공연을 실시하여 전승단체의 공연 기회가 확대되었다.

강릉단오제의 향후 개선 발전 계획으로 제시된 내용은 강릉의 전통문화 계승 발전과 지역주민의 적극적인 참여와 화합으로 이루어지는 것이었다. 이를 위해 보다 전문적이고 체계적인 조직으로 기획 운영되도록 당부하였다. 그리고 강릉단오제가 한국 축제의 원형으로서 그 가치가 대단히 높고 중요하며, 전통을 지켜온 축제, 그 자체만으로도 강릉단오제는 강릉문화의 자존심과 정체성을 담고 있음을 강조하였다. 한국을 대표하는 민속 축제로서 유네스코가 인정하는 세계인류무형문화 유산 지정 신청 대상 목록에 강릉단오제가 선정됨과 아울러 문화유산 등록을 위해 앞으로 부단히 노력해야 할 것이며, 이러한 사항을 염두해 두면서 단오제를 통해 앞으로 개선되어야 할 몇 가지 사항을 과제로 제시하였다. 첫째, 지정문화재 행사를 제외한 지역(중요)무형문화재 공개행사, 중요무형문화재, 국내 민속예술단의 공연 특성을 최대한 반영할 수 있도록 공연장(대동, 어울, 놀이마당) 시설과 공연팀별 프로그램 안배가 사전에 충분히 파악되어 공연팀과 관람객이 공감대를 형성할 수 있는 분위기를 최대한 마련해야 하겠으며, 강릉의 이미지를 심어줄 수 있는 체험 프로그램 개발과 단오문화상품 개발이 이를 뒷받침되도록 준비해야 할 것이며, 둘째 예년에 비해 단오제 관람을 목적으로 강릉을 찾아온 개인 및 단체 관람객들이 많음을 볼 때, 기대 효과에 부응코자 홍보관을 중심으로 단오제를 설명할 수 있는 '단오제 전문 해설사'가 요구되었다. 이는 강릉단오제 관련 프로그램을 통해 단오제를 현장에서 설명할 수 있도록 한 문화유산 해설사(자원봉사자)를 단오장에 배치하여 활용할 수 있도록 뒷받침되어야 할 것이며, 셋째 2002년부터 추진된 행사장과 난장의 분리로 단오장의 혼잡성과 잡상인들의 상행위가 행사장 내(內)에서는 정리되었음을 볼 때, 단오장을 찾는 관람객들에게 행사 중심의 단오제 이미지로 남을 우려가 있어, 이를 극복하기 위해서는 체험장의 활성화와 더불어 살아있는 체험 중심적인 프로그램이 보강되어야 할 것을 당부하였다. 그리고 단오장은 물론 제단(굿당)에 까지 일부 종교 단체의 난입으로 지정문화재 공개 행사가 원활히 진행되지 못하는 사례가 자주 있어 제단(굿당) 주위의 경비 강화 대책 마련과 축제를 통한 실질적인 지역의 이익 창출과 경제 활성화를 위한 다방면의 시각에서 면밀히 살펴봐야 할 것을 당부하면서 축제 평가를 마쳤다.[95]

2004년도 강릉단오제는 '세계인이 함께하는 천년의 축제 : 신과 인간의 만남'을 슬로건으로 하여, 지정문화재 공개 행사 12개 종목을 비롯한 단오제 민속놀이 6개, 단오제 민속 체험촌 내(內) 9개 체험코너, 지역 (중요)무형문화재 공개 행사 6개, 단오제 경축 문화예술행사 10개 종목으로 전체 5개 분야 43개 종목으로 운영되었다.

전통성과 신화성이 바탕이 된 향토민속 축제인 강릉단오제의 전승보존과 발전을 위함과 동시에 '세계인과 함께하는 화합 한마당 잔치'를 마련하는 중요

---

95 『2003년 강릉단오제 결산』, 강릉단오제위원회, 2003.

한 기회가 되었다. 그리고 명실상부한 국제적인 축제로의 도약을 준비하는 축제의 장을 마련하였다.

강릉단오제의 기획과 운영에 있어 가장 큰 특징은 기존의 노암동 단오장에서 2004 강릉국제관광민속제 행사장인 남대천 시민공원으로의 행사장 이동에 따른 제단(굿당), 단오제 민속 체험촌, 씨름, 그네장 등의 장소 및 배치의 변화였다. 그리고 17일간의 강릉국제관광민속제 기간 내에 기존 5일간의 단오제에서 3일 연장된 8일간의 단오제 행사였으며, 이에 따른 단오제 기간 지정문화재 행사인 제례·단오굿·관노가면극 공개 발표회 또한 그 횟수가 증가되었다. 단오제 민속 놀이인 씨름과 그네는 17일간 민속제 기간 내내 체험과 대회를 병행하여 추진되었으며, 단오(제)와 관련된 주제성이 높은 체험 프로그램이 새롭게 재구성된 '단오제 민속 체험촌'도 17일간 운영하였다. 그 밖에 지역 (중요)무형문화재 공개 행사는 강릉단오제의 '단오굿·무속악·탈굿'과 '강릉사천하평답교놀이' 공연이 추가로 기획 공연되어 강릉 지역의 전통성 있는 다양한 민속이 단오제를 통해 부각되는 계기를 마련하였다.

강릉시에서는 강릉국제관광민속제 행사 추진과 관련하여 민속제 행사장 및 단오제 행사장의 조경 환경 시설에 심혈을 기울였으며, 행사장 주요 출입 통제소와 내외곽 조경 시설 또한 축제 참관객들에게 청결함과 여유로움을 느끼게 하였다. 그리고 작년에 이어 강릉단오제가 문화관광부로부터 도(道)를 대표하는 우수 민속 축제로 선정되어 국비 2천5백만원을 지원받아 행사 운영에 도움이 되었다. 그런데 아쉬운 점은 대형화된 초청 공연물(수리공연장)과 행사장 내(內) 전시관, 민속 축제와는 다소 거리가 있는 식전 행사(개막식·폐막식) 등으로 인하여 축제장 분위기가 강릉단오제의 고유성을 퇴색시키는 것과 전통성 훼손의 문제를 지적하였다. 앞으로도 범시민적인 축제의 장 마련과 주민화합으로 결속을 다지는 강릉단오제의 위상 정립, 더 높은 축제의 부가가치를 창출할 수 있도록 발전적이고 창의적인 변화가 필요한 시점임을 당부하였다.[96]

2004 강릉단오제 행사 내용은 지정문화재 행사를 중심으로 시민 참가형

---

96 『2004년 강릉단오제 결산』, 강릉단오제위원회, 2004.

민속 축제로의 그 위상을 정립하여 '세계인이 함께 참여하는, 천년 미래를 위한 세계무형문화유산'으로의 가치를 인식하는데 있었다. 그리고 강릉단오제를 보다 새로운 차원에서의 전승·보존을 모색하는데 그 초점을 두고 행사를 추진하였다. 단오제의 시작을 알리는 신주빚기 행사는 강릉문화원을 출발하여 시청 중앙 현관에서 시장으로부터 신주미(쌀과 누룩)를 받아 도보로 시내를 행진하여 칠사당에 도착하였으며, 무녀의 부정굿·축원굿과 함께 제전부에서는 경건성과 신성성을 유지하는 가운데 신주를 담그고 안치하였다. 대관령 산신제·국사성황제는 예년에 비해 참여 시민 및 참관객이 많은 관계로 시민 수송 버스를 예년의 7대에서 12대로 증차하여 이동하였으며, 구산·학산 서낭당의 마을 서낭제는 마을 주민들의 적극적인 참여의식을 엿볼 수 있었으며, 국사여성황사 봉안제에 이르기까지 순조롭게 진행되었다. 대관령 산신각과 성황사는 제례 공간의 정비로 제례에 참여하는 헌관 및 제집사를 비롯 참관객들의 불편함을 많이 줄였으며, 홍제동 여성황사 제례 공간은 마당을 넓히는 등 새로운 주변 정비로 인하여 그 동안의 불편함을 해소하였다. 민속제 기간 17일 중, 단오제 기간 8일 동안의 제례(조전제·송신제), 단오굿, 관노가면극은 중요무형문화재 공개 행사로서의 가치를 한층 더 의미를 새롭게 하고자 노력하였으며, 제단(굿당)의 규모를 확대하고 목조 재제를 이용해서 그 어느 해 보다도 제단(굿당) 행사의 신성성과 웅장함이 시민들에게 깊은 인상을 남겼다. 다소 아쉬운 점은 제례와 단오굿의 주요 참관객인 60~70대의 어른들이 행사장 입·폐장 시간으로 인하여 자유로운 제단(굿당) 출입에 불편함을 호소하는 경우가 있었으며, 제단(굿당)을 지키는 시민들의 야경 모습이 없어 강릉단오제만의 독특함을 볼 수 없어 많은 아쉬움이 있었다. 영신제와 영신행차 때 많은 비가 왔으며, 영신행차 거리 연장 (2.5km→4.2km)으로 인해 다소 행사 진행에 차질이 있을 것으로 예상되었으나 강릉시민들의 적극적인 동참으로 영신행차 단오등 시민 참여 행사는 성황을 이룬 가운데 무사히 마쳤다. 문제는 단오등 행렬 종착 지점에서 단오등 유도 요원의 행사장 시설물 준비 부족으로 다소 혼잡을 야기시킨 점은 매우 유감스러웠으며 앞으로 되풀이되지 않도록 각별히 유념토록 당부하였다.

　강릉단오제 민속 체험촌 운영은 5월 22일~24일(3일간) 단오제 신주미神酒米

봉정에 각급 기관 단체 및 일반 시민들이 2,200여 명에 이르렀으며, 시민들의 정성이 담긴 백미 100가마(80kg)를 모았다. 신주미는 산신제·영신제·조전제·송신제에 올리는 제주와 수리취떡과 제례 이후 음복용 떡을 만들어 참관한 시민들에게 제공함으로서 축제의 잔치 분위기 조성에 많은 보탬이 되었다. 단오제의 정체성 부각을 위한 '체험촌 공간 연출 및 디자인'은 전통적인 양식의 차용을 통해 이루어졌다. 단오제 민속 체험촌 행사는 체험 1·2관으로 나누어 운영하였으며, 2개관 400여평에 130여명의 행사 운영 요원(자원봉사자)이 배치되어 1일 2교대·격일 근무·전일 근무 등의 체험 코너별 특성에 맞게 편성하여 운영하였다. 그리고 체험관 출입구는 전통 한옥의 이미지를 살리면서 시설하였고, 체험 코너의 개별적 특성을 최대한 고려하여 내부 공간을 재구성하여 단오제 민속 체험촌의 이미지를 최대한 부각시키려고 노력하였다. 이에 체험관 내부에 대관령 산신각과 성황사 실제 모형을 축소 제작하여 단오제의 현장성을 이해토록 하였으며, 너와집과 초가집을 제작 설치하여 수리취떡 만들기와 창포물에 머리감는 체험의 느낌과 분위기를 한층 옛스럽게 하였다. 또한 체험 코너별로 대형 그래픽 패널 부착과 아울러 체험촌 안내 리플렛을 제작하여 민속 체험의 다양한 성격과 의미를 이해할 수 있도록 하였다. 단오제 신주神酒 시음회(신주 제조에 따른 재료 전시, 신주 발효실·숙성실), 수리취떡 만들기(너와집), 단오제 부적(산신각·성황사·신목)·관노탈·목걸이용 소형 관노탈(대형탈 부착)·단오제 부채(한국의 다양한 부채 전시 및 관내 작가가 참여한 '단오제 부채展'), 창포뿌리 비녀깎기(다양한 비녀 전시), 창포물에 머리감기(초가집), 열두띠 찍기(열두띠 조형물 설치)가 체험 코너별로 공간을 연출하였다. 그리고 체험관 입구에는 국보 제51호인 객사문의 이미지를 디자인한 안내 데스크 및 도우미를 통한 안내 서비스가 이루어지도록 하였다. 체험촌 운영에 있어 다소 불편했던 점은 체험장 별로 사용되는 각종 재료와 물품(신주, 수리취떡, 관노탈, 부채 등)을 행사장 내로 수시로 반입하는데 있어 차량 출입구 통제의 까다로운 절차로 인해 지연되는 경우가 자주 있었다. 처음으로 운영된 '목걸이용 소형 관노탈' 그리기는 참여율이 매우 높아 별도의 체험 시설 공간을 마련하여 최대한 서비스 제공에 심혈을 기울여야 할 과제로 남겼다.

강릉단오제의 대표적인 민속놀이로 씨름과 그네는 축제장의 열기를 한층 북돋아 주었으며, 이 해는 특별히 씨름과 그네 행사를 단오제 기간을 전후로 해서 17일간 운영하였다. 씨름의 경우는 관내 초·중·고등학교가 참가하는 학생 씨름 체험장 운영에 9일간 28개교가 참가를 하였으며, 강릉청년회의소가 주관하는 강릉시 읍면동 대항 및 일반인 참가 씨름 대회는 5일간 21개 읍면동의 열띤 응원과 함께 펼쳐졌으며, 제16회 도(道)지사기 씨름왕 선발 대회는 3일간 도내(道內) 각급 학교를 대표하는 씨름 선수가 참가하였다. 그네의 경우도 17일간 운영되었으며, 그네 체험에는 관내 초·중·고 29개교가 10일간 참여하였고, 강릉로타클럽이 주관하는 그네 대회는 6일간 21개 읍면동 대항 및 개인전, 쌍그네 대회를 치루었다. 이밖에 강릉라이온스 클럽이 주관한 읍면동 대항 줄다리기 대회도 마을 공동체의 협동과 선의의 경쟁이 이루어졌으며, 임영문화재보호회가 주관한 투호 대회는 관내 여성단체를 비롯한 읍면동을 대표한 여성팀이 참가하여 마음껏 기량을 발휘하였다.

강릉 지역에서 전승되고 있는 강릉농악, 학산오독떼기를 비롯하여 농악경연대회와 어린이 농악경연대회는 단오제를 계기로 하여 전통문화 도시로서의 면모와 무형문화유산 자원을 축제 활성화 차원으로 연계시켰다. 그리고 단오장에서 처음으로 발표된 강릉단오제 '단오굿·무속악·탈굿'은 총 28회 공연으로 단오제가 담고 있는 다양한 공연 예술의 진수를 관람할 수 있는 기회가 되었으며, '강릉사천하평답교놀이'의 야간 공연은 시민은 물론 관람객이 함께 참여하여 축제장 분위기를 더 한층 고조시키는 역할을 하였다.

2004 강릉단오제는 '강릉국제관광민속제' 17일 기간 내에 영신제를 시작으로 8일간 축제가 벌어졌다. 민속제추진위원회와 단오제위원회가 행사 운영에 있어 업무 분담을 통한 사전 협의에 따라 예년과는 다소 차이가 있었다.

먼저 강릉단오제위원회는 강릉단오제보존회에서 주관하는 단오제 지정문화재 공개 행사를 중점적으로 추진하였으며, 민속제 행사장 내(內)의 제단(굿당) 운영, 단오제 민속 체험촌 운영, 민속놀이인 씨름·그네장·투호장·줄다리기 대회장 운영을 전담하였다. 이에 따른 행사 추진에 있어 앞으로 개선 보완되어야 할 사항으로, 첫째, 강릉단오제 핵심 축제 프로그램의 경쟁력 강화를 위하여 체험촌 운영 프로그램에 있어 기존 단오제 관련 체험 프로그램의 면밀한 검토가 필요하며, 축제는 체험을 통해 그 진가를 발휘함을 염두에 두고, 남녀·연령별 흥미성과 기호성에 적합한 체험 프로그램의 개발과 보완 확대가 있어야 할 것을 당부하였다. 그리고 체험촌 공간 내 편의 시설 및 방문객 수용 체계의 개선을 요구하였다. 둘째, 강릉단오제의 상징적 이미지를 담고 있는 단오제 문화관광상품의 부재에 따른 축제 상품 개발의 필요성을 제시하였다. 강릉단오제의 축제 생산성 확보 차원에서 관람객의 현장 소비 지출을 유도할 수 있는 축제 상품의 개발과 단오제 체험 프로그램의 상품화 개발이 뒷받침되어야 하며, 특히 단오제 민속 체험과 관련된 '단오제 신주神酒'·'수리취떡'·'창포 엑기스'의 상품화가 기존의 운영 시스템에서 확장 개선되어야 하며, 전략적인 체험 상품의 연구 개발(비)에 강릉시의 관심을 기대하였다. 그리고 단오제 민속 체험촌이 초중학생들의 현장 학습 시스템으로 연계되어 성장하는 어린이와 청소년들이 지역문화에 대한 관심과 이해를 통해 향후 고향에 대한 향수를 불러일으킬 수 있는 동기 부여 및 교육적인 측면의 연구 성과를 기대하였다. 셋째, 금년에는 예년에 비해 단오제 참관을 목적으로 강릉을 찾아온 단체 관광객들의 사전 문의와 예약이 많았으며, 이에 대한 기대 효과에 부응하는 안내자, 특히 단오제 관련 문화유산 해설사 양성이 활성화 되어야 함을 강조하였다. 단오장 전체가 단오제 홍보관 역할을 하고 있는 현실에서 단오제를 이해하고 설명할 수 있는 전문 해설사가 매우 극소수에 불과하므로, 매년 개최되는 강릉단오제에 관련한 프로그램을 통해 단오제를 현장에서 설명할 수 있는 자원 봉사자를 배치하는데 장기적인 계획과 적극적인 뒷받침 있어야 할 것을 요구하였다.[97]

2005년도 강릉단오제는 '천년을 이어온 축제, 시민과 함께!'를 슬로건으로 하여, 지정문화재 공개 행사 10개 종목을 비롯한 민속체험 행사 8개, 지역(중요)무형문화재 행사 6개, 중요무형문화재 초청공연 8개 단체, 국내 예술단 초청공연 3개 단체, 국외 예술단 초청공연 3개국, 단오제 민속놀이 행사 6개, 경축 문화예술행사 10개 종목으로 전체 8개 분야 54개 종목으로 운영되었다.

강릉단오제 유네스코 인류 구전 및 무형문화유산 걸작 등재와 강원도민

---

97 『2004년 강릉단오제 결산』, 강릉단오제위원회, 2004.

화합 한마당 축제를 통한 2014 평창 동계올림픽 개최지 확정을 기원하고, 21세기 관광인프라 제고로 지역 경제 활성화를 목적으로 축제를 준비하였다.

2005년도 강릉단오제의 기획과 운영에 있어 가장 큰 특징은 행사장 공간의 확대 변화였다. 단오제 지정 행사장과 난장(식당·노점)을 2003년(2004년은 강릉국제관광민속제 관계로 행사장이 기존과 다름)과 같이 구분하여 행사를 진행하였다. 행사장 내(內) 대동·놀이·어울 마당의 규모를 확대하고, 남대천을 따라 길게 형성된 축제장을 단오문화관 옆 시민공원부지 일대로 행사장 영역을 확장해 동선의 종횡 구조를 갖추었다. 강릉시에서는 단오장 환경 개선 사업의 일환으로 행사장 외곽 6곳에 출입 통제소를 설치, 경비용역 업체에 위탁하여 잡상인 상행위 근절 및 행사의 원활한 진행을 위해 준비를 하였다. 그리고 지정문화재 행사의 전승·보존과 아울러 축제의 이해도를 높이기 위해 단오문화관의 효율적인 활용으로 세계인이 찾아오는 축제로 자리매김 하는 것이 행사의 중심 내용으로 추진하였다. 축제의 시작을 의미하는 '신주빚기' 행사와 병행하여, 단오제 신주미 봉정 행사에 3천여 명의 시민들이 참여하였으며, 80kg 기준으로 백미 112가마를 거두었다. 이는 강릉단오제만이 갖고 있는 독특한 전통이며, 시민들의 적극적인 참여로 이루어지고 있음을 강조하였다. 대관령산신제·국사성황제에는 매년마다 참여 인원이 많은 관계로 시민 수송버스 10대를 이용하였으며, 구산·학산 서낭제, 봉안제에 이르기까지 순조롭게 진행되었다. 영신행차 단오등 행진에 '단오등'을 구입하여 참여한 시민들에게는 강릉단오제 경축 행사의 일환으로 행운상과 참가상을 현대 홈타운 외(外) 35개 협찬처에서 제공한 182점의 경품을 공개 추첨으로 축제 참여 시민들에게 행운의 기회를 제공하였다. 특히 2005년은 광복 60주년을 맞이하는 뜻깊은 해로 선인들의 애국애족의 정신과 그 영혼을 기리기 위한 기원제례와 기원굿을 통해 화합과 상생, 재해극복을 위한 행사가 단오장 제단(굿당)에서 있었다.

강릉단오제의 축제적 요소와 참여의 장을 마련하는 민속 체험촌은 단오제 신주神酒 시음회를 비롯한 창포머리감기, 수리취떡 만들기, 단오부적·관노탈·단오부채 그리기, 열두띠 찍기 행사가 있었다. 7개 봉사단체(시립박물관문화학교·대한미용사회강릉시지부·경포회·배다리회·명성황후해원굿보존회·대한적십자사강릉봉사회·관동대 사회교육원 수묵화반·관동대 금석문연구회)에서 매년마다 주관하여 그 동안의 노하우를 통해 체험장을 효율적으로 운영하였다.

이 해 처음으로 기획 운영된 도(道)무형문화재 기능보유자 작품 전시 체험장은 전통기술의 보존전승 활동을 홍보하고, 강원도의 향토색이 담긴 기능보유자 작품 전시를 통한 전통예술의 재발견을 부각시키고자 주제별 특성별 체험 부스를 마련하였다. 이를 통해 도(道)무형문화재의 전통성·예술성·기능성을 이해하고 홍보하는 계기를 마련하였다. 이 해는 3개 분야(전통자기도공·방짜수저장·각자장)의 기능보유자가 참여를 하였는데, 앞으로 도(道)기능보유자 전체 6개 분야[98]가 축제장에 참여할 수 있도록 해야 할 것을 기대하였다.

1999년부터 시행된 중요무형문화재 초청 공연은 문화재청으로부터 출연단체 섭외 및 일부 출연료 지원을 받아 동래야류를 비롯하여 7개 단체(봉산탈춤·남사당놀이·평택농악·진주검무·줄타기·송파산대놀이·고성오광대)가 공연되었으며, 축제장이 중요무형문화재 발표의 장으로 확고한 자리매김을 하였다. 도(道)를 대표하는 강원도립예술단과 강릉문화원과 문화교류단체인 탐라문화제위원회 민속예술단, 강릉시 자매도시인 부천시립 예술단 초청 공연이 있었으며, 국외 초청 공연은 인도네시아(족자카르타시), 체코(블크로브), 이집트(칼리비아주) 공연팀이 단오문화관 공연동과 단오장 대동마당에서 연주 공연되었다. 강릉지역에서 전승되고 있는 강릉농악, 학산 오독떼기, 강릉사천하평답교놀이 공개 행사, 농악(풍물)을 중심으로 한 농악경연대회와 관내 초등학교 전수팀이 참여하는 어린이 농악경연대회가 있었다. 특히 하평답교놀이 공연에는 관광(관람)객과 초청 공연으로 온 외국인들이 횃불 길놀이에 참가하여 축제장 분위기를 한층 더 고조시켰다.

2005년도 강릉단오제 홍보 역점 사항으로 시내 및 단오장 입구 홍보 아취물을 현대적 감각에 맞는 디자인으로 새롭게 제작하였다. 그리고 기존의 오프라인 홍보의 한계를 극복하는 차원에서 온라인 홍보 서비스, 강릉단오제위원회 홈페

---

98   전통자기도공(장송모, 道無 제6호, 횡성), 칠정제장(박원동, 道無 제11호, 원주), 칠장(김상수, 道無 제12호, 원주), 나전칠기장(박귀래, 道無 제13호, 원주), 방짜수저장(김우찬 道無 제14호, 강릉), 각자장(이창석, 道無 제16호, 고성).

이지를 구축하여 강릉단오제의 역사, 행사 일정 및 세부 내용, 강릉시 관광자료 등을 구성하였다. 또한 타 기관(언론사·자치체 등)의 홈페이지에 "2005 강릉단오제" 베너와 팝업창 게재를 동시에 홍보 작업하였다. 문화원형 디지털 콘텐츠 사업의 일환으로 그 동안 추진해 온 사업성과의 일부 중, 단오제 일부 캐릭터(양반·각시·장자마리·시시딱딱이·악사·무녀 등)를 이용한 기념 우표를 제작하여 단오제 홍보물 우편 발송시 부착하여 활용하였다.

강릉단오제의 향후 개선 발전 방향으로 무형의 전통문화를 바탕으로 한 축제 콘텐츠로써 강릉단오제는 역사성과 지역성이 타 지역의 축제와는 차별화되어 있음을 볼 때, 이는 지역 주민의 적극적인 참여와 민관의 유기적인 행사 운영과 협력이 가능했기 때문이다. 현재 강릉단오제와 연관되어 구축된 하드웨어의 연중 활용이 필요함을 제시하였다. 특히 단오문화관은 금년도 단오제 행사장과 연결되어 강릉시민은 물론 관광객들에게 많은 홍보가 되었으며, 공연동을 이용한 실내 공연(외국 공연팀) 관람과 단오제를 이해하는 홍보·전시관은 활용도가 매우 높았다. 중요한 것은 5일 동안의 축제 기간이 아니라, 주기적인 단오제 공연 관람과 연중 이벤트성 행사가 필요하다는 것이었다.

2005년도 강릉단오제 행사 전반에 대한 평가를 토대로 하여 우선적으로 해결해야할 사항[99]으로, 강릉단오제 난장(상가·노점)에 대한 근본적인 대책 마련이었다. 천년을 이어온 강릉단오제 행사에 걸맞지 않게 단오장 주변의 넘치는 상가와 노점상들로 그 뜻을 훼손하고 있었다. 이 해의 단오제 행사를 준비하는 데 있어서 큰 문제로 대두된 사항은 행사장 시설 배치와 관련하여 강남동·중앙동·내곡동 새마을 협의회와의 갈등이었다. 이는 단오제 행사를 위한 행사장 계획 배치가 아니라, 동별 협의회 측의 상가 분양 문제가 우선시되는 현상이었다. 중요한 것은 단오제 행사를 위한 시설 배치가 우선적으로 고려되어야 할 것임에도 불구하고, 각 동의 협의회에서 요구한 상가 분양의 범위 문제와 행사 종료 후 동별 협의회에서 분양한 노점상의 비자율적인 철거로 인하여, 수차례의 강제 철거와 이에 따른 해당 동별 협의회의 협조가 미비하였다. 그리고 단오제

---

99 『2005년 강릉단오제 결산』, 강릉단오제위원회, 2005.

행사장의 뒷전에서 벌어지고 있는 불법과 무질서, 상가의 전매, 불법 노점상이 판을 친다는 과거의 단오장 분위기로 되돌아갔다는 인상을 받았다. 이를 위한 해결 방안의 모색으로 강릉시에서 부시장을 단장으로 강릉단오제 행정 지원단을 구성하여 운영하였다. 지원단은 단오제 기간 쓰레기 분리수거 및 행사장 질서계도, 교통질서를 비롯한 행사 추진 및 기록유지 관리 등에 중점적으로 지원되었다.

앞으로 적극적인 축제 운영의 지원과 함께 단오장 주변 난장의 상가 분양 문제를 강릉시 지원단과 공동으로 문제를 해결해 나간다는 점이었다. 특히 강남동, 중앙동, 내곡동 일대 주민 불편과 민원해소, 지역 경기 활성화 등 총체적 해결을 위한 사전 협의가 지원단을 중심으로 구성되어 상가 분양부터 철거까지의 과정을 일원화하는 방안이 필요함을 강조하였다.

다음은 향후 장기적인 계획으로 단오장과 단오문화관을 중심으로 한 단오문화권 영역 형성이 필요하였다. 특히 단오문화관 앞 시민공원 예정부지의 효율적인 활용 방안을 위한 모색이었다. 이 해의 행사장은 남대천을 따라 길게 형성된 단오장이 단오문화관 일대로 축제 영역을 확장해 동선의 종횡 구조를 갖추게 되었다. 그리고 특히 단오제 민속 체험촌 1·2관이 배치되어 단오문화관 내 '홍보·전시장'과 '공연동'으로 연결되도록 하는 참관객의 동선을 고려하였다.

시민공원 예정부지의 활용적인 면에서 그 공간을 단순히 체육 놀이시설 등으로 조성하는 것보다는 남대천 단오장과 단오문화관 시설이 연계된 단오문화권 영역 형성이었다. 민속 축제의 성격을 부각시키기 위한 마당놀이 공간으로 야외 민속 공연장이 공원 내에 조성되어 단오제 기간뿐만이 아니라 평소에도 관노가면극·강릉농악·학산오독떼기 등의 지역 전통문화 공연이 이루어질 수 있도록 이용될 수 있는 시설 설계안이 있었다. 또한, 매년 마다 단오제에 초청되고 있는 중요무형문화재 10여개 단체는 공연의 내용과 성격이 무대가 아닌 둥그런 마당에서 놀이가 되어야 관람하는 입장과 공연하는 팀이 조화를 이룰 것으로 기대하였다. 축제 콘텐츠 개발에서 중요한 것은 축제의 주제에 맞는 체험 내용의 다양성이었다. 단오제는 단오민속과 관련하여 체험촌 2동을 매년마다 대형 텐트를 이용하여 행사를 해왔다. 장기적인 안목으로 볼 때, 시민

공원 예정부지에 건축물이 허락된다면 '단오제 민속 체험촌'이 별도의 공간으로 운영되기를 기대하였다.

매년마다 단오제 5일 기간 중, 체험촌은 4일간의 활용을 위해 고비용의 대형 텐트를 임대하여 사용하고 있음을 볼 때, 사용기간에 비해 지출되는 부대시설비의 낭비성·소모성 예산을 줄이는 방향의 모색이 필요함을 강조하였다. 따라서 1년 연중 단오민속 체험을 통해 관내 및 인근 지역의 유치원·초등학교의 현장 학습장으로 운영할 수 있는 상설 체험시설 설치를 강릉시에 요구하였다. 강릉단오제는 살아 숨쉬는 강릉문화의 원동력으로 축제 기간이 아닌 때에도 부대시설을 활용한 교육·관광적인 차원에서 사전 홍보 예약을 통해 전통문화 공연 관람과 단오민속 체험촌 방문 등으로 장기적인 활용 방안이 필요함을 강조하였다.

다음은 강릉단오제 행사 운영에 따른 상설화(전담기구) 시행에 관한 사항이었다. 강릉단오제위원회는 상설 조직체가 아니므로 행사 추진 및 발전적인 축제 운영의 대안을 마련하는데 무리가 있으며, 운영 조직의 장기적인 비전과 연차적인 계획을 가지고 행사를 기획 운영하기에 어려움을 갖고 있었다.

이를 극복하는 방안으로 그 동안 여러 방면에서 논의 제시되었던 강릉단오제 전담 기구인 법인체를 설립해야 한다는 것이 최적의 대안으로 제시되어 왔다. 따라서 유능하고 헌신적인 전문인력을 충분히 재생산될 수 있도록 내부인력 뿐만이 아니라 외부와의 인적 네트워크와 커뮤니케이션을 위한 상설기구 설립이 필요함을 강조하였다.

제5장

유네스코 인류무형유산
축제 등재 이후의
변화와 지속성

축제 운영과 관리 기구의 재편성
강릉단오제의 민속문화 유적지 변화
대성황사 복원과 강릉단오제의 현대적 전승 담론

제5장

유네스코 인류무형유산
축제 등재 이후의 변화와 지속성

    강릉단오제는 1967년 1월 16일 국가 중요무형문화재 제13호로 지정되었다. 이후, 천년의 역사와 함께 우리나라를 대표해 오던 전통 축제인 강릉단오제가 2005년 11월 25일 유네스코 세계무형유산으로 등재되었다.

    1997년 11월 유네스코 제29회 총회에서 '전승의 위험'에 처해있는 인류의 무형문화유산을 보호하자는 내용의 결의안 채택과 1998년 제155차 집행 이사회의 '인류구전 및 무형유산걸작' 선언에 따라 세계무형유산 지정 제도가 시작되었다.

    이를 계기로 2000년 10월 17일 문화재청 문화재위원회 제4분과에서 세계무형유산 등록 후보로 '종묘제례와 제례악', '판소리'에 이어 3순위로 '강릉단오제'가 선정되었다. 2003년 1월 29일에는 문화재청에서 한국의 대표 축제인 강릉단오제를 2005년 제3차 '인류구전 및 무형유산걸작' 후보작으로 확정함에 유네스코에 등록 신청 작업을 착수하였다. 2003년 11월 유네스코 본부로부터 무형유산 신청 응모를 통보받음과 동시에 전문가들이 작성한 신청서는 강릉시에서 강원도와 문화재청을 경유하여, 외교통상부에서 2004년 10월 27일 유네스코 본부에 제출하였다.

    등록 신청서의 주요 내역은 160쪽 분량의 신청 문서(한글·영문), 슬라이드 사진 80컷,[1] 2시간용과 10분용의 VHS 영상물, 조사 보고서 등 관련 자료 20종

---

[1] 사진 제공 : 유제원(당시, 양양초등학교 교사), 김종달(당시, 해람기획 대표), 안광선(당시,

이었다. 이에 등록 신청서를 작성하는 과정에서는 대학 교수 및 전문가로 구성된 자문단에게 수시로 자문을 받았으며,[2] 강릉문화원에서는 관계되는 문서를 작성하였고,[3] 코리아 루트(대표 김진순)[4]에서 각종 영상물 촬영 및 편집을 전담하였다.

　프랑스 파리에 있는 유네스코 본부에 제출된 신청서는 2004년 11월부터 2005년 2월까지 4개월간의 유네스코 본부 사무국의 행정심사와 2005년 3월부터 2005년 9월까지 7개월간에 걸친 세계문화 NGO의 종합평가를 거친 후, 2005년 11월 21일부터 11월 24일까지 4일간의 세계 각국의 18명으로 구성된 국제심사위원회에서 최종적인 심사결정을 받아 2005년 11월 25일 유네스코 사무총장으로부터 강릉단오제가 '인류구전 및 무형유산걸작'으로 선정됨을 발표함으로써 강릉단오제가 명실공히 세계적인 무형유산으로 선정되었다.

　강릉단오제가 유네스코 세계무형유산으로 등재된 이후, 이에 따른 다양한 과제가 중요하게 대두되고 있다. '무형문화유산'은 세계가 인류의 문화유산으로 함께 향유할 때, 비로소 보존의 가치와 의미를 갖게 된다. 따라서 무형유산은 그 지역 주민이 참여하고 내국인이나 외국인이 이를 공감하고 향유함으로써 자문화와 타문화와의 구별없이 서로의 문화를 존중해야 한다.

　그리고 무형문화유산은 그 성격상 세대 사이에 전승되면서 버려지는 것이 있는가 하면, 새로운 것이 추가되기 때문에 본래대로의 상태를 그대로 유지시키기 어렵다는 점을 고려하여, 선정 이후 강릉단오제의 전승 변화에 대한 세부적인 내용(등록에 따른 기대 효과, 전승 과정, 환경의 변화 등)을 이 시점에서 담론화되어야 할

　　한컷 대표).
2　자문위원 : 김선풍(중앙대), 임돈희(동국대), 박상미(외국어대), 장경희(국립문화재연구소), 허권(유네스코 한국위원회), 강릉시·강릉문화원, 『강릉단오제 유네스코 세계 인류구전 및 무형유산 걸작 선정 백서』, 2006, 73쪽.
3　1차 연구 집필 참여자 : 장정룡(강릉대), 황루시(관동대), 김천영(강릉대), 김경남(중앙대). 2차 연구 집필 참여자 : 황루시(관동대), 최선복(강릉시청), 임형진(문화재청), 정규연(문화재청). 강릉시·강릉문화원, 『강릉단오제 유네스코 세계 인류구전 및 무형유산 걸작 선정 백서』, 2006, 73쪽.
4　코리아루트는 한국의 문화자원 발굴 및 영상기록을 위해 설립한 필드워크 전문기업이며, 방송영상 프로그램 독립제작사로서 이 땅의 잊혀져가는 민족문화를 발굴하여 보존하는 작업을 하고 있음. www.korearoot.co.kr.

시기라고 보고 있다. 왜냐하면, 무형문화유산을 보호하는 주체로서는 '공동사회'와 '단체'에 주목했으며, 이는 무형문화유산이 어떤 행위의 결과물이 아닌 '과정'을 보여주고, 이를 행하는 사람들의 역할이 중요하기 때문이다.

이 장에서는 강릉단오제의 통시적 전승 양상을 토대로 지속과 변동의 중심 요소와 특징에 대하여 주목하고자 한다.[5] 무형문화유산은 '보호' 만큼이나 '활용'도 중요하다. 따라서 강릉단오제가 세계무형유산 등재로 인하여 변화된 축제 운영 관리기구의 재편성된 상황, 전승상의 변화에 따른 유적지 복원 등 당면한 문제의식도 함께 고려해야 할 대상으로 본다.

1. 축제 운영과 관리 기구의 재편성

유·무형의 문화자원이 공존하고 있는 강릉단오제는 지난 2005년 11월 25일 유네스코 세계무형유산으로 등재되었다. 이를 기점으로 강릉단오제의 운영과 관리기구가 재편성되었다.

먼저, 30여년 동안 강릉단오제를 총괄적으로 주관해 왔던 강릉문화원[6]은 산하에 두었던 강릉단오제위원회(2006)[7]와 강릉단오제보존회(2007)[8]를 상설기구

---

[5] 요컨대 민속에 있어서 시간에 따른 지속과 변동의 문제는 다음과 같이 정리될 수 있다. 곧 민속에서도 시간에 따른 變動은 본질적이다. 그런데 持續은 '고정불변의 지속'이 아니라, 변동이라는 큰 틀 속에서 그 변동과 호흡을 함께하는 지속이기에 '변동속의 지속'으로 이해된다. 지속도 시간에 따른 변동에서 벗어날 수는 없다. 그러나 지속은 변동을 일정한 범위 안에 조절하는 기능도 동시에 하고 있는 것이다(李弼永,「민속의 지속성과 시대성」, 『한국민속문화의 탐구』, 국립민속박물관, 1996, 445~446쪽).

[6] 강릉문화원은 강원도 강릉시 교1동 소재, 자금원은 국가예산, 지방정부예산, 시민참여 기금 등, 법적 지위는 문화관광부 산하 특별법인, 설립 목적은 강릉지역 문화예술의 보존 및 창달, 기능은 강릉지역 문화예술의 보존 연구·교육 등(『강릉단오제 : 유네스코 인류구전 및 무형유산 걸작 신청서』, 2004).

[7] 강릉단오제위원회는 강원도 강릉시 노암동 소재, 자금원은 국가예산, 지방정부 지원금, 시민참여 기금, 법적 지위는 민간단체, 설립 목적은 강릉단오제 행사 주관, 기능은 강릉단오제 개최 준비, 진행, 평가 등 일련의 업무를 총괄하는 민간기구. 강릉지역 각 부문별 주요 인사들로 구성된 실무 추진단으로서 강릉단오제 거행의 중심 조직(『강릉단오제 : 유네스코 인류구전 및 무형유산 걸작 신청서』, 2004).

로 독립시켰다. 이후, 강릉시는 강릉단오문화창조도시추진단(2008.2)을 임시 기구로 신설하였다.

강릉단오제의 보호 보존을 담당하는 주체로는 '강릉지역 주민'과 '민간기구', '연구기관', '정부(중앙·지방)기구' 등이 있다. 강릉단오제위원회와 강릉단오제보존회는 민간기구로서 강릉단오제 보호·보존, 행사 운영을 위해 개인과 단체를 조직하며, 행사를 정기적으로 개최하고 성공적으로 운영하기 위한 실무적인 업무를 전담하고 있다. '연구기관'으로는 강릉단오제에 대한 학술적 가치를 부단히 탐구하고, 이에 필요한 연구 인력을 공급하고 있는 강릉지역 소재 대학과 부설 연구소, 그리고 '강릉문화재단', '강릉임영민속연구회' 등이 있다. 특히 대학은 강릉단오제에 대한 조사 연구를 지속적으로 수행할 부설 연구소를 설치하여 운영할 뿐만 아니라 교양 과목으로서 '강릉단오제의 이해' 등의 강좌를 개설·운영하여 강릉단오제에 대한 저변을 확대하고 있다.

'정부(중앙·지방)기구'는 전통문화가 단순히 과거의 역사가 아니라 현재에도 기능하는 소중한 문화적 자산임을 확인하고, 이를 실현하기 위한 다양한 법적·제도적 지원 체계를 갖추고 있다. 전통문화 보존 보호 의지가 구체적으로 드러난 제도적 시스템인 '대한민국 무형문화재 제도'에 따라 강릉단오제의 전승을 보장하기 위해 재정적 지원을 포함한 다양한 프로그램을 수립 시행하고 있다.[9]

그러나 강릉단오제가 과거를 거쳐 현재에 이르렀으며, 미래에도 지속적으로 전승할 수 있도록 하는 힘은 강릉지역 주민에게서 나온다. 지역 주민은 강릉단오제가 살아 있도록 하는 터전이며, 생명력이기 때문이다.

---

8 강릉단오제보존회는 강릉시 노암동 소재, 자금원은 국가예산, 지방정부예산, 법적 지위는 문화재청 승인 보존단체, 설립목적은 강릉단오제의 보존·전승·발전, 기능은 '강릉단오제'를 구성하는 다양한 기술적 요소를 보존하고, 이를 전수하는 단체. 국가에서 지정한 중요무형문화재 강릉단오제의 보유단체(『강릉단오제 : 유네스코 인류구전 및 무형유산 걸작 신청서』, 2004).
9 위의 책 참조.

1) 강릉단오제 운영과 민간 기구의 변화

강릉단오제의 보존·전승·관리·운영 등을 지탱하는 운영 체계로는 '민간기구'와 '정부(중앙·지방)기구'으로 크게 구분할 수 있다. 민간기구로는 '강릉단오제위원회'와 '강릉단오제보존회'가 있다. 현재 2개의 민간기구는 강릉단오제의 전승 보존과 행사 운영을 위해 민간단체를 조직하며, 축제를 정기적으로 개최하고 성공적으로 운영하기 위한 실무적인 업무를 전담하고 있다.

(1) 사단법인 강릉단오제위원회[10]

강릉단오제위원회(이하, '위원회')는 강릉단오제 행사 개최를 전담하는 민간 실행 기구이다. 강릉시민이면 누구나 참여할 수 있는 위원회는 '총회'를 통해 축제 전반에 대한 심의와 결정을 한다.[11] 1967년 강릉단오제가 중요무형문화재 제13호로 지정된 이후, 1973년부터 강릉문화원 내에 위원회가 구성되어 일찍이 민간기구로서 축제가 운영되었다.[12] 그리고 2005년 11월 강릉단오제가 유네스코 세계무형유산으로 등록된 이후, 2006년 3월에 강릉문화원으로부터 위원회가 분리 독립하여 상설기구가 되었다. 그리고 2007년 1월 사단법인 강릉단오제위원회로 출범하였다.

---

10 (당시) 강릉단오제위원회 법인 설립 및 상설기구화에 대해서 강릉시는 강릉국제관광민속제 행사 수익금을 기금으로 강릉단오제위원회가 중심이 되는 새로운 법인 설립을 계획하고 있다. 새로이 설립할 법인의 중심이 되는 '강릉단오제위원회'는 강릉지역의 주요 인사 120명으로 구성된 민간기구로서 강릉단오제의 행사 주체가 되는 민간기구이다. 법인은 강릉단오제 행사를 주관할 뿐만 아니라 강릉단오제의 전수교육과 홍보를 위해 2004년도에 설립한 '강릉단오문화관'의 위탁기관으로서 강릉단오제 홍보, 행사추진의 실질적인 중심이 될 것이다. 법인의 운영은 전문가들로 구성하여 단오문화관을 통하여 강릉단오문화의 상설공연, 단오체험 프로그램 개발, 단오문화의 상품화와 잠재적 가치를 계발하여 강릉단오제를 발전시켜 나갈 것이다(『강릉단오제 : 유네스코 인류구전 및 무형유산 걸작 신청서』, 2004).

11 위원회의 위원은 일반 시민(강릉시 읍면동 추천 인사), 학계(민속·역사·관광 등), 지방정부 관계자, 시의원, 지역 언론사 관계자, 지역 문화·예술단체 등으로 구성된다.

12 초대 위원장 이상혁(1973~1983), 제2대 최돈택(1984~1985), 제3대 김진백(1986~1997), 제4대 김진덕(1998~1999), 제5대 정호돈(2000~2005), 제6대 최종설(2006~2014), 제7대 조규돈(2015~2018), 제8대 김동찬(2019~현재).

그리고 위원회는 강릉단오제 보호 보존과 행사 운영을 위해 개인과 단체를 조직하며, 행사를 정기적으로 개최하고 성공적으로 운영하기 위한 실무적인 업무를 전담하고 있다. 이밖에도 강릉단오제의 안정적이고 항구적인 보존관리를 위한 민간 기구에는 국가 및 지방에서 지정한 강릉지역 소재 '무형문화재' 전승 단체[13]와 다양한 지역 '예술 단체'[14]들의 역할도 간과할 수 없다. 이들은 다양한 문화적 전통을 수용, 소개, 표현하는 노력을 통해 강릉단오제가 뿌리내리고 발전하는데 문화적 자양분을 풍부하게 공급하는 역할을 하고 있다.[15]

위원회는 강릉단오제 축제의 종합 계획 수립 및 집행을 큰 틀로 하고 있으며, 강릉시민 및 일반 관광객을 대상으로 강릉단오제 역사문화유적지 탐방 사업을 진행하고 있다. 강릉단오제 전반에 대한 무크지 성격의 『수릿날, 강릉』을 발간하고 있으며, 축제의 주제 음악(단오송)으로 영산홍을 편곡하여 음반(CD)으로 제작, 어린이 및 청소년들이 강릉단오제를 좀 더 쉽게 이해하고 접근할 수 있는 방안으로 강릉단오제 무대공연 작품제작 지원사업, 강릉단오제의 근현대사를 이해하는데 있어, 그동안 기록된 자료를 바탕으로 무형문화유산의 학제간 연구 자료 활용을 위한 『강릉단오제 역사편람』 제작 사업, 강릉단오제 문화콘텐츠 구축을 위한 '문화콘텐츠' 스토리텔링 분야(시나리오, 동화)와 영상분야를 공모 사업으로 추진하였다. 강릉단오제 문화유산 외국어 해설사 양성 교육을 통해 축제 홍보위원으로서의 역할 수행과 강릉의 문화유산을 외국어로 전달할 수 있는 인적 인프라를 구축하고 있다.

2007년에는 세계문화유산 강릉단오제 및 한반도 단오문화 정보화 DB 구축을 통해 국가적으로 보존 및 이용가치가 높은 자료들을 지식·정보자원으로 지정, DB화하여 주요 국가지식 정보자원의 보존 및 이용 활성화에 목적을 두고 구축하는데 참여하였다.[16]

---

13 강릉농악보존회, 강릉학산오독떼기보존회, 강릉사천하평답교놀이보존회, 금산마을용물달기보존회 등.
14 강릉예총과 강릉민예총, 성인·청소년 문화활동 동아리 등.
15 『강릉단오제 : 유네스코 인류구전 및 무형유산 걸작 신청서』, 2004.

강릉단오제 및 세계무형유산 관련 DB 구축 자료로 2006~2018년까지의 주요 사업 결과물을 정리해 본다.

강릉단오제위원회 활동 내용[17]

구 분	주요 내용
2006	강릉단오제의 축제 평가 및 개선방안에 관한 연구 보고서 강릉단오제 행사 계획 및 결산
2007	『수릿날, 강릉』 창간호와 제2호 발간 강릉단오제의 원형보호 및 전승성 연구 제1회 강릉단오제 학술논문 공모전 수상작 모음집 강릉단오제 평가 및 개선사항 강릉단오제 화보집 강릉단오제 행사 계획 및 결산
2008	『수릿날, 강릉』 제3호 발간 강릉단오제 논문집 : 『강릉단오제와 콘텐츠』 강릉단오제 기록물 편람(『강원일보』판 · 『강원도민일보』판) 한국의 단오제 : 강릉단오제 · 경산자인단오제, 법성포단오제, 전주단오의 현장 연구 강릉단오제 관광상품 및 캐릭터 매뉴얼 제작 강릉단오제 발전방안 연구 강릉단오제 행사 계획 및 결산
2009	『수릿날, 강릉』 제4호 발간 『강릉단오제를 찾아 떠나는 여행』 초등생 · 중학교용 교재

---

16 "강릉시, 디지털 자료화 완료 … 홈페이지도 구축" 세계무형유산 강릉단오제를 비롯한 한반도 단오문화를 한 눈에 볼 수 있는 디지털 자료화 사업이 완료됐다. 강릉시는 31일 오후 시청 대회의실에서 강릉단오제위원회와 강릉단오제보존회 등 지역 전통문화 보존회 관계자 등이 참석한 가운데 '세계문화유산 강릉단오제 및 한반도 단오문화 정보화 DB 구축 사업' 완료 보고회를 열고 향후 활용 및 유지 관리 방안에 대해 논의했다. (주)현대정보기술 컨소시엄이 용역을 맡아 총 9억원의 사업비가 투입된 이번 정보화 DB 구축사업은 단오문화 관련 텍스트가 4만500쪽, 이미지 4만617장, 동영상 1만5000분, 다매체 서비스용 동영상 300분 등의 방대한 자료를 갖춘다. 한반도 단오문화에 대한 종합정보를 제공하는 홈페이지도 구축됐다. 이에 따라 유네스코 인류구전 및 무형유산 걸작으로 선정된 강릉단오제를 중심으로 단오문화를 체계적으로 검색할 수 있는 시스템을 갖춤으로써 교육, 학술적으로 활용도를 높일 수 있을 뿐 아니라 단오문화 기록 보존에도 크게 기여할 것으로 기대된다. 강릉시 관계자는 "지역 학계, 기관단체들과 협력관계를 구축하고 공모사업 신청 등을 통해 단오문화 관련 자료들을 발굴, 보존하는 사업을 추진할 계획"이라고 밝혔다(『강원일보』, 2007.10.31).

17 (사)강릉단오제위원회 홈페이지 및 「수릿날, 강릉」 참조.

	『강릉 이야기 : 하나의 원천, 다양한 이용』 발간 제2회 강릉단오제 학술논문 공모전 수상작 모음집 『강릉단오제 연구사의 검토와 진단』 자료집 『한·중 단오문화의 차이와 다름』 자료집 『북한·조선족 단오민속 조사 연구』 자료집 유네스코 세계무형유산 8대 축제 : 바랑키아 축제 자료 정리 유네스코 세계무형유산 : 자파라 민속지 발간 강릉단오제 행사 계획 및 결산 등
2010	『수릿날, 강릉』 제5호 발간 외국어 전문 <단오 해설사> 양성 교육 아메리카 사모아 문화교류 사업(단오굿 공연) 동북아역사재단 <2010 동북아 시민협력사업> 수행 제2회 강릉관광 기념품 공모전 <단오수리취떡> '금상' 수상 유네스코 등재 5주년 기념행사
2011	『수릿날, 강릉』 제6호 발간 지역 축제 탐방(안성세계민속축제, 제50회 탐라문화제 공연 등) 문화의 달 행사 운영 강릉단오제 연구 용역 사업 제1회 강릉단오제 발전을 위한 축제 포럼
2012	『수릿날, 강릉』 제7호 발간 대관령눈꽃축제, 정선아리랑제 참가, 전주소리축제 교류, 내 나라 여행 박람회 참가 2012 문화유산 방문 교육, 해설사 양성 교육, 자원봉사자 발대식 등 2012 강릉단오제 모니터링 강원도 예비 사회적기업 지정 : (사)강릉단오제위원회 단오문화사업단 2012 강릉 ICCN 세계무형문화 축전 참가 제3회 강릉시 평생학습 어울림 한마당 참가 축제문화콘텐츠 활용 방안(2018 동계 올림픽 & 문화올림픽) 좌담회
2013	『수릿날, 강릉』 제8호 발간 대관령 눈꽃 축제 교류, 내 나라 여행 박람회 홍보, 강릉경포벚꽃잔치 현장 홍보 2013 몽골 정치지도자 연수생 방문 강릉교육청 MOU협약 강릉단오제 단오주 명품화 포럼 및 단오문화사업단 단오주 출시 전주 소리축제 초청 공연 정선 아리랑제 현장 홍보부스 운영 제4회 강릉단오제 우수 논문 공모전 시행
2014	『수릿날, 강릉』 제9호 발간 내 나라 여행 박람회 홍보(서울 코엑스) 문화유산 방문 교육, 강릉단오제 단오해설사 양성교육 강릉단오제 중국 협력단체 이스윈드(Yiswind) 문화교류 방문 강릉단오제 자원봉사자 발대식

	제1회 강릉단오제 전문교사 양성 직문연구 실시(32명) 인천 부평 풍물축제 탐방 제53회 탐라문화제 참여(주문진문화센터 관노가면극) 제2회 강릉 ICCN 세계무형문화축전 참가 이란 니샤브로시 문화교류 협의(2015 강릉단오제 초청 관련) 전주 세계소리 축제 참여(강릉농악), 정선 아리랑제 참여(관노가면극)
2015	『수릿날, 강릉』 제10호 발간 (사)강릉단오제위원회 위원장 이·취임식(1.27) 일본여행업협회 관계자 팸투어, 일본돗토리현 여행업 협회 팸투어 일본중부지역(나고야 중심) 여행업 팸투어 문화유산 방문교육, 강릉단오제 해설사 양성교육, 강릉단오제 바로 알기 사업 강릉단오제 in 청계천, 몽골 나담 축제 탐방 강릉단오제 전문교사 심의과정 직무연수 강릉단오제위원회 & YMCA 강릉진로교육 활성화 MOU 전주 세계소리 축제 초청 공연(무속악), 제주도 탐라문화재 초청 교류 정선 아리랑제 초청 교류 유네스코 인류무형문화유산 선정 10주년 기념 좌담회
2016	『수릿날, 강릉』 제11호 발간 G2 강릉겨울문화페스티벌 참여, 문화유산방문교육 워크숍, 단오 해설사 양성 교육 단오제 바로 알기 교육 찾아가는 홍보, 강릉단오제 in 광화문 프랑스 가나페스티벌 교류(강릉농악), 전주 소리축제 교류, 부평풍물대축제 교류 정선 아리랑제 교류, 제56회 제주도 탐라문화제 교류
2017	『수릿날, 강릉』 제12호 발간 강릉 겨울 퍼포먼스 페스티벌 운영 문화유산 방문교사 직무 교육, 단오 해설사 양성 교육 이탈리아 아몬드 꽃 축제 교류, 몽골 나담 축제 상호 교류 강릉단오제 바로 알기 (사)강릉단오제위원회 & (주)씨앤씨 미디어콘텐츠 MOU 체결 찾아가는 홍보 '강릉단오제 in 세종대로' 읍명동 관계자 회의, 기자 간담회 자원 봉사자 발대식, 자문위원회의 2018 강릉문화 올림픽 관련 협약식 제56회 제주도 탐라문화제, 부평풍물대축제, 전주세계소리축제 교류 굿 워드어스 공연 기획
2018	『수릿날, 강릉』 제13호 발간 강릉문화올림픽 in 월화거리, 찾아가는 홍보 in 강릉 등 단오 해설사 양성 교육 강릉단오제 바로 알기 강릉단오제 & 강릉역 업무 협약, 기자 간담회, 자원봉사자 발대식 등 라트비아 노래와 춤 축제 참여

자문위원회, 실행위원회, 내부 워크숍 등 전주세계소리축제, 정선아리랑제, 제58회 제주탐라문화제, 부평풍물대축제 교류 2018 강릉단오제 홍보 화보집 발간(색·소리·우리)

(2) 사단법인 강릉단오제보존회

강릉단오제보존회('보존회')는 강릉단오제의 시간적 전승을 담보하기 위한 지속적인 교육, 구성원 확보 및 운영, 강릉단오제를 구성하는 고도의 기술적 측면인 다양한 기·예능을 체득하고 실현하는 단체이다.[18]

보존회가 문화재보호법에 의한 문화재 전승 보유단체로 인정받아 출발한 시점은 1986년 11월 1일부터이다. 1980~1990년대는 김진덕 예능보유자(제례)가 보존회를 중점적으로 이끌었으며, 1999년 김진덕 보유자가 사망한 이후부터는 조규돈·김종군 예능보유자가 보존회를 이끌어 왔다.[19]

그리고 2007년 3월 강릉문화원으로부터 사단법인 강릉단오제보존회로 새롭게 출범하기에 이르렀다. 매년 강릉단오제 지정문화재 행사 중, 각종 제례와 무당굿, 관노가면극 공개 발표회를 전담하고 있으며, 국내외 초청 공연을 통해 강릉단오제의 현대적 전승 활동에도 전력을 다하고 있다.

강릉단오제를 이끌어가는 전승의 중심축으로 지정문화재 행사를 전승·보존하는 조직이 보존회이다. 강릉단오제는 제례·단오굿·관노가면극 세 부문의 예능보유자가 중심이 되어 전승·보존 활동에 있어 중요한 역할을 한다. 중요무형문화재로 지정된 1967년 이후, 각기 다른 예능분야에서 유기적으로 긴밀한 관계를 지속해 왔다. 또한 축제장의 중심인 단오제단(굿당)을 통해 유교식 제의와 무속 의례, 연희(놀이) 전승에서 예능보유자를 비롯한 보존회 회원들이 활동하고 있다. 그리고 보존회는 제례·단오굿·관노가면극의 세 부분을 통합하는 기능을 갖고 있는 것이며, 보존회 내의 관노가면극 부문은 1984년 11월부터 강릉문화원에서 '관노가면극보존회 육성사업'의 일환으로 연희 의상과 가면

---

[18] 『강릉단오제 : 유네스코 인류구전 및 무형유산 걸작 신청서』, 2004.
[19] 『중요무형문화재 통계 자료』, 문화재청(무형문화재과), 2009.1.31.

제작 등 지원 운영되었다.

보존회는 강릉단오제가 유네스코 세계무형유산으로 등재되기 이전부터 지역의 사회 교육적 측면에서 전통문화 활성화에 적극적으로 나서고 있다. 우선은 '강릉관노가면극'의 보급을 통한 대중 교육적 사업이었다. 매년 관노가면극 전승 발표회를 통해 각급 학교(초·중·고교·대학교) 및 일반 성인팀이 전수 활동에 참여하여 기량을 발휘하는 전통문화 교육의 장으로 발전하고 있다. 또한 강릉시 관내 관광지인 경포(대)와 오죽헌, 선교장 등지에서 주말을 이용하여 관광객 및 일반 시민을 대상으로 상설 공연에 참여하고 있다. 이밖에 국내외 초청 공연 등으로 활발하게 전승·초청 공연이 함께 운영되고 있다.

강릉단오제보존회 활동 내용[20]

구 분	주요 내용
2000	프랑스 페리그 미모스 마임 축제 초청 공연(관노가면극)
2003	프랑스 간나 축제 초청 공연(단오굿)
2004	아시아 전통 예술 페스티벌 초청 공연(단오굿) 세계 박물관 대회 초청 공연(관노가면극)
2005	유네스코 인류구전 및 무형유산 걸작 강릉단오제 등재 러시아 야쿠츠크 세계 굿 페스티벌 초청 공연(단오굿) 독일 마인츠시 초청 공연(단오굿)
2006	인도네시아 족자카르타시 시 승격 기념 축제 초청 공연(단오굿) 이집트 칼리비아주 민속 축제 초청 공연(관노가면극)
2007	광화문 복원용 금강 소나무 위령제 굿! 보러가자 초청 공연(단오굿) 일본 동경 '신주쿠에서 세계로' 전통문화공연 초청 공연(관노가면극) 한-터 수교 50주년 문화교류 행사(단오굿·관노가면극) 사단법인 국가무형문화재 제13호 강릉단오제보존회 출범
2008	유네스코 세계무형유산 초청 공연(제례·단오굿·관노가면극) 전주세계소리 축제 초청 공연(단오굿) 제1회 강원도 무형문화대제전 초청 공연(단오굿) 베트남 후에 페스티벌 초청 공연(단오굿)

20　(사)강릉단오제보존회 홈페이지 참조.

2009	대관령국사여성황사 이전 준공식 고유제(제례·단오굿·관노가면극) 펄떡이는 주문진 시장 풍어제(제례·단오굿) 한국문화의 원형 찾기 '한국의 굿 – 강릉단오굿' 공연(제례·단오굿·관노가면극)
2010	세계무형유산과 함께하는 전통문화 공연(단오굿) 부천무형문화엑스포 초청 공연(관노가면극) 공연장 상주 예술단체 지원사업 '단오로 하나되는 우리' 세계무형유산 프로그램 '강릉단오제 공연'(제례·단오굿·관노가면극) 영월 굿 보러 가자 초청 공연(단오굿) 한국문화의 원형 찾기 '한국의 굿'(단오굿) 아메리카 사모아 강릉단오제 단오굿 초청 공연 전주 아시아·태평양 무형문화유산 축제 초청 공연(단오굿)
2011	유네스코 세계무형유산 초청 공연 '비나이다'(단오굿) 2011년 문화의 달 행사 '강릉의 뿌리' 공연(단오굿·관노가면극) 러시아 시각예술 비엔날레 축제 초청 공연(관노가면 인형극) 공연장 상주 예술단체 지원 사업 '전통과 함께 요(樂)·락(樂)·악(樂)' (다노네, 다노세 공연 – 제례·단오굿·관노가면극, 흐르게 두다(流) – 무속악, 사물놀이, 현대음악) 제16회 시카고 한인 축제 초청 공연(관노가면극) 종묘제례악 세계무형유산 10주년 기념행사 강릉단오굿 초청 공연 국립국악원 토요 명품 공연 강릉단오제 초청 공연(제례·단오굿·관노가면극)
2012	'상상, 그리고 공감을 이끌다' 기획 공연(사물놀이·현대음악) 2012 강릉 ICCN 세계무형문화축전 공연 (다노네, 다노세 공연 – 제례·단오굿·관노가면극, 사물놀이, 관노가면 인형극) 2012 남한산성 굿 음악제 초청 공연(단오굿) 소외지역 문화순회 사업 '소리로 만나는 관노가면극'(관노가면 인형극) 공연장 상주 예술단체 지원사업 '신명나는 몸짓, 새로운 울림' (다노네, 다노세 – 제례·단오굿·관노가면극·사물놀이·현대음악) 고양 행주문화재 초청 공연(관노가면극) 부산 수영야류 무형문화재 초청 공연(관노가면극)
2013	연말 특별 기획 공연 '상상 그리고 공감을 이끌다'(사물놀이·퓨전타악) 대한민국 아리랑 유네스코 등재 1주년 초청 공연(사물놀이) 2013 ICCN 국제무형문화도시연합 워크숍 초청 공연(단오굿) 전주세계소리 축제 '소리 Special – 풍물 한마당' 초청 공연(관노가면극) 일본 이이다 인형극 축제 초청 공연(관노가면 인형극) 공연장 상주단체 육성지원 사업 '별난 단오, 별난 만남'(제례·단오굿·관노가면극) 인천 수봉민속놀이 마당 초청 공연(관노가면극) 국립국악원 연희 풍류극장 개관 기념 행사 '팔도연희유람'(단오굿·관노가면극) 소외계층 문화순회 사업 '연화와 무월랑의 사랑 이야기'(명주가 인형극) 서울 놀이마당 초청 공연(관노가면극) 봄맞이 탈춤 한마당 초청 공연(관노가면극) 무형문화재 전수관 활성화 사업 '단오로 하나 되는 우리'

	(다노네, 다노세 공연 – 제례·단오굿·관노가면극·사물놀이) 2013 평창 동계 스페셜 올림픽 성화 봉송 문화 행사(제례·단오굿·관노가면극) 대관령 눈꽃 축제 초청 공연(관노가면극)
2014	국립무형유산원 이수자 뎐 '예시자, 오시자' 초청 공연(단오굿) 남한산성 한국 인류무형유산 축제 초청 공연(단오굿) 제2회 ICCN 세계무형문화축전 초청 공연(단오굿) 강원도 – 돗토리현 자매결연 20주년 기념 행사 초청 공연(관노가면극) 국립무형유산원 개원식 초청 공연(관노가면극) 무형문화재 전수관 활성화 사업 '함께하는 단오, 우리 단오' (다노네, 다노세 공연 – 제례·단오굿·관노가면극. 사물놀이, 관노가면 인형극)
2015	국가무형문화재 기획 공연 '소매야, 소매夜'(관노가면극) 한국의 인류무형유산 축제 초청 공연(단오굿) 2015 전국 체육대회 개막식 초청 공연(제례·단오굿·관노가면극) 울산 처용문화제 초청 공연(관노가면극) 서울 노원 탈 축제 초청 공연(관노가면극) 국립무형유산원 토요 상설 공연 '다노네, 다노세'(제례·단오굿·관노가면극) 소외계층 문화순회 사업 '연화와 무월랑의 사랑 이야기'(명주가 인형극) 동동동 문화놀이터 사업 '단이와 떠나는 작은 단오 이야기' (강릉단오제 그림자 인형극) 무형문화재 전수관 활성화 사업 '신명나는 단오 세상 만들기' (다노네, 다노세 공연 – 제례·단오굿·관노가면극, 사물놀이, 단오 인형극)
2016	2016 쇼트트랙 테스트 이벤트 초청 공연(관노가면극) 서울놀이마당 상설공연 초청 공연(관노가면극) 한국문화재재단 민속극장 풍류 초청 공연(단오굿) 전주세계소리축제 초청 공연(단오굿) 오색달빛 강릉야행 초청 공연(단오굿·관노가면극·관노가면 인형극) 국립국악원 단오 명인전 초청 공연(관노가면 인형극) 국가무형문화재 기획 공연 '다노네, 다노세 공연'(제례·단오굿·관노가면극) 천안시 제32회 단오 축제 초청 공연(관노가면극) 우리 가락 우리 마당 'Feel 通 타고 놀이'(무속타악 창작) 강릉단오제 in 광화문 공연(단오굿·관노가면극) 무형문화재 전수교육관 활성화 사업 '천년의 어울림, 그 길을 함께 걷다' (해설이 있는 무악 공연 – 단오굿, 관노가면 인형극, 사물놀이, 관노가면극) 강릉단오제 전국 학술 세미나 겨울문화 페스티벌(단오굿·관노가면극·관노가면 인형극)
2017	국가무형문화재 기획 공연 '다노네, 다노세 공연'(제례·단오굿·관노가면극) 인문주간 강릉무형문화 한마당(무속악·관노가면극) 창작 국악극 페스티벌 '굿 with Us'(단오굿) 강릉 기우제 용굿 복원 및 시연 행사(단오굿) 서울 아리랑 페스티벌 초청 공연(단오굿) 서울 노원 탈 축제 초청 공연(관노가면극)

	이수자 활동 지원사업 '에시자, 오시자'(단오굿, 무속타악 창작) 제3회 오색달빛 강릉야행 초청 공연(무속타악, 관노가면극) 강릉 겨울 퍼포먼스 페스티벌(단오굿·관노가면극)
2018	창작 공연 '당금애기'(단오굿) 국가무형문화재 기획 공연 '다노네, 다노세 공연'(제례·단오굿·관노가면극) 국가무형문화재 이수자 지원 사업 '오신(娛神)'(무속타악) 위대한 유산, 오늘을 만나다. 초청공연(단오굿·관노가면극) 전문예술창작지원사업 '별스런 타락'(무속타악 창작) 전주세계소리축제 초청 공연(단오굿극) 단편영화 'Wedding : 결혼' 촬영 초청 공연(단오굿) 강원연희 페스티벌 초청 공연(무속타악·관노가면극) 제4회 오색달빛 강릉야행 초청 공연(무속타악·관노가면극) 라트비아 노래와 춤 축제 초청 공연(단오굿·무속타악) 무형문화재 전수교육관 활성화 사업 '단오로 보는 천년의 시간 여행' 얘들아 단오가자(강릉단오제 교육, 제례·사물놀이·관노가면극 체험) 강릉 단오 Good 樂 공연(무속타악 창작) 1시군 1대표 문화예술 행사 '단오향'(제례·단오굿·관노가면극) 강릉문화 올림픽, 길 위의 신명 in 월화거리 공연(단오굿·관노가면극) 한류 K-컬쳐 이벤트 전통민속 공연 (창작공연 '비상' : 관노가면극, 학산오독떼기, 사천하평답교놀이)

2) '강릉단오문화창조도시추진단'과 '국제무형문화도시연합(ICCN)'

(1) 강릉단오문화창조도시추진단

강릉단오문화창조도시추진단(강릉시추진단)은 강릉단오제가 유네스코 세계무형유산 걸작으로 선정된 이후인 2008년 2월에 신설되었다.[21] 강릉시 추진단은 강릉단오제가 세계적인 무형문화유산으로서 그 가치를 인정받게 됨에 따라 전통문화 자원의 체계적 보존과 지속적인 발전 방안을 구축하기 위한 기구라고 볼 수 있다. 따라서 세계적인 무형문화유산 도시 '강릉'으로서의 의미와 가치를

---

21 '강릉시 추진단'이 신설(2008.3)되기 이전에는 강릉시 문화예술과 內에 '단오문화계'(2007.1~2008.2)에서 계장급 1명과 직원 2~3명이 '강릉단오제' 관련 사업을 담당하였다. 현재 추진단 內에는 과장급 1명과 '단오문화'와 '창조도시' 2개의 계로 계장급 2명과 각각 2명의 직원이 배치되어 운영되고 있다. 그리고 2009년 9월부터는 추진단 內에 1개의 계가 추가로 신설되어 '(가칭)2012 세계무형유산 강릉축전' 준비를 담당하고 있다.

극대화하며, 강릉단오제의 창조적 문화도시 기반을 마련함과 동시에 '강릉'을 국제적인 '단오문화 창조도시' 육성을 통해 지역경제 활성화에 그 목적이 있다.[22]

'강릉시'와 '강릉단오제'의 상보적 관계를 통한 지속적인 사업 추진으로 그 로드맵을 살펴보면 다음과 같다.[23] 큰 과제는 '강릉단오문화창조도시조성' 사업이다. 그 범위는 강릉시 일원을 대상으로 한다. 사업 기간은 2008년부터 2017년까지 10년에 걸쳐 추진한다는 계획이었다. 사업 규모는 5대 전략 12대 추진과제로 구분된다. 세부적인 과제는 20대 핵심 내용으로 선별되어 있다.

강릉단오문화창조도시 조성 계획

5대 전략	12대 추진과제	20대 핵심사업
강릉 단오제의 새천년 이어나가기	1. 단오문화재 보전 및 활용 2. 지속가능한 전승환경 조성 3. 단오문화관 활성화	1. 대성황사 복원 및 단오문화콘텐츠 강화 2. 대관령 옛길과 연계한 프로그램 개발 3. 전수자의 전통 계승 4. 상설공연을 통한 강릉단오제 이해 증대 5. 연중 볼거리 가득한 단오문화관 조성
단오맛 넘치는 도시공간 가꾸기	1. 단오문화벨트 조성 2. 중장기 단오장 리모델링	6. 즐기면서 걷는 단오거리 조성 7. 유네스코 광장 조성 8. 단오문화촌 조성 9. 단오장 리모델링(중장기)
강릉 단오문화 콘텐츠 개발·체험하기	1. 지역문화시설 활성화 2. 단오문화 연계 프로그램	10. 지역문화시설 연계 프로그램 11. 지역문화 시설 활성화 12. 단오 문화공간 활성화 13. 단오문화 콘텐츠 프로그램 개발
강릉단오문화 커뮤니티 만들기	1. 단오문화교육 저변확대 2. 지역주민 참여 활성화 3. 창조적 리더 네트워크	14. 청소년 단오문화 교육 15. 단오 Culture Movement 16. 창조적 네트워크 구성(ICCN)
강릉단오문화 알리기	1. 강릉 단오 브랜드화 2. 단오문화 홍보 마케팅 강화	17. 강릉 단오 명품화 18. 단오음식 활성화 19. 단오를 통한 지역소득 확대 20. 국내외 홍보 및 네트워크 강화

---

22 http://dano.gangneung.go.kr 참조.
23 강원도·강릉시, 『강릉단오문화 창조도시 조성 계획』, 한국문화관광연구원, 2007.11.

강릉시 추진단이 신설된 이후, 강릉단오제 관련 사업[24]과 로드맵상 완료된 사업 성과 및 추진 계획 등을 살펴본다. 먼저 '강릉단오문화창조도시' 조성 추진 기본 계획 수립(2008.3)이 강릉시 추진단 신설 이전에 구축되었다. 이와 연계된 사업은 '설악관광단오문화권' 특정지역 개발계획 반영 요청(2008.6)을 하였으며, '동서남해안권' 발전을 위한 특별법 및 종합발전 기본 계획에 반영을 추진(2009.5)하였다. 2009년 상반기에는 지방재정 투융자 심사 조건부 승인(행안부, 2009.4.28)과 2010 동해안권 광역관광개발사업을 문화체육관광부와 계획하였다.

강릉시 추진단은 2007년 강원도·강릉시가 공동으로 용역 의뢰한 『강릉단오문화창조도시조성계획』 용역 결과를 바탕으로 2008년부터 2017년까지 총 860여억원의 사업비를 들여 '단오도시, 강릉'을 단계적으로 조성해 나간다는 계획이었다. 그러나 사업 추진을 위한 막대한 사업 예산 확보 등의 걸림돌도 만만치 않다[25]는 것이다.

다음은 강릉시 추진단이 계획하고 있는 단오문화창조도시 조성 계획과 세부 과제에 대해서 살펴본다.

강릉시는 강릉단오제 역사 문화 유적지를 새로운 관광테마 상품으로 활용하는 한편 안정적인 전승 기반을 다지기 위해 대대적인 정비 계획을 세웠다. 먼저 협소한 공간과 주택가에 위치해 민원이 끊이지 않고 있던 '대관령국사여성황사'의 이전·복원을 강릉단오제보존회와 협의하여 추진하였다.[26] 그리고 강릉단오

---

24 먼저 강릉단오제 유네스코 세계무형유산 선정(2005.11.25) 이후, 강릉단오국제화벨트조성 계획 발표(강원도, 2006.3.27)에 따른 관내 전문가 및 시민 의견 수렴(강릉시, 2006.8.5~8.14) 등이 수행되었다. 또한 동해안권역관광개발계획 선도사업 선정(문광부, 2006.11)에 따라 강릉단오문화창조도시 조성 용역(강원도, 2007.3.15~11.9)이 수행되었다.
25 『강원도민일보』, 2008.3.25.
26 세계무형유산 강릉단오제(중요무형문화재 제13호)의 전승 시설인 대관령국사여성황사가 복원됐다. 강릉단오제보존회는 '대관령국사여성황사' 준공 고유제(2009.11.27)를 지내며 강릉단오제의 지속적인 발전과 시민들의 안녕, 번영을 기원한다. 이날 준공 고유제는 관노가면극부의 지신밟기를 시작으로 제례, 무격부의 부정굿과 청좌굿, 화회동참굿, 조상굿, 성주굿 등이 오후 늦게까지 이어진다. 총 2억원의 사업비를 들여 홍제동 776의 3번지 옛 홍제 1취수장 일대 1345 부지에 17.1㎡ 규모로 건립된 국사여성황사는 국사여성황신의 화상과 위패 등이 모셔져 있다. 이번 국사여성황사 이전 복원은 지난 2005년 강릉단오제가

제의 성지(聖地)와 다름없는 '대관령산신당'과 '대관령국사성황사', '대관령국사성황 행차길(옛길)' 등의 진입로 주변 정비 등 편의시설을 부분적으로 확충해 놓았다. 또한 '전통문화도시' 조성 사업으로 추진되고 있는 관아지 복원 사업과 연계해 '대성황사'도 복원한다는 계획이다. 대성황사는 일제강점기 이전까지 제의적 공간(중심 공간)이었던 곳으로 강릉단오제의 원형 보존과 복원 차원에서 추진한다는 계획이다. 그리고 임영관 및 관아지와 연계한 '단오문화촌' 조성, '단오거리' 조성 계획도 포함되어 있다.

강릉의 도심 한 가운데에서 단오문화를 느낄 수 있는 '단오문화촌'을 조성해 연중 단오문화를 배우고 체험할 수 있도록 콘텐츠를 개발하는 한편, 시민들의 여가 공간으로 활용한다는 것이다. 또한, 칠사당~택시부 광장~남산교~단오문화관까지는 '단오문화 거리'로 '단오'라는 전통문화를 연출할 수 있는 상징적 거리로 구성하고, 칠사당~남대천 북측 주차장까지 이어지는 4m의 골목길은 '단오벽화 골목'으로, 택시부 광장~중앙시장을 순환하는 코스를 '단오 장터길', 남산교를 중심으로 성남동과 노암동 남대천 둑방길은 단오문화와 남대천 자연자원을 체험할 수 있는 '단오 여울길' 등으로 조성한다는 계획이다.

이외에도 강릉시는 단오문화창조도시 조성 계획에 따라 택시부 광장을 '유네스코 광장'으로 조성하고, 단오제 연중 홍보 및 해외 홍보 강화, 무형문화재 전수자들의 처우 개선, 단오 창작물을 제작하는 등 단오문화를 강릉의 랜드마크로 활용 발전시킬 수 있도록 다양한 사업을 전개해 나가겠다는 의지가 담겨져 있다.

현재까지 강릉시가 계획하고 있는 사업으로 완료된 것과 향후 추진하고자 하는 사업을 구분하여 살펴본다.

유네스코 세계무형유산 등재 이후 안정적인 전승기반 마련 및 원형보존을 위해 끊임없이 제기돼 온 숙원 과제로 올해 등재 4주년을 맞아 준공돼 의미를 더하고 있다. 특히 남문동 가구골목 앞 남대천 부지에 위치해 있다가 병자년(1936) 포락에 유실돼 홍제동 주택가로 옮겨졌던 국사여성황사가 오랜 논의 끝에 남대천변으로 새롭게 이전, 원형에 가깝게 복원됐다는 점 역시 주목받고 있다(『강원도민일보』, 2009.11.27).

① 강릉시 로드맵상 완료된 사업

첫째는 '유네스코 선정 기념 조형물' 설치 사업이다.[27] 강릉단오제가 유네스코 세계무형문화유산 걸작으로 선정된 것을 기념하여 강릉단오제를 상징할 수 있고, 미래 가치를 구현할 수 있는 조형물을 설치하여 세계무형유산 중심 도시로서의 위상 정립이 목적이다.

둘째는 강릉단오제 전승 시설(대관령국사성황사)의 주변 정비 사업이다.[28] 유네스코 세계무형유산 등재에 따른 관련 유적지 및 문화재의 효율적인 관리와 주변 정비로 관람객들에게 편익을 증진하는 것이 목적이었다.

셋째는 대관령국사여성황사의 이전 복원 사업이다.[29] 여성황사의 효율적 관리와 강릉단오제의 지속적인 보호 및 전승기반을 마련하고, 관광자원으로서 가치 증진이 목적이었다. 이전 과정에서 이해 관계자 간의 견해 차이도 있었다.[30]

② 강릉시 로드맵상 추진 사업

첫째는 '단오문화거리' 조성 사업 계획이다.[31] 강릉을 찾는 국내외 관광객들

---

27 사업기간은 2008년 5월~11월, 설치 장소는 노암동 단오공원 및 단오장 일원.
28 장소는 강원도 평창군 도암면 횡계리 산 1-197번지외 3필지. 사업 내용은 대관령국사성황사 정비, 산신당 정비, 칠성당·용왕당·수부당 정비, 진입로 포장, 자연석 싸인몰 설치, 가로등 지중화 및 자동 점멸기 설치하여 2009. 4월 완료하였다.
29 위치는 강릉시 홍제동 776-3번지. 사업 내용은 전승 시설물 1동, 토목 및 조경(2009.1월~12월).
30 '대관령국사여성황사' 이전 반발, 홍제동 주민 "종교 편향 오해 우려", "전승단체·학계 전문가 의견 반영" 세계무형유산 강릉단오제 유적지 가운데 하나인 대관령국사여성황사 이전과 관련, 강릉시 홍제동 주민들이 반발하고 나섰다. 홍제동 주민들은 "국사여성황사 신축 이전 예정 부지인 옛 홍제 1취수장은 강릉의 관문으로 자칫 종교 편향적 오해를 야기시킬 수 있다"며 "강릉시가 신축 부지에 대해 좀 더 심사숙고 해줄 것"을 주문했다. 주민들은 또 "국사여성황사 이전에 앞서 홍제동 주택가에 위치한 현 국사여성황사의 철거 여부가 결정돼야 한다"며, "현 국사여성황사를 철거하지 않고 신축 부지로 신위만 모셔간다면 소음 등의 문제점이 해결되지 않을 것"이라고 주장했다. 이에 대해 강릉시는 최근 주민 설명회를 열고 "현재 국사여성황사의 경우 지난 1954년에 건립된 것으로 관리자만 있을 뿐 소유자가 불분명하다"며 자치단체의 소유가 아닌 건축물에 대한 강제 철거가 쉽지 않음을 전달했다. … 현재의 국사여성황사는 최근 일대에 대규모 아파트가 들어서고, 공간이 협소해 매년 단오제 기간 때마다 주민들의 불편을 초래하면서 이전 논의가 지속됐다(『강원도민일보』, 2008.12.29).

이 사계절 강릉 시내를 걸으면서 '전통문화'와 '단오문화'를 느낄 수 있는 거리를 조성하는 것이 목적이다. 전체 4개 구간으로 구분된다. A구간은 단오문화거리 조성(칠사당 앞~남산교), B구간은 단오벽화 골목 조성(남문동 골목길), C구간은 단오장터길 조성(성내동 광장~중앙시장), D구간은 단오여울길 조성(남대천변로)이다. 기본 구상도는 다음과 같다.

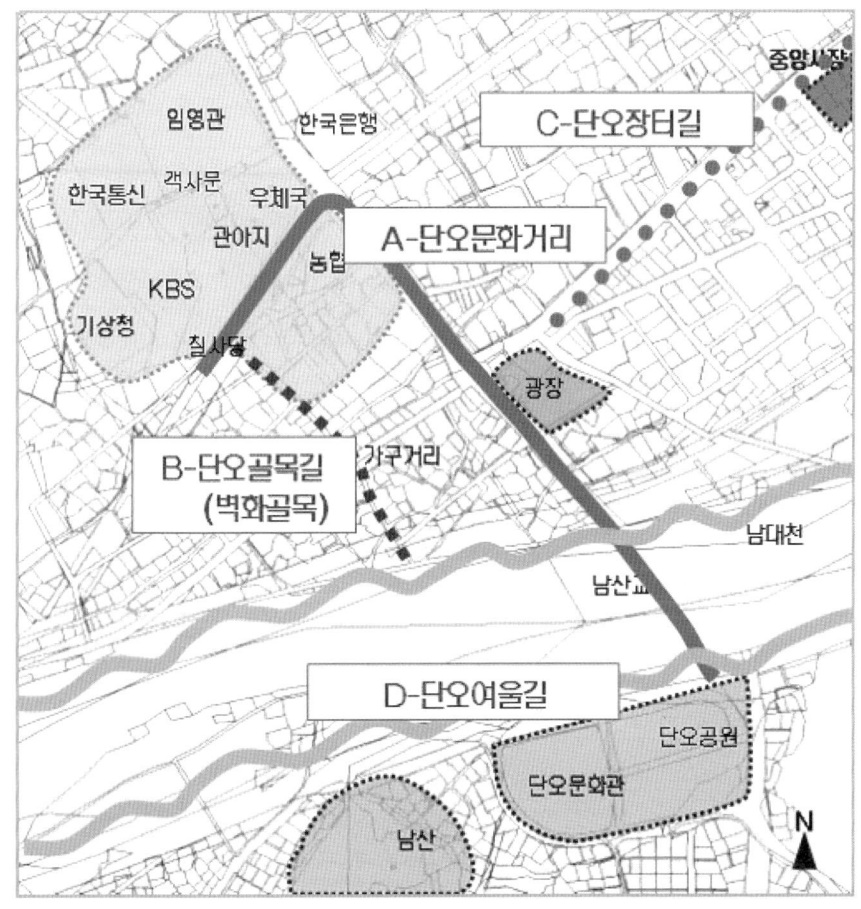

단오문화거리 조성 구상도[32]

---

31 위치는 강릉시 남문동, 명주동, 성남동, 노암동 일원. 사업 내용은 L = 1.7km (A구간 600m, B구간 200m, C구간 500m, D구간 400m)으로 보도정비, 가로수 정비, 도시경관 정비 등. 사업 기간은 2010년~2014년(당시 예정).

32 http://dano.gangneung.go.kr 참조.

둘째는 '유네스코 광장' 조성 사업 계획이다.[33]

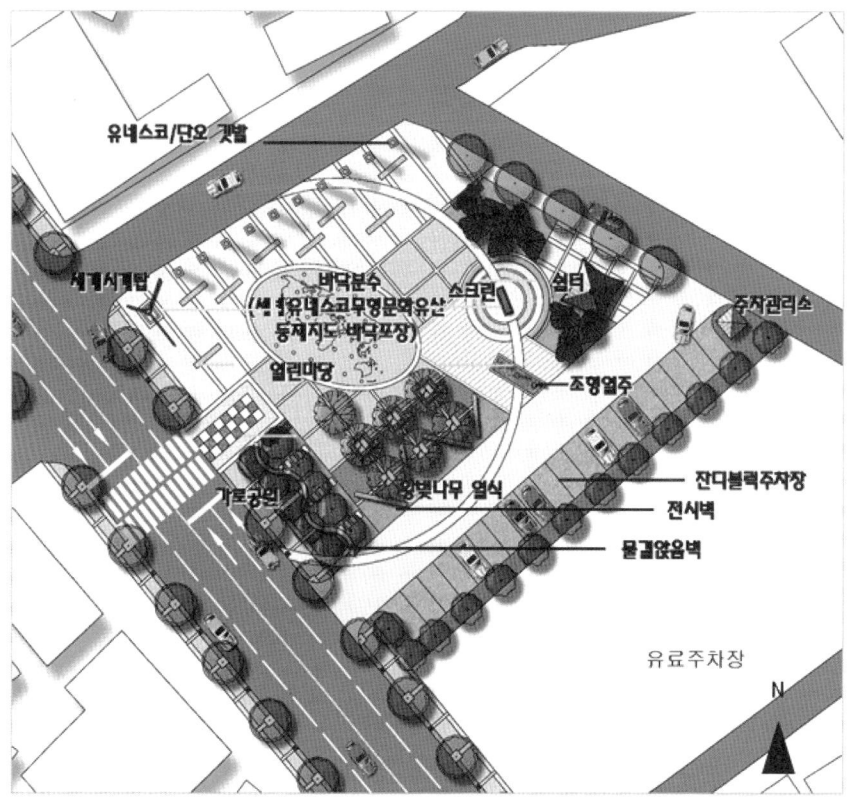

유네스코 광장 조성 구상도[34]

셋째는 '단오문화촌' 조성 사업 계획이다.[35] 사계절 도심에서 단오문화를 느끼고 체험할 수 있는 공간으로 조성하는 것이 목적이다. 기본 구상도는 다음과 같다.

---

33 위치는 강릉시 성내동 광장. 규모는 4,100㎡. 사업 내용은 다목적 공간, 쉼터·주차 공간 조성이다.
34 http://dano.gangneung.go.kr 참조.
35 위치는 강릉시 명주동 일원으로 면적은 44,500㎡이다.

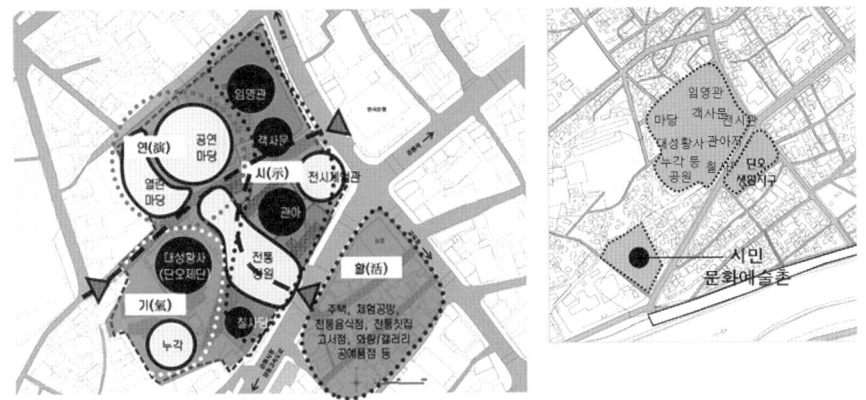

단오문화촌 조성 구상도[36]

'단오문화촌' 조성 구상도에 따른 세부 내용은 아래와 같다.

단오문화촌 조성 내용[37]

구분	주요 시설	공간 구상
기(氣)	대성황사 누각단오제단	단오제의 핵심인 제례, 단오굿이 거행되는 곳으로 조성 시가지 및 단오문화촌을 조망할 수 있도록 누각 설치
시(示)	임영관, 전시관 칠사당, 전통정원	유형문화재의 복원과 더불어 관아터와 칠사당 사이의 부지는 전통 정원으로 조성
연(演)	열린마당 공연마당	국선도, 무예 등의 체험과 관노가면극 등 공연마당 * 열린마당으로 조성
활(活)	주거시설 체험공방 시민문화 예술촌	칠사당 주변 및 주거 지역은 창작예술인, 무형문화재 등의 문화·창작활동/판매구역으로 조성 (구)명주초등학교는 유휴 공간을 활용하여 문화예술 및 시민 공간이 되도록 리모델링

넷째는 '단오장 리모델링' 관련 사업 계획이다. 남대천 단오장의 틀을 벗어나 강릉단오제의 원형을 살리고자 대성황사 복원지인 '단오문화촌'을 중심으로 단오장을 이전하는 계획이다. 장기적인 구상안은 다음과 같다.

---

36 http://dano.gangneung.go.kr 참조.
37 http://dano.gangneung.go.kr 참조.

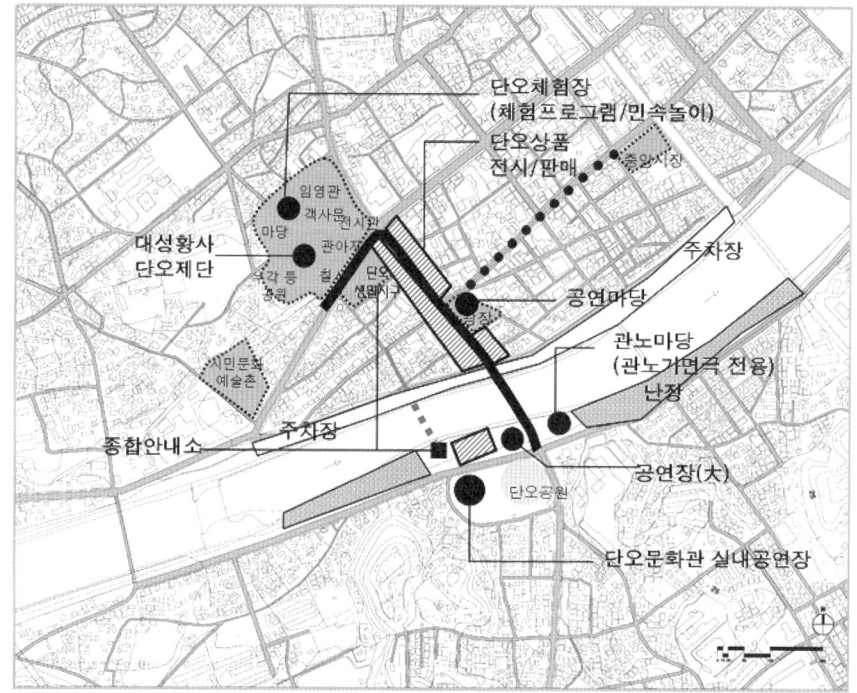

단오장 리모델링 구상도[38]

이상의 내용을 통해 강릉시 추진단은 강릉단오제 관련 사업들을 점진적으로 추진하고 있음을 알 수 있다. 하지만 장기적인 비전을 갖고 추진하는 사업이라 해결되어야 할 과제도 많다. 이에 대한 몇 가지 문제점과 개선되어야 할 내용도 제시되고 있다.

우선 제시되는 것은 강릉시가 계획하고 있는 사업에 대한 예산 확보가 문제이다. 단오문화창조도시로 가는 길에 걸림돌도 만만치 않다. 구체적인 사업 추진을 위한 사업비가 확보되지 않은 데다, 향후 필요한 막대한 예산 확보도 불투명한 상황이었다.

강릉시는 기존에 추진하고 있는 전선 지중화 사업, 도시 디자인 사업 등과 연계해 소요 예산을 최소화하고, 민자유치를 확대해 재원을 마련하는 등의

---

38 http://dano.gangneung.go.kr 참조.

대책을 강구하였다. 일각에서는 '단오거리 조성', '단오 상품화' 등의 사업들은 수년 전부터 추진돼 왔지만, 그동안 성과를 내지 못했다며, 세계무형유산으로 강릉단오제가 갖는 의미와 가치에 대한 재인식이 필요하다고 지적하고 있다.

그리고 단오문화창조도시 조성 사업이 관광객 유치, 지역 경제발전을 위한 사업에 편중되는 것보다 지역 주민들의 삶 속에서 그 가치가 높이 평가되도록 해야 한다는 기본 컨셉의 재구성이다. 이를 두고 "단오를 강릉의 명품으로 발전 활용하기 위해서는 거창한 밑그림 보다 생활 속에서 실천하고 적극적으로 활용하려는 의지가 더욱 절실하다"는 것이다. '단오문화'가 강릉의 상징이 되기 위해서는 "무엇보다 시민들이 강릉단오제를 깊이 있게 이해하는 것이 절실하다"는 것이다. 이에 대해 강릉시 추진단은 "강릉 도심 내 각종 개발 사업은 단오문화창조도시 조성 계획을 우선에 두고 맞물려 진행될 것"이며, "세계무형유산 강릉단오제가 명실상부한 강릉의 랜드마크로, 창조도시 강릉의 촉매제 역할을 할 수 있도록 인프라 구축에서부터 각종 프로그램 지원 개발까지 다양한 사업들이 펼쳐질 것"이라고 했다.[39] 이와 관련된 내용에 대한 것은 이 장 3항에서 구체적으로 논의할 것이며, 하드웨어적인 복원과 관련하여 소프트웨어의 적용 방안에 대해서 살펴볼 것이다.

(2) 국제무형문화도시연합(ICCN)

국제무형문화도시연합(ICCN)은 2008년 10월 이집트 카이로에서 개최된 2008 국제시장단 회의에서 공식적으로 창립되었다.[40] ICCN은 2004년 강릉국제

---

39 『강원도민일보』, 2008. 3. 21.
40 국제무형문화도시연합(ICCN)의 성립 과정을 요약하면, 2001년 제1차 국제시장단회의(강릉)에서 무형문화 관련 국제 네트워크 필요성에 대한 합의. 2005년에는 제1차 지방정부관리 국제 워크숍(강릉)에서 ICCN 헌장 채택. 2006년은 제2차 지방정부관리자 국제 워크숍(강릉)에서 무형문화와 청소년의 참여. 2007년은 제3차 지방정부관리자 국제 워크숍(Pecs, Hungary) 무형문화 보호와 네트워크. 2008년은 제2차 국제 시장단 회의(Cairo, Egypt)에서 공식 창립과 정관 승인 및 대표 선출. 2009년은 제3차 지방정부 관리자 국제 워크숍(Lingston, Jamaica)에서 무형문화 보호에 있어 지방정부의 선도적 역할을 주제로 개최되었다. 향후 계획으로는 2010년에 제3차 시장단 회의(블치노프, 체코), 2011년에는 제5회 워크숍(가나, 프랑스), 2012년에는 제4회 시장단 회의 및 제1회 세계무형문화축제를 강릉에서 개최하였다. 이와 관련한 연구는 심상희(2018)의 석사논문을 찾아보면 자세하다.

관광민속제 기간 개최되었던 '국제 시장단' 회의에서 발의[41]된 무형문화유산 보호를 위한 도시간 국제협력 네트워크를 계승하고 있다.[42]

ICCN의 회원 자격은 정회원과 준회원으로 구성된다. 정회원은 지도자를 대표로 하여 참가하는 지방정부 단위이며, 준회원은 무형문화유산 보호를 담당하는 비정부기구, 유산관리자, 공연자, 여타 관련 주체 및 무형문화유산 보호 관련 전문 단체들이다.

ICCN 운영을 위하여 다음의 기관을 두고 있다. 먼저 시장단 회의이다. 시장단 회의는 2년마다 개최되며, 멤버는 도시의 시장 또는 대표로 구성된다. 시장단 회의는 ICCN의 최고 결정기관이다. 다음은 이사회이다. 이사회는 5~8명의 이사로 구성되며, 의장 1명, 부의장 1명과 이사를 포함한다. 시장단회의 의장과 부의장이 이사회에서 동일한 역할을 수행한다. 그리고 강릉시는 유네스코 한국위원회와 협력하여 네트워크의 '사무국'이자 주요 조정자 역할을 담당하며, 이러한 역할 기능을 위해 재정을 조달한다. 다음은 국제자문위원회이다. 국제전문가로 구성되는 네트워크의 국제자문위원회는 회원, 학술단체 및 유네스코와 협의하여 구성한다.

무형문화유산 보호를 위한 도시 간 국제협력 네트워크는 다음의 활동을 수행한다. 첫째, 회원이 참가하는 회의로서 무형문화유산 지역의 '표현과 관습을 보호'하기 위한 사업으로 회원 지역들에서 이미 수행되는 사업의 개선방안에

---

41 2004년 6월(15일~17일간) 강릉에서 개최된 무형문화유산 보호에 관한 국제시장단 회의는 18개국 38명의 지사, 시장, 지방정부 대표, 전문가들은 만장일치로 "강릉 선언문"을 채택하였고, "지속가능한 발전의 필수 요소로서의 무형문화유산을 보호하기 위한 시장을 비롯한 지방정부 대표들의 전 세계적 운동을 시작할 것"을 선언하였다. 이는 지속가능한 발전, 무형문화유산 보호 및 도시간 네트워크 진흥이었다.

42 1. 문화적 평화와 공동체의 평범한 마을 사람이나 시민들의 평온함 삶이 실행될 때까지 각 분야에서 여성의 역할을 증진한다. 2. 행정, 입법, 재정 및 홍보 활동을 통해 지속가능, 관광과의 연계 속에서 가장 효과적인 방식과 무형문화유산 보호를 위한 방법을 찾아 홍보하고 배포하는 장기적인 프로그램을 구체화 한다. 3. (a) 2008년 국제시장단 회의에 대한 확고한 후속 조치로 실무 워크숍과 국제 시장단 회의를 2년마다 개최한다. (b) COPPEM과 협력하여 회원 도시에 의한 공동 축제의 조직과 실행에 지원하고 참여한다. 4. 네트워크의 핵심 요소로서 사무국의 역할과 기능을 지원한다. 5. 2006년 채택된 ICCN 회원 도시간 순회에 관한 권고문에 따라, 실무 워크숍을 2009년 자메이카 킹스톤에서, 제3회 국제시장단 회의는 2010년 체코에서 개최.

대한 실질적인 논의를 증진하기 위해 2년마다 시장단 회의 및 지방정부 실무자 워크숍과 매년 이사회를 개최한다. 둘째, 정보 수집 및 공유 사업이다. 무형문화 유산을 확인하고 이들 유산의 목록과 데이터베이스를 구축·개발하며, 유산을 보호하기 위한 조치와 정책들간 우선순위를 부여하는데 필수적인 도구로서, '문화지도 작성사업(cultural mapping)'을 장려 진흥한다. 셋째, '무형유산 보호센터'의 설립과 무형문화유산을 기록하기 위한 디지털 정보의 교환 등 네트워크를 확대, 발전시킬 가능성을 모색한다. 넷째, 그 중요성이 확인된 분야에서 보호 역량을 강화하기 위해 지방정부의 행정인력, 문화유산 전문가, 관리자 및 실연자를 대상으로 하는 성과 중심의 훈련 워크숍을 정기적으로 개최한다. 다섯째, 무형문화유산의 개발 및 보호에 대한 문화정책 관련, 실무를 통한 학습과 경험 공유 차원에서 인적 교류를 증진한다. 여섯째, 전문적인 비정부기구와 협력하여, 전통문화 공연자와 지방정부 정책 담당자가 모두 참가하는 민속 축제 및 기타 문화 행사를 회원 도시 간 순회 개최한다.

최근에 ICCN이 후원하여 개최한 동아시아 무형문화유산 포럼에서는 국가 경계를 뛰어넘는 동아시아 지역의 공동 무형문화유산과 관련해 국가 간 경쟁보다는 문화의 다양성을 인정하고, 문화적 소통과 협력 강화 기반으로 활용해야 한다는 의견이 제기되었다. 미국 인디아나대 로조 자넬리는 국제 포럼에서 '동아시아 공동 무형문화유산의 보편성과 특수성'이란 주제 발표를 통해 "세계무형문화유산 보호에 있어 유네스코는 다국의 공동 추천을 장려하면서도 국가간의 접근이 부족함을 우려하고 있다"며, 국가 차원의 관심을 주문했다. 이어 "다국의 공동 추천은 단일국의 등재 신청보다 복잡하고 회원국 간의 긴밀한 협동과 커뮤니케이션을 요구한다"며, "그러나 신청 절차를 밟기 위해 필요한 국제적 협력은 동아시아 회원국들의 관계 개선에 도움이 될 것"이라고 강조했다. 앞서 한경구(서울대)는 '동아시아 공동 무형문화유산의 정의와 지역내 문화 정체성'이라는 주제 발표에서 "무형문화유산은 단순히 국가와 민족의 자존심 문제만이 아니라 관광수입, 지적 저작권 등 경제적인 이해관계와도 관련돼 있어, 국민국가 모두의 관심사일 수밖에 없다"며, 공동의 무형유산으로서 국가 간의 공유의 한계점을 지적한 뒤 문화적 정체성을 위한 통합의 노력, 교류 등을 주문했다.

이와 함께 "동아시아 각국의 국내적 지역문화와 소수민의 문화를 발견해 국민문화의 다양성 증진에 힘쓰는 동시에 동아시아의 문화 교류와 차용을 적극적인 발견하고 연구하는 노력이 중요하다"고 강조하였다.[43]

2010년 9월에는 체코에서 열린 ICCN 회의에서 2012년 'ICCN 무형문화축전'을 강릉에서 개최하기로 합의했다. 이 축전은 유네스코 지정 세계무형문화유산에 선정된 강릉단오제 기간에 열리게 된다. 특히 시(市)는 세계 각국에서 참가는 이번 축전을 지역의 문화를 세계에 알리는 기회로 삼고 기존 관람과 전시 중심의 공연을 체험과 참여가 있는 축전으로 변화시킬 계획이다. 이를 위해 시(市)는 전통공연에 참여가 저조한 청소년들의 참여 열기를 높이기 위해 세계문화 체험학교 운영을 통해 수학 여행단과 학교 단위 참여를 강화한다.

시민들의 자발적 참여도를 높이기 위해 통역과 봉사활동, 문화교육, 전통음식과 놀이 등을 대폭 늘리고 참여국의 문화팀 간 공동 공연도 준비한다. 또 공연의 배경과 역사 이해가 어려운 점을 고려 3D와 설명이 가미된 이야기로 변화해 남녀노소 누구나 이해하기 쉽고 체험할 수 있도록 다양화 한다. 지역경제에 도움이 되는 행사도 시도된다.

시(市)는 기존 무료 관람 및 과잉 투자로 효과를 내지 못하던 기존의 축전과 달리 돈을 내고 봐도 아깝지 않은 프로그램이 되도록 운영하고 티켓 가격 일부는 지역내에서 구매가 가능한 쿠폰으로 사용토록 해 지역 경제 활성화에 도움이 되도록 할 방침이다. 강릉시 관계자는 "최근 국제적 관심을 받고 있는 무형문화유산을 국내·외에 알려 문화관광도시 강릉을 홍보하도록 할 것"이며 "ICCN을 통해 강릉을 국제적 도시로 발돋움 할 수 있도록 하겠다"고 말했다.[44]

이상의 내용은 당시 계획(안)에 언급된 것을 정리하였으며, 2012 강릉 ICCN 세계무형문화축전 결과보고서의 내용은 강릉단오제와 다소 거리가 있어 여기까지 살펴본다.

---

43 강릉시(ICCN)와 유네스코 한국위원회, 동북아역사재단이 공동 주최한 이번 국제 포럼은 '국경을 넘는 무형유산 - 동아시아 공동 무형문화유산의 다원성과 보편성'이란 주제로 개최되었다(『강원도민일보』, 2009.11.25).
44 『강원도민일보』, 2010.9.24.

2. 강릉단오제의 민속문화 유적지 변화

강릉단오제는 무형의 제의 내용(절차)[45]과 유형의 제의 공간[46]에서 전승되고 있는 축제이다. 또한 연행 과정과 연희(놀이)에 있어서는 시간(때)과 공간(장소)을 번갈아가면서 마을(서낭당) 간의 축제로 연결되어 전승되어 왔다.

여기서는 1967년 문화재 지정 당시의 유적과 소멸되고 없어진 유적지, 최근에 이르러 지정문화재 연행과 관련하여 복원되고 신설된 관련 유적지를 중심으로 살펴본다. 또한 이에 대한 복원 의미와 팔단오 복원 재연을 통한 기존 연행 방식과 연행 공간의 변화 가능성에 대해서 살펴본다.

1) 문화재 지정 당시의 유적과 전승 내용

강릉단오제는 그 규모가 크고 여러 날 걸리는 만큼 제의와 관계되는 장소도 여러 곳이다. "제의는 시대의 추이에 따라 변화가 있으니, 근자에 제의가 퇴화함에 따라 당우堂宇가 없어졌거나 당우堂宇는 고사하고 구지舊趾조차 없어져서 도로道路 또는 인가人家가 새로 지어진 곳도 있다."[47]

(1) 대관령산신당과 대관령국사성황사

매년 음력 4월 15일이면 대관령에 올라가 대관령산신제와 대관령국사성황제를 지내고 성황신을 모셔오는 행사가 벌어진다. 강릉의 향토 지리지인 『증수

---

45 무형의 제의 내용(절차)은 각종 제례(산신제·성황제·봉안제·영신제·조전제·송신제·소제), 단오굿(巫굿 : 신주빚기 때의 굿, 대관령산신제와 성황제 때의 굿, 구산·학산 서낭제 때의 굿, 봉안제 때의 굿, 영신제 때의 굿, 경방댁 치제 때의 굿, 단오장 임시 굿당에 신복 안치할 때의 굿, 조전제 이후 굿당에서 펼쳐지는 다양한 굿, 송신제 이후의 굿 등), 관노가면극(서낭제 탈놀이 계통)도 대관령국사성황신을 모시고 연희되는 것으로 제의성을 바탕으로 하고 있다.
46 강릉단오제의 제의적 공간은 넓게 보면 대관령에서부터 시작하여 남대천 단오장(임시 굿당/제단)까지 이어진다. 현재의 연행 내용을 중심으로 보면, 칠사당·대관령 산신당과 성황사·대관령국사여성황사·구산서낭당·학산서낭당·경방댁·단오장 임시 굿당이다. 지금은 기록에만 남아있는 대성황사와 藥局서낭당, 大昌里 城隍祠가 있었다.
47 任東權,『重要無形文化財 調査資料(江陵端午祭)』, 1966.8.

임영지『增修臨瀛誌』[48]에 의하면, 성황신을 모시러 가는 행차는 아주 장관이었다. 나팔과 태평소, 북, 장고를 든 창우패들이 무악을 울리는 가운데 호장, 부사색, 수노首奴 등의 관속, 무당패들 수십명이 말을 타고 가고, 그 뒤에는 수백명의 마을 사람들이 제물을 진 채 대관령 고개를 걸어 올라갔다는 것이다.

대중교통이 발달된 이후에는 차를 타고 대관령에 올라간다. 신앙심 깊은 시민들은 칠사당 앞에 미리 준비되어 있는 버스를 타고 대관령에 올라가 산신제와 국사성황제에 참여함으로서 옛 풍속을 잇고 있다. 이에 동원되는 버스는 관내 대중교통 운수회사에서 1~2대 정도를 지원한다.[49] 그런데 특이한 것은 참가자가 남성보다는 절대다수가 여성이 많으며 관심도 또한 높다는 것이다. 연령층도 50대 후반에서 70대가 주류를 이룬다. 그리고 강릉시 초등학교 가운데 전통문화 시범학교로 지정된 농악, 관노가면극 등을 배우는 학생들이 현장학습으로 참여한다.

대관령 정상에서 북쪽으로 1km쯤 떨어진 곳에 '산신당山神堂'과 '성황사城隍祠'가 있다. 산신제와 성황제는 유교식으로 모신다. 산신제의 초헌관은 산림山林을 관리하는 부서의 장(동부지방산림관리청)이 당연직으로 맡아 왔다. 아헌관은 강릉단오제위원회 임원 중 1명이 맡으며, 종헌관은 관내 운수회사를 대표하여 제의에 참여하는 것이 통상적인 관례였다. 그리고 예전에는 집례와 대축은 강릉향교에서 추천한 장의掌議[50]와 한학에 밝은 지역 어른이 맡아 진행했다. 이에 반해 대관령국사성황 신위를 모시고 행하는 성황제에서는 강릉시장이 초헌관을 맡아 민관이 합동하는 모습을 보여주고 있다. 종헌관과 아헌관, 집례와 대축은 산신

---

48 『증수 임영지』는 1933년에 일본인 강릉군수 농택성(濃澤誠)과 강릉인 김병환(金秉煥)과 박원동(朴元東)이 강릉고적보존회(江陵古蹟保存會)를 조직하여 간행한 읍지이다. 그 범례에 의하면 "『임영지』는 전지(前誌)·후지(後誌)·속지(續誌) 세 종류가 있다. 전지는 광해군 연간에, 후지는 영조 무진년(1748)에, 속지는 정조 병오년(1786)에 편찬되었다"라는 설명이 있는데, 이를 『임영지 구지(臨瀛誌 舊誌)』라 한다.
49 행사 규모가 확대되면서 지원되는 버스의 수도 늘어났다. 2000년(4대), 2001(6대), 2002년(7대), 2003년(8대), 2004년(12대), 2005년(12대), 2006년(12대), 2007년(13대), 2008년(12대), 2009년(15대), 2010년(12대).
50 장의(掌議)는 역사적으로 조선왕조 때, 성균관·향교(鄕校)에서 숙직하면서 학업을 닦는 유생중의 으뜸 자리를 말함.

제와 동일한 직분의 사람들로 구성된다. 최근에는 강릉단오제보존회 어르신들이 제집사를 수행한다.

산신제와 성황제를 마치면 참가 시민들과 함께 음복을 한다. 산신제와 성황제를 지낸 음식을 음복하면, "건강하고 공부를 잘 한다"는 이야기가 있어 자녀, 손자 손녀를 둔 여성들은 신주와 떡 등을 정성스럽게 챙긴다.

음복을 마치고 난 다음에는 신목잽이와 무녀, 악사 그리고 참여 시민들은 60~70m 정도의 산을 오른다. 무녀와 악사의 요란한 소리와 함께 신목잽이는 단풍나무 한 그루를 선택한다. 이것이 장장 50여일의 축제기간 동안 성황신의 상징적 존재물인 신목神木이다. 신목을 모시고 내려오면, 성황사 앞마당은 시민들의 기원문(오방색 예단)을 신목가지 사이사이에 묶는다. 이때부터 대관령 굽이굽이를 걸어서 내려오는 대관령국사성황 행차가 시작되는 것이다.

문화재 지정 당시의 대관령산신당에 대한 조사 기록을 보면 다음과 같다.

> 대관령산신당은 大關嶺城隍堂宇 東北쪽 五○米에 있으니 草間瓦家인 바 「山神堂」이란 懸板과 두 기둥에는 「降人間之五福」과 「応天上之三光」이라 써 있으며, 堂內 正面에 높이 三尺程度의 祠堂이 모셔 있으며 門을 左右로 열면 '大關嶺山神之神位'란 位牌가 있고 그 앞에 香爐와 燭台가 놓여 있다. 山神은 主神인 까닭에 每歲 祭祀하며, 이곳을 지키는 金女人 말에 依하면 山神은 主人이고 城隍과 부처는 손님이라고 한다. 山神堂앞 十米쯤에 四方一尺程度의 편편한 돌을 놓고 둘레에 높이 二尺程度의 돌이 세워 있으며 飯類를 놓은 흔적이 있었다. 이 돌을 '수비당'이라고 하는 바 鬼神을 退送하는 곳이라고도 한다.[51]

대관령성황당大關嶺城隍堂은 현재 '성황사城隍祠'란 현판을 달고 있다. 문화재 지정 당시 대관령국사성황사에 대한 기록을 보면 다음과 같다.

---

51 任東權, 위의 책 참조.

대관령은 강릉시에서 서남쪽으로 二十粁 가야만 頂上에 이르게 된다. 海拔 八七〇米의 高嶺인 만큼 險路 峻嶺이며 大關嶺에서 다시 山을 타고 北으로 一粁쯤 가면 숲이 우거진 곳이 있으니 이 숲속에 大關嶺城隍堂이 있다. 國道는 堂에서 一粁 南쪽에 있으나 옛날의 舊路는 바로 이 城隍堂 앞을 지나갔다고 한다. 堂宇는 建坪 五坪程度의 瓦家이며 '城隍祠'란 懸板이 있고 堂內 正面(北側)壁에는 祠堂이 있고 그 앞에는 祭床이 놓여 있었다. 祠堂門을 左右로 열면 國師 城隍像이 있고 그 앞에 燭台 둘과 香爐 하나 東쪽에는 紙花가 꽂혀 있다. 城隍像은 弓矢를 멘 威嚴있는 老人이 白馬를 타고 있으며 侍從이 간 손으로 말곱비를 잡고 한 손으로는 말채를 들고 있다. 城隍神의 前後에는 호랑이가 앞뒤로 護衛하고 있으며 兩面에 '大關嶺國師城隍之神位'라고 세워 써 있다. 이 影幀은 元來의 것이 아니고 近者에 새로 만든 것이라고 한다. 現在 이 堂宇는 堂옆에 사는 江陵金氏 女人(五七歲)이 십一年째 지키고 있었다. 城隍堂은 四月 十二日에 禁줄을 쳤다가 十五日 祭時에 떼는 바 三日間은 손님을 받지 않고 禁忌를 시킨다. 金女人은 해마다 端午日에 城隍과 山神께 시주해 올리고 江陵에 내려갔다가 端午祭가 끝나는 날인 五月 六日에는 城隍位牌를 모시고 온다고 한다. 그러나 今年에는 山神님의 夢兆가 있어 五月 四日날에 江陵에 내려가겠다고 말했다.[52]

현재의 기준으로 그 실태와 전승 내용을 보면, 산신당과 성황사는 대관령에 있는 강릉단오제의 주신인 성황신과 산신을 모신 신당이다. 이곳은 음력 4월 15일 강릉단오제가 시작되는 공간으로, 현재 행정구역은 강원도 평창군 대관령면 횡계리에 속하지만, 강릉단오제의 주신인 성황신과 산신을 모신 신당이므로 강릉시에서 관리하고 있다. 강릉단오제의 주신인 범일국사는 대관령 국사성황신으로 대관령성황사에 봉안되어 있고, 김유신 장군은 대관령 산신으로 대관령 산신각에 봉안되어 있다. 성황사의 당집은 건평 5평 정도의 목조건물에 기와지붕을 얹었다. 산신각의 당집은 한 칸짜리 목조건물에 기와지붕을 얹었다.

---

52 任東權, 위의 책 참조.

대관령 성황사의 제의는 '대관령국사성황제'라고 하며 '대관령국사성황지신'을 모신다. 제당은 대관령 고속도로 휴게소에서 북쪽으로 1km 지점 숲 속에 위치한다. 성황사란 현판이 있고 좌우의 문을 열면 국사성황의 화상이 있다. 국사성황의 화상은 활과 화살을 맨 위엄 있는 노인이 백마를 타고 시종이 한 손으로 말고삐를 잡고 한 손으로는 말채를 들고 있다. 성황신 앞뒤에는 호랑이가 호위하고 있다. 그리고 성황신의 화상 앞에 대관령국사성황지신위의 위패가 있다. 성황당에는 음력 4월 12일 금줄을 치고 15일 제사 때에 금줄을 걷는다. 해마다 4월 15일 강릉으로 위패를 모시고 내려갔다가 단오제가 끝나면 모시고 온다. 강릉단오제보존회에서 제물을 준비하며 제차는 유교식으로 지낸다.

대관령 산신각의 제의는 '대관령산신제'라고 하며 '대관령산신지신'을 모신다. 제당은 대관령 고속도로 휴게소에서 북쪽으로 1km 지점 숲속에 위치한다. 제당 중앙에는 '산신당'이라는 현판과 '강인간지오복降人間之五福'과 '응천상지삼광應天上之三光'의 글귀가 두 기둥에 쓰여 있다. 문을 좌우로 열면 대관령산신지위란 위패가 있고, 그 앞에 향로와 촛대가 놓여 있다. 대관령 산신은 김유신 장군이다. 제의는 매년 음력 4월 15일에 지낸다. 강릉단오제보존회에서 제물을 준비하며 제차는 유교식으로 지낸다.[53]

이밖에도 대관령에는 '산신당'과 '성황당' 외에 '수미당'(수구당), '칠성당七星堂', '용왕당'(용신정)이 신성神城을 이루고 있다. 수미당은 제신, 잡신들에게도 나눠 먹으라고 제사 끝나고 나서 밥이나 떡을 나눠주는 잡신, 제신들을 위한 당(돌)이 있다.[54] 이는 가장 원시적原始的 민간사고民間思考를 대변한 것으로 볼 수 있으니

---

53 『문화유적분포지도(文化遺蹟分布地圖) - 강릉시』, 강릉대학교박물관, 1998; 『강릉의 서낭당』, 강릉문화원, 1999 참조; 김경남, 『강릉지역 서낭당 연구』, 보고사, 2004.
54 이런 다섯개의 신(당)들이 나란히 집결되어 있는 곳은 대한민국에서 강릉밖에 없습니다. 성황당이면 성황당, 산신당이면 산신당, 칠성당, 용왕당, 이렇게 따로 따로 분할되어 있지 여러 가지 이질적인 신들이 한군데 의좋게 모여 있는 장소, 이것은 대관령 밖에 없는 것으로 알고 있습니다. 어쩌다 보면 두 가지 복합적인 요소는 있을 수 있죠. 산신당과 별신당, 부여와 같은 경우입니다. 한 건물을 그대로 쓰고 있는 드문 예입니다. 그런데 강릉은 이질적인 신들이 한군데 집결되어 있습니다. 가장 많은 신들이 집결되어 있는 것이죠. 이것이 강릉단오제 성황당의 특징이 되는 것입니다(任東權, 「江陵端午祭의 回顧와 展望」, 『臨瀛文化』 제8집, 강릉문화원, 1984, 46쪽).

다음과 같이 도식이 된다.

- 天(神 界) - 七星堂
- 地(人間界) - 國師城隍堂・山神堂
- 地下(鬼神界) - 龍神界・수구당

위에서 보는 것처럼 한국 무속신은 체계가 없는 것이 무속신관巫俗神觀의 한 특징이지만, 강릉 대관령 신은 인간계 중심으로 한 국사성황신과 산신당이 위주가 되고 있다는 점과 범일국사, 김유신 등 실존 인물을 등장시키고 있으면서도 상호융화적 군신군집체계相互融和的 群神群集體系를 형성하고 있다는 점이 특색이다.[55]

(2) 구산서낭당

산신제와 국사성황제를 마치고 신을 모신 행차 일행은 '영산홍'을 부르며 대관령 옛길을 걸어서 내려온다. 대관령에서 강릉시내로 내려오는 길가에 보이는 작은 서낭당이 있는데, 그 곳이 구산서낭당이다. 옛날 대관령을 걸어내려오다보면 이쯤에서 어두워졌다고 한다. 그래서 마을 사람들은 횃불을 밝혀들고 대관령국사성황 행차 일행을 맞이했다고 한다. 지금도 성산면 구산리 서낭당에 들러 굿 한 석을 한다.

구산서낭제는 마을 사람들이 중심이 되어 제의가 이루어진다. 마을에서 준비한 제물과 마을 어른들이 헌관을 맡는다. 특별히 준비한 음식으로(비빔밥과 막걸리) 행사 참가자들에게 점심을 제공한다. 2002년부터는 참가자의 수가 증가하는 관계로 단오제위원회에서 얼마간의 지원금을 통해 음식을 넉넉하게 준비하고 있다.

문화재 지정 당시의 조사 기록을 보면 다음과 같다.

邱山은 城山面 邱山里이니 江陵에서 大關嶺으로 가는 二〇里 地点에 있는 바 邱山을 지나면 비탈길이 시작된다. 邱山은 옛날 驛院이 있었던 곳이며 西行하는

---

[55] 김선풍,「江陵 神歌 '巫歌' 各論」,『臨瀛文化』제1집, 강릉문화원, 1977, 134~135쪽.

사람과 作別하는 곳이었다. 邱山里 大路에서 옆으로 五〇米쯤 들어가면 堂宇가 있으니 老木이 우거지고 돌담으로 싸인 瓦家 古屋이다. 堂內에는 正面에 右로부터 癘疫之神・靈山之神・城隍之神・土地之神의 位牌가 나란히 있다. 大關嶺에서 城隍神을 모시고 올 때에 行列이 이곳에 들려 巫굿을 한 다음에 江陵市內로 行하게 된다. 大關嶺城隍 앞에서 굿을 하고 점심 때에 떠나 이곳에서 굿을 하고 江陵으로 向할 때면 저녁 때가 되므로 江陵市民들 數百名이 횃불을 들고 마중을 나온다. 따라서 邱山에서부터는 炬火行列이 시작된다.[56]

현재의 기준으로 그 전승 내용을 보면, 구산 서낭당은 강원도 강릉시 성산면 구산리에 있는 마을 서낭신을 모셔 놓은 신당이다. 구산 서낭당의 당집은 20여 년 전에 새로 건립되었으며 그 주위로 돌담과 큰 나무들이 숲을 이루고 있다. 제의는 성황제城隍祭라고 하며, 성황지신城隍之神・토지지신土地之神・여역지신癘疫之神・영산지신靈山之神을 모신다. 제당은 옛 구산 휴게소 앞 논 가운데 있다. 구산 서낭당은 300여년 전부터 있었다고 한다. 제의는 음력 4월 보름과 음력 10월 초정일에 지낸다. 제물은 유사有司가 준비하며, 각위各位마다 따로 진설陳設한다. 유교식으로 지내며 제의가 끝나면 소지燒紙한다. 구산 서낭당은 대관령국사성황님의 아들 서낭으로 알려져 있다. 4월 15일 국사성황님 행차 때에 이곳에 들러 특별히 주민들의 정성을 받는다.[57]

(3) 대관령국사여성황사

대관령국사여성황사는 봉안제와 영신제를 치루는 제의 공간이다. 대관령에서 내려온 행차 일행은 홍제동에 소재한 여성황사로 이동한다. 두 분의 위패와 신목을 모셔놓고 유교식으로 제사를 올리고, 이어서 무당이 부정굿과 성황굿(축원굿)을 한다. 이때부터 본격적으로 단오제가 시작되는 음력 5월 3일까지 위패와 신목은 여성황사에 모셔둔다. 국사성황신이 정씨 처녀를 데려다가 혼배한

---

[56] 任東權, 위의 책 참조.
[57] 『강릉의 서낭당』, 강릉문화원, 1999.

날이 바로 4월 보름이었다고 하니 이를 기념하여 두 분을 합사하는 의례이다. 봉안제의 초헌관은 강릉시의회 의장이 맡으며, 아헌관은 강릉시 부시장이 맡고, 종헌관은 강릉단오제를 주관하는 강릉단오제위원회 부위원장이 제의를 수행한다.

이곳 대관령국사여성황사는 단오제의 봉안제와 다음에 이어지는 영신제(음력 5월 3일)까지 만신들이 굿을 하는데 있어 유명한 장소다. 이는 두 분의 신위를 모시고 있는 기회가 1년에 보름 동안임을 큰 의미로 생각하기 때문일 것이다. 그런데 요즘은 옛날 같지 않아 굿을 청하는 가정이 많지 않으며, 여성황사가 위치한 곳이 주택가라 굿을 하기 어려운 상황이다. 강릉시에서는 굿과 관련하여 민원을 해결하고자 여성황사를 이전하여 새롭게 건립하였다. 2010년부터는 제의 공간의 이동이 발생된다.

대관령국사여성황사는 문화재 지정 당시(1967)의 위치에서 현재는 이전·복원된 위치로 옮겨졌다. 문화재 지정 당시의 조사 내용을 보면 다음과 같다.

> 옛날에는 南門洞(지금의 共同便所)에 있었으나 지금은 水道管理事務所 後山麓에 자리잡고 있다. 女城隍祠는 大關嶺國師城隍의 夫人인 女城隍을 祭祀한 곳이다. 三間 瓦家로 되어 있으며 新築移轉한지 얼마 되지 않으므로 丹靑도 깨끗하다. 正面 壁에 女城隍의 影幀이 있으니 머리를 길게 따서 左側 어깨로 하여 앞으로 느려뜨린 美人型이며, 그 앞에는 호랑이가 그려 있다. 面像앞에는 國師女城隍神位라고 쓴 位牌가 세워 있다. 이 女城隍은 傳說에 依하면 강릉에 살고있는 鄭氏家의 딸이었다고 하는 바 女城隍祠의 管理도 主로 그 鄭氏家의 後援에 依하여 이루어지고 있다고 한다. 大關嶺에서 國師城隍을 모시고 四月 十五日에 내려오면 端午祭가 있을 때까지 이곳 女城隍祠에 함께 모셨다가 端午日에 祭祀를 지내게 된다. 그 동안은 夫婦가 함께 있게 되는 셈이다. 금년에도 端午 二日前인 六月 二十一日 五時頃에 女城隍祠에서 江陵市長·溟州郡守·江陵警察署長이 祭官이 되어 朝服을 하고(鄕校에서 빌려다 쓴다고 함) 巫女의 굿과 官奴탈춤(江陵女高生들이 扮裝)을 마친 다음에 市內로 炬火行進(男高校生)에 들어갔다.[58]

현재의 기준으로 그 전승 내용을 보면, 대관령국사여성황사는 강릉시 홍제동에 있으며, '대관령여국사성황신'을 모셔 놓은 신당이다. 강릉단오제의 봉안제와 영신제를 지내는 곳으로 중요한 유적지의 한 곳이다. 성황사는 목조 건물에 기와 지붕을 얹은 3칸의 당집이 있다. 제의는 '대관령국사여성황제'(봉안제, 영신제)라고 한다. 당 내부의 중앙 벽에 여성황의 화상이 있다. 머리를 곱게 하여 좌측 어깨를 늘어뜨린 미인이며, 그 앞에는 호랑이가 그려져 있다. 화상 앞에는 '국사여성황신위'라는 위패가 있다. 음력 4월 15일 대관령에서 국사성황신을 모셔다가 여성황당에 함께 모셨다가 제사를 올린다. 해마다 4월 15일에서 단오제가 끝날 때까지 20여일을 함께 모시는 것이다. 매년 음력 4월 15일에는 봉안제를 지내며, 매년 음력 5월 3일에는 영신제를 지낸다. 제물은 강릉단오제보존회에서 준비한다.

여성황사는 1980년대부터 끊임없이 이전 문제가 제기되어 왔다. 전승단체 및 학계 전문가들의 다양한 의견을 반영해 2009년 11월에 남대천변 옛 홍제1취수장으로 이전·복원하였다. 이전 전의 여성황사는 최근 일대에 대규모 아파트가 들어서고, 공간이 협소해 봉안제와 영신제 때마다 주민들의 불편을 초래하면서 이전 논의가 지속되었다.

(4) 정씨가 터鄭氏家址

정씨가 터鄭氏家址는 영신행차 때 노제路祭를 지내는 곳이다. 영신제를 마친 영신행차 일행은 여성황 정씨처녀의 생가(경방댁)에 들러서 잠시 굿 한 석을 한 뒤, 단오장 가설 제단으로 성황신을 모신다. 영신행차 행렬에는 관노가면극과 강릉농악(풍물)이 곳곳에 있어 분위기를 한층 높인다. 행렬에 참가한 기관 단체장과 많은 시민들은 단오등을 들고 신목 행차의 뒤를 따른다. 단오등 행차에는 시민들이 단오등을 구입하여 거리를 행진하고 단오장에 이른 후, 남대천 강가에 띄운다. 거리에는 이미 단오등이 불을 밝히고 있으며, 강가에는 소원을 기원하는 소지를 태우며 단오등이 밤을 밝혔다. 지금은 단오등을 띄우지 않고 단오제

58　任東權, 위의 책 참조.

전수교육관 앞 공원에 건다.

단오등과 관련된 행사 준비는 30여년 전前부터 강릉불교청년회에서 전담하여 추진하였다. 이전에는 강릉에 있는 고물상협회에서 주관하였다고 한다. 단오등 행진은 불교적 색채가 짙으며, 1980년대 중반부터 시작되어 '만들어진 전통'[59] 또는 '만들어 가는 전통'으로 해석할 수 있다. 단오제와 같은 민속 축제에 불교적 색채가 짙은 행사가 이입된 것은 자연스러웠으며, 강릉 지역이 불교 문화와 깊은 연관이 있음을 직접적으로 보여주는 예라 하겠다. 사실 축제로서의 강릉단오제가 앞으로 풀어가야 할 분야가 있다면 기존 종교의 참여 문제이다.[60] 일부 종교 단체에서 매년마다 행사장을 오가며 굿당에서 진행되는 단오굿을 미신적인 행위로 몰아 불미스런 항의를 했다. 이러한 일들도 이제는 반복성을 갖고 있어, 긍정적으로 생각하면 이들도 축제 참여의 한 방법으로 종교적 차원에서 다름과 차이를 갖고 있을 뿐, 강릉단오제 자체에 대해서 부정하는 것은 아니라고 본다.

영신행차 일행이 단오장에 도착하여 제단에 위패와 신목을 모셔놓은 뒤 무녀들이 영신맞이 춤 굿을 하는 것으로 영신 행차는 끝이 난다. 문화재 지정 당시의 조사 기록을 보면 다음과 같다.

---

59 강릉단오제 지정문화재 행사 중, 공개화 되어 일반인들의 참여 확대로 전통화되고 있는 것으로 〈신주미(헌미)〉, 〈단오등〉, 〈영신행차 횃불〉, 〈학산서낭제〉 등의 전통, 〈대성황사〉가 없어지면서 강릉시 남대천 임시 가설 제단(굿당)에서 무속제의가 행해지는 전통, 제의 공간(대성황사)이 없어지면서 〈단오장(난장)〉이 시장 기능을 하게 된 전통 등이 있다. 만들어진 전통들에는 서로 중첩되는 세 가지 유형이 있는 것 같다. 첫째, 특정한 집단들, 실재하는 것이든 인위적인 것이든 공동체들의 사회 통합이나 소속감을 구속하거나 상징화하는 것들이다. 둘째, 제도, 지위, 권위관계를 구축하거나 정당화하는 것들이다. 셋째, 그 주요 목표가 사회화나 혹은 신념, 가치체계, 행위규범을 주입하는 데 있는 것들이다. 여기서 둘째, 셋째 유형의 전통들은 확실히 고안된 것이다. 그 반면에 가설이기는 하지만, 세 유형들 중 첫째 유형이 우세했고, 따라서 그 밖의 다른 기능들은 모두 특정한 '공동체' 그리고 (혹은) 그 공동체를 대표하고 표현하며 상징하는 제도들(가령 '민족'처럼)과의 일체감에 내재해 있거나, 적어도 그런 일체감에서 흘러나온 것으로 간주할 수 있다(에릭 홉스봄 외지음・박지향, 장문석 옮김, 『만들어진 전통』, 휴머니스트, 2004, 33쪽).
60 종교 단체가 축제에 참여할 수 있는 기회나 방법은 많다. 그동안 단오제 행사 기간 동안 축제장 內에 불교와 천주교가 연계된 봉사단체가 식당을 분양받아 수익 사업을 하고 있으며, 2007년부터 대순진리회는 자체 교리를 일반 시민들에게 홍보하고자 노점을 분양받아 홍보부스로 활용하고 있다.

女城隍祠에서 시내로 들어오는 곳에 鄭氏家址가 있다. 鄭氏家는 女城隍의 親庭이니 國師城隍의 妻家가 되는 셈이다. 鄭氏家가 살았던 집에는 지금은 崔某氏가 居住하고 있는 바 元來는 鄭氏家에서 祭祀하던 일을 지금은 그 집자리에 사는 崔氏家에서 祭物을 마련하고 簡單한 祭祀가 있다. 이 집터가 女城隍의 親庭집이요 國師城隍의 妻家이었던 關係로 두 城隍神은 이곳을 그냥 지나지 않고 반드시 들리며, 또 이곳에 거주하는 사람은 성황행차를 薄待할 수 없을 뿐 아니라 積極的으로 除禍招福을 爲하여 祭祀한다는 것이다. 鄭氏家의 宅地는 넓으며 元來 강릉시에서 富豪였다고 하며, 지금 居住하는 사람도 강릉에서는 財産家이며 有志이다. 富를 누리는 것이 다 城隍님을 잘 모시라는 老婆도 있었다. 國師城隍 내외를 미리 마련한 뜰 한곳에 모시고 祭床을 차려 놓으며 現住者인 崔氏의 家族들이 나와서 拜亂하였다. 이때에 巫樂과 巫女의 굿이 계속된다.[61]

일명 '경방댁'은 강릉단오제의 주신인 대관령국사성황과 혼배한 정씨가 여인의 생가生家라고 한다. 그녀는 숙종 때 정완주의 외동딸로 황수징과 혼례를 치르고 시댁에 가지 못하고 친정에 머물다가 4월 15일에 호랑이에게 물려갔다고 한다. 정씨가 여인은 죽은 다음 대관령국사성황과 혼배를 올리고 대관령국사여성황신이 되었다고 한다.[62]

---

[61] 任東權, 위의 책 참조.
[62] 초계 정씨의 후손들이 강원도에 입향하여 원주, 횡성에 정착하여 관동파로 호칭하게 되었다. 임진왜란에는 왜적이 삼천리 강토를 짓밟자 양양 죽동으로 피난 왔던 종손 규완의 14대조가 죽동에 정착, 4형제의 잔손을 갖게 되었다. 그 중 장·차·말은 강릉에 영주하게 되고, 삼자는 횡성으로 이거하게 되었다. 장은 죽동파요, 차는 경방파요, 말은 행동파로 구분하게 되었다. 경방은 현재의 남문동으로 개칭하게 되었고, 경방댁은 지금의 최준집씨 댁이요, 도립의료원이 있는 대지는 경방파 종인들이 거주하였다 한다. 종손 규완이 10대 고모에 해당되는 미혼 고모가 황수징이라고 하는 남자와 혼례식을 올렸으나 당시만 하여도 교통사정이 여의치 않아 시댁문을 열고 시부모와 선조에게 알묘하는 절차만 남아 있었다(장정룡, 『강릉단오 민속여행』, 斗山, 1998, 61쪽). 또한 조선시대 후기 동래부사를 역임한 정현덕(1810~1883)씨가 살았던 집자리가 여성황신의 친정으로 그 주변에 여성황당이 있다(장정룡, 『강릉단오제 현장론 탐구』, 국학자료원, 2007, 38쪽).

(5) 석천과 학바위

학산 마을에 있는 석천은 문화재 지정 당시 관련 유적으로서의 의미만 담겨 있었다. 문화재 지정 당시의 조사 내용을 살펴본다.

> 村女가 石泉井水를 마시고 大關嶺國師城隍인 泛日國師를 낳았다는 傳說의 우물이다. 강릉시에서 約 二〇里되는 鶴山里에 있다. 옛날 이곳에서 屈山寺란 大寺刹이 있었다고 하며 石塔 石佛이 남아 있고, 石泉은 돌로 쌓아 있는 조고만 우물이다. 지금도 洞民들에 依해서 잘 保存되고 있으며 淸水가 솟고 있어 共同우물로 되어 있다.[63]

학산 마을에 있는 학바위도 석천과 같은 맥락으로 유적으로서의 의미만 담겨 있었다. 지정 당시의 조사 내용을 살펴본다.

> 處女가 아이를 낳은 까닭에 그 아이를 버렸다는 傳說의 바위이니 石泉이 있는 마을의 後山 中턱에 있다. 松林속에 있으며 높이 十米 程度의 바위가 몇 개 포개져 있으며, 바위밑에는 三・四人이 들어갈 수 있는 空間이 있다. 이 바위밑 空間에서 泛日國師가 날짐승들에 의해서 哺育되었다는 것이다.[64]

학바위는 강릉시 구정면 학산2리 재궁마을 북쪽 골짜기에 있는 바위이다. 학바위는 굴산사지 마을 뒷산 기슭에 있다. 범일의 어머니가 범일을 낳고 버렸던 곳으로 학들이 날아와 날개로 갓난아기인 범일을 감싸주고 재워주며, 붉은 열매를 먹이면서 범일을 지켜준 곳이라 전한다.[65] 석천과 학바위에 얽힌 범일국사 탄생설화는 강릉지역 향토지인 『임영지臨瀛志』에 다음과 같이 전하고 있다.

양가의 처녀가 굴산(학산)에 살고 있었는데 나이가 차도 시집을 못가고 있었다.

63　任東權, 위의 책 참조.
64　任東權, 위의 책 참조.
65　『학(鶴)마을 이야기』, 강원도 강릉시 구정면 학산리, 2001.

하루는 이 처녀가 마을 가운데 우물 석천에 물을 길러 갔다가 표주박에 햇볕이 유난히 비쳐 아무 생각 없이 그 물을 마셨다. 그 후 날이 갈수록 처녀의 배가 불러지더니 14달 만에 뜻하지 않은 아이를 낳았다. 처녀의 몸으로 아이를 낳은 처녀 자신은 물론 부모들은 경악하여 수치로 여겨 아이를 곧바로 포대기에 싸서 학바위에 갖다 버렸다. 그 후, 죄 없는 어린아이에게 어미 된 처자의 마음이 편할 리 없어 사흘 만에 아이를 보러 학바위를 찾았다. 웬일인지 죽었을 아이가 포대기에 싸여 잠을 자고 있었다. 놀랜 어미는 하룻밤을 새워가며 아이의 주변을 살폈다. 눈 속에 하루를 보내게 되었는데 자정 무렵 추위를 참을 수 없는 찰나에 난데없이 백학 한 마리가 날아와 날개로 아이를 덮어주고 새벽이 되자 아이 입에다 붉은 열매 같은 것을 넣어 주고는 어디론가 사라졌다. 이 신기한 사실을 본 어미는 어안이 벙벙하여 집에 돌아왔다가 다음 날도 지켜보았는데 아이는 학의 보호로 잘 자라고 있었다. 이러한 사실을 집안에서 알게 되자 아이가 범상치 않은 아이라고 하여 버리면 죄가 될까 두려워 다시 데려와 기르게 되었다. 그러나 4~5세가 될 때까지도 애비 없는 자식이라는 조롱을 받으면서도 말을 못하는 것이었다. 그러던 어느 날 어머니 앞에 무릎을 꿇고 "나는 정말 아버지가 없습니까?" 하는 것이었다. 어미는 깜짝 놀라 숨김없이 아들에게 사연을 얘기했다. 이야기를 듣고 있던 아이는 어머니 앞에 절을 하고는 "불효자는 어머니를 위하여 반드시 큰사람이 되어 돌아올 것이니 근심하거나 찾지 마시기 바랍니다." 하는 말을 남기고는 사라져 버렸다. 그 후 어머니는 늙고 머리가 희어지고 아이는 승가僧家 최고의 위치인 국사國師라는 칭호를 받고 돌아와서 어머니를 봉양하면서 신라 말 불교, 선종 9산의 하나인 사굴산파의 본산인 굴산사를 열었다고 한다.

2) 문화재 지정 이후, 새로운 연행 유적

1967년 문화재 지정 당시의 유적과는 별도로 근래에 강릉단오제 지정문화재 행사 관련해서 부분적으로 전승 내용이 복원·신설되었다. 그 대표적인 것이

'칠사당'에서의 신주빚기 공개 재연과 학산 마을 방문과 '학산서낭제'이다. 학산은 범일국사가 탄생한 곳이라는 의미와 '학산서낭당', '부도탑' 등이 있어 마을을 방문하게 된 것이다. 지금은 그 위치만 짐작되고 있는 '약국성황당'의 경우도 대성황사의 복원과 연계된다면 강릉단오제 연행 유적으로 활용이 가능할 것이다.

(1) 칠사당七事堂

칠사당은 강릉단오제의 시작을 준비하는 제주를 빚는 '신주근양'의 장소이다. 조선조 때의 강릉단오제는 관청에서 제비祭費 일체를 지원했으며, 오늘날에도 강릉시장이 제주로 빚을 쌀과 누룩, 솔잎을 내려준다. 칠사당에서 '신주神酒 담그기'가 공개적으로 재연된 해는 1988년이다. 그 이후로 강릉단오제 지정문화재 첫번째 행사로 축제의 시작을 의미하는 중요한 행사로 자리를 잡아가고 있다. 그리고 신주빚기 행사를 전후해서 시민들로부터 '신주미(獻米)'를 받는 행사는 2000년도부터 시작되었다.

칠사당은 강릉시 명주동에 있는 조선후기의 관아 건축물이다. 조선시대 수령의 주요 업무가 칠사七事로 규정되었던 데서 연유하여 지방 수령의 집무처를 칠사당七事堂이라 명명하였다.[66] 이곳은 960년 이래로 조선시대까지 강릉 지역의 읍치邑治가 자리하고 있었다.[67] 1632년(인조 10)에 한 차례 중건되었고, 1726년(영조 2)에 크게 중수하였으며, 1866년(고종 3)에 진위병鎭衛兵의 영營으로 쓰이다가 소실된 것을 1867년(고종 4)에 중건하였다. 칠사당은 ㄱ자형 건축물로 전면 7칸 측면 3칸이며, 정면 좌측에 누마루를 붙였다. 지붕은 겹처마 팔작 기와지붕이며, 공포는 하부가 앙서, 상부가 쇠서인 이익공二翼工 형식이다. 본체의 좌측은 온돌방이고 중앙에 대청마루를 두었으며, 방 앞에 툇마루를 두었다. 대청의 천장은 우물과 연등 모양을 하였고, 벽체는 회벽 마감을 하였다.

---

[66] '수령칠사(守令七事)'는 농상을 성하게 할 것[農桑盛], 학교를 흥하게 할 것[學校興], 사송을 간략하게 할 것[詞訟簡], 간활을 없앨 것[奸猾息], 군정을 닦을 것[軍政修], 호구를 증가시킬 것[戶口增], 부역을 고르게 할 것[賦役均]이었다(『經國大典』 卷1, 吏典 考課條 참조).
[67] 읍치(邑治)는 수령이 고을에 관한 업무를 맡아보는 관아가 있는 곳을 말함.

일제강점기에는 일본의 수비대가 있었으며, 강릉군수의 관사로 쓰이다가 한국전쟁 때에는 민사 원조단에서 임시로 사용하였으며, 1958년까지 강릉시장 관사로 사용되었다. 현재는 강릉단오제의 신주를 빚는 장소로 활용되고 있다.[68]

(2) 학산 서낭당과 서낭제

학산 서낭당은 강릉시 구정면 학산리에 있는 신당이다. 학산 마을은 강릉단오제의 주신으로 대관령국사성황신인 범일국사가 태어난 마을이다. 서낭당은 당집이 없으며, 돌담을 쌓았으며 소나무가 서낭숲을 이루고 있다. 제물은 유사有司가 준비하며, 각위各位마다 따로 진설陳設한다. 유교식으로 지내며 제의가 끝나면 소지燒紙한다. 제사 음식은 각 가정에 골고루 나누어 음복을 함께 한다. 제사 음식을 먹으면 일 년 내내 병치레를 하지 않는다고 한다.[69]

강릉단오제의 전승연행에 있어 대관령국사성황 행차가 학산 마을을 방문하기 시작한 때는 1999년부터이다. 강릉단오제 지정문화재 행사에 성황신의 탄생지인 학산마을에 들리는 행사가 신설된 것이다. 이것은 학산 주민들의 오랜 숙원과 강릉단오제위원회의 능동적인 대응으로 이루어진 결과라고 본다. 고향을 방문한 성황신은 마을 주민들의 성대한 환영과 대접을 받음으로서 단오제 행사의 일부로 당당하게 자리매김 되었다. 이처럼 강릉단오제는 축제의 주인인 강릉시민들과 호흡을 같이하며, 마을 주민들의 요구와 희망을 적극 수용하는 살아있는 축제라는 것을 보여준 예라고 할 수 있다.[70]

학산 서낭제는 마을 주민들이 중심이 되어 제물을 준비한다.[71] 서낭당은

---

68 『강릉시사(江陵市史)』, 강릉시·강릉문화원, 1996.
69 『강릉의 서낭당』, 강릉문화원, 1999.
70 『1999 강릉단오제 결산 보고서』, 강릉단오제위원회, 1999.
71 강릉단오제의 주신인 국사성황신은 범일국사로 학산(鶴山)마을 출신이다. 지금도 강릉시 구정면 학산에는 굴산사지와 아버지 없는 아이라고 버림받았으나 학의 도움으로 살아났다는 학바위 등 범일 탄생의 비범함을 증명해주는 신성한 장소들이 남아있다. 그러나 불행하게도 범일의 어머니가 바가지에 뜬 해를 먹고 아이를 낳았다는 석천(石泉) 우물은 태풍 루사의 피해로 인해 그 흔적을 알 수 없지만, 이후 그 위치를 가늠하여 다시 복원해 놓았다.

당집이 없으며 돌담과 주위의 소나무가 신목으로 자리한다. 수년전에 학산농요 보존회원들이 현재의 서낭당에 당집이 없으니 당집을 건립하자는 의견이 분분했는데, 2년에 걸쳐 태풍(루사와 매미)의 피해를 입은 후에는 말이 없다. 그런데 기이한 현상으로 마을 전체가 수해로 파괴되고, 그 흔적을 가늠하기 어려운 가운데에서도 서낭당 주위의 신목과 돌담에는 수해의 흔적을 찾아보기 어려울 정도로 보존되었다. 이 사건을 두고 마을 사람들은 "지금의 서낭당은 자리를 몇 번 옮겨 이곳에 이르렀는데, 수해에도 멀쩡한걸 보니 이 자리는 명당이다"라는 것이다.[72]

3. 대성황사 복원과 강릉단오제의 현대적 전승 담론

세계 모든 민족은 다양한 형태로 고유의 신전神殿을 가지고 있다. 그 대표적인 것이 그리스에 파르테논Parthenon 신전[73]일 것이다. 여기에 견주어 우리에게는 서울에 소재해 있는 종묘宗廟[74]를 꼽을 수 있다.[75] 그리고 강릉에는 강릉단오제의 제의祭儀 공간이었던 '대성황사大城隍祠'가 아닐까 생각한다.

우리에게는 조선시대까지만 해도 각 도道와 군현郡縣마다 민중의 안녕을 기원하는 제신祭神의 전통이 있었는데, 그 문화가 오늘날에는 농·산·어촌에 있는 마을 서낭당[76]으로 그 맥이 이어지고 있다. 그러나 강릉 대성황사는 일제강점기

---

72 이경화, 「강릉단오제의 축제 담론 형성에 관한 현장론적 이해」, 『유럽사회문화』 제2호, 연세대학교 유럽사회문화연구소, 2009, 189~190쪽.
73 '파르테논 신전'은 마라톤 전투(B.C.490)에서 그리스가 페르시아에 승리를 거둔 기념으로 여신 아테나(그리스 신화의 대표적인 여신으로 지혜와 전쟁, 기술, 공예를 관장하는 처녀신이며 아테네의 수호신)를 칭송하기 위해 건립한 고대 그리스의 대표적인 신전 건축물이다.
74 '종묘(宗廟)는 조선왕조 역대 및 추존된 왕과 왕비의 신주를 모신 유교 사당이다. 조선왕조가 한양으로 도읍을 옮긴 태조 3년(1394) 12월에 착공하여 다음해 9월 완공되었다. 완공 직후 태조의 4대조인 목조, 익조, 도조, 환조의 신주를 모셨다. 이후 세종 3년(1421) 영녕전을 세워 정종의 신위를 모시고 4대 추존왕의 신위를 옮겼다. 현재 정전 19칸에 19분의 왕과 30분의 왕후를, 영녕전 16칸에 15분의 왕과 17분의 왕후 및 조선 마지막 황태자인 고종의 아들 이은(李垠) 부부의 신위를 모시고 있다. http://jm.cha.go.kr
75 매일일보(2017.11.2.)와 교육신문(김광섭, 2018.2.19) 기사 참조.

때 일제에 의해 강제로 철거되고, 그 곳에는 그들의 신사(神社)가 들어서게 되었던 것이다.

파르테논 신전과 종묘, 그리고 대성황사의 건축물은 모두 여러 신(諸神)을 기리는 곳이다. 강릉 대성황사는 범일국사를 비롯하여 김유신 장군, 이사부 장군, 연화부인 등 전체 12신위를 모셨으며, 조선시대 내내 신성한 공간으로 그 자리를 견고하게 지켰다.

파르테논 신전은 수십 년째 보수 공사를 하는 가운데도 많은 관광객들이 그리스의 역사와 문화를 보기위해 찾아온다고 한다. 그리고 우리의 종묘는 4계절의 첫달 상순, 정초·단오·한식·추석, 동지의 납일과 매월 삭망(朔望)일로 정하였으며, 제례 행사를 600여 년간 지내오고 있다. 이렇듯 유네스코 세계문화유산은 유·무형의 복원과 전승의 맥을 함께하기에 그 위대함이 문화 감동을 자아내게 한다.

강릉 대성황사가 사라진 100여년의 긴 세월동안, 강릉단오제는 신성제의 공간을 지금의 남대천 단오장에 제단(굿당)을 만들었다. 그곳을 '임시가설 제단'으로 해서 축제를 펼쳐 온 것이다. 여기서 '임시(臨時)'란 뜻은 '항구적이 아닌 일시적인 동안'을 말한다. 그리고 '가설(假設)'이란 것도 '실제로 없는 것을 있는 것으로 치고, 임시로 설치했다'는 뜻이다. 분명한 사실은 남대천 단오장의 제단은 임시가설이었기 때문에, 그 뜻에 따라 제 자리(위치)로 마땅히 돌아가야 한다는 당위성을 지니고 있다.

강릉단오제는 1960~70년도 전·후로 해서 전통문화의 가치를 새롭게 인식하고자 '원형 발굴과 복원, 올바른 전승·보전'을 위해 조사·연구하는데 심혈을 기울여 오늘에 이르게 했다. 그것이 오늘날 유네스코 세계무형유산으로 등재(2005)되는 커다란 성과를 낸 것이다.

강릉단오제가 중요무형문화재로 지정(1967)된 이후, 오늘에 이르러 50여년이 넘는 동안 유·무형의 원형 복원으로 유교·무속적 제의의 재구성, 관노가면극의 탈·춤사위·복식의 복원 등의 작업을 쉼 없이 해 왔다. 이렇듯 축제의 수많

---

76 강릉지역에는 200여개의 서낭당이 분포되어 있다. 『강릉의 서낭당』, 강릉문화원, 1999.

은 요소들이 사회·문화적 요구에 의해 발전적으로 변화·전승되어 온 것이다.

문제는 강릉단오제 전승의 중심 공간이었던 '강릉 대성황사'가 훼철毀撤되었기에 그것을 바로잡아야 한다는 것이다. 온전했던 대성황사가 천재지변도 아니고, 민중 스스로가 그 가치의 소용을 다했기에 헐어 없앤 것도 아니다. 외부의 침략에 의해 의도적으로 '못 쓰게 한 것'이 강릉단오제의 대성황사다.

결국은 대성황사의 존재성과 그 기능을 회복하는 것만이, 천년의 강릉단오제를 온전히 지켜가는 것으로 시작된다. 그 방법은 유형의 건축적 복원이며, 복원된 후 강릉단오제의 제의절차를 새롭게 재구성하여, 오늘의 축제 판으로 만드는 것이다. 가장 전통적인 것이 가장 현대적이라는 역설적 인식 속에서 출발할 필요가 있는 것이다. 그리고 대성황사의 복원은 등재 당시 유네스코와 약속한 계획의 하나였다.

새로운 지방자치제(1995)와 함께 지방분권의 시대가 도래했다. 앞으로 점점 더 많이 우리 지역 전통문화 자원의 복원과 그 활용을 절실하게 요구할 것으로 보여진다. 지난 역사에서 고려와 조선시대의 지방행정기관이었던 '강릉대도호부' 관아도 15여년에 걸쳐 복원되어, 그 활용의 가치가 우리네 생활 속으로 녹여내고 있다. 그리고 얼마 전 원주에서도 '강원감영'이 23년 만에 옛 모습을 되찾았다. 이 모든 것들이 크든 작든 도시를 도시다움으로 만드는 전통 복원화 정책의 한 방법일 것이다. 최근 들어 이슈로 떠오른 전국의 도시재생 정책 사업도 '문화재생'을 바탕으로 이루어지고 있음을 볼 때, 도시가 담고 있는 인간 삶의 근원적 물음을 전통문화에서 찾는 것은 아마도 당연한 방향인지도 모를 일이다.

강릉 대성황사는 일제가 의도적으로 파괴한 것이다. 그 상흔을 하루빨리 치유해야 하고, 훼철된 것을 복원해야 한다. 그 치유와 복원을 통해 강릉단오제의 신화와 전설을 올곧게 이야기해야 한다.

1) 강릉단오제의 사라진 유적

(1) 강릉대성황사江陵大城隍祠

강릉단오제가 중요무형문화재로 지정된 당시(1967)에는 '대성황당'이라고 하였다. 여러 옛 문헌 및 1930년대 조사 보고서에는 '대성황사' 또는 '강릉대성황사' 등으로 명명하고 있다. 대성황사는 현재 존재하지 않으며, 문화재 지정 당시 대성황당에 대한 조사 내용은 다음과 같다.

> 大城隍堂은 지금은 없어지고 그 자리에 測候所가 들어 앉았다. 元來는 강릉시의 大城隍祠이었으며 大關嶺國師城隍을 이곳에 모셔 놓고 祭祀를 하던 곳이다. 日人이 들어온 後로 行事가 抑制되고 祠宇도 頹落하였다는 것이다. 大城隍祠에는 十二神位를 奉安하였다는 바, 松岳山之神・太白大王神・南山堂帝形太上之神・紺岳山大王之神・城隍堂德慈母王之神・神武堂城隍神・金庾信之神・異斯夫之神・草堂里夫人之神・西山松桂夫人之神・蓮花夫人之神・泛日國師之神이다. 祠宇가 없으므로 今年도 假設 祭壇을 마련하였으니 다음과 같다. 1966년의 端午祭 臨時 假設 祭壇의 규모를 보면,
> 一. 舞台의 높이는 二尺쯤이고 위는 天幕을 쳤음.
> 二. 正面에는 祭床이 있고 祭物을 陳設하고 紙花・淨水桶이 놓여 있다.
> 三. 位牌는 大關嶺國師城隍 大關嶺國師女城隍之神位라 써 있다.
> 四. 位牌뒤에는 神竿木이 세어 있고 天幕外에 華蓋가 높이 세워 있다.
> 五. 舞台위에 樂工의 伴奏에 따라 巫女의 굿이 있다.[77]

대성황당에는 1900년대 이전까지 12신을 모셨으며, 강릉단오제의 중요한 제의 공간이었다. 이와 관련된 성황당으로 약국성황당藥局城隍堂, 대창리성황당大昌里城隍堂이 있다. 대성황당은 지금 강릉의 칠사당 뒤편에 위치해 있었다고 한다.

일제강점기가 시작되면서 영동지역민 고유의 신앙처였던 대성황당이 철거되고, 한참 후에 그 자리에는 일본의 신사가 들어서게 되었다. 그리고 급기야는 일본인에 의하여 5월 단옷날 대관령국사성황신을 모시고 지내던 제의가 금지되기에 이르렀다.

강릉지역 한학자였던 심일수沈─洙의 일기를 싣고 있는 『둔호유고遯湖遺稿』에

---

[77] 任東權, 『重要無形文化財 調査 資料』(江陵端午祭), 1966.8.

는 "융희 3년隆熙 三年 5월 단오 무렵이 대관령 국사성황신을 맞이하는 것을 일본인이 금지하여 폐지하였다"라고 적고 있다. 융희 3년은 1909년으로 일제는 침략이 시작되자마자 우리 민족의 기층신앙에 대한 탄압을 제일 먼저 서두른 것이다. 그곳에 일제의 침략을 정당화하기 위한 책략의 일환으로 신사 건립을 하게 되었음을 알 수 있게 해 주는 대목이다.

'대성황사'처럼 많은 신을 모시는 것은 "한국 신앙의 특징으로, 이는 다신적多神的 신앙의 특징이다. 또 여러 신이 보호해 주는 복 받는 지역으로서 무속적 경향이 짙은 강릉의 특색으로도 이해될 수 있다."[78]

(2) 대창역大昌驛과 대창성황大昌城隍, 약국성황藥局城隍[79]

강릉단오제가 문화재 지정 당시의 조사 기록을 보면 다음과 같다.

> 大昌驛은 지금의 玉川洞이니 옛날 驛院이 있었던 곳이다. 지금은 밭으로 變하여 現 강릉역이 바로 近處에 자리잡고 있다. 옛날 端午祭 時에는 祭官·任員·巫覡 一同이 大昌驛馬를 타고 大關嶺往復을 했다는 바 女城隍祠를 거쳐 大城隍으로 들어가기 前에 市內를 一巡했다는데 大昌驛에 말을 매 두었다고 한다. 大昌城隍은 確實치 않으나 現 驛에서 市內로 向한 새 都市計劃에 依하여 道路가 나있는 바 道路工事때에 撤去되었다는 住民의 말이다. 여기에는 肉城隍·素城隍의 二位를 모셨다고 하는 바 肉城隍은 滄海力士, 素城隍에는 江陵出身 梅月堂 金時習(1434~1493)을 祭祀했다는 이야기이다. 大關嶺國師城隍을 奉迎할 때에 지금은 地理的으로 가까우니 女城隍祠에 먼저 들리나 옛날에는 素城隍과 林塘洞에 있었던 藥局城隍에 들린 다음에 女城隍祠에 갔다고 한다.[80]

약국성황은 강릉시 임당동에 있었던 약국서낭신을 모신 신당이다. 조선조에

---

78 김선풍·김경남, 『강릉단오제의 연구』, 보고사, 1998, 384쪽.
79 약국성황당은 현재 없다. 대성황사를 복원한다면, 이 성황당도 복원되어야 할 것이다.
80 任東權, 앞의 책.

는 강릉단오제 때 화개를 앞세우고 대성황사를 출발하여 약국성황, 소성황을 거쳐 시장, 전세청, 대동청, 사창청에서 굿을 하고 화개는 여성황에, 신간神竿은 대성황사에 봉안한다고 하였다.

약국성황신은 강릉의 북쪽으로 연결되는 도로의 노신적路神的 성격을 지닌 성황당이라 할 수 있다. 약국藥局이라는 명칭은 불교의 경전인 『법화경法華經』에 나오는 25보살의 하나인 약왕보살藥王菩薩과 관련이 있는 듯하다. 그리고 사찰의 여래불 가운데 중생의 모든 고뇌를 구제하여 재난災難을 없애고 질병을 구제하는 약사유리광여래부처를 모시는 약사당藥師堂에서 유래된 이름인 듯하다. 그래서 약국성황당에 기원하면 질병이 바로 치유된다는 속설俗說도 있다.[81]

2) 전통문화의 복원화 담론

일반적으로 전통을 강조하는 것은 궁극적으로 문화 창조의 역사적 지속성을 확보하기 위함이다. 전통은 격변기에 새로운 가치 창조의 원천으로 부각된다. 전통이 새삼 문제되었던 시대는 언제나 격변의 시기였다.

우리에게선 근대 사회 구조로 전환되면서 서양적 충격이 와 닿기 시작하는 18세기나, 국내의 자체 모순이 심화되면서 세계 열강의 각축장이 되기 시작하는 19세기 중엽 이후의 일제강점기, 그리고 분단이 고착되는 해방 이후, 특히 근대화의 통폐가 드러나는 1960~1970년대가 그러하다는 것이다.[82]

강릉단오제의 전통에 대한 담론은 먼저 일제강점기 일본인의 조사 과정에서 기록된 그 역사와 상황이다. 그 후 1960년대 중요무형문화재 지정을 전후로 한 '원형의 전통성' 논의, 그리고 2000년대에 들어서서 시작 된 대성황사 복원과 연계된 '강릉전통문화도시' 사업에 따른 '유적지 복원(임영관·강릉관아)' 등으로 이어졌다.

또한 2004년도 강릉단오제 유네스코 세계무형문화유산 등록 신청서에 제시

---

81 『강릉시사』, 강릉문화원, 1996.
82 채희완, 「전통 연희의 창조적 계승 문제」, 임재해 編, 『한국의 민속예술』, 문학과 지성사, 1994, 47쪽.

된 유적지 복원에 대한 로드맵[83]과 '강릉단오문화창조도시' 계획 등이 급격하게 변화를 요구하면서 발생된 전통 복원의 실천적 담론들이었다.

강릉단오제는 무형의 문화유산이지만, 이와 관련된 유형의 유적이나 의례 도구들의 보관 상태는 그리 사정이 좋은 것만은 아니다. 장기적이고 체계적인 대책이 필요한 상황이다. 그 가운데 하나가 바로 대성황사大城隍祠의 복원이다.[84]

대성황사는 원래 단오제의端午祭儀가 이루어졌던 공간이었다. 허균의『성소부부고』에는 "해마다 5월초 길일에 대관령으로 가서 신을 맞이하여 부사府祠에 모신 다음 5일에 이르면 온갖 잡희를 베풀어 신을 즐겁게 해준다"고 하였다. 『임영지』에는 "국사의 행차가 관아에 이르면 횃불이 들판을 메우고 관청에 속한 사람들이 이를 맞아 성황사에 안치하였다"고 하였다.

대성황사는 칠사당 뒤편에 위치해 있었다. 일제강점기가 시작되면서 강릉 (영동) 지역 사람들 고유의 믿음(신앙)처였던 성황사가 철폐撤廢되었다. 그 후, 그

---

[83] 강릉지역에서 불교 유적지 발굴(2010~2016)의 대표적인 것이 굴산사지(사적 제448호)다. 대성황사는 강릉대도호부관아 복원사업에 포함되어 있으며, 현재는 대성황사만을 제외하고 마무리된 상황이다. 사업의 기본계획에 따라 대성황사 복원사업은 2006년도에 착공될 것이며 '약국성황사', '대창리성황사', '재민원성황사'도 연차적으로 복원할 계획이다. 그리고 강릉단오제가 시작되는 유적지인 '대관령국사성황사' 부지를 확장하고 관련 토지를 매입하여 강릉시가 직접 관리한다고 했다(『강릉단오제 : 유네스코 인류구전 및 무형유산 걸작 신청서』, 2004).

[84] 김선풍 박사에 의하면, "대성황사는 현 측후소 자리에 있었고, 그곳에 김유신 장군신과 범일국사神 외에 10분을 모셨던 곳이기 때문에 대성황사를 복원하여 신화에 나타난 江陵神을 다시 모시고 큰 굿을 치고 관노가면희나 풍물로 밤을 지새며 흥거운 놀이마당을 벌여야 한다고 했다. 이밖에도 대성황사에는 모시지 않았지만 김시습을 모셨던 素성황당과 창해역사를 모셨던 육성황당도 가능한 한 옛 모습대로 복원돼야 한다고 했다. 그리고 그 자리에는 외국의 경우처럼 비(碑)나 돌기둥을 세워 어느 성황사의 옛 터였는지를 자손에게 알려줘야 한다고 했다"(『강원일보』, 1989.6.12). 그리고 김경남은 대성황사 복원에 대하여, 그의 학위 논문에서 대성황사에 모셔진 12신에 대한 계열 분류를 통해 그 상징적 의미를 밝혔다. 그동안 대성황사 복원과 관련하여 '복원의 당위성', '복원을 통한 활용 문제' 등에 대한 관련 자료를 보면 다음과 같다. 김선풍,「강릉단오제의 원형과 발전 전략」,『강원민속학』제22집, 2008; 김선풍·김경남 공저,『江陵端午祭 硏究』, 보고사, 1998; 황루시,「강릉단오제의 원형보존 방안」,『세계인류문화유산 등록기념 : 강릉단오제 원형 보존 및 세계화 방안』, 강릉문화원·강원도민일보, 2005; 김경남,「단오제례 터, 대성황사 복원하자」,『임영민속연구』제3호, 임영민속연구회, 1999; 김경남,「江陵端午祭 諸神硏究」,『江原民俗學』, 강원도민속학회, 2002; 박미현,『테마로 읽는 강원여성문화사 : 잊혀진 강릉단오의 여신』, 강원여성연구소, 2007.

자리에는 일본인의 신사神社[85]가 들어서게 되었다. 급기야 일제에 의하여 5월 단오날 국사성황을 모시고 지내던 제의가 금지되기에 이른다.[86] 이러한 사정에 의하여 대성황사에서 제의와 각종 탈놀이를 할 수 없게 되자, 지금의 강릉의료원 앞 남문동 제방 부근에 있었던 여성황당이 잠시 그 역할을 맡았다. 그러나 을미년 폭우로 여성황당도 소실되자 또 다시 제의 공간을 잃게 되었다. 이후, 강릉단오제는 남대천변 단오장에 가설 성황사(굿당·제단)를 만든다. 그리고 이곳에서 오늘날까지 제의가 이루어지는 계기가 된 것이다.[87]

그동안 조사 연구자[88]들에 의해 대성황사에는 12신위가 모셔져 왔음이 밝혀졌다.[89] 대성황사는 명칭 그 자체가 갖는 의미도 크다. 전국에서 성황당을 '대大성황사'라 한 것은 강릉이 유일하다고 본다. 이것은 전국 어디서도 볼 수 없는 다신多神의 흔적이다. 그러므로 대성황사야 말로 강릉 지역의 전통적인 기층신앙 체계를 알 수 있게 해주는 유일한 공간이었던 것이다.[90]

---

85 신사(神社)는 일본에서 황실의 조상이나 국가에 공로가 큰 사람을 신으로 모신 사당이다.
86 이에 대해서는 강릉의 한학자 심일수의 일기『둔호유고』에 "융희 3년 5월 단오 무렵이 대관령국사성황신을 맞이하는 것을 일본인이 금지하여 폐지하였다"고 기록되어 있다. 융희 3년은 1909년이니 일제 침략이 시작되면서 곧바로 우리 민족의 기층 신앙에 대한 탄압을 제일 먼저 시작한 것이다.
87 김경남,「단오제례 터, 대성황사 복원하자」,『임영민속연구』제3호, 임영민속연구회, 1999, 384쪽.
88 秋葉 隆은『강릉단오제』(1930)에서 ① 홍덕왕 김유신 ② 송악산신 ③ 강문부인 ④ 초당부인 ⑤ 연화부인 ⑥ 서산송계부인 ⑦ 범일국사 ⑧ 이사부가 기록되어 있으며, 善生 永助의『생활상태조사서』(1931)에는 ① 각위 성황신 ② 송악신 ③ 태백대천왕신 ④ 남산당제형태상신 ⑤ 성황당덕자모왕신 ⑥ 신라김유신신 ⑦ 강문개성부인신 ⑧ 감악산대왕신 ⑨ 신당성황신 ⑩ 신라장군신 ⑪ 초당리부인신 등 11신으로 기록되어 있다. 임동권 박사의『重要無形文化財 調査資料(江陵端午祭)』(1966)에 따르면 대성황사에는 ① 松岳山之神 ② 太白大王神 ③ 南山堂帝形太上之神 ④ 紺岳山大王之神 ⑤ 城隍堂德慈母王之神 ⑥ 神武堂城隍神 ⑦ 金庾信之神 ⑧ 異斯夫之神 ⑨ 草堂里夫人之神 ⑩ 西山松桂夫人之神 ⑪ 蓮花夫人之神 ⑫ 泛日國師之神 등 12신위를 봉안하였다고 기록하였다.
89 강릉단오제가 지역의 태평·풍년·풍어·질병퇴치·안전행로에 있다면, 대성황사 12신의 성격이 이와 일치하기 때문이다. 대성황사에 모셔졌던 12신은 ① 산신(山神)계통의 신 : 송악산지신, 태백대왕신, 남산당제형대상지신, 감악산대왕지신, 대관령산신(김유신장군신) ② 지모신(地母神)계통의 신 : 성황당덕자모지신, 초당리부인지신, 서산송계부인지신, 연화부인지신 ③ 장군신(將軍神)계열의 신 : 김이사부지신 ④ 성황신(城隍神)계통의 신 : 신무당성황신, 범일국사지신으로 구분하였다(김선풍·김경남 공저,『江陵端午祭 硏究』, 보고사, 1998, 58~68쪽).
90 김경남, 앞의 글, 384쪽.

3) 대성황사 복원과 도심 관광의 자원화

(1) 도심의 단오문화

대성황사는 일제강점기 이전까지 강릉단오제의 제의적 중심 공간이었지만, 지금은 그 흔적조차 없다. 그런데 대성황사가 복원된다면, 그것은 100년 만의 부활과 함께 다시 만들어지는 전통으로 축제 연행의 판이 새롭게 재구성된다고 볼 수 있다.

강릉시는 '단오문화를 통한 창조적 전통문화 도시' 조성이란 비전을 실현하기 위한 사업으로 지난 2007년 조성 계획을 통해 로드맵을 제시했다.[91] 대성황사 복원은 이 사업의 첫 번째에 해당된다.

먼저 단계별 사업 추진 계획을 살펴본다. 이 사업의 중기 계획이 이루어지는 5개년 실행 계획 기간(2008~2012)은 1·2단계로 구분되어 있으며, 장기 계획은 2013년부터 2017년까지 5년으로 해서 3단계로 구분하여 추진한다고 했다. 1단계는 소프트웨어 사업을 중심으로 기존의 강릉시가 진행하고 있는 사업에 대한 정비 및 보완을 추진하며, 단오문화에 대한 의식변화를 위한 교육사업, 기존 관광 기반시설의 활성화 사업 추진을 통한 국내외 관광객을 유치하는 것을 기본 방향으로 설정하였다.

2단계는 단오문화 정립을 위한 신규 개발사업이 시작되는 단계로 단기 비전 실현을 추진하며, 단오문화를 바탕으로 한 다양한 콘텐츠 개발로 명소화 추진사업을 방향으로 설정하였다.

그리고 장기 계획 기간인 3단계는 장기적으로 진행되어야 할 사업에 중심을 두고 있으며, 전통문화도시 조성과 연계된 각종 복원 사업의 진행과 함께 도심 '단오문화촌' 조성과 같은 신규 투자 사업은 도시 계획과 연계되어 진행되어야 할 사업으로 구분하였다.

---

91 강원도·강릉시, 『강릉단오문화창조도시조성계획』, 한국문화관광연구원, 2007.11.

단계별 사업 추진 계획

투자전략	5년 중기 계획 기간		장기 계획
	1단계(2008~2009)	2단계(2010~2012)	3단계(2013~2017)
기본 방향	・기존 사업 정비 및 보완 ・소프트웨어 사업중심	・단기 비전 실현 ・신규개발 사업추진 시작	・장기 비전 실현 ・하드웨어사업 중심
주요사업 추진내용	・단오문화교육 ・기존시설 활성화 ・관광수용태세 확충 ・관광축제 및 관광상품화 개발	・역사・전통문화자원의 관광 자원화 ・단오문화 산업진흥을 통한 관광개발 활성화 ・관광수용 태세 확충	・대규모 신규개발 투자 ・도시 계획과 연계성 가진 사업추진

위 계획에 나타난 문화재 복원 및 공간 개발의 하드웨어 사업을 보면 다음과 같다.

문화재 복원 및 공간 개발의 하드웨어 사업

사업별 우선 순위	핵심 사업	추진 시기		
		1단계	2단계	3단계
우 선 추진 사업	・대성황사 복원 및 단오문화 콘텐츠 강화		←―――	――――→
	・단오문화촌 조성	←―――――	―――――――	―――――→
	・즐기면서 걷는 단오거리 조성		←―――――	―――→
추진 시기 고려 사업	・유네스코 광장 조성		←――→	
선택적 추진 사업	・대관령 옛길과 연계한 프로그램 개발	←―――――	―――――――	―――――→
	・단오장 리모델링(중장기)	←―――――	―――――――	―――――→

『강릉단오문화창조도시』 조성 사업은 2017년 사업 완료를 목표로 추진한다고 했다. 그러나 현재는 그 계획에 못 미치는 상황이다. 이에 대해서는 강릉 대성황사에 대한 역사・민속적 가치와 활용 방안이 새롭게 모색되는 학술적 뒷받침이 지속적으로 담론화 되어야 할 것이다.[92]

---

92 2018 강릉단오제 육성사업의 일환으로 제4회 강릉단오제 전국학술 세미나 때, 강릉 대성

그동안 강릉시가 추진한 사업은 '천년의 축제인 강릉단오제를 보전·계승하고, 지속가능한 발전 방안을 모색'하고, '매력 있는 전통문화 테마관광 도시조성'이란 의미와 목적을 담고자 했다. 이에 대한 세부 사업으로는 강릉단오제 전승을 위한 교육, 강릉단오제의 브랜드화를 위한 홍보, 국내외 네트워크 강화 등이 있다. 소프트웨어에 관한 계획은 이미 부분적으로 착수되어 단오민속 체험학습 확대 등 기존 강릉단오제의 축제 프로그램에 반영되어 실행되고 있다.

한편 대관령국사성황사로부터 대관령 옛길, 칠사당, 대성황사, 남산에 이르는 단오(제) 루트 사업이다. 이는 대관령에서 강릉 도심을 잇는 단오 루트를 따라 강릉단오제와 연계된 공간을 복원한다는 것이다. 그리고 그 공간에 강릉단오제를 테마로 한 다양한 문화상품을 담아 '단오문화도시'란 정체성과 '문화·관광' 기반을 확보하려는 계획이었다.

여기서는 그동안 대성황사 복원 계획에 나타난 몇 가지 문제점을 언급하면서 현실적인 대안을 모색하려고 한다. 이 시점에서 과거의 계획을 논하는 것이 유효할지는 모르겠으나, 향후 새로운 복원 계획을 지자체가 기획하다고 볼 때, 이전의 컨셉과 방향은 크게 달라지지 않을 것으로 보기 때문이다. 또한 당시에는 도시재생 사업에 대한 공공의 이해가 없었던 상황이었기에 앞으로는 이점을 고려하여 도시재생 컨셉과 연계된 전통문화의 복원화 사업도 그 일환으로 전개될 가능성이 있다고 보여진다.[93]

(2) 단오거리 조성

강릉단오제의 중심 공간인 남문동 일대를 대중적 문화공간으로 조성하는

황사를 주제로 김선풍(대성황사에 모신 신격의 위상과 신들의 이동), 김기설(읍치성황제 때의 국사성황 행차와 대성황사), 김경남(강릉 대성황사 활용방안에 대하여)의 담론이 있었다(2018.10.19).

[93] 현재 강릉시는 도시재생 활성화 계획으로 '올림픽의 도시, KTX 시대 옥천동의 재도약(2018~2022년, 5개년)'이며, 그 목표는 ① 거점육성을 통한 도심 재창조 ② 도심상권 및 지역경제 활성화 ③ 지역 공동체 활성화다. 이는 국토교통부 고시 제2018-258(2018.05.08)로 도시재생 선도 지역으로 지정된 옥천동 일원이 도시재생 활성화 계획이 승인됨에 따라 '도시재생 활성화 및 지원에 관한 특별법' 제20조 및 같은법 시행령 제28조 규정에 의거하여 그 계획을 고시했다(강릉시장, 2018.10.31, 강릉시청 홈페이지).

'단오거리 조성사업' 계획을 살펴보면, 이 일대에 위치해 있는 임영관, 강릉관아, 칠사당 등을 활용해 청소년과 관광객들이 생생한 단오문화를 체험·학습할 수 있게 조성한다는 것이다.

그리고 대성황사는 KBS 강릉방송국(강릉시 용강동 소재)이 이전[94]하는 대로 복원에 나선다는 것이다. 대성황사의 복원은 2005년 강릉단오제가 유네스코 세계무형문화유산으로 신청할 때 공포한 약속이었다.

대성황사 복원에 대한 구체적인 내용을 보면, 「강릉단오문화창조도시」 계획은 5대 전략에 12대 추진 과제, 20대 핵심 사업을 담고 있다.[95] 그 중, 대성황사 복원은 첫 번째 전략으로 '강릉단오제의 새 천년 이어나가기'로 '대성황사 복원 및 단오문화 콘텐츠 강화' 사업을 꼽는다.

대성황사 복원을 통해 강릉단오제의 원형을 되찾는다는 것은 현재의 단오장과 연계성을 갖고, 강릉대도호부 관아와 대성황사가 다시 연계된다는 의미다. 단오문화 콘텐츠를 강화해서 관광객들에게 강릉단오제와 강릉의 역사·문화를 홍보한다는 것이다.[96] 따라서 대성황사가 복원되면, 음력 4월 15일 대성황사에 대관령국사성황을 안치하며, 강릉단오제 원형 복원과 동시에 주변 지역 문화자원과 대성황사 콘텐츠와 연계된 프로그램 개발을 통해 도심의 랜드마크로 조성한다는 것이다.

문제는 대성황사가 복원이 되면 모든 문제가 다 해결된다는 식의 하드웨어

---

[94] 자료에 의하면 2015년 7월에 KBS 강릉방송국 신사옥 신축 이전 확정(용강동 62-5에서 유천동 754), 2019년 유천동 신사옥 완공 예정으로 되어있다(https://ko.wikipedia.org).
[95] (1) 강릉단오제의 새 천년 이어 나가기 : 단오문화재 보전 및 활용, 지속가능한 전승환경 조성, 단오문화관 활성화, 대성황사 복원 및 단오문화 콘텐츠 강화, 대관령 옛길과 연계된 프로그램 개발, 전수자의 전통계승, 상설공연을 통한 강릉단오제 이해 증대, 연중 볼거리 가득한 단오문화관 조성. (2) 단오맛 넘치는 도시공간 가꾸기 : 단오문화벨트 조성, 중장기 단오장 리모델링, 즐기면서 걷는 단오거리 조성, 유네스코 광장 조성, 단오문화촌 조성, 단오장 리모델링. (3) 강릉단오제 문화콘텐츠 개발 체험하기 : 지역 문화시설 활성화, 단오문화 연계 프로그램, 단오문화공간 활성화, 단오문화 콘텐츠 프로그램 개발. (4) 강릉단오문화 커뮤니티 만들기 : 단오문화교육 저변 확대, 지역주민 참여 활성화, 창조적 리더 네트워크, 청소년 단오문화교육, 단오를 통한 지역소득 확대, 단오 컬처 무브먼트, 창조적 지역 CEO 육성. (5) 강릉단오문화 알리기 : 강릉단오 브랜드화, 단오문화 홍보마케팅 강화, 강릉단오 명품화, 단오음식 활성화, 국내외 홍보 및 네트워크 강화.
[96] 강원도·강릉시, 『강릉단오문화창조도시조성계획』, 한국문화관광연구원, 2007.11.

구축 중심의 발상이다. 물론 대성황사는 강릉단오제의 중요한 제의 공간이었다. 단순히 복원만 되면 주변 관아 건물과 칠사당, 임영관이 자연스럽게 연계된다고 하지만, 구체적인 복원에 따른 연행 프로그램이 계획서에는 명시되어 있지 않다는 것이다. 이점에 대해서는 좀더 많은 담론이 필요하다. 전통의 복원과 계승에 대한 현대적 해석이 필요하며, 그 이해점을 찾아야 한다. 이와 관련하여 임재해 교수의 글을 언급해 본다.

> 문화의 전승(tradition)과 연행(performance)은 같으면서 다르고 만나면서 갈라진다. 마치 닭과 달걀처럼 서로 유기적 관련을 지니되 구체적 기능은 다르다. 전승이 연행이고 연행이 전승인 것 같은데 그렇지 않다. 연행이 곧 전승이지만 전승이 곧 연행은 아니다. 연행자는 곧 전승자이지만 전승자가 곧 연행자라 할 수는 없다. 왜냐하면 전승이 연행의 문화적 토대라면, 연행은 전승문화의 구체적 실현이기 때문이다. (중략) 이와 같이, 어떤 문화현상이든 전승이 되어야 연행이 가능하고, 연행을 해야 실질적인 전승이 이루어진다. 그러므로 연행은 전승을 전제로 하며 전승은 연행을 통해서 이루어진다.
> 전승이 이미 있는 전통문화를 연행할 수 있는 능력을 갖추고 있는 것이라면, 연행은 실제로 그 능력을 발휘하여 실행하는 것이다. 따라서 연행능력은 곧 전승능력이지만, 전승능력은 곧 연행능력이라 할 수 없다. 전승능력을 갖추고 있어도 연행상황이 갖추어지지 않으면 연행능력을 발휘할 수 없기 때문이다. 강릉단오제의 전승이 지역문화로서 존재하고 있어야 단오제 때 각종 단오행사가 실제로 연행될 수 있다. 그렇지 않으면 강릉단오제의 여러 행사 종목에 관한 기능을 아무리 잘 익혀도 실제로 단오행사를 수행할 수 없다. 그러므로 단오제가 세시풍속으로서 전승력을 갖추고 있어도 구체적인 연행 능력이 없으면 단오제 행사가 제대로 이루어지지 못한다.[97]

---

[97] 임재해, "강릉단오제의 전승인력과 발전적 전승의 길"(2014.6.4). 이 글은 강릉단오제보존회 주최 '강릉단오제 전승 활성화 세미나'에서 발표한 논문이다.

(3) 대성황사 복원의 모습

다음은 대성황사 복원에 따른 사업 추진 방안을 살펴본다. 대성황사 복원과 그 주변 지역의 객사문·임영관·칠사당 등 관아지는 특화된 곳으로 구분한다. 그리고 대성황사 복원 공간에 단오제단을 설치하여 상설 공연과 축제가 열리는 중심 공간으로 설정하고, 휴게 및 관람시설의 도입을 고려하도록 하되 신성성이 훼손되지 않도록 한다는 계획이다.

이제까지의 복원 계획이 완료된다면, 지난날 대성황사가 사라지면서 남대천 단오장으로 제의 공간을 옮긴 이후, 100여년 만에 다시 본래의 자리로 되돌아가게 될 가능성이 있다. 이렇게 되면 강릉단오제(대성황사)의 원형 복원을 통해 향후 지정문화재 연행 과정의 변화, 즉 과거의 팔단오 복원과 그 연행을 이끌어 내는 계기가 된다.

그렇지만 다른 한편으로는 유형의 원형 복원을 통해 무형의 제의祭儀 과정(절차)에도 변화가 있을 것이다. 다만, 1967년 문화재 지정 당시 조사된 '구한말 이전까지 팔단오 중심으로 벌어졌던 강릉단오제 연행 과정과 놀이', '대성황사 폐지 이후부터 오늘날 남대천 임시가설 제단 중심의 강릉단오제 전승 실태'로 구분할 때, 그 전승상의 원형을 어느 시기에 두어야 할 것인가에 연행 복원의 담론이 있을 것이다.

따라서 1966년 조사 당시의 기록으로는 "강릉단오제 절차는 그 때의 규모에 따라 다소 신축성이 있다"고 했다. 이것은 단오제가 현대 생활에 알맞은 방향으로 변용되고 있는 것임을 알 수 있다.[98]

---

98 그 이후 전승상 드러났던 강릉단오제의 '현대적 수용' 또는 '현대적 변용'으로 접근하는 양상이 있어 왔다. 강릉단오제가 1967년 지정된 이후, 1970~80년대 지역사회에서 벌어진 전승(원형과 고증, 연행 주체 등)상의 주요 담론 또는 메카니즘은 강릉단오제의 '형식'과 '내용'이었다. 그 한 예로, 강릉단오제는 2005년 유네스코 등록 된 이후, 강릉단오제위원회가 강릉문화원으로부터 분리 독립하여, 단오제 행사를 치루면서, 근 30여년간 해결되지 못한 난장(상가분야 등)의 문제와 사회적인 상황을 고려해서 축제의 형식과 내용을 현재적으로 '변용'한 사례가 있다. 그동안 강릉단오제 본 행사 기간이 5일(음력 5월 5일 단오날을 중심으로 양쪽 2일씩) 축제를 벌이다가, 2006~2007년도에 1~2일씩 늘려갔다. 그리고 2008년부터는 8일간을 본 행사 기간으로 정하였다. 이같이 본 행사 기간이 늘어난 이유는 '난장', 특히 상가분양 이후 상인들이 행사가 끝난 후에도 5~10일 정도 상행위를 임의로 연장하는 관계로 지역內 상인들(중앙시장 등)의 반발이 컸으며, 난장 상인들이 요구하는 충분

오늘날의 강릉단오제 제의 공간(남대천 단오장 임시 시설 굿당·제단)도 사회·문화적 합의에 의해 재창조되어 만들어가는 전통이다. 지난날의 무악, 관노가면극, 민속놀이, 풍물 등이 유지되면서 강릉단오제가 전승된다고 해도 그 가치는 다르지 않다. 하지만 이와 다른 이견異見도 많을 것으로 본다. 결국은 공간이 옮겨지고, 그 상황을 극복하기 위한 부단한 시간의 노력이 오늘의 축제장을 만들어 온 것도 대중의 기억으로 전통이 된 것이다.

대성황사 복원은 단순히 사라진 건물을 다시 되찾는 수준에서의 복원이 아니다. 사실 객사문 뒤쪽의 임영관도 복원된 건물이다. 하지만 다행히도 1910~1920년대 임영관 전경 사진이 있었기에 가능했으리라 짐작된다.[99] 현재로서는 대성황사가 10칸 정도의 규모였다는 것만 기록에 남아있다.[100] 그리고 대성황사가 복원되면, 그 공간에 제단을 설치하여 강릉단오제의 중심 공간으로 활용한다고 하는 계획은 기존의 강릉단오제 전승 전반에 걸쳐 가히 지각변동이라 할 수 있는 상황을 초래할지도 모른다.

지금의 강릉단오제 전승 축제 현장(남대천 중심)도 이미 100여년에 이르는 전통을 갖고 있다. 대성황사의 복원은 단순히 그 자체의 원형 복원만을 의미하지 않는다. 중요한 것은 대성황사가 지난날 지역민의 신앙(믿음)의 공간이었다는 점이다. 대관령산신당과 대관령국사성황사, 대관령국사여성황사가 지금까지 존재하고 있는 가장 큰 이유는 기원의 공간이기에 그 존재가 가능한 것이다.

한 날짜와 그들 임의로 연장한 상행위를 근절하기 위한 조치상의 한 이유도 있으며, 더 큰 이유는 전국적으로 축제 기간이 평균적으로 7~10일을 운영하고 있음으로 해서, 강릉단오제 본 행사 기간을 음력 5월 1일에서 8일까지 정하였다.(『2008 강릉단오제 행사 계획(안)』, (사)강릉단오제위원회, 2008). 과거의 민속문화를 동시대의 필요에 따라 있는 그대로 받아들이는 일을 '현대적 수용'이라고 한다면, 현대적 가치에 맞게 바람직한 양식으로 변화시키거나 재창조해서 받아들이는 것을 '현대적 변용'이라고 할 수 있다.(임재해, 「민속문화의 현대적 수용과 변용의 논리」, 『실천민속학연구』 제1호, 실천민속학회, 1999, 11~64쪽).

99 사진으로 보는 『江陵·溟洲의 近代 風物』, 강릉문화원, 1992.
100 "… 군수 관사 및 육방 관사 등의 관아를 돌아 마지막으로 마을의 대성황(大城隍, 지금은 폐지된 수비대 연병장의 자리가 그 흔적이다. 당시에는 10칸의 커다란 신당이었다. 가운데는 성황신 외에 다른 산신 및 장군신 등이 모셔지고 있었다)에 이른다"(村山智順, 『부락제』, 1937). 대성황사의 규모에 대하여 지금까지의 자료는 없는 것으로 알고 있다. 하지만 이 자료에서 '당시에는 10칸'이라고 한 것으로 보아 그 규모를 짐작할 수 있다.

그것이 이제는 전통의 새로운 문화로 대중과 소통하는 공간으로 변화를 꾀하는 것이다. 과연 대성황사를 복원하여 단오장의 임시 제단(굿당)이 100년 전의 제자리를 찾는다(되돌아간다)고 할 때, 지금의 현장도 이미 100년 전부터 시작된 전통이며, 이것이 전통 의례였음을 믿고 제의가 벌어져 왔다는 점 또한 고려해야 할 것이다. 단순히 '하던 대로 하는 게 제일'이라는 기준의 모호성이 낳는 전통의 재해석이 뒤따라야 할 것이다.

다음은 대성황사 복원 지역 공간 구분에 따른 몇 가지 시설 계획을 살펴본다. 앞에서도 언급했듯이 '단오제단'과 '상설 공연장'을 도입하여 강릉단오제의 핵심인 단오굿을 상설 공연화 함으로써 축제의 가치를 알린다고 했다. 특히, 야간(오후 7~9시) 공연 상설화를 통해 직장인 및 관광객들이 참여할 수 있도록 하는 것이다. 이는 매년 벌어지는 강릉단오제 기간뿐만이 아니라 '4계절 관광지'의 이미지를 갖도록 하는 것으로 이해된다. 그리고 기원의 장소로 신목을 형상화한 나무를 시설한다는 것이다. 여기에는 기념품 판매장(전통상가)을 설치하여 이곳을 찾는 관람객들에게 추억과 함께 강릉의 전통문화와 축제를 새롭게 인식시키는 계기를 마련한다는 것이다.[101]

이에 대하여 "관광의 사회·문화적 영향으로 지적되는 문제의식은 문화의 상품화라는 개념으로 집약되는 일련의 파행적 문화파괴 내지 문화말살 현상"[102]에 대한 우려이다. 지난날의 대성황사는 단순히 유교식 제의만을 연행하는 공간

---

[101] 이 부분에 대해서는 관광의 사회 문화적 영향으로 지적되는 문제점을 언급하지 않을 수 없다. 특히 '전통문화의 고유성' 유지 문제이다. 그런 예들이 바로 민속촌 또는 야외 박물관 형식의 모형문화(model culture), 무대화된 허위 민속문화(staged phony-folk culture), 관광무대(tourist stage), 전시지역(front region)의 개념 도입이다. 이 경우의 문화 화석화 작업은 긍정적인 측면으로서 "관광무대는 죽어가는 전통을 보존하고 주민 사생활 세계의 침해를 막을 수 있다"는 장점이 있다고 이해된다(전경수 편역, 「국제관광의 인류학적 고찰」, 『관광과 문화 탐구』, 일신사, 1994, 20쪽).

[102] 관광이란 현상은 일차적으로 관광객과 주민이 직접 또는 간접적으로 만나는 상황에서 규정될 수 있으며, 사회와 문화가 상품으로 등장하는 특수한 생산 양식을 보이며, 관광객은 관광지의 자연과 주민의 문화를 보기 위해서 주민의 사회에 이방인의 자격으로 등장하게 된다. 지역 사회에서 관광개발로 인해 일어나는 갈등과 문화적 영향에 관하여 두 가지 측면에서 집중적으로 논의하였다. 그 하나는 '사회적 비대칭성'이며, 또 다른 하나는 '문화의 상품화'라는 개념으로 집약되는 일련의 파행적 문화파괴 내지 문화말살 현상이라고 생각된다(전경수 편역, 『관광과 문화 탐구』, 일신사, 1994, 14쪽).

이 아니었다. 오신娛神을 위한 무당굿과 탈놀이가 연희되었던 공간이다. 따라서 대성황사는 민중들 삶의 세계가 그대로 간직하고 있는 신앙(믿음)처럼 녹아 있었던 곳이다.

그런데 그 "신성영역과 세속영역으로 대별될 수 있는 주민의 생활 세계, 즉 문화가 상품화의 과정을 겪고 판매라는 경제행위를 통하여 구입자에게 건너가면서 경험하는 변화에 대하여 주목해 볼 필요가 있다는 것이다."[103]

특히, 강릉단오제의 핵심인 단오굿을 상설 공연화 함으로써 축제의 가치를 알린다고 하는 것도 '문화의 상품화'에 대한 부작용 또한 깊이 생각해 봐야 할 문제다. 상품화된 문화를 접하는 관광객과 보여주기 위한 그 문화가 갖는 고유성이 관광객에 의해서 뿐만이 아니라 더욱 심각하게는 주민 스스로에 의해서 쉽사리 포기된다.[104]는 점이다.

관광개발 이전에는 자발적으로 참여하던 주민들이 계약제 공연자로서 임금을 받게 되고, 임금을 받게 되는 요식화 된 공연으로서의 문화행사에 참여하는 주민들은 신성영역에서 부여된 의미를 상실하게 됨으로서 주민 자체가 푸엔떼라비아 문화의 고유성을 잃어버리게 된 것이다. 즉 전통적 가치에 대한 가장 심각한 관광의 영향은 사회적이고 인간적인 관계가 경제 영역에 소환되고, 결국에는 그런 가치들이 생계 수단으로 전락해 버리고 만다는 것이다. 푸엔떼리비아의 경험은 제주도의 한라문화재, 철쭉재를 비롯한 전국적으로 77개 지방의 향토문화재들의 현황과 실태를 다시 한 번 생각하게 한다.[105]

---

103 "…이렇듯 마을을 지켜주는 수호신으로서 숭앙을 받고 신앙의 대상이 되는 돌하르방과 유사한 구조물들이 관광객이 쉽사리 들고 다닐 수 있는 크기로 축소화되거나 열쇠고리 또는 단추 모양의 장식물로 변하는 과정에서 제주 선(先)주민의 역사적인 시련과 자연에 적응하려는 예지적인 면모와 탐라의 정신을 한 몸에 지니고 있는 수호신의 모습을 상실해 가고 있는 것이다. 주민 생활의 신성 영역이던 신앙대상이 세속 영역의 돈벌이 도구로 전락하여 관광객의 제주관광기념을 위한 표식 역할을 하게 되는 것이다"(전경수 편역, 앞의 책, 14~15쪽).

104 그 예를 보면, 스페인 바스크 지역 푸엔떼라비아(Fuenterrabia)의 성스런 역사가 담긴 알라르데(Alarde)의 축제가 스페인 정부에 의해서 중요 관광상품으로 개발된 뒤, 원래는 쇼가 아닌 참여자를 위한 공연이 외부인을 위하여 공연되는 공개 쇼로 변모하여 하루에 두 번씩 '공연'을 하게 됨으로써 주민의 신성 영역인, 역사를 담은 의례인 알라르데는 돈벌이를 위한 공연으로 '문화적 상품화'가 되었다(전경수 편역, 앞의 책, 16쪽).

앞에서 언급했듯이 중요무형문화재를 보유하고 있는 지자체에서는 주요 관광지별로 상설 공연장을 만들어 정기적인 공연도 있어 왔다. 이러한 새로운 무형문화재 정책 변화로 인해 일부 중요무형문화재는 일반 관객들로부터 호응도를 얻으면서 전통문화의 대중화에 호흡을 함께 하고, 청소년들에게 전통연희에 관심을 갖도록 하는 젊은층의 전수자 확보와 전승에 활력소를 얻기도 했다.

하지만 탈놀이의 경우에는 무대화 공연 또는 마당 공연의 시간적인 제약으로 전 마당을 연희하지 않고 일부 특색 있고 관중의 호응도가 높은 부분만 연출되다 보니 무형문화재 원형 전승의 문제점들도 속속들이 발생되었다.[106]

얼마 전까지만 해도 강릉도심에 있는 '객사문'은 도심 한 복판에서 문門이라고 하는 존재만으로 그 자리를 홀로 지켜왔다. 지금은 복원된 강릉관아 주변의 임영관 등이 그 원형을 갖추고 있다. 객사문은 천년이나 된 문門이다. 문으로는 유일하게 존재하는 국내 유일한 국보가 객사문이다.

강릉단오제도 마찬가지다. 일제강점 하에서 대성황사의 폐지는 곧, 수백년 동안 면면히 지역민의 삶과 함께해 온 신앙의 억압이었다. 결국 그 전통은 수년간 타민족의 식민지 정책에 의하여 단절되었다가 강릉의 중앙시장 상인들의 정성으로 다시 계승되었다.[107]

---

105 전경수 편역, 위의 책, 17쪽.
106 나카무라 카즈요, 「전승집단과 연행상황에 따른 하회탈놀이의 지속과 변화」, 안동대 석사논문, 2004; 한양명, 「중요무형문화재 예능분야의 원형과 전승 문제에 대한 반성적 검토」, 『韓國民俗學』 44, 2006, 581~582쪽.
107 황루시 교수는 "더욱이 아키바는 자신의 보고서 마지막에 5월 1일부터 7일까지 읍내에 장이 서고 시장 한 구석에서 무녀의 가무가 행해진다."는 기록을 토대로 하여, "일제강점기에 강릉단오제의 전승이 단절되었다고 단언할 수는 없다."고 했다. 그래서 전승이 중단된 것으로 잘못 알려진 일제강점기의 전승 상황을 추적한 것이다. 제3장에서는 강릉단오제의 전승과 근대 단오제의 전승과정을 추적했다. 그동안 강릉단오제 전승사에서 가장 취약한 부분은 일제강점기에서 1970년대까지이다. 강릉단오제는 1967년 중요무형문화재로 지정되었으나 이전의 방식대로 단오제를 치렀다. 강릉시를 거쳐 강릉문화원이 주관하면서 조금씩 조직을 갖추어 갔지만 상당 기간 단오제 전승의 실상은 밝혀지지 않은 채 지금까지 왔던 것이다. 본고에서는 그 시기를 이어간 주체가 바로 시장 상인이라는 점을 중시하여 조사를 진행했다. 조선조에 강릉단오제는 관에서 주관하던 읍치성황제의 하나였다. 나라를 잃고 식민지가 되면서 대부분의 읍치성황제는 전승이 중단되었다. 그러나 강릉단오제는 살아남았고 결국 오늘날 유네스코 무형유산으로 등재되기에 이르렀다. 이렇게 단오제의 전승을 이은 주체는 바로 강릉의 시장 상인들이었다. 지금의 중앙시장과 그 이전의 성

하지만 복원된 기존 전통의 공간이 아닌, 또 다른 새로운 공간을 만들었다. 그 공간이 바로 매년마다 남대천 단오장에 설치되는 임시 가설 제단(굿당)이다. 지금도 이 제단을 일러 '임시 가설'이란 말을 한다. 그 의미는 '단오' 기간을 전후하여 신위와 신목을 임시로 모시기 위해 만든 굿당(제단)이기 때문이다. 강릉단오제가 문화재로 지정되면서부터 남대천 단오장에 임시로 설치한 것을 '임시 성황당(서낭당)' 또는 '임시 가설 굿당(제단)'이라고 했다. 여기서 '임시'라고 하는 의미는 '정하지 않은 일시적인 기간'을 뜻하는 것으로 해석된다. 그래서 원래의 공간과 시간으로 되돌아 갈 것이라는 분명한 복원 의식이 내재되어 있다고 볼 수 있다.[108]

그런데 그 원래의 공간인 대성황사에 대한 상세한 내용의 사적 자료가 충분하지 못하다. 그 결과로 2000년부터 계획되고 추진되었던 「강릉전통문화(시범)도시계획」에서 빠졌다. 특히, 강릉단오제 유적(지)에 대해서도 구체적인 언급 없이 오늘날에 이르렀다. 다행히 강릉단오제가 유네스코 세계무형문화유산 목록 후보로 선정되면서 강릉단오제의 민속문화 유적지에 대한 관심을 갖게 된 것이다. 그 시기가 2003~2005년 동안으로 본다. 앞으로 복원 계획에 따라

남시장 상인들이 관을 대신하여 제사를 지내고 무당을 불러 굿을 하면서 단오제의 전통을 이어갔던 것이다. 그러나 실제로 잃어버린 시간을 재구성할 수는 없었다. 증언을 해줄 분들이 대부분 사망했기 때문이다. 따라서 실제 밝혀진 내용은 많지 않다. 그렇지만 어느 정도의 추론이 가능했다. 조선조부터 상인들은 비용을 대는 중요한 임무를 수행했다. 그리고 관에서 강릉단오제를 더 이상 주관하지 못했을 때 행사 전체를 맡게 되었다. 이는 대관령 신앙 때문이었다. 험한 고개를 넘나들면서 장사를 해야 하는 상인들에게 단오제는 매우 중요한 행사였던 것이다. 상인들은 제물을 장만하여 제사를 지내고 무당을 불러 굿을 했다. 그러면서 단오제의 공간은 시장 옆의 남대천변으로 바뀌게 되었다. 해방 후에도 행사를 계속했고 단오제가 중요무형문화재로 지정된 이후에도 시장의 상인들은 제물을 장만하고 굿 비용을 부담했다(황루시 外, 『강릉의 단오문화 연구 : 강릉단오제의 전승 양상』, (사)강릉단오제위원회, 2011.6).

108 대성황사의 복원으로 인하여 혹시, "무대화된 허위 민속문화가 물질적 수용능력과 심리적 수용능력을 넘어서게 되면 모형으로서의 공적인 이미지를 망치게 되기 때문에 무대라는 것이 면밀히 고려되어야 한다"는 신중한 경험적 보고도 나와 있다. 이때 모형문화의 물리적, 심리적 수용능력이란 관광객과 직·간접적으로 관견되어 있는 주민들을 모두 포함한 것으로 받아들여야 할 것 같다. 즉 지나친 인공의 가미는 주민문화의 고유성을 목적으로 찾아온 관광객에게 실망을 줄 뿐만 아니라 주민들에게도 그들의 문화를 왜곡되게 인식하고 수용하게 하는 기형적 교육효과를 낳게 될 가능성도 농후한 것이다(전경수 편역, 위의 책, 20쪽).

대성황사의 옛터 발굴과 문헌 고증을 통해서 문화적 가치로서의 복원을 기대하는 것이다.

(4) 전통문화의 관광 자원화

앞서 논한 『강릉단오문화 창조도시』 계획 중, 대성황사 복원과 관련하여 관광자원으로 활용 가능성을 모색할 때, 다음과 같이 미리 준비되어야 할 과정을 제시해 본다.[109]

첫째, 자원 복원화 대상에 관한 정보 수집, 현황 분석 및 문제점 파악 등이 고려되어야 한다. 대성황사에 대한 정보는 일본인 학자의 기록과 기억 속의 공간만으로 기록되어 있다.[110] 어찌 보면 원형에 대한 복원 자체가 현재로서는 어렵다고 볼 수 있다. 만일 임영관처럼 1910년대 건물 사진이 있다면 어렵지 않을 것이다. 복원 장소의 지표 조사 또한 어려운 상황으로 현재 그 자리(대성황사)에는 KBS 강릉방송국[111]이 있으며, 옛 강릉 측후소[112]가 위치해 있었다.

대성황사 자리에는 일제강점기 일본 신사가 들어섰으며, 그 후 1911년 강릉 측후소가 건립되고, 그 옆으로 방송국 청사 건립 공사로 인하여 그 흔적(주춧돌)마저 찾기 어려울 듯하다. 다만, 일제가 대성황사 자리에 '강릉 신사'를 설치한 전경 사진 2장이 현재로서는 그것이 전부이다.[113]

둘째, 자원 복원화에 대한 목표 설정이 뚜렷해야 한다. 이를 위해 취할 수 있는 수단으로 복수 이상의 대안이 제시되어야 할 것이다. 즉 선택 가능한 대안들은 어떤 것들이 있는지를 구상하는 일은 복원화 분석의 포괄성과 질質을 결정 짓는 중요한 작업이라 할 수 있다.

---

109 이광진, 『민속과 축제의 관광적 해석』, 민속원, 2004, 310~316쪽.
110 '1930년대 江陵市街 略圖'를 보면 '신사(神社)'가 표기되어 있으며, 왼쪽으로 '측후소(測候所)'와 위쪽으로 '실수학교(實修學校)'가 위치해 있다(사진으로 보는 『江陵 溟洲의 近代 風物』, 강릉문화원, 1992).
111 현 KBS 강릉방송국은 1980년 12월 29일에 청사가 준공되었다.
112 옛 강릉 측후소는 1911년 10월 건립되었다. 사진으로 보는 『江陵 溟洲의 近代 風物』에 1930년 강릉 측후소 사진이 있다. 이후 2008년 4월 강원지방 기상청으로 해서 청사를 신축하고 사천면으로 이전해 현재는 강릉시 사천면에 위치하고 있다.
113 國譯, 『江陵生活狀態調査』, 강릉문화원, 2002, 179・184쪽 사진 참조.

『강릉단오문화 창조도시』 보고서에는 '대성황사' 복원을 위한 목표 제시는 없다. 다만, 이 보고서에는 사업 전체에 대한 의미만 제시되어 있을 뿐, 구체적인 전승 방향의 내용이 없다.[114] 대성황사는 여타의 옛 건물과는 그 성격이 다르다. 왜냐하면, 대성황사는 단순히 건물 복원 차원에서 멈추는 것이 아니라, 오늘날의 강릉단오제 전승 제의 절차와도 직접적으로 연관되기 때문이다. 대성황사의 폐지로 오늘날 남대천 단오장에 제단(굿당)이 임시로 가설되었다. 이것은 시·공간적인 제의 변화를 가져오게 한 주요 원인이다. 따라서 공간 이동에 따른 시간적 변화가 있었기 때문에 면밀한 검토가 요망된다.

　셋째, 자원 복원화 탐색 과정이다. 여기서 다시 자원 복원화 대안 탐색, 자원 복원화 결과 예측, 자원 복원화 비교 평가 등으로 세분화하고, 관광자원의 특성 및 성격에 맞도록 검토되어야 할 것이다. 곧 이러한 관광자원 복원화 전개과정은 지역 '민속 축제의 자원 복원화'로 연결될 때만이 가능하다고 본다.

　하지만 향후 대성황사는 복원되었는데, 그 기능과 역할이 기존의 임시가설 굿당(제단)에서 연행되고, 지난날의 전통적인 의례가 행해지지 않는다면, 대성황사의 원형 복원은 어떤 가치를 지닐 수 있는지에 대하여도 고민할 필요가 있다. 이 점에서 대성황사 복원 계획에 따른 가치와 그 활용에 대한 지역 사회의 충분한 협의가 있어야 할 것이다.

　왜냐하면, 문화의 상품화라는 과정은 전통적 양식이 외부인들의 기호와 편의에 맞도록 변경되는 정도에서만 논의가 종결될 수 있는 것이 아니다. "문화적 상품화를 통한 의미 상실은 관광개발에서 기인된 부의 불평등 분배만큼이나

---

114 조성 사업은 '천년의 축제인 강릉단오제를 보전·계승하고, 지속가능한 발전방안을 모색'하고 '매력 있는 전통문화 테마관광도시 조성'이란 의미와 목표를 담고 있다. 세부 사업으로는 강릉단오제 전승을 위한 교육, 강릉단오제의 브랜드화를 위한 홍보, 국내·외 네트워크 강화 등 소프트웨어에 관한 계획은 이미 부분적으로 착수되어 단오민속 체험확대 등, 기존 강릉단오제 프로그램에 반영되고 있다. 한편 대관령국사성황사로부터 대관령 옛길, 칠사당, 대성황사, 남산에 이르는 대관령~강릉 도심을 잇는 단오 루트를 따라 강릉단오제와 연관된 공간을 복원하고, 그 공간에 강릉단오제를 테마로 한 다양한 문화상품을 담아 '단오문화도시'란 정체성과 문화·관광기반을 확보하려는 계획이 하드웨어의 목표이다(강원도·강릉시, 『강릉단오문화창조도시조성계획』, 한국문화관광연구원, 2007.11).

심각한 것으로 궁극적으로 문화의 상품화는 그 문화 참여자의 동의를 요구하지 않기 때문에 어느 누구에 의해서건 자행될 수 있다"는 데에 문제의 심각성이 있기 때문이다.[115]

그동안 도시 계획의 큰 꼭지였고, 유네스코와의 약속이었기에 대성황사 복원 사업은 예산의 뒷받침을 통해 계획에 따라 성공적으로 건립되어 활용되어야 할 것이다. 그래야만 축제의 내재적 속성인 사회 변화의 요구와 실현에 적용할 수 있기 때문이다. 이에 따라 강릉단오제는 늘 새로운 변화를 탐구하고 모색해야 한다. 전통문화란 화석처럼 굳어 불변하거나, 구성원이 모두 동의하는 동질적인 것이 아니라, 여러 내용과 해석이 공존하고 끊임없이 협상되고 변화되며, 창조될 수도 있는 것이기 때문이다.[116]

4) 대성황사와 '팔단오' 복원의 상관성

(1) 전통적인 길놀이의 부활과 팔단오

현대화된 도시 공간에서 대성황사 복원과 연계하여 강릉단오제 원형 보존과 활용에 대한 연구[117]는 시작 단계이다. 도시 공간의 변화와 강릉단오제의 연관성에 대한 문제 제기는 이전에도 있어 왔다.[118] 그러나 강릉단오제와 같은 전통적

---

115 전경수 편역, 앞의 책, 18쪽.
116 박상미, 「전통, 권력, 그리고 맛 : 인사동 거리의 음식문화를 통해서 본 지역 정체성의 형성」, 『外大史學』, 2000, 254쪽; 대량의 물질문화가 유출됨에 의하여 주민들의 문화 내용이 다른 대체물로 메워지는 것 자체가 주민의 생활 세계를 전통으로부터 단절시키는데 일부를 담당할 뿐 아니라 시간적으로 단절을 경험한 전통은 화석으로 남을 수밖에 없게 된다. 이렇듯 관광이 미치는 문화의 화석화는 자칫 잘못하면 은폐되기 쉬운 문화변동의 현상이기도 하다.
117 대성황사 복원과 관련하여 '복원의 당위성', '복원을 통한 활용 문제' 등에 대한 관련 자료을 보면, 김선풍, 「강릉단오제의 원형과 발전 전략」, 『강원민속학』 제22집, 2008; 황루시, 「강릉단오제의 원형보존 방안」, 『세계인류문화유산 등록기념 : 강릉단오제 원형 보존 및 세계화 방안』, 강릉문화원·강원도민일보, 2005; 김경남, 「단오제례 터, 대성황사 복원하자」, 『임영민속연구』 제3호, 임영민속연구회, 1999; 최근 2018 강릉단오제 육성사업의 일환으로 제4회 강릉단오제 전국학술 세미나 때, 강릉 대성황사를 주제로 김선풍(대성황사에 모신 신격의 위상과 신들의 이동), 김기설(읍치성황제 때의 국사성황 행차와 대성황사), 김경남(강릉 대성황사 활용방안에 대하여) 담론이 있었다(2018.10.19).
118 성병희, 「단오민속의 현대적 의미」, 『경산문화연구』 제6집, 경산대학교 경산문화연구소, 2002.

인 향토 축제가 도시 공간 속에서 어떻게 전승되는가에 대한 본격적인 논의는 유네스코 세계무형유산으로 선정된 2005년 이후부터 본격적인 담론이 시작되었다.

그리고 강릉 대성황사의 복원에 대한 이슈는 2018 강릉단오제 육성사업의 일환으로 제4회 강릉단오제 전국학술 세미나 때, 강릉 대성황사 복원을 테마로 김선풍 박사의 "대성황사에 모신 신격의 위상과 신들의 이동", 김기설 소장의 "읍치성황제 때의 국사성황 행차와 대성황사", 김경남 박사의 "강릉 대성황사 활용방안에 대하여"에 담론이 있었다. 하나 아쉬운 점은 그동안 언급되었던 대성황사 복원에 대한 담론과 크게 다르지 않다는 것이다. 이에는 강릉단오제와 도시 공간을 어떻게 접목시킬 것인가 하는 문제가 중요한 과제일 것이다. 결국 도시 공간 속에서 강릉단오제는 지속적으로 계승되어야 하기 때문이다.[119] 따라서 유형 자산에 대한 원형 복원의 논리 속에 반드시 병행되어 진행되어야 할 것이 있다. 그것이 강릉단오제의 '팔단오'와 연계된 무형의 연행 복원이다.

강릉시는 『전통문화도시계획』[120]에서 임영관, 강릉관아, 강릉단오제 전수교육관(옛 단오문화관) 등 하드웨어적인 면에서 큰 성과를 거두었다. 그런데 이 계획에는 강릉단오제 관련 민속문화 유적에 대한 복원 내용은 없다. 다만, 도심 관아 유적 지구 안의 대성황사 복원은 '검토 대상'만으로 언급되어 있다. 이 당시 홍제동에 위치한 대관령국사여성황사는 주변 정비 사업으로 새롭게 조성되었다.

그 이후, 2004년도에 유네스코 등재 관련 보고서 작성시, 향후 강릉단오제 전승 발전 로드맵을 통해서 대성황사 복원에 대한 내용으로 게재되었다.

---

119 박환영, 「도시 공간 속에서 강릉단오제의 전승 및 계승방안 고찰」, 『江原民俗學』 제21집, 강원도민속학회, 2007, 9~10쪽.
120 2000년부터 852억여원을 투입해 임영관 복원, 강릉단오문화관, 학산오독떼기전수관, 김시습기념관, 월화정 등 도심 전통 문화권 관련하여 조성함(강원사회연구회 엮음, 「강릉전통문화 도시의 추진 계획과 과제」(김남현), 『문화의 세기와 강원문화』, 2006).

강릉단오제 발전 로드맵

구분	전승·보존 체제 기반 확립	전승공간 확충 및 프로그램 운영	가치 계발을 통한 관광 사업화
1단계	· 강릉시 무형유산 지원조례 제정 · 강릉단오제 주관 법인 설립 (상설기구화) 및 기금 조성	· 관련 유적(굴산사지 등)복원 사업 · 상설공연 시스템 운영 · 단오체험 프로그램 개발	강릉무형문화 국제 교류 센터 건립
2단계	강릉단오제 영문데이터 베이스 구축, 강릉단오제 무형문화 유산 홍보를 위한 영어권 국가 교육교재 개발 보급	· 대성황사 복원 · 대관령국사성황사 부지 매입과 확장	· 단오문화의 상품화 및 잠재적 가치계발 · 강릉단오제 행사기간 국제관광민속제 정례화 (2년 주기)
3단계	강릉단오제 등 무형문화 유산 인식제고를 위한 교육 프로그램 개발 시행	약국성황사, 대창리성황사, 제민원 성황사 복원	

    그리고 2007년 『강릉단오문화창조도시』 조성 계획에서 다시 논의되었다. 이에 대해서는 앞에서 대성황사 복원과 관련하여 구체적인 활용 방안과 강릉단오제 전승의 세부적인 내용이 없음을 문제점으로 언급하였다.

    여기서는 강릉단오제 원형 전승의 또 다른 핵심으로 대성황사 복원을 전제로 한 '전통적인 길놀이 부활'과 '팔단오'와의 관계 형성에 대해서 살펴본다.

    강릉단오제는 우리나라 축제의 원형성을 많이 간직하고 있다. 축제가 벌어지는 동안은 신명이 과한 놀이(꾼)들이 단오장을 가득 메운다. 굿당에서는 무격들의 신명나는 악기 소리(무악)와 춤, 신을 즐겁게 하는 무당굿 놀이가 참관자들에게는 신앙적 행위로 이어지게 한다. 또한 단오장 놀이마당에는 강릉농악대의 역동적인 몸짓과 반주가 있으며, 관노가면극 춤꾼들은 느림과 빠름을 반복하면서 몸짓 언어(춤와 동작)로 관람객을 끌어들인다. 이렇게 춤꾼들의 사랑 이야기에 잠시 넋을 놓고 그 자리를 지킨다. 그리고 단오장의 난장은 벅적거려 시끌시끌한 가운데에서도 잠시 일탈을 꿈꾸는 사람들이 있다. 이 모든 것이 축제의 신명이며, 축제의 전부일 것이다.

    그런데 강릉단오제는 지난날의 신명을 많이 잃어버리고 있다. 한편으로는 그런 '신명'이 죽었다고도 한다. 그 이유는 지나치게 커진 행사(장)의 규모, 난장과 분리되어 공연장으로 바뀌어버린 단오장, 주체성을 상실한 단순한 관객이 만들어내는 단오제에 더 이상 신명을 기대하기도 어렵다고 한다. 이제 어떻게 그 신명을 되살릴 것인가? 그것이 바로 원형 찾기의 핵심[121]으로 보는 견해가 있다.

강릉이 전통문화창조도시라고 하는 문화적 정체성을 규정하려는 힘은 강릉단오제를 통해서도 이루어지고 있다. 이는 축제에 참여하는 시민들과 헌관, 집례 및 제집사들이 전통성을 유지해 오는 동안 천년의 역사를 지켜나갈 수 있게 한, 이 지역 특유의 정서가 담겨져 있기 때문으로 본다.

역사적으로 강릉단오제는 고려와 조선시대에도 이를 담당한 계층이 있었다. 그리고 근현대에 이르기까지 그 전통이 어렵게 이어져 왔다. 축제는 특정한 시간과 공간에서 신과 인간이 공유하는 세계이다. 인간만의 공간이 아니다. 신과 인간이 공유하고 있기 때문에 인간의 일상적인 삶의 법칙을 벗어난 새로운 세계이다. 인간적 세계도 아니고 신의 세계도 아닌 신과 인간이 함께 공유하는 세계인 것이다. 그래서 축제를 "제의적 반란"이라는 표현을 하는 것이다.[122] 제의를 통한 반란 행위는 신의 존재를 인정하고 신에 대한 신성성이 부여되었을 때에만 가능한 것이다. 신성성이 부여되지 않는 인간들만의 관계에서는 불가능한 행위이다. 그렇기 때문에 전통적으로 신이 존재하지 않는 행위는 축제로 볼 수 없다는 점이다.

강릉단오제 원형의 핵심이 '신명'임을 부정하는 경우는 없을 것이다. 그렇다면 강릉단오제에서 신명을 찾는 것은 현재로서 불가능 한 것인가? 100년 전前 대성황사가 폐지되고, 대성황사에 모셨던 12신神이 땅속에 묻히면서 '신명' 또한 그 어둠속으로 사라진 것인가? 하지만 '강릉 사람들'은 그 신명을 발생시킬

---

121 황루시, 위의 글, 21쪽.
122 장 뒤비뇨는 축제를 "초자연적인 존재에 대한 의식이 치러지는 신성한 종교적인 순간과 장소가 된다"고 하였다. 신성성이 부여되는 시간과 공간에서 규칙의 위반을 넘어서 그것을 파괴하는 것을 의미하며 인간으로 하여금 탈문화의 세계를 경험하게 한다. 일상의 습관과 규칙에서 벗어나 무질서와 일탈을 통해 상상적 창조의 장을 마련하는 것이다. 즉 축제를 통해 인간의 자제되고 짓눌려온 것으로부터 자유로워진다(장 뒤비뇨 지음·류정아 옮김, 『축제와 문명』, 한길사, 1998, 20~21쪽).

수 있는 것(전통)을 지켜왔다는 것이 중요하다.[123] 과거 제의(신앙)과 탈놀이가 대성황사에서 펼쳐졌던 그 옛 원형의 신성(신앙) 공간은 아닐지라도, 몇 가지 제의 절차를 건너뛰는 여건 속에서도 새벽에 대관령을 올라가 성황신을 모셔서(영신迎神), 여러 날을 즐겁게 놀고 먹고(오신娛神) 기원하면서, 다시 내년을 기약하는 마음으로 원래의 그곳으로 다시 모시는(송신送神) 전통(연행 의례)만은 지켜왔다. 근 50여 년 가까이 제물을 마련하여 대관령을 오르고 내리고 했던 최두길 전수조교[124]는 오늘날의 강릉단오제가 시나브로 그 규모가 커진 이유를 "매년마다 우리 단오제를 자꾸 주물러서 그래, 그르다 보니 이렇게 커졌지 – 뭐" 하면서, 지금과는 많이 달랐던 지난날의 경험담을 자랑스럽게 이야기 한 때가 있었다.

지금의 강릉단오제에 신명이 남아 있는 행사로는 '영신행차'가 유일하다. 영신행차는 신을 모시고 남대천(제단·굿당)으로 나아가는 길놀이로 거리 축제의 기능을 수행하고 있다. 신의 행차는 제관과 무당, 수많은 군중들이 따르는 가운데 놀이패들이 사이사이 악기를 울리면서 신명을 돋운다. 신의 행차이기에 무서운 것이 없이 의기양양하게 나아가고, 군데군데 신주와 먹을거리들이 준비되어 사기를 보충해 준다. 이처럼 신을 앞세운 길놀이는 박제화 된 단오제에 숨통을 불어넣어줄 유일한 출구이고 길놀이를 보강한다면, 강릉단오제가 다시 활기를 찾을 가능성은 충분하다고 보았다.[125] 그래서 강릉단오제의 축제적 신명을 되살려 줄 한 예로 조선시대 당시 길놀이와 팔단오의 연행 의미를 살펴본다.

---

[123] 분단 상황이 반세기를 지나면서 강릉단오제는 모름지기 한국 제일의 축제가 되었다. 진작부터 지역문화의 가치에 주목해 온 강릉시민이 있었기에 가능했다는 것은 여기서 두말 할 필요도 없다. 지금처럼 강릉단오제가 국제적인 관심을 끌었던 적도 일찍이 없었다. 이렇게 눈부신 결과를 가져다 준 장본인들도 다름 아닌 강릉에서 찾아야 함은 당연한 이치이다(片茂永, 「解放前 平壤의 端午」, 『江原民俗學』 제16집, 강원도민속학회, 2002, 233쪽).

[124] 최두길 전수 조교는 1961년도부터 단오제전 관련하여 일을 시작하였으며, 1994년 도가로 인정을 받았다. 제물 준비와 의례를 담당하고 있다. 제전부의 일은 50여년 전부터 하고 있다. 당시의 전수 조교인 김승욱 선생으로부터 가르침을 받았다. 강릉단오제가 소중하게 전해져 후세에 계승되는 것은 중요한 일이다. 그렇기에 그 일을 하고 있다는 데에 자랑스러움을 느끼며, 앞으로 건강이 허락되는 한 계속할 것이다. 최두길 조교는 1936生, 인터뷰는 2001. 6월 23일 도가집(林淑姬, 「江陵端午祭의 祭物 繼承」, 『江原端午學』 제16집, 강원도민속학회, 2002, 172쪽).

[125] 황루시, 앞의 글, 21쪽.

21세기 강릉단오제가 펼쳐지는 축제 공간은 도시화로 100년 전前의 주변 환경과 많이 다르게 변모되었다. 시대의 변천으로 주거 및 생활양식(신앙 형태 등)의 변화, 사회·문화적 영향으로 인한 가치관의 변화 등을 고려해 보았을 때, 진정한 대성황사의 복원은 어떤 의미(역할과 기능)를 갖는지도 검토해 볼 필요가 있다. 이는 현대적인 측면에서 강릉단오제를 살펴보아야 할 시점임을 말해준다. 즉, 강릉단오제 속에 담겨 있는 전통적인 문화유산을 어떻게 계승할 것인가를 고민해야 한다는 것이다. 또한 내재되어 있는 문화적 가치를 적극적으로 발굴하고, 현대적으로 발전시켜 나가야 할 것[126]이 무엇인지에 대한 질문이면서 이 또한 과제이다.

향후 복원을 계획하고 있는 대성황사의 위치는 강릉 도심 속에 위치해 있었다. 주변에는 앞서도 언급했듯이 국보인 객사문, 복원된 임영관과 강릉관아, 신주빚기가 이루어지는 칠사당이 위치해 있다. 복원은 한편으로 보면 현대에서 과거의 역사를 되돌아보게 하는 가시적인 접근의 한 방법이다. 이러한 유형 자산의 전통 복원은 강릉만이 아니라 전국 어느 도시에서도 찾을 수 있는 것이다.[127] 중요한 것은 복원된 옛 형식(하드웨어)에 어떤 내용(소프트웨어 또는 전승 복원 프로그램)을 담아야 할 것인가? 이다. "단오민속은 산업사회로 치닫는 사회 환경의 변화로 인하여 쇠퇴와 인멸의 갈림길에 들어선 감이 없지 않다."[128]라고 문제를 제기한 바도 있다.

전통적인 길놀이 부활의 가능성은 강릉시가 유네스코에 제출한 강릉단오제 전승 공간 복원에 근거한다. 강릉단오제는 무형문화재다. 하지만 도자기 만드는 기술 없이 도자기가 있을 수 없는 것처럼, 무형문화와 유형문화는 서로 긴밀하

---

126 박환영, 앞의 글, 5~26쪽.
127 오늘날 전통의 문제가 이 땅의 공통의 문제가 되고 있다는 사실은 오늘의 이 땅이 격변기에 놓여 있다는 이야기이고, 그만큼 문화 창조의 정신적·물질적 토대가 그 뿌리에서부터 요구되고 있다는 증좌라 하겠다.… 전통이란 시대를 관통하면서 역사적 현실과 더불어 축적되어 온 '저장된 실체'로서 창조적 실천을 위해 항상 앞을 열어놓고 있는 '사회적 발전의 가능태'이다. 그리고 그것은 묵수되어야 할 상황이 아니라 깨뜨려야 할 것을 깨뜨리는 상황이다. '있음에 머무르는 것'이 아니라 '있어야 할 것으로 나아가는 것'이다(채희완, 「전통 연희의 창조적 계승 문제」, 임재해 編, 『한국의 민속예술』, 문학과 지성사, 1988, 48쪽).
128 성병희, 앞위 글, 22쪽.

게 연결되게 마련이다.

강릉시는 앞으로 대성황사를 비롯한 약국성황사와 대창리성황사, 대관령에 있는 제민원 성황사까지 복원한다고 계획했다. 그러나 지금 현재로서는 이렇다 할 가시적 성과는 없어 보인다. 하지만 오래전부터 여성황사 위치의 문제점과 이축 복원의 당위성을 제시한 결과 현재는 새로운 공간으로 이전·건립되었다. 여성황사는 원래 남대천가에 있었는데 을축년 장마에 떠내려간 후 지금의 자리(홍제동)로 옮겨진 것이다. 이러한 유적들이 모두 복원되면 잃어버렸던 무형문화의 원형도 찾을 수 있다는 점에서 의미가 있다.[129]

지난날의 대성황사는 단순히 유교식 제의만을 연행하는 공간이 아니었다. 오신(娛神)을 위한 탈놀이(민속놀이)도 연희되었던 공간이다. 따라서 대성황사는 민중들 삶의 신앙세계가 그대로 간직하고 있는 신앙(믿음)처럼 녹아 있었던 곳이다.

그런데 향후, 복원될 대성황사는 단순히 상징적인 유적으로만 존재해서는 안 된다. 구체적인 단오제의 연행과 연결될 때, 그 유적은 존재 의미를 갖는다. 이를 위해서는 본래의 신성한 놀이 공간으로서의 기능을 회복해야 한다. 이에는 길놀이 축제가 그 역할을 해낼 수 있다. 전술한 바와 같이 강릉단오제는 원래 성황사와 관청, 시장을 돌면서 축원굿과 가면극을 하던 길놀이의 형태였기 때문이다.

하지만, 대성황사 복원을 통한 길놀이 복원의 의미는 단순히 조선시대로 돌아가 원형을 찾는데 있는 것이 아니다. 이러한 길놀이를 통해 오늘날 축제(단오제)가 잃어버린 작은 신명의 불을 다시 지피는 것이 중요하다.[130] 그리고 일제강점기의 식민지 정책이 강릉단오제와 직접적으로 관련된 전승 유적에 대해 의도적으로 파괴한 상흔을 하루빨리 치유해야 하고, 훼손된 것을 복원해야 한다는 것이다. 그 치유와 복원 방법과 방향은 장기적인 전망과 체계적인 계획을 세워가며 찾아야 할 것임에는 의심의 여지가 없다.

강릉단오제라고 하는 '유·무형의 전통문화'를 과거의 형태 그대로 복원하

---

129 황루시, 앞의 글, 21쪽.
130 황루시, 위의 글, 22쪽.

는 것은 불가능하다. 그리고 미래의 전통문화창달이라고 하는 차원에서도 그것이 옳은 것인가에 대한 문제가 제기되게 마련이다. 지나친 복고적인 태도는 발전론과 본질적으로 같은 단점을 지니게 된다. 양자는 어제와 오늘과 내일로 이어지는 민족문화의 흐름을 각각 과거나 미래의 어느 한 지점에 자신의 관점을 고착시키는 경직성을 보여준다는 점에서 본질적으로 다르지 않다. 내일의 민족문화는 어제의 전통과 연속성에서 발전되어야만 한다. 내일의 사회 문화적 여건에서 전통문화가 되살아나기 위해서는 전통적 얼과 정신이 새 시대의 새로운 문화의 옷을 입어야 하기 때문이다.[131]

(2) 팔단오를 통한 축제장의 확장

대성황사 복원은 자연스럽게 단오문화 영역을 새롭게 만들어줄 것이다. 대성황사는 칠사당 바로 위에 있고 약국성황藥局城隍[132] 역시 멀지 않은 거리에 있었다. 남대천 건너편에는 단오장과 강릉단오제 전수교육관이 있다. 이 지역은 자연스럽게 도심의 단오문화권으로 묶이는 것이다. 한편으로 단오장이 좁다는 문제가 오래전부터 제기되고 있지만, 이는 단오장을 남대천변으로 제한하는 생각 때문일 것이다. 본래의 길놀이 전통을 되살려 축제 마당의 확대를 꾀한다면 쉽게 해결될 문제이다. 길놀이패는 대성황사 뿐만 아니라 상점, 기관 등 어디에든 초청을 받아 갈 수가 있다. 결국 강릉 도심 전체가 축제 마당이 될 수 있는 것이다.[133]

대성황사가 복원이 되고, 이렇게 축제 공간의 확장이 이루어지면 '시간의

---

131 한국종교사연구회 편, 『성황당과 성황제 : 淳昌 城隍大神事跡記 硏究』, 민속원, 1998, 24쪽.
132 약국성황은 강릉단오제 제의(祭儀) 때, 신목을 모시고 이곳에 들러 굿을 했던 곳이다. 임동권 박사의 조사 보고서에는 화개를 앞세우고 대성황사를 출발하여 약국성황, 소성황을 거쳐 시장, 전세청, 대동청, 사창청에서 굿을 하고 화개는 여성황에 신간(神竿)은 대성황사에 봉안한다고 하였다. 약국성황은 인물신으로 상정되지는 않았다. 이 성황당은 강릉의 관청을 중심으로 북쪽에 위치하였으므로 북쪽으로 연결되는 도로의 노신(路神) 성격을 지니고 있는 성황이라 할 수 있다. 藥局이라는 명칭은 불교의 경전 『법화경』에 나오는 25보살의 하나인 藥王보살과 관련이 있는 듯하다.… 그래서 이 성황당에 기원하면 질병이 바로 치유된다는 俗說도 있다(김선풍·김경남, 『강릉단오제 연구』, 보고사, 1998. 68~69쪽).
133 황루시, 앞의 글, 22쪽.

확산'도 생각할 필요가 있다. 원래 강릉단오제는 팔단오八端午라고 해서 4월 1일 초단오初端午로 시작하여 5월 7일 팔단오八端午로 마쳤다.[134]

- 3월 20일　　　: 신주빚기
- 4월 01일(초단오) : 헌주와 무악
- 4월 08일(재단오) : 헌주와 무악
- 4월 15일(삼단오) : 대관령에서 산신 및 국사성황제, 홍제동 여성황사에 모심
- 4월 27일(사단오) : 무악(대성황사)
- 5월 01일(오단오) : 단오제 본제 시작, 관노가면극 시작, 괫대를 만듦
- 5월 03일　　　: 저녁에 여성황사 제사, 남대천 백사장에 모심
- 5월 04일(육단오) : 무악, 관노가면극
- 5월 05일(칠단오) : 굿, 무악, 그네, 씨름, 줄다리기, 시조창, 민요창, 윷치기, 체육대회 등
- 5월 07일(팔단오) : 소제, 봉송

위 자료에 의하면 팔단오는 3월 20일 신주빚기로 시작하여 5월 7일에 마친다. 그 사이에 일주일 단위로 헌주와 무악을 올리고 단오제 본제에 앞서 1일부터 괫대를 만들고 관노가면극을 하는 것으로 되어 있다. 1967년 중요무형문화재로 지정 당시 신주를 빚는 날은 3월 20일이었다. 하지만 4월 보름, 즉 3단오에 해당하는 대관령산신제를 제외하고 다른 행사는 복원되지 않았다. 강릉단오제의 도심속 제의 공간이었던 대성황사가 없어졌기 때문에 그대로 재현하기도 어려웠을 것이다.[135]

현재의 강릉단오제 제의 절차는 대성황사의 폐지로 인하여 축소·변화를 초래하였다. 오늘날의 제의 일정을 신축적으로 운영하고자 다음과 같이 재구성하였는데, 이것을 일러 '신팔단오新八端午'[136]라고 제시된 사례도 있다.

134　최철, 『영동민속지』, 통문관, 1972, 125~126쪽.
135　황루시, 앞의 글, 23쪽.

- 4월 05일(초단오) : 신주빚기
- 4월 15일(재단오) : 대관령산신제, 국사성황제, 구산서낭제, 봉안제
- 5월 01일(삼단오) : 남대천 가설 성황사 터고사
- 5월 03일(사단오) : 영신제, 국사성낭행차, 정방댁 제의, 단오등 띄우기
- 5월 04일(오단오) : 조전제, 무격굿, 관노가면극, 그네, 씨름
- 5월 05일(육단오) : 조전제, 무격굿, 관노가면극, 그네, 씨름, 농악놀이
- 5월 06일(칠단오) : 조전제, 무격굿, 관노가면극, 그네, 씨름, 농악놀이
- 5월 07일(팔단오) : 무격굿, 송신제, 관노가면극, 그네

강릉단오제는 이야기를 담고 있는 축제이다. 이야기의 원형에는 이미 풍부한 서사성敍事性을 담고 있다. 옛 팔단오와 신新팔단오를 놓고 보았을 때, 지금의 신주빚기 행사가 3월 20일에서 4월 5일로 바뀐 것은 1990년도 강릉단오제 때부터이다.[137] 술이 익는 기간을 고려해서 바꾼 것으로 알려져 있다. 그러나 신주빚기는 바로 단오제의 시작이기에 매우 중요한 의미를 갖는다. 결국 이 때문에 강릉단오제 기간은 보름이나 줄어들게 되었다.

지금의 강릉단오제 신주빚기(음력 4월 5일) 행사는 3일간 치루어진다. 4월 5일은 신주를 빚는 의식을 칠사당에서 하고, 앞 2일(음력 4월 3~4일)은 시민들로부터 신주미를 받는다. 그리고 4월 15일은 대관령 치제와 신목 모시기, 그리고 축제

---

[136] 김신풍·김경남, 앞의 책, 176쪽.
[137] 강릉단오제의 서막을 알리는 신주근양 시기가 고증과 달리 단오제 원형 및 전통 보존의 의미가 퇴색되고 있다. 신주근양이 근래 한동안 없어졌다가 단오제 원형 보존을 위해 지난 1988년 복원됐는데, 그 날짜를 원래 하던 음력 3월 20일이 아닌, 음력 4월 5일로 변경한 것이다. 더구나 올해(1990)에는 음력 4월 5일이 일요일이라고 해서 다음날인 6일에 치렀다. 1966년에 기록된 강릉단오제 중요무형문화재 지정 조사보고서에서 임동권은 단오제는 5월 5일의 단오를 클라이막스로 하는 것이나 단오제의 시작은 3월 20일 신주근양에서부터 이니, 근 50일간에 걸치는 셈이라고 밝히고 있다. 이에 대해 강석환 문화원장은 신주근양이 음력 3월 20일인 것은 맞으나 음력 3월 20일에 신주를 빚을 경우 술이 쉬어져 음력 4월 15일 산신제와 성황제 등 제의에 쓸 수 없기 때문에 부득이 음력 4월 5일로 옮기게 됐다고 설명하였다. 2년 전부터 신주근양이 복원된 것은 반가운 일이나 신주근양이 앞으로도 계속 음력 4월 5일에 처러질 경우 일반시민들이 신주근양 시기를 달리 인식할 우려가 적지 않다는 게 뜻있는 민속 전문가들의 의견이 있다(『강원일보』, 1990.5.3).

기간은 음력 5월 1일부터 8일까지(8일간) 단오장에서 벌어진다. 영신제와 영신행차는 5월 3일, 송신제와 소제는 5월 8일 행한다.

강릉단오제가 30일간에 걸친 축제지만, 대부분 시민들은 남대천 단오장에서 펼쳐지는 8일 동안의 본 행사만을 전부로 인식하고 있다. 2000년도부터 강릉시민을 대상으로 신주빚을 헌미를 받으면서, 신주빚기 행사의 비중이 커졌지만 여전히 신주빚기, 대관령 치제, 단오제 본제 사이의 연결고리는 미약한 편이다. 만약 길놀이를 중심으로 팔단오의 내용을 시대에 맞는 내용으로 부활시킨다면 축제는 시·공간으로 확산되면서 훨씬 풍부한 내용을 가질 수 있다.[138]

그렇다면 이야기 원형에 의해 기본적인 줄거리가 제공되는 전통 축제에서 프로그램의 변화는 어떻게 이루어져야 할까? 그것은 개별 프로그램에 대한 근시안적인 시각에 의해서가 아니라 전체 줄거리를 엮는 플롯의 차원을 염두에 두고 이루어져야 할 것이다. 즉 이야기 원형에 어떤 행위를 새로 도입할 것이냐? 혹은 어떤 행위소를 강조할 것이냐? 에 따라 플롯의 변화를 결정하고, 그것을 중심으로 개별 프로그램의 복원 계발이나 변화를 꾀하는 구조적인 과정이 필요하다.[139]

강릉단오제를 형성하는 근본적인 구조는 제의·놀이·난장이다. 이러한 구조 속에서 신과 인간, 남녀노소, 민과 관이 하나 되는 열린 공간의 전통 축제가 바로 강릉단오제이다. 또한 전통적인 축제를 통하여 지역 주민들은 지역의 역사를 인식하고 나아가 연대 의식을 강화하게 된다. 아울러 강화된 의식은 전통문화의 보존 계승이라는 뚜렷한 목적의식을 획득하게 된다. 그리고 강릉단오제는 축제의 일탈적이고, 비일상적인 경험을 통하여 일상적인 생활의 창조적인 생산활동으로 이어진다. 또한 새로운 활력의 공간으로 살아 있는 전통 축제의 모습을 간직[140]할 것이다.

전통은 오늘의 수많은 이 땅의 삶의 문제와 유리될수록 오히려 악용될 뿐이

---

[138] 황루시, 앞의 글, 23쪽.
[139] 진인혜, 「극행동·줄거리·플롯의 축제이론 정립」, 『한국·프랑스 논집』 제66집, 2009, 430쪽.
[140] 김선풍·김경남, 앞의 책, 177쪽.

다. 전통은 오늘의 현장 생활에서 오늘의 힘으로 부각되어야 한다. 전통을 보존 계승한다고 해서 삶 자체에 저해되고 위협이 되는 행위가 되어서는 차라리 소멸되고 있는 민속 현장을 그대로 놓아두는 것만 못하다. 그러므로 전통의 계승 복원이란 민속의 현장을 확보하는 데에 그치는 것이 아니라 오늘의 삶의 조건을 개선하고 일차적으로 생산 담당층의 삶의 승리를 위해 방향 정립을 해야 하는 것이다.[141]

조동일 교수는 "단오는 설, 추석과 함께 동아시아 공통의 명절임을 분명하게 하고, 광범위한 공동연구를 하는 작업의 하나로 강릉단오제를 고찰"해야 한다고 했다.[142] 지난날 남과 북이 하나였을 때는, 북쪽의 '평양단오', '개성단오'가 유명했다고 한다. 그래서 서울·경기지역 사람들이 그곳으로 단오 구경을 많이 갔다는 것이다. 그리고 강릉의 '단오제' 또한 강원 영동지역민은 물론 전全국민의 의식 속에 '강릉'은 예부터 자연풍광이 빼어나 살기 좋고, '곶감'도 유명하지만, 단옷날에 수많은 사람들이 모여 대성황을 이룬다고 했다. 그래서 평생 살면서 한 번은 꼭 구경을 가야한다고 했다. 지금도 강릉에선 '단오 손님'을 맞이하는 유명세까지 탔다고 한다. 그리고 세시성 명절인 '단오'는 한반도와 주변 국가들도 나름 고유의 명절로 그 전통을 즐기고 있다.

앞으로 '한반도의 단오문화'를 총체적으로 조사·연구하는 작업과 동시에 동東아시아(한국·중국·일본·대만·베트남 등)의 단오문화를 아우르는 학술적 교류 시스템도 변화되어야 할 것이다. 국내에서는 전주단오, 법성포단오제, 경산자인단오제가 세시성 단오문화를 축제로 즐기고 있기에 역사·민속적인 비교 연구도 우리의 것을 살찌우는 계기가 될 것이다.

우리가 즐기는 축제에서 무엇보다 중요한 점은 지역민들의 참여다. 가장 훌륭한 단오제의 전승은 주민들이 단오제를 축제처럼 즐기는 일이다. 스스로 관노가면극의 광대가 되고 굿거리를 공연할 수 있는 주체가 되는 것을 최상의 명예로 여기도록, 교육활동과 전수활동 기회를 끊임없이 확대해 나가야 한다.

---

141 임재해 編, 앞의 책, 48쪽.
142 조동일을 만납시다(http://chodongil.x-y.net) 참조.

관광객들은 강릉에 오면 이러한 주민들과 어울려 강릉사람들이 되도록 만드는 것이 바람직하다. 주민들이든 관광객이든 함께 가면극과 굿을 구경하며 신명풀이를 즐기도록 하는 것이 최선이다. 강릉단오제는 한국 최고, 최대, 최상의 전통 민족축제라는 사실을 자각하고, 세계적인 축제문화로 가꾸어가는 거시적이고 장기지속적인 연구와 기획 활동이 필요하다.[143]

---

143 임재해, "강릉단오제의 전승인력과 발전적 전승의 길"(2014.6.4).

제6장

강릉단오제의
학문적 연구사

江陵端午祭

제6장

강릉단오제의 학문적 연구사

　강릉단오제의 전승 흐름을 주제로 한 학문적인 조사·연구는 일제강점기를 기점으로 시작되었다. 그리고 축제성祝祭性과 축제 의식意識을 놓고 보았을 때, 강릉단오제는 우리나라 최고最古·최대最大의 축제이면서, 축제의 전통적 의미와 본질적인 특성을 담고 있는 축제로 평가되고 있다.

　강릉단오제는 매년 단옷날을 전후해서 거행하는 향토신제鄕土神祭이다. 대관령산신과 대관령국사성황신을 제사하는 강릉단오제는 험준한 대관령의 행로안전行路安全과 생업의 풍요, 그리고 지역의 안과태평安過太平을 기원하는 제의祭儀이자 축제다.

　예부터 대관령은 영동嶺東의 관문이면서 민속문화의 중심이 되는 신성한 공간으로 인식되어 왔다. 조선조까지는 대관령에서 모셔온 성황신위와 신목을 대성황사¹에 모셔놓고 제의와 무당굿, 관노가면극을 벌였다. 그러나 일제강점기에 대성황사가 헐린 뒤로는 남대천 단오장에 마련한 가설 제단이 그 역할과 기능을 대신하고 있다.

　민속문화의 특징이 강조된 강릉단오제의 담론 형성은 자연과 인간, 그리고 삶의 공간에서 축제의 해방 공간으로 이어진다. 신을 모셔오고, 그 신과 인간이 함께 호흡을 할 수 있도록 제단을 꾸미고, 제의와 무속, 난장 속에서 가면을

1　"성황사(城隍祠)는 강릉부 서쪽 백보되는 곳에 있었다"(完譯, 『增修 臨瀛誌』, 강릉문화원, 1997, 20쪽).

쓴 춤꾼들이 신명이 과할 정도로 놀이되는 축제가 강릉단오제다.

'강릉'이라는 공간적 지역성과 '단오'라는 세시풍속의 전승 양상에는 어떠한 전통문화적 요건으로 '강릉단오제'라는 명칭을 갖게 되었는지? 일제강점기를 거쳐 해방 이후, 문화재로 지정된 시기인 1967년부터 오늘날에 이르기까지 강릉단오제는 어떻게 변화되어 왔는가? 또한 강릉단오제를 통한 전통의 지속과 변동이 어떻게 일어났고, 전통의 재창조를 통해 전승되고 있는 축제적 요소는 무엇인가? 지역민의 축제 참여를 통한 정체성의 확립과 유지는 어떻게 실현되어 왔는가? 전승 주체는 어떤 관계망을 갖고, 전통의 맥을 형성해 왔는지에 대한 연구는 지속적으로 논의되어야 할 것이다.

강릉단오제의 기록은 조선조부터 나타난다. 전승 현장의 기록으로 남효온(1454~1492)의 『추강선생문집』(1471)이 있다. 이 자료에는 '영동민속', '3・4・5월 중 택일擇日', '산신제', '제물', '연 3일간의 축제(잔치)' 등이 기록되어 있다. 이것은 영동민속 일반을 가리키고 있으며, 이 중에서 5월에 행한 그 의식이 '대관령산신제'와 '대관령국사성황제'의 진행과 흡사하다는 점이다.

이로부터 140년이 지난 후, 허균 선생(1569~1618)은 오늘날 강릉단오제의 전형이라 볼 수 있는 기록을 남겼다. 그것이 『성소부부고』(1611)에 수록된 「대령산신찬병서」로 '강릉대관령산신제'의 현장 기록이다. 허균 선생은 강릉단오제 주신을 대관령산신으로 기록하였다. 400여년 전의 강릉단오제가 주신격만 '산신'에서 '성황신'으로 바뀌었을 뿐 축제의 연행 절차는 큰 차이가 없어 보인다. 남효온과 허균 선생의 기록 이외에 『조당집祖堂集』, 『고려사高麗史』, 『증수 임영지增修臨瀛誌』 등에는 강릉단오제와 연관된 인물의 행적과 사건에 대한 기록이 전한다.

강릉단오제는 일제 식민지 정책으로 인해 수년간 폐지되어 전승의 공백기를 갖는다. 그 후, 1930년대에 이르러 잔존한 모습과 제보자의 기억을 토대로 강릉단오제의 연행과 풍속들이 기록되었다. 이는 당시 생생한 현장성 보다는 조선조 말까지의 제의 절차에 대한 기억을 토대로 기록된 것들이다. 또한 이 시기에 일본인의 시각에서 조사 기록되었다는 점도 간과할 수 없다. 기록의 구체적인 내용을 보면 팔단오八端午의 제의 절차와 대관령성황신을 맞이하는 풍경, 벽사진경辟邪進慶의 신앙적 의미가 근간을 이룬다. 당시 전승현장에 대해서는 씨름과 그네뛰기가 있었으며, 운동회와 각종 체육행사가 포함된 상황을 기록했다. 대성황사의 폐지로 제의 공간이 남대천 단오장으로 옮겨지고, 임시가설 제단(굿당)이 만들어져 무당굿이 벌어졌다는 것과 시장(난장)이 들어섰다는 것도 기록하였다. 이 시기를 전후하여 마을별 농악대가 단오장에서 농악대회로 벌어지기도 하였다.

이렇듯 강릉단오제는 일제강점기 때, 그 내용면에서 다양한 변화를 보인다. 1920년대에는 소규모 마을 단위 축구가 마을 공동체의 보편적인 행사로 이어지고, 이것이 '단오(제)'의 한 풍속으로 자리매김하면서 체육행사로 편승되었다. 이를 계기로 전국 단위의 '관동단양제 축구 대회'로 확대되었다. 이 행사는 강릉단오제의 또 다른 특성으로 오늘날까지 이어진다. 실제로 강릉단오제는 전통적인 대관령산신제와 성황제를 통해 마을 공동체의 안녕을 기원하고, 다양한 민속놀이와 각종 운동회, 체육행사 등이 결합되는 복합적인 축제로 전승되었다.

해방 이후, 강릉단오제 전승과정에 가장 큰 영향을 미친 것은 전통문화의 전승 보존을 강조한 정부의 문화재 정책이다. 1962년 '문화재보호법'이 제정 공포되면서 향토문화에 대한 새로운 인식의 전환점을 맞이하였다. 이 시기에 '문화재관리국'의 문화재위원들은 문화재 지정 목록 선정 및 현장 조사를 수행하였다.

강릉단오제도 현장 조사 결과와 일제강점기 일본인의 조사 보고서를 토대로 문화재 지정을 위한 「중요무형문화재 조사자료重要無形文化財 調査資料(江陵端午祭)」(1966)가 만들어졌다. 이후 수차례의 심의를 거쳐 1967년에 중요무형문화재로 지정되었다.[2] 이에는 1930년대 일본인 학자들이 '과거의 기억'을 토대로 조사한

---

2   1930년대 일본인 학자 秋葉 隆의 조사 보고서(강릉단오제 현장 조사), 1931년 조선총독부의 촉탁 善生 永助의 『생활상태조사』 3, 강릉군 편, 1937년 村山 智順의 『部落祭』로 강릉성황제 현장조사 자료가 있다. 이 기록물들은 일제강점기 바로 전 해인 1909년에 폐지된 이후 1930년대 강릉단오제에 대한 조사라는 점에서 자료적 가치가 있다. 1941년 조선총독부의 『朝鮮의 鄕土娛樂』에는 당시 조사된 관노가면극에 대한 언급이 있다. 등장인물은 5명이며, 탈은 목재로 전염병을 예방하기 위한 것이라고 기록되어 있는데, 1966년 『중요무형문화재 제13호 강릉단오제 지정조사 보고서』에 언급되어 있는 '시시딱딱이' 가면에 대한 고증자(김동하·차형원)의 언급과 일치한다.

자료와 1960년대 전승되고 있는 현장 기록 등이 기초를 이루고 있다.[3] 이 보고서는 강릉단오제를 다룬 한국인 학자 최초의 기록이다. 이를 통해 강릉단오제를 전승 보존하는 원형적 기틀이 마련되었다.

하지만 중요무형문화재로 지정된 1967년 이후에도 지역의 향토사 연구자와 전문가의 언론 기고를 통해 강릉단오제의 전통성과 원형성에 대한 반성적 담론이 끊임없이 제시되었다. 이러한 담론은 1970~1980년대까지 이어졌다. 그리고 강릉단오제의 정통성, 원형, 고증, 연희 주체 등에 대한 조사 연구를 통해 학술적 담론으로 발전하였다.

1990~2000년대에 이르러서는 축제 요소의 가치 평가와 함께 '축제를 통한 지역 경제 활성화', '축제의 관광자원화', '축제의 세계화'라는 사회 문화적인 요구에 부응하는 담론이 주류를 이루고 있다.

강릉단오제의 전승 흐름을 주제로 한 학문적 연구 성과는 타 지역의 축제 연구보다 많다. 강릉단오제에 관한 연구는 역사·민속학적 자료를 기초로 하여 비교적 빠른 시기에 시작되었다.

초창기 연구자는 아키바 다카시로 일제강점기에 「강릉단오제」 조사를 실시하였다.[4] 이것은 식민지 정책에 따른 현실을 반영한 것으로 그 후 조선총독부 『생활상태 조사 보고서』(1931), 『부락제』(1937) 등으로 연결되었다.

국내 학자들이 강릉단오제에 대해 본격적인 관심을 갖기 시작한 것은 1960~1970년대 무렵이었다. 당시의 연구자로는 임동권,[5] 최철[6] 등이 있는데,

---

3　당시 문화재위원으로 조사를 시작한 임동권 박사와 강릉단오제와의 인연은 조선총독부에서 발행된 조사자료 『부락제(部落祭)』를 통해서 시작되었다. 이 자료에는 강릉단오제가 소개되어 있었는데, 임동권은 이를 근거로 1962년 여름부터 강릉을 수 차례 방문하여 강릉단오제를 조사하였다. 이후 1964년과 1966년 문화재지정을 위한 조사를 거쳐 1967년 1월 16일 문화재로 지정되면서 그간의 기록화 작업이 총괄적으로 완성을 본다.(임동권, 「무형문화재로서의 강릉단오제」, 『2009 강릉단오제 국제학술대회 : 한·중 단오문화의 차이와 다름』, 강릉단오제위원회, 2009.

4　秋葉 隆 著·沈雨晟 옮김, 「강릉의 단오굿(端午祭)」, 『朝鮮民俗誌』, 동문선, 1993.

5　任東權, 「重要無形文化財 調査資料(江陵端午祭)」, 1966.8; 「강릉단오제 관노가면극」, 『한국의 민족예술』 제1집, 1978; 「강릉단오제의 회고와 전망」, 『강원민속학』 3집, 1985.

6　崔喆, 『嶺東民俗志』, 통문관, 1972; 「江陵端午祭 硏究」, 『亞細亞 硏究』 14, 고려대학교 부설 아세아 문제연구소, 1971.

이들의 연구에 힘입어 강릉단오제는 1967년 중요무형문화재 제13호로 지정되었다.

1980~1990년대에는 향토문화의 관점에서 김선풍, 장정룡, 황루시, 이규대, 김경남 등의 연구가 이루어졌다. 강릉단오제 관련 연구자도 해마다 증가하여 1990년대 후반부터는 학위 논문들이 발표되었다. 이들 연구자들에 의해 강릉단오제의 역사, 성격, 제의, 놀이, 설화, 민요 등의 특징과 의미가 어느 정도 밝혀졌다고 본다. 또한 연구 분야와 내용도 민속학, 향토사, 교육학, 무용, 음악, 사회학, 관광학, 비교민속학, 인류학, 종교학 관계 등으로 점차 확대되고 있다. 이렇듯 다양한 분야에서의 연구가 활발히 진행되었다. 그 이유는 강릉단오제가 학제간의 다양한 주제를 내포하고 있으며, 축제로서의 복합적 성격을 지니고 있기 때문이다.

강릉단오제가 지역의 민속문화적인 요소를 함축하고 있다는 것은 재론의 여지가 없다. 이제 그것을 지역 사회에서 갖는 중요성을 넘어서서, 국가(도시)간 경쟁력을 평가해 주는 문화적 척도로까지 활용되고 있다.[7] 최근에는 다양한 매체들이 활용 과정에 개입하게 된다. 이에는 강릉단오제의 설화적 요소들을 기반으로 한 '스토리텔링 & 문화콘텐츠'[8] 개발이 효과적으로 구현해 내고 있다. 이를 '축제의 문화콘텐츠화' 또는 '문화콘텐츠의 원형'이라고 통칭한다. 축제의 문화콘텐츠화는 새롭고 자유로운 상상력을 통해 삶의 질을 높이려는 하나의 문화산업적 결과이다. 민속문화가 성취해 온 기층문화의 풍속은 융합해 존재하지만 지속적인 변화를 요구한다. 대중적 기호의 확산이나 디지털 기술의 발전 등에 힘입어 '축제 & 문화콘텐츠'의 학술적, 경제적, 사회적 가치가 더욱 높아지고 있는 것이다.

---

7 『강릉단오제 유네스코 세계 인류 구전 및 무형유산 걸작 신청 백서』, 강릉시·강릉문화원, 2006.

8 정부가 문화산업진흥법(1999)을 제정하여 문화콘텐츠를 국가 경쟁력의 핵심적인 전략산업으로 육성시키고자 하면서 '문화콘텐츠'라는 용어가 본격적으로 사용되기 시작하였다. 이때 문화콘텐츠라는 용어는 이미 '산업화' 또는 '문화상품화'라는 기본 개념을 전제로 한 것이다. 즉 디지털 기술을 토대로 한 원소스멀티유스(One Source Multi Use)를 지향하는 것이다.

이상의 강릉단오제와 관련된 연구 자료들을 분류하여 정리하면 다음과 같다.

첫째, 국가기관에서 강릉단오제를 중요무형문화재로 지정 보호하기 위해 작성한 조사 보고서[9]가 있다.

둘째, 전문적인 학자가 강릉단오제의 제례・단오굿・관노가면극의 연행을 연구 수록한 단행본[10]이 있다.

셋째, 여러 전공의 학자들이 학회지나 정기 간행물에 발표한 논문[11]이 있다.

넷째, 강릉단오제를 연구한 석・박사 학위논문[12] 특히, 관노가면극에 대한

---

[9] 조사 보고서는 국가에서 소멸의 위기에 있는 민속을 계승・보존하기 위해 제의와 무속, 관노가면극을 중요무형문화재로 지정할 때 조사한 내용을 수록하고 있다. 『강릉단오제 지정조사 보고서』, 문화재관리국, 1966;『중요무형문화재 제13호 강릉단오제 실측조사보고서』, 문화재관리국, 1994;『중요무형문화재 제13호 강릉단오제』, 국립문화재연구소, 1999.

[10] 단행본의 저자는 전문 학자들이며, 책의 성격에 따라 세 가지로 나눌 수 있다. 첫째, 제의・단오굿・관노가면극에 대한 연행 내용을 그대로 수록한 책들로서, 대부분의 경우가 이에 해당한다. 둘째, 여러 기관에서 강릉단오제의 발전을 위해서 발간한 연구서이다. 셋째, 최근에 강릉단오제에 대한 일반인의 관심이 높아지면서 강릉단오제를 쉽게 설명하여 일반인에게 이해시키고자 출판된 책들로, 점차 늘어나는 추세이다.

[11] 여러 방면의 전공 학자들이 월간지 및 학회지에 학술 논문을 발표하였는데, 대부분은 강릉단오제의 제의・단오굿・관노가면극의 연행에 관련된 논문들로서 민속학, 국문학, 사학, 미학, 건축학, 심리학 등을 전공한 학자들이 강릉단오제를 다각도로 연구하였다.

[12] 학위 논문은 1980년에 강릉단오굿의 춤사위의 연구를 시작으로 1990년대까지는 관노가면극에 관련된 논문이 주류를 이룬다. 2000년대를 전후해서 학제간 강릉단오제 연구가 활발히 진행되었다. 이은주,「강릉단오굿의 춤사위 연구」, 세종대 대학원 석사논문, 1980; 장정룡,「강릉관노가면희 연구」, 중앙대 대학원 석사논문, 1981; 김문희,「강릉관노가면극의 춤사위 연구」, 세종대 대학원 석사논문, 1984; 정윤섭,「강릉관노가면극 연구」, 단국대 교육대학원 석사논문, 1986; 권혁진,「지역전통문화 행사의 관광자원화에 관한 연구 : 강릉단오제와 그 주변 문화재를 중심으로」, 세종대 대학원 석사논문, 1990; 정윤수,「강릉단오제 근원 설화와 관노가면극의 상관성에 대한 연구」, 강원대 대학원 석사논문, 1990; 이강복,「강릉관노가면극의 기원과 기본 춤사위 연구」, 경희대 대학원 석사논문, 1992; 조미정,「하회별신굿 탈춤과 강릉관노탈춤의 비교 연구, 중앙대 대학원 석사논문, 1993; 정은주,「향토축제와 '전통'의 현대적 의미 : 강릉단오제의 연구」, 서울대 대학원(석사), 1993; 김경남,「江陵端午祭儀 硏究」, 경원대 대학원 박사논문, 1996; 유재숙,「性 의식의 관점으로 본 강릉관노가면극」, 숙명여대 대학원 석사논문, 1997; 정선희,「축제의 담론과 지역 정체성에 관한 연구 : 강릉단오제를 주요 사례로」, 서울대 대학원 석사논문, 1999; 엄두찬,「강릉단오제에 대한 관광지리적 분석」, 건국대 대학원 석사논문, 2001; 김노연,「강릉단오제의 사회교육적 연구」, 중앙대 대학원 박사논문, 2002; 인현진,「관광 이벤트의 지속적인 유치를 위한 세시풍속 행사의 EIP에 관한 연구 : 강릉단오제를 중심으로」, 강릉대 대학원 석사논문, 2006; 최미자,「강릉단오제의 공간배치에 관한 연구」, 강릉대 대학원 석사논문, 2007; 김형준,「강릉관노가면극의 연행과 전승집단의 연구」, 강릉대 대학원 석사논문, 2009.

연구가 많다.[13]

다섯째, 강릉단오제의 옛 기록을 찾아볼 수 있는 문헌[14]이 있다.

여섯째, 강릉단오제를 영상물로 담은 CD, VTR(TAPE) 등의 원천 자료로 활용 가능한 콘텐츠[15] 그리고 최근에 '강릉단오제'를 주제로 종합적인 연구사를 분야별로 심층정리 발표한『강릉단오제 연구사江陵端午祭 硏究史의 검토檢討와 진단診斷』이 있다.[16] 이는 그동안의 연구 성과에 대한 진단이며, 강릉단오제의 학문적 위상을 높이는 계기가 되었다.

강릉단오제의 주제별, 장르별 담론은 민속학・역사학・인류학・관광학 등

---

[13] 강릉관노가면극은 중요무형문화재 제13호로 지정된 강릉단오제의 중요한 연희로 평가되었다. 그 동안 관노가면극에 대한 연구는 단편적인 글에서부터 시작하여 음악, 춤사위, 신격(상징성), 복식, 정신분석학, 연희 미학 등 세부적인 측면과 문학적・민속학적인 시각에서의 학위논문(석사)들이 다수 제출되어 왔다. 또한 관노가면극의 기원, 고증, 원형론, 현장론 등 역사성과 사회성을 문제삼는 다각적인 연구 및 반성도 진행되어 왔다.

[14] 강릉단오제와 연관된 자료들이다.『고려사』, 권92, 열전 권 제5 왕순식조, 1454.10; 남효온,『추강선생문집』권5, 유금강산기 신묘년(1471); 허균,『성소부부고』권14, 문부11, 대령산신찬 병서, 1611;『강릉지』권2, 경종(1688~1724)(풍속조); 조선총독부,『생활상태조사(其三)』, 조선총독부 조사자료 제32집, 1930;『증수 임영지』, 강릉고적보존회, 1933; 조선총독부,『조선의 향토오락』조선총독부 조사자료 제47집, 1941;『셔유록』全, 乙酉(1915), 한국학중앙연구원 소장.

[15] 강릉단오제에 대한 사회적 관심이 높아지면서 방송용 자료 제작과 함께 국내・외에 홍보하고 학생 및 일반인을 대상으로 한 교육 영상물이 다수 제작 배포되었다.『강릉단오제』, 코리아루트・강릉문화원, 2001.(CD);『한국민요대전 : 강릉단오굿』MBC 라디오 제작2부, 1996.(TAPE);『내고향 지금은 : 강릉단오』, KBS, 1985.(VTR);『강릉단오제』, 강릉문화원, 1988.(VTR);『강릉단오제』, KBS, 1989.(VTR);『강릉단오제』, (주)동양영상프로덕션・강릉시, 1996~2002.(VTR);『한국의 중요무형문화재 : 강릉단오제』, 국립문화재연구소, 1999.(VTR);『강릉단오제』, 이벤트 인 코리아・KBS, 2002.(VTR);『강릉단오제 : 네트워크기획-천년의 기원』, KBS, 2003.(VTR);『아시아 태평양 페스티발』, SBS 모닝와이드, 2003.(VTR);『강릉단오제』, 국군홍보관리소・국방부.(VTR);『중요무형문화재 제13호 강릉단오제 '관노가면극' 문화원형 디지털 콘텐츠』, 디지털정보통신, 2003;『중요무형문화재 제13호 강릉단오제 '관노가면극' 문화원형 디지털 콘텐츠』, 미래, 2004;『강릉의 무형문화재 : 강릉단오제・강릉농악・학산오독떼기・사천하평답교놀이』, 강릉시, 2004.

[16] 이 자료는 다섯 분야로 구분하여 연구사를 정리하였다. 첫째는「강릉단오제 관련 설화 연구의 동향과 전망(이창식)」, 둘째는「강릉단오굿 연구 현황과 전망-동해안 별신굿 관점에서(심상교・윤동환)」, 셋째는「강릉단오제 제의의 현황과 진단(김기설)」, 넷째는「강릉단오제 관노가면극 연구사적 검토(장정룡)」이다. 다섯째는「강릉농악 연구사 검토와 진단(이한길)」이다(『江陵端午祭 硏究史의 檢討와 診斷』, 2009 강원도민속학회 정기학술대회, 2009).

의 이론을 바탕으로 연구되었다. 문제는 근현대사를 거치면서 강릉단오제가 감당해야 했던 전승상의 변화 요인에 대한 통시적인 접근과 검토가 미비하다는 점이다. 특히, 일제강점기의 전승 실태와 해방 이후로부터 문화재 지정 시기까지의 사회 문화적 요구, 그리고 문화재 지정 이후의 강릉단오제의 전승 주체 및 운영 구성 등에 대한 검토가 필요하다. 또한 대성황사를 비롯한 여타의 유형 유적지 복원 완료에 대비한, 팔단오의 전승과 연행 문제에 따른 변화 가능성에 대한 연구도 반드시 필요하다.

축제는 사회 문화적 변화와 요구에 민감한 속성을 지니고 있다. 특히, 지방자치시대와 함께 생겨난 신생 축제들이 그러하다. 하지만 강릉단오제는 이와는 매우 다른 측면에서 전승 변화를 겪어 왔다. 강릉단오제는 문화재 지정 이후, '무형의 제의성(제례와 무당굿)과 연희(관노가면극)의 원형성'에 대한 탐색이 기초가 되어 사회적 합의를 통해 전승되고 있다. 그러나 그 원형의 발굴과 복원이 종결된 것은 아니다. 오히려 2005년 11월 25일 유네스코 인류구전 및 무형유산으로 등재된 이후, 강릉단오제는 역사 문화 유적지 복원에 대한 담론을 본격적으로 시작하였다. 유형적인 복원과 아울러 시공간의 변화에 담겨져 있는 무형의 연행성 복원을 중요한 과제로 제시하고 있다.

"강릉단오제는 무형문화재의 글로벌화 대열에 이미 올라서 있다"고 본 정수진은 그러나 그 방향이 "과거로부터의 복원 의미가 강하다는 점"을 지적한 바 있다.[17] 또한 그는 강릉단오제가 관광 상품화와 이를 위한 축제의 세계화 추진

---

17 "지역 민속을 글로벌한 맥락에서 해설하려는 경향은 무형문화재에 관한 한 이미 전부터 지속되어 왔다. 최근 들어 그러한 경향에 큰 변화가 보이는데, 특히 주목할 것은 그 해석의 주체가 국가에서 지역으로 바뀌고 있다는 점이다. 이와 관련하여 지역이 무형문화재를 해석하는 방식은 크게 두 가지로 대별할 수 있다. 하나는 '세계무형문화유산' 등재를 향한 글로벌화이고, 다른 하나가 '세계적인 관광 상품화'를 향한 글로벌화다. 그 대표적인 사례로 강릉단오제와 안동국제탈춤페스티벌을 각각 들 수 있겠다. 우선 강릉단오제는 2005년 유네스코가 선정한 '인류구전 및 무형유산 걸작' 리스트에 등재된 지역 축제이다. 반면, 안동국제탈춤페스티벌은 문화관광부의 관광개발 계획에 따라 국제적인 문화상품이 가능한 수준 높은 문화관광 페스티벌을 기치로 내걸고 출범한 지역 축제이다(한양명, 「지역 축제의 전승과 민속의 변용」, 『비교민속학』 35, 비교민속학회, 2008, 485쪽). 물론 '세계무형문화유산' 등재가 가져올 경제적인 효과에 대한 지역민들의 기대를 고려하면, 강릉단오제가 지향하는 글로벌화 또한 세계적인 관광 상품화와 동궤에 있다고 봐야 할 것이다"(정수진,

과정에서 "무형문화재의 원형을 향한 의지와 욕망"이 확대 재생산되고 있다고 해석했다. 이 원형 복원주의는 이른바 '세계무형문화유산' 등재와 연동한 것으로 한편으로는 단오제 관련 행사들의 전통화를 위한 '전통치레'가 궁리되고, 다른 한편으로는 지역 사회의 통합을 꾀하는 정체성과 지역민의 자발성이 강조되고 있다"[18]고도 말한다. 강릉단오제에서 "원형 복원의 논리가 다시 강화되고 있는 양상은 축제의 운영 주체가 '세계무형문화유산'의 선정 기준인 '역사성'과 '지역적 정체성' 조항을 무형문화재 제도 논리에 부합하도록 재해석 한 결과이며, 그런 의미에서 강릉단오제는 '세계무형문화유산'이라는 '글로벌 스탠더드'를 지역적으로 전유專有한 대표적인 사례"라고 보았다.[19] 이러한 연구 담론들은 그동안 중요무형문화재로서의 전승 변화의 원리와 유네스코 세계무형유산으로서의 전승 변화의 방향을 다시 되돌아보게 한다.

오늘날 강릉단오제의 유·무형자산에 대한 복원화 문제는 지난 1960~1970년대의 원형 복원에 대한 담론과도 그 양상이 크게 다르지 않다. 혹 다른 측면이 있다면 사회 문화적 차원에서의 변화를 기대하고 있다. 여기서 이점을 문제로 제기하는 이유는 강릉단오제를 단순히 연희적인 복원 차원에서가 아니라, 유형자원 복원화에 따른 '팔단오'를 비롯한 무형의 제의성 변화를 염두에 두었기 때문이다. 결국은 그 변화의 화두는 '전승 향방'의 시공간적 문제를 염두해 둔다.

앞으로의 문제의식은 전승 복원화를 어떤 목적에 두느냐다. 오늘날의 강릉단오제는 사회 문화적 요구와 담론을 통해 변화되어 왔다. 이를 통해 성장 발전해 왔음은 부인할 수 없는 사실이다. 그 결과 강릉단오제는 세계인이 공유해야 하는 세계무형유산이 되었다. 그렇다면, 강릉단오제를 '복고적인 태도' 일변도의 방향으로 이끌어나갈 것인가? 아니면, '상혼 치유' 방법의 차원에서 시대적인 변화 요구에 부응한 복원인가? 또는 심도있는 창조적 해석을 통한 복원 재현화의 길로 나아갈 것인가? 앞으로의 연구자는 지속적인 전승 복원화의 방향성

『韓國民俗學』 49, 한국민속학회, 2009, 61쪽).
18   남근우, 「민속의 문화재화와 관광화 : '강릉단오제의 포클로리즘을 중심으로」, 『韓國民俗學』 43, 한국민속학회, 2006, 239~240쪽.
19   정수진, 앞의 글, 62쪽.

및 문제점을 탐색해야 할 것이다.

앞에서도 언급했듯이, 강릉단오제는 문화재 지정 이후에도 여러 차례에 걸쳐 전승상의 변화를 겪어왔다. 오늘날 복원하고자 하는 대성황사를 비롯한 단오제 관련 유적 복원의 문제도 근본적으로는 예전의 정체성 요구와 크게 다르지 않다. 다만, 유·무형의 복합적 복원은 시공간의 변화를 전제한 대응 논리가 필요해졌다고 할 수 있다. 이에 대한 강릉단오제의 구체적인 논의 전개는 전승상 뚜렷한 변화를 시작한 일제강점기의 존재 양상이다. 이후, 문화재 지정 전후의 전승 변화(1960~70년대), 그리고 지역의 전통성을 강조하고자 했던 1980~1990년대의 관광자원화이다. 아울러 최근에 논의되고 있는 축제의 지속 가능한 변화 방향을 통시적으로 접근할 필요가 있다.

사회 문화적 변화는 통상 크게 두 가지 형태로 나타난다. 하나는 문화담당 주체가 자율적으로 변화하는 것이고, 또 다른 하나는 외압에 의하여 피동적으로 변화하는 것이다. 전자가 진정한 의미의 개혁과 계승이라면, 후자는 변질과 모방이라고 말할 수 있다.[20] 우리에게 이러한 변화의 시기는 일제강점기를 거쳐 해방을 맞이한 이후의 사회적 분열의 시기, 근대화와 산업화의 시대를 포함한다. 이 시기를 거치면서 우리 사회가 나름의 전통적인 가치관과 문화적 감각에 입각해서 주체적으로 발전시킨 것들과 그렇지 못한 것들이 있을 것이다.

강릉단오제는 일제의 식민지 정책 수단에 의하여 변화될 수밖에 없었다. 그 변화의 가장 큰 요인은 대성황사의 폐지로 시공간이 이동하고, 내용은 생략되고 축소된 채 전승되어 왔다. 그 과정에서 강릉단오제에는 사회 문화적 변화 원리의 한 요소로 '신축성(伸縮性)'[21]이 크게 작용하였다. 강릉단오제가 격변기 때마다 그 상황에 대응하여 전승될 수 있었던 것도 무형문화의 속성인 신축성, 적응성, 가변성이 있었기에 가능했다고 본다. 강릉단오제의 시대적 전승 과정에서 원형의 기록과 원형 복원의 사회 문화적 담론 양상을 살펴보고자 하는 것도

---

20 한국종교사연구회 편, 『성황당과 성황제 : 淳昌 城隍大神事跡記 硏究』, 민속원, 1998, 20쪽.
21 1966년 조사 당시의 기록으로는 "그 때의 규모에 따라 다소 신축성이 있다"고 했다. 이는 "단오제가 현대생활에 알맞은 방향으로 변용하고 있는 것"을 알 수 있다고 했다(任東權, 『重要無形文化財 調査資料(江陵端午祭)』, 1966.

'신축성'을 근거로 하고 있기 때문이다.

강릉단오제에 대한 역사적, 민속적, 사회 문화적 측면의 기록들은 그것들이 단순히 개인적 동기에서 비롯된 것이든, 아니면 어떤 정치적 목적이나 시대적 사명감에서 출발한 것이든 간에, 모두가 중요한 사료적 가치를 지닌다. 물론 그 중에서도 역사·민속 자료와 현장성을 토대로 기록된 텍스트가 중요하다. 그리고 그 시대의 정치적 헤게모니나 이슈가 담론화 되어 나름의 시대정신을 대변하는 무형자산의 기록화들도 큰 의미가 있다. 무형자산의 현실화와 복원화도 강릉단오제가 현대화되고 축제로 성장 발전되는데 일조를 하였다.

이렇듯 축제가 시공간적으로 변화해 온 전통은 과거의 기록으로만 남아 있는 팔단오의 연행 구조와 오늘날의 축제 연행과의 차이, 축소, 생략된 전승 형태에 주목하게 된다. 신성 공간으로 활용되었던 대성황사가 폐지된 후, 강릉단오제는 다른 축제 공간으로 옮겨지면서 새로운 전통이 만들어졌다. 대성황사의 역할과 기능이 남대천 임시 가설 제단(굿당)으로 옮겨져서 무속제의가 행해지고 가설 제단과 함께 자연스럽게 단오장이 형성되면서 난장이 생성되는 변화를 가져왔다. 이러한 변화와 그 과정을 통해 파생된 것들이 바로 '전통의 재창조물' 이라고 할 수 있다.

여러 원형적 요소들 중, 과거와 현재의 기록이 신뢰성을 갖추면서 '만들어진 전통'에는 서로 중첩되는 세 가지 유형이 있다.[22]

첫째 유형으로는 '특정한 집단들'을 형성시키는 것들이다. 실재하는 것이든 인위적인 것이든, 어떤 공동체의 사회 통합이나 소속감을 강화시키거나 상징화하는 것들을 말한다.

둘째 유형은 제도, 지위, 권위 관계를 구축하거나 정당화하는 것들이다.

셋째 유형은 그 주요 목표가 사회화 혹은 신념, 가치체계, 행위규범을 주입하는 데 있는 것들이다.

이 세 가지 유형이 전부는 아니겠지만, 강릉단오제의 전승과 기록화 과정에서 무엇이 작용하여 어떤 형태로 전통화되었는지를 살펴볼 필요가 있다.

---

22 에릭 홉스봄 외 지음, 박지향·장문석 옮김, 『만들어진 전통』, 휴머니스트, 2004, 33쪽.

오늘날 인식되고 있는 강릉단오제 천년의 역사적 당위성, 전승집단의 정체성, 무형문화재로서의 가치, 유네스코 세계무형유산 등재로 인한 축제적 소통 잠재력 등에 대한 통시적인 접근이 필요하다. 근현대사에 나타난 다양한 기록물들이 일반 대중에게 전달되고 회자되면서, 새로운 담론들로 인해 변화되고 재창조되는 전승상의 특징도 주목된다.

특히, 1967년 무형문화재 지정 이후의 사회 문화적 맥락에서의 변화와 전통성에 대한 요구들, 원형의 복원과 재현 과정에서 논의된 것들, 그리고 축제 참여를 통한 지역 정체성 만들기, 축제의 문화자원화와 관광화·세계화 논리의 담론들을 종합적으로 검토되어야 할 것이다. 결국 강릉단오제의 다양한 민속문화가 근현대사를 거치면서 어떻게 지속되고 변주되어 새로움을 발견하면서 창조되어 왔는가를 연구자들은 목적에 두어야 할 것이다.

첫째, 전국적으로 1,200여개의 축제가 행해진다고 한다. 우리는 '축제가 죽어야 문화가 산다'는 말이 회자되는 사회, '축제가 축제를 만드는 시대'를 살아가고 있다. 하지만 강릉단오제는 이런 축제들과 차별된다. '민속'과 '전통'이라고 하는 수식어가 붙은 축제, 특히 고려와 조선시대까지 소급되며, 전통이 전승되어 온 강릉단오제만의 지역성(향토성), 민속성, 원형성 등을 사회 문화적 전승 변화를 통해 이해되어야 한다.

둘째, 강릉단오제의 주도집단 또는 전승집단이 전근대 이후, 시대별로 어떻게 달라져 왔는지를 살펴보는 것이다. 민속학적 자료의 추적과 분석 결과들은 강릉단오제 전승상의 변화가 강릉 지역사의 전개와 변천사의 결과물일 수도 있다는 것을 보여준다. 연구자들은 그 범위를 한정하여 전승 담론을 통해 성장 발전되어온 그 과정의 특징적인 요소를 알아야 한다.

셋째, 강릉단오제의 축제 현장에서 생성되는 민속문화에 대한 고찰이다. 다시 말해서 강릉단오제를 현재의 강릉지역 문화·관광 활성화와 어떻게 발전적으로 연계시켜야 할 것이냐 하는 점이다. 이것은 지금의 시대가 요구하는 '축제의 역할과 기능', '지역 문화 원형'과 '문화 콘텐츠', 즉 강릉단오제의 OSMU(One Source Multi Use)화를 위한 생산적인 담론 차원에서 성과가 있기를 기대하는 것이다.

넷째, 강릉단오제의 역사·민속학적인 유형자원의 복원과 관련된 담론들에 대한 체계적이고 심층적인 검토가 필요하다. 그 구체적인 대상은 대성황사를 비롯한 무형의 팔단오 재현화에 대한 문제이다. 전통시대의 제의 형태의 복원이 이 시대에 과연 필요한 것인지? 아니면, 마땅히 복원 재현해야 하는지에 대한 근본적인 검토와 성찰이 요구되고 있기 때문이다.

강릉단오제의 연구 범위는 넓고도 깊다. '문화'와 '예술'이라는 서구의 근대적인 개념이 유입·전유되었던 일제강점기부터가 시작이다. 그 후 '무형문화재'가 '전통'이라는 뚜렷한 실체 개념으로 정립되는 1960년대에서 오늘날까지의 기록물을 중심으로 살펴야 할 것이다. '강릉단오제'의 역사성을 함축하고 있는 옛 문헌 기록도 다양한 측면 – 학제간 연구를 통해 – 에서 고찰되면 더욱 가치가 있을 것이다. 이에 대한 구체적인 연구 범위를 몇 가지로 제시해 본다.

첫째는 1930년대를 전후로 일본인 학자들이 조사 연구한 강릉단오제에 대한 담론의 재구성에 따른 식민지 시대 성과물에 대한 검토이다.

둘째는 세시성 명절로서 '단오'를 즐겼던 민속놀이, 체육행사 등의 풍속을 1920년대와 1930년대의 신문과 잡지에 실린 기사를 중심으로 살펴봐야 한다. 강릉단오제가 일제강점기에 '관동단양제 축구 대회'라는 체육행사와 더불어 전승의 맥을 함께 했기 때문이다.

셋째는 해방 이후부터 1960년대까지이다. 해방과 한국전쟁을 거치면서 강릉단오제가 민속문화의 실체로서 어떻게 그 맥을 잇고 있는가이다. 강릉단오제에 참여한 행위 주체와 단오제의 전승 양상을 어떤 방식으로 강릉단오제가 지속되었는가를 검토하는 것이다.

넷째는 강릉단오제가 문화재로 지정된 1967년을 전후한 약 10여년 사이에 형성된 '전통', '원형', '복원' 등의 담론과 사회 문화적 요구, 문제 제기와 극복 방향에 대한 검토이다.

다섯째는 강릉단오제가 '축제성'을 함축하면서 '도시 축제'로 발돋움하기 시작한 시기인 1980~90년대의 연구가 지속되어야 한다.

이상의 연구를 뒷받침하는 자료는 1920~30년대 조사 연구 보고서와 강릉단오제의 사회 문화적 변동을 기록한 신문과 잡지에 실린 기사가 포함된다. 신문이나 잡지가 지니는 객관성에 주목하여 민속학의 자료로 적극적으로 활용되어야 한다. 또한 지역의 문화 발전을 위한 정책관련 책자, 지역 문화 무크지 등의 자료도 중요하다.

그리고 강릉단오제의 전승 양상을 현장론적 시각에서 접근하는 시각이다. 이는 강릉단오제의 특성과 그 생성, 변화, 발전의 합법칙성을 밝히고, 오늘날의 축제를 상황론적 방법을 통해 이해하고자 하는 가장 큰 이유와 근거이다.

상황론적 방법은 "민속자료를 둘러싸고 있는 여러 가지 상황을 자료와 아울러 조사하고 연구하는 총괄적總括的 관점"을 취한다. 이 견해는 자료가 전승되고 있는 지역 공동체의 환경 전체를 포함한 넓은 의미의 '전승현장傳承現場'(민속자료가 전승되는 거시적 현장으로서 이야기, 동제, 민속극 등이 전승되는 마을 단위 이상의 지역공동체로 개방된 현장을 뜻함)을 주목하면서, 자료를 둘러싸고 있는 제 요소들의 상호작용(interaction) 및 상호관련성(relationship)을 주로 문제 삼는다.[23]

---

23   임재해, 「民俗研究의 現場論的 方法」, 『정신문화연구』, 봄호, 1984, 66쪽.

제7장

강릉단오제의 어제와 오늘, 그리고 미래
: 전통문화의 창조적 계승

江陵端午祭

제7장

강릉단오제의 어제와 오늘, 그리고 미래
: 전통문화의 창조적 계승

조선시대부터 근현대에 이르기까지 강릉단오제의 전승상 특징과 변화 양상을 상황론적으로 살펴보았다. 이 글에서 주목하고자 했던 것은 '강릉단오제의 전통이 사회 문화적으로 어떤 역할과 기능'을 했으며, '현대 사회가 그것을 어떻게 재창조하고, 새로움으로 전승 변화되면서 축제화를 가능하게 했는지에 대한 시대적 담론 양상'이었다. '전통'이란 항상 있었던 것이 아니라, 현대 사회가 그렇게 존재하도록 만든 것이기 때문에, 강릉단오제의 전통 또한 형식이 내용을 지배하는 사회적 상황과 그 반대로 내용이 형식을 가꾸어가는 담론적 상황을 함께 고민했던 것이다. 이러한 것은 고정된 것이 아님을 분명히 해야 할 것이며, 그간의 내용 중, 일제강점기부터 현대에 이르기까지 전승상의 변화 양상을 정리해 본다.

첫째는 일제강점기의 강릉단오제 존재 양상이다. 이 당시의 조사 내용을 보면, 우리의 민속과 신앙 등은 '미신' 또는 '미개한 것'으로 서술되었다. 강릉단오제와 직접적으로 연계된 제신諸神들에 대해서도 '미신의 풍속'으로 인식하였다. 그리고 강릉단오제의 제신을 맞이하는 전통이 미신의 풍속으로 변화되면서 전승상의 축소와 단절에 이르렀다.

1920년대를 전후해서 강릉단오제에 편승된 '축구 경기'와 '관동단양제 축구 대회'가 등장하게 되었다. 그리고 이 시기에 간행된 신문과 잡지에 나타난 세시풍속 관련 기사에는 '단오' 관련 기사가 양적으로 증가한 것으로 나타났다. 이것은 단오풍속이 다른 세시풍속보다 가장 활발하게 행해졌다는 것을 알 수 있다.

1930년대에 활발하게 보도된 단오놀이를 보면, 대규모 씨름과 그네 대회 등이 서울과 지방 등의 각지에서 개최되었다. 단옷날은 다른 날과 달리 남녀나 어른 아이 구별 없이 많은 사람이 즐겼으며, 신문이나 잡지사가 주최하는 단오원유회端午園遊會가 열려 인산인해를 이루었다고 했다. 이때 전통적인 행사와 더불어 새로 도입된 스포츠인 테니스, 탁구, 공던지기 등이 열렸으며, 여러 상점에서 물건을 기증하기도 하였다. 이 시기는 서구 문물이 유입되기 시작한 때였다. 따라서 세시풍속인 단오행사와 병행하여 신문화 도입을 위한 행사가 함께 진행되었음을 알 수 있다.

둘째는 강릉단오제가 문화재로 지정된 전후를 구분하여 당시의 축제 변화 양상이다. 먼저 문화재 지정 이전의 전승 양상은 '전승의 암흑기'라 할 수 있는 일제강점기를 거치면서 면면히 계승되었다. 1603년 허균의 『성소부부고』에 기록된 강릉단오제의 모습은 조선조 내내 큰 틀을 유지했던 것으로 짐작된다. "대관령에서 신을 모시고 내려와 강릉에서 잡희를 벌인다"는 이 기록은 오늘날과 크게 다르지 않았다. 그 후, 강릉단오제에 대한 '기억의 전통', 즉 '기억 속의 강릉단오제'에 대해서는 일본인 학자들의 조사 보고서를 통해 알 수 있었다.

강릉단오제 전승에 있어 큰 변화는 1920년대에 일제가 대성황사를 강제로 폐지하면서부터였다. 조선조 내내 제의적 공간이었던 대성황사가 없어지면서 전통적인 연행 방식과 놀이 장소에 변화가 온 것이다. 결국은 대성황사가 폐지됨으로 해서 수년간 전승이 중단되었다. 그리고 1930년을 전후한 강릉단오제의 풍경은 그 옛날의 전승 문화는 찾기 어려운 상황이었다. 하지만 단옷날을 전후로 해서 시장이 서고 무당굿이 행해졌다는 기록을 볼 때, 일제강점기부터 강릉단오제의 전승 양상이 운동회나 축구 대회로 이어졌음도 우연한 계기는 아닐 것이다. 이점은 전국 각지에서 단옷날에 즈음하여 체육 행사가 다양하게 이루어졌음을 통해서도 알 수 있다.

셋째는 문화재 지정 이후의 강릉단오제 원형 복원과 전승 실태에 대한 것이다. 오늘날의 강릉단오제가 전승되는데 있어 민족문화의 발굴과 보존을 강조한 정부의 문화재 정책을 언급하지 않을 수 없다. 1958년 전국민속예술경연대회 개최, 문화재보호법 제정(1962.1), 지방문화사업조성법 제정(1965.7), 1969년 전국민속조사 등의 사업이었다. 그러나 민속문화에 대한 관심은 의도적으로 선택된 것이었다. 정부는 '민속'을 '민족문화' 또는 '민족예술'의 차원에서 발굴·계승해야 할 대상으로 인식하였으며, 비과학적이고 불합리한 미신으로 간주된 것은 타파해야 할 대상으로 인식하였다. 새마을 운동 당시 서낭당을 부수고 동제를 지내지 않은 것은 이와 같은 맥락에서 이루어진 것으로 볼 수 있다.

1960년대는 문화재로 지정(1967)되기 이전부터 '강릉단오제'에 대한 관심이 지역 언론을 통해 관심이 높았다. 그 이전인 1950년대까지만 해도 '단오'와 '강릉'이라는 등식보다는 단옷날(절) 풍속 일반에 대하여 기사화 되었다. 강릉단오제가 일제강점기 때에 제의 장소와 연행 형식면에서 변화되었다면, 1967년 중요무형문화재로 지정되면서부터는 그 내용면에서 변화가 시작되었다. 문화재로 지정된 분야는 제례, 관노가면극, 무당굿 등 3개 분야이다. 이 셋은 오늘날까지 강릉단오제의 핵심적 축을 이루고 있다. 그 중에서 가장 큰 변화는 관노가면극의 부활이었다. 관노가면극은 이미 60여년 이상 전승이 중단되었으나, 생존해 있던 연희자들과의 인터뷰를 통해 복원한 것이다. 이는 그 원형을 찾았다는 점에서 의미가 있다고 하겠다. 하지만 이것은 그 당시 전승되던 상태가 아니라, 지정 대상을 중심으로 내용이 새롭게 재편성되었음도 전승상의 한 특징으로 보여진다.

1970년대는 지난 1960년대의 성과를 통해 전승상의 여러 부분들이 새롭게 발굴되었다. 이에는 문화재 지정을 위한 지역 관계자의 애향심 깊은 조사 발굴, 시민들의 적극적인 참여 등이 바탕이 되었다. 전문가들의 직접적인 축제 참여를 통해서 단오제 행사 운영의 문제, 원형 복원에 대한 본격적인 점검과 연구가 집중적으로 실천되어 그 성과를 거두었다. 각종 민속 행사에 전국적인 관심도가 많아 외지인들의 참여 비율이 높았으며, 전국 행사로 발돋움하는 강릉단오제로 그 인식의 전환을 모색하는 시기였다. 그리고 조사 보고서와 학술 발표회를 통해 본격적으로 강릉단오제를 연구하는 시기였다. 이 시기에 강릉여고와 강릉교대에서 관노가면극 전승 팀을 창단하여 그 맥을 잇는데 중요한 역할을 하였다. 그리고 특히, 1970년대는 민간 기구인 강릉단오제위원회가 발족되어 일찍이 민간기구 중심의 전승 토대를 만들었다.

넷째는 강릉단오제를 바탕으로 한 민속문화의 관광자원화 양상에 대한 것이다. 1980년대는 지난 시기의 성과를 바탕으로 전승 발전에 기틀을 잡아갔다. 1960년대 문화재 지정 이후부터, 1970년대의 강릉단오제는 전통문화의 '원형복원'과 그 '가치'를 탐색하고 '재구성'하는 시기였다. 그리고 '전통'과 '현대'라고 하는 사회 문화적 변화와 요구에 적절히 대처해 왔다. 또한 지역민의 향토애가 실천에 옮겨지면서 각종 조합 및 협회가 구성되어 단위 행사를 주관하는 등 주인의식이 1980년대에도 계속해서 이어져 왔다. 이 시기 또한 강릉단오제의 전통성, 원형, 고증, 연희 주체 등의 담론들이 연구되고 각종 언론을 통해 제기되었다. 특히 관노가면극이 유천동 주민들을 중심으로 한 민간전승의 기틀을 확고히 하는 시기였다. 더 나아가 1980년대부터는 강릉지역 차원에서 벗어나 보다 더 넓은 강원도 차원, 국가적인 차원에서의 전통성과 축제성을 홍보하고, 강릉의 관광문화 산업과 연계할 수 있는 강릉단오제의 하드웨어 구축과 소프트웨어의 활용 가치를 모색하는 시기였다. 강릉단오제와 연계된 관광 프로그램 개발과 함께 강원도를 대표하는 축제로 변화를 요구하였다. 그리고 강릉단오제 행사에 관계된 예산이 공개되면서 민간 참여(각종 찬조금 등)와 단오장에서 얻어지는 수입 또한 늘어났다. 이러한 담론은 1970~80년대를 거쳐 오면서 강릉단오제의 안정적인 전승 기반을 모색하는 시기였다.

1980년대의 강릉단오제가 전통문화의 원형에 대한 재확인 및 안정적인 전승 기반을 마련하기 위한 준비의 시대였다면, 1990년대는 이를 확고히 자리매김하고자 한, 정착 및 축제의 활용을 통한 성장 발전의 시대였다. 1990년대부터 강릉단오제는 관광문화자원으로서의 가능성이 높이 평가되었다. 1994년 '한국 방문의 해'를 계기로 강릉단오제는 한국을 대표하는 10대 축제로 선정되었다. 정부의 예산 지원을 통해 이때부터 새로운 프로그램이 적극적으로 개발되었는데, 그 내용은 시민의 참여를 유도하는 행사와 민속 공연 행사의 보강, 사행성 프로그램을 없앰으로서 초·중·고교 학생들을 유치하는 방안, 단오민속 체험 행사 등이 확대되었다. 1990년대의 강릉단오제는 전통문화를 보존하는 행사로 큰 틀을 유지하는 동시에 문화관광의 대상이 되고자 했던 것이다. 2000년대 강릉단오제는 대망의 새 천년을 맞이하여 열리는 축제로 그 의미가 커졌다. 이에 따른 영향으로 강릉단오제 행사 운영에 따른 민간 상설화 기구의 변화 요구가 본격적으로 제시되었다. 강릉단오제위원회는 상설 조직체가 아니므로 행사 추진 및 발전적인 축제 운영의 대안을 마련하는데 무리가 있으며, 운영 조직의 장기적인 비전과 연차적인 계획을 가지고 행사를 기획 운영하기에 어려움을 갖고 있었다. 이를 극복하는 방안으로 그 동안 여러 방면에서 논의 제시되었던 강릉단오제 전담 기구인 법인체를 설립해야 한다는 것이 최적의 대안으로 제시되었다. 따라서 유능하고 헌신적인 전문인력을 충분히 재생산될 수 있도록 내부인력 뿐만이 아니라 외부와의 인적 네트워크와 커뮤니케이션을 위한 상설 기구 설립이 필요함을 강조하였다.

다섯째는 강릉단오제의 지속성과 복원화 의미에 대한 것이다. 1960년대 문화재로 지정될 당시 조사 보고서에 나타난 관련 유적(지)의 실태와 이에 대한 복원 의미와 팔단오 복원 재연을 통한 기존 행사 공간의 변화 가능성을 살펴보았다. 아울러 여타의 서낭당도 함께 복원이 되어야 문화재 지정 보고서에 맞는 연행이 이루어지면서 그에 따른 활용 가능성에 대해서도 제시해 보았다.

강릉단오제의 전통에 대한 전승 담론은 일제강점기 상황에서 일본인日本人 학자의 강릉단오제 조사 과정에서 기록된 '강릉단오제의 전승 실태'와 1960년대 중요무형문화재 지정 전후로 한 '원형의 전통성' 논의, 그리고 2000년대에 들어서서 시작된 대성황사 복원과 연계된 '강릉전통문화도시' 사업에 따른 '유적지 복원'이었다. 또한 2004년도 강릉단오제 유네스코 세계무형문화유산 등록 신청을 통한 유형문화유산의 복원과 아울러 '강릉단오문화창조도시' 계획 등의 상황들이 급격하게 변화를 요구하면서 발생된 전통 복원에 대한 문제의식이다.

먼저 대성황사大城隍祠의 복원에 대한 것이다. 대성황사는 원래 단오제의端午祭 儀가 이루어졌던 공간이었다. 대성황사는 일제강점기 이전까지 강릉단오제의 제의적 중심 공간이었지만, 지금은 그 흔적조차 남아있지 않다. 강릉시는 '단오문화를 통한 창조적 전통문화 도시' 조성이란 비전을 실현하기 위한 사업으로 지난 2007년에 로드맵이 제시되었다. 대성황사의 복원은 2005년 강릉단오제가 세계무형문화유산으로 등재될 때 신청서를 통해 유네스코에게 한 약속이기도 하였다. 지난날 대성황사가 사라지면서 남대천 단오장으로 제의 장소(공간)를 옮긴 이후, 100여년 만에 다시 본래의 자리로 되돌아가게 된다는 의미를 내포하고 있다. 이것은 강릉단오제(대성황사)의 원형 복원을 통해 향후 지정문화재 연행 과정(절차)의 변화, 즉 과거의 팔단오八端午 복원을 이끌어 내는 계기가 될 것이다. 그런데 대성황사가 복원이 되면 모든 문제가 다 해결된다는 식의 하드웨어적 구축만의 사고가 문제로 제기되었다. 단순히 복원만 되면 주변 관아 건물과 칠사당, 임영관이 자연스럽게 연계된다고 하지만, 구체적인 계발 프로그램이 계획서에는 생략되어 있었다. 이 부분에 대해서 세 가지 준비 안으로 제시하였다.

먼저는 자원 복원화 대상에 관한 정보 수집, 현황 분석 및 문제점 파악 등이 선행되어야 한다. 그리고 자원 복원화의 목표 설정이 뚜렷해야 한다. 이를 위해 취할 수 있는 수단으로 복수 이상의 대안으로 제시되어야 한다. 즉 선택 가능한 대안들은 어떤 것들이 있는지를 구상하는 일은 복원화 분석의 포괄성과 질質을 결정짓는 중요한 작업이라 할 수 있다. 특히, 강릉단오제는 무형의 축제 요소와 유형의 공간이 병행되어 전승되고 있기 때문이다. 대성황사는 여타의 옛 건물과는 그 성격이 다르다는 점이다. 왜냐하면, 대성황사는 단순히 건물 복원 차원에서 멈추는 것이 아니고, 지금의 강릉단오제 전승 제의 절차와도 직접적으로 연관되기 때문이다. 마지막은 자원 복원화 탐색 과정이다. 여기서 다시 자원 복원화 대안 탐색, 자원 복원화 결과 예측, 자원 복원화 비교 평가 등으로 세분화시키고, 관광자원의 특성 및 성격에 맞게 검토되어야 할 것이다. 이러한 관광자원 복원화 전개과정 이론을 지역의 민속 축제 자원 복원화, 즉 강릉단오제에 연결시킬 때, 전통의 복원화 작업이 동시에 수행되는 성과를 거둘 것으로 보는 것이다.

여섯째는 대성황사와 팔단오 복원의 상관성 및 복원 재현의 의미다. 현대화

된 도시 공간에서 대성황사 복원과 연계하여 강릉단오제 원형 보존 및 활용에 대한 연구는 시작 단계라고 할 수 있다. 도시 공간의 변화와 강릉단오제의 연관성에 대한 문제 제기는 이전에도 있었다. 그러나 강릉단오제와 같은 전통적인 도심 축제가 도시 공간 속에서 어떻게 전승되고 계승되는가에 대한 본격적인 논의는 세계무형문화유산으로 선정된 2005년 이후부터였다. 이점은 강릉단오제와 도시 공간을 어떻게 접목시킬 것인가 하는 문제가 중요한 과제일 것이다. 결국 도시라는 공간 속에서 강릉단오제는 지속적으로 계승되어야 하는 것이기 때문이다. 이에 따라 유형 자산에 대한 원형 복원의 논리 속에 반드시 첨부되어 진행되어야 할 것이 있다. 그것이 강릉단오제의 팔단오와 연계된 무형자산의 복원이다. 강릉단오제는 한국 축제의 원형성을 많이 간직하고 있다. 그런데 강릉단오제는 지난날의 신명을 많이 잃어버렸다. 한편으로는 그런 '신명'이 죽었다고까지 한다. 지금의 강릉단오제에 신명이 남아 있는 행사로는 영신행차가 유일하다는 것이다. 영신행차는 신을 모시고 남대천(굿당·제단)으로 나아가는 길놀이로 거리 축제의 기능을 수행하고 있다. 신의 행차는 제관과 무당, 수많은 군중들이 따르는 가운데 놀이패들이 사이사이 악기를 울리면서 신명을 돋운다. 신의 행차이기에 무서운 것이 없이 의기양양하게 나아가고, 군데군데 신주와 먹거리들이 준비되어 사기를 보충해 준다. 이처럼 신을 앞세운 길놀이는 박제화된 단오제에 숨통을 불어넣어 줄 유일한 출구이고 길놀이를 보강한다면 강릉단오제가 다시 활기를 찾을 가능성은 충분하다고 본다.

복원을 계획하고 있는 대성황사의 위치는 강릉 도심 속에 위치한다. 그 주변에는 국보인 객사문, 복원된 임영관과 강릉관아, 칠사당이 위치해 있다. 어찌보면 현대에서 과거의 역사를 되살리는 가시적인 접근으로 본다. 이러한 유형 자산의 전통 복원은 강릉만이 아니라 전국 어느 도시에서도 찾을 수 있는 것이다. 중요한 것은 복원된 옛 형식(하드웨어)에 어떤 내용(소프트웨어, 프로그램)을 담아야 할 것인가? 지난날의 대성황사는 단순히 유교식 제의만을 연행하는 공간이 아니었다. 오신娛神을 위한 탈놀이(민속놀이)도 연희되었던 공간이었다. 따라서 대성황사는 민중들의 삶의 세계가 그대로 간직하고 있는 신앙처럼 녹아 있던 곳이다.

그런데 향후, 복원될 대성황사가 단순히 상징적 유적으로만 존재해서는 안 될 것이다. 구체적인 강릉단오제의 연행과 연결될 때, 그 유적은 존재 의미를 갖는 것이다. 이를 위해서는 본래의 신성한 놀이 공간으로서의 기능을 회복해야 하는데, 길놀이 축제가 그 역할을 해낼 수 있다고 본다. 왜냐하면 강릉단오제는 원래 성황사와 관청, 시장을 돌면서 굿과 가면극을 하던 길놀이의 형태였기 때문이다. 하지만 대성황사 복원을 통한 길놀이 복원의 의미는 단순히 조선조로 돌아가 원형을 찾는데 있는 것이 아니다. 이러한 길놀이를 통해 오늘날 단오제가 잃어버린 작은 신명의 불을 다시 지피는 것이 중요하기 때문이다.

이러한 복원 의미는 일제의 식민지 정책이 강릉단오제와 직접적으로 관련된 전승 유적을 의도적으로 파괴한 상흔에 대해 하루 속히 치유해야 하고, 훼손된 부분을 교정 또는 복원해야 한다. 그 치유와 교정·복원을 위한 방법과 방향은 원대한 전망과 체계적인 계획에 입각하여 찾아야 할 것임에는 의심의 여지가 없다. 물론 강릉단오제라고 하는 '유·무형의 전통문화'를 과거의 형태 그대로 복원하는 것은 불가능하다. 그리고 미래의 전통문화창달이라고 하는 차원에서도 그것이 옳은 것인가? 하는 문제가 제기되게 마련이다. 지나친 복고적인 태도는 발전론과 본질적으로 같은 단점을 지니게 된다. 양자는 어제와 오늘과 내일로 이어지는 민족문화의 흐름을 각각 과거나 미래의 어느 한 지점에 자신의 관점을 고착시키는 경직성을 보여준다는 점에서 본질적으로 다르지 않다. 따라서 내일의 민속문화는 어제의 전통과의 연속성에서 발전되어야 하는 이유이다.

강릉단오제가 50일간에 걸친 축제지만, 대부분 시민들은 남대천 단오장에서 펼쳐지는 8일 동안의 본 행사만을 전부로 인식하고 있다. 2000년부터 강릉시민을 대상으로 신주빚을 헌미를 받으면서 신주빚기는 행사의 비중이 커졌지만 여전히 신주빚기, 대관령 치제, 단오제 본제 사이의 연결고리는 미약한 편이다. 앞으로 길놀이가 중심이 되어 팔단오의 형식과 내용을 시대에 맞게 부활시킨다면, 축제는 시공간으로 확산되면서 훨씬 풍부한 내용을 가질 수 있게 될 것이다.

강릉단오제를 형성하는 근본적인 구조는 제의, 놀이, 난장이다. 이러한 구조 속에서 오래전부터 모셔온 신에 대한 지역민들의 간절함, 남녀노소 참여를 이끌게 한, 민·관이 만든 전통. 이에 하나 되는 열린 공간의 전통 축제를 통하여 지역 주민들은 지역의 역사를 인식하고, 나아가 향토애를 통한 연대의식을 강화하게 한다. 아울러 강화된 의식은 전통문화의 보존 계승이라는 뚜렷한 목적의식을 획득하게 되는 것이다.

'강릉단오제학'을
꿈꾸며

江陵端午祭

[편집후기]

'강릉단오제학江陵端午祭學'을 꿈꾸며

필자에게 강릉단오제 관련하여 첫 글은 "강릉관노가면극의 연극기호학적 시론"이었다. 이는 석사 1년차(1994) 때, 단오제에 즈음하여 발표된 글이다. 당시 현대소설을 공부하면서, '기호학'에 푹 빠졌던 것으로 기억된다. 기호학은 소설의 담론 양상을 분석하는 하나의 방법론이었다. 그래서 석사논문은 1930년대 모더니즘의 대표 작가였던 "박태원 소설의 기호학적 담론 연구"(1996)였다.

가톨릭관동대 국어교육과는 전통적으로 무형문화연구소 산하에 '관노가면극'을 배우고 익히는 나름의 학과생 독점 동아리로 지금도 그 맥은 계승되고 있다. 1988년 단오장에서 장자마리 역으로 공연에 참여했던 그 시절을 떠올려 보니 새삼 세월의 무상함이 느껴진다. 그로부터 30년을 강릉에서 살았다고 하니….

대학을 졸업하고, 강릉을 떠나지 못하게 한 것은 업業이었다. 대학원 졸업 후 첫 직장은 야간 학교인 강릉인문중고등학교였다. 재학중 저녁에 가서 중·고등학교 과정 만학도 분들께 국어와 한문 등을 가르쳤다. 그때, 참으로 많은 사람들을 만났으며…, 강릉서 살아야겠다고 마음을 굳혔던 시절이다. 자원봉사 교사에서 상주교사가 된 것은 1994년부터였다. 자원봉사 교사로 당시 내게 다가온 운運은 '인문학교 30년사' 발간위원으로 참여하면서다. 1960년대 시작한 재건학교와 새마을 학교로 당시의 교사와 학생들을 만났고, 어렵게 공부했던 시절의 이야기를 듣고 정리하는 작업이었다. 이러한 과정을 통해 이 학교에 애착이 깊어졌고, 일반학교 교사의 꿈을 인문학교로 옮겼다. 지금도 당시의 성인학생들을 만나면 훌쩍 변한 서로의 모습을 보며 웃음을 짓는다.

두 번째 업業의 시작은 '주단오야학교書端午夜學校'의 생활이었다. 대학을 졸업하고 황루시 교수님께서 회장이었던 '임영민속연구회(1988 창단)'에 회원으로 가입하고, 주·월마다 시골마을과 서낭당, 사찰, 축제 답사 등을 다녔다. 이때 강릉을 비롯하여 강원도 여러 곳을 답사한 것이 주마등처럼 흘러간다. 늘 민속은 현장에 있으며, 그래서 가는 것이라고 배웠다.

당시 강릉문화원은 용강동 서부시장 입구에 있었다. 무슨 이유였는지는 모르지만, 당시 심오섭 부장께서 단오제 준비하는데, 낮에 와서 일을 할 수 있는지…. 그렇게 해서 3년(1998~2000)간 단오제 행사 준비, 학술세미나, 밀레니엄 행사 등 보조 인력으로 참여했다. 그래서 낮에는 단오제, 밤에는 인문학교 일을 했다. 이때 마침 선임자였던 정운성씨가 다년간의 단오제위원회 간사 직을 그만두고 서울로 가게 되었다. 그런 와중에 지금의 교동 문화원으로 이전 후, 가을 무렵부터 문화원으로 출근을 하게 되었다. 나의 두 번째 업業이 시작된 것이다. 인문학교는 다시 예전의 자원봉사 교사로 되돌아갔다.

2001년도가 아마도 필자에게는 첫 강릉단오제 행사의 본격적인 업業의 시작이었다. 문화원 신축 건물에서 시작한 단오제 행사의 전全과정은 모든 것이 새로웠다. 보조인력 시절에 봤던 강릉단오제가 아니었다. 당시 심오섭 부장은 단오제 행사의 달인達人이었다. 그렇게 해서 1년, 2년, 3년차 정도에 이르니 이젠 좀 알 듯 했다. 그러던 와중에 지역에서는 단오제 행사 주관 등으로 말들이 많았다. 정운성 간사 시절에는 단오제운영기획단을 만들어 시市가 운영한 시절도 있었기에, 그 불씨가 되살아난 듯 했다. 강릉문화원과 강릉단오제 행사 주관 등의 이런 저런 말들이 흘러서 언론을 통해 불거졌다. 결국은 30여년 동안 강릉문화원이 주관했던 단오제 행사를 강릉시가 맡아서 운영하고, 지정문화재 행사는 강릉단오제보존회가 마땅히 해야 하는 것이기에…. 이런 와중에 당시 심기섭 시장님께서 강릉문화원이 '강릉단오제 행사'를 주관해야 마땅함에 종지부를 찍었다. 그리고 강릉단오제 운영인력 보강에 따른 지원이 일부 있었으며, 단오제 전담인력을 충원하게 되었다. 이때 입사한 인재들이 지금의 김형준 팀장(위원회)과 임한택 국장(보존회)이다. 이 두 사람이 지금의 단오제를 이끌어 가고 있는 40대의 젊은 기획자다.

강릉문화원은 더 이상 단오제 행사 주관 등으로 해서 언론에 비춰지는 모습이 마땅치 않았다. 그래서 당시 정호돈 문화원장님은 위원장을 겸직하고 계셨기에, 축제 운영 인력 충원과 충분한 행사 준비 훈련 등이 다년간 이루어지면 '강릉단오제위원회'를 독립시킨다는 결심으로 모든 일을 진두지휘하셨다. 그리고 때마침 강릉단오제가 유네스코 인류무형문화유산 목록에 올라, 이에 대한 준비(한글·영어 신청서 작성, 영상물 2종 제작 등)를 문화원이 총괄하는 대大사업을 맡게 되었다.

지역사회의 변화에는 늘 어른이 계셨으며, 강릉의 전통문화에 대한 애정 넘치는 선학들이 있었기에 오늘의 축제가 전승되고 있는 것이다. 특히 1967년 강릉단오제가 국가지정 무형문화재가 될 때, 수차례의 강릉답사를 통해 조사보고서를 작성하신 임동권 박사님은 강릉을 무척이나 좋아하셨다. 당시 국내 여러 지역의 무형문화재를 지정하는데 있어, 여타의 문화재위원들은 "왜? 자꾸만, 무당과 관련된 것들만 문화재로 지정 하느냐?" 하는 말들이 많았다고 했다(필자의 박사논문에 임동권 박사님은 심사위원장을 맡아 주셨다. 심사과정에서 말씀하신 얘기다). 이때가 아니더라도 훗날 기회가 되어 강릉단오제는 문화재의 반열에 올랐을 것이다. 하지만, 전통은 늘 현장에서 '기억의 역사'와 그 '기록자의 열정'이 있었기에 가능했으리라 본다.

이 책을 엮으면서, 강릉의 전통문화를 기억하고, 현장의 목소리를 기록한 분들이 많았음을 알게 되었다. 먼저 관노가면극을 학교 현장에서 연희토록 했으며, 강릉농악에 애정을 쏟으신 정의윤鄭義鈗 선생님이 계셨고, 오늘날 강릉농악의 높은 위상과 민속예술경연대회(1970년대 후반부터 1980년까지)를 통해 강릉의 민속문화를 발굴·연출하는데 큰 업적을 남기신 정문교 원장(율곡교육원)님이 계시다. 그 후 민속놀이의 연출은 1990년대로 넘어가면서 예맥미술관을 운영했던 김종달 관장으로 계승된다. 이후 2000년대에는 안병현(관노가면극부분 전수교육조교) 선생으로 이어진다. 필자는 김종달 관장이 연출을 할 때 조연출로 따라다닌 적이 있다. 김종달 관장은 강릉단오제를 사진으로 기록하는 작업을 쉼 없이 해오고 있다. 수년전까지만 해도 안광선 기자가 찍은 단오장 풍경은 도민일보 '일면一面 기사'가 되고, 김종달 관장이 찍으면 멋진 책으로 만들어지고, 최재락 선생이 찍으면

작품으로 남는다고…. 했던 시절도 있었다. 끼리끼리 잘 놀았던 시절로…. 이는 필자의 개인적인 생각이다.

강릉의 역사와 민속을 기록한 이른 시기의 책은 생각보다 많지 않다. 조선시대 때 엮은 『임영지』 이후, 국한문 혼용으로 강릉을 기록한 책은 석아石雅 최선만崔善萬 선생의 『강릉의 역사변천과 문화』(1962)이다. 이 책은 임영지를 일부 번역해 놓았으며, 강릉의 관광 가이드 책으로, 새롭게 자료를 넣어 만든 귀한 책으로 남는다. 이후 최철 교수의 『영동 민속지嶺東 民俗志』(1971)는 오늘날 강릉의 민속문화를 공부하는 사람들의 필독서로 매우 중요하다고 본다. 그리고 최근에 박도식 박사님의 『강릉을 담은 역사와 문화』(2017)가 있어 강릉학을 공부하는데 많은 도움을 준다. 앞으로 새로운 강릉의 민속지를 만드는 작업 또한 큰 과제이다. 이제는 혼자보다는 여럿이 함께, 분야별로 나눠서 강릉의 민속지를 엮을 시점이라고 늘 선배들은 말한다.

강릉단오제가 문화재로 지정된 이후, 본격적으로 연구가 시작된 시점은 기록으로 보면, 1970년대 후반부터다. 이때 강릉문화원에서 발행된 『임영문화』(창간호 1977)가 지금까지 큰 역할을 한다. 당시 관동대학에 김선풍 교수님을 비롯한, 이분의 제자인 김기설 교수·장정룡 교수·김경남 교수로 이어진다. 김기설 교수는 강릉지명유래를 조사·연구하셨으며, 장정룡 교수는 관노가면극 연구를 시작으로 강릉단오제 전반을 현장론적으로 연구해 오셨다. 그리고 김경남 교수 또한 강릉단오제 연구로 박사학위를 취득하셨다(강릉단오제 연구 최초의 박사학위다).

또한 1988년 관동대학으로 오신 후부터 오늘날까지 강릉단오제의 전승과 단오굿 연구, 최근 무속악 등을 바탕으로 무대화 작업을 해 오신 황루시 교수님의 열정은 매우 크시다. 강릉단오굿 가운데 '세존굿'의 당금애기 신화를 바탕으로 한 〈당금애기 : 가족의 탄생, 신의 탄생〉(황루시 연출)은 '그림자극과 인형극, 단오굿' 등이 함께 모아져 새롭게 각색되어 공연되었다. 당금애기는 어린아이부터 어르신까지 누구나 좋아하는 내용을 담아 큰 웃음과 감동을 선사했다. 앞으로 강릉의 설화 등을 바탕으로 '강릉만의 스토리'를 만들어 무대 공연화 하는 작업이 활발히 펼쳐지기를 기대해 본다. 강릉의 문화콘텐츠 연구·기획자들의 한결같은 마음은 원소스 멀티유즈(OSMU : 하나의 원천, 다양한 활용)다. 더 좋은 강릉의 축제·문화·콘텐츠가 생산되고 공유하는데 부단히 공부하는 인문학도들이 주변에 있어 든든하다.

1980~90년대 연구자들의 열정은 대단했다. 현장성을 바탕으로 높은 연구 성과는 2000년대로 들어서면서 결정적인 분수령이 되었다. 그것은 강릉단오제 유네스코 인류구전 및 무형유산 걸작 신청서 작성이었다. 여기에 크게 기여하신 강릉단오제 연구자들이 많다. 아마도 등재 목록에 종묘제례 및 종묘 제례악(2001), 판소리(2003) 다음으로 강릉단오제(2005)를 세 번째로 꼽는데 있어 김선풍 교수님의 역할이 크다고 했다(처음에는 순서가 두 번째 였다?는 얘기도 있었다). 그리고 2003~2004년 동안 집필진으로 구성된 관련 연구자들과 영상 촬영·편집 등에 참여한 분들도 많다. 일일이 언급하기 어려울 정도이며 先학자 분들의 연구 성과는 실로 높다 하겠다. 이는 옛 기록과 기억의 재해석을 통한 강릉단오제의 세계화인 것이다.

오늘날의 강릉단오제가 있기까지 학술적 연구 성과를 간과해서는 안 될 일이다. 물론 축제가 학술연구의 논리로 움직이는 것은 아니다. 하지만 축제 기획·운영자들이 이왕 시작한 축제 문화의 대중화를 위해서는 전문적이면서 학술적 논리가 뒷받침 된다면 더 좋은 축제문화콘텐츠를 실행하는데 큰 도움이 될 것이다. 이제는 강릉단오제 만의 '축제 이론'이 있어야 하지 않을까 생각해 본다. 선先학자들의 연구 성과를 토대로, 나름의 '축제 이론화 - 강릉단오제학'을 정립해야 할 시점이라고 본다. 단오제의 아름다운美 전통이 이제는 '전통미학傳統美學'으로 설명되고 이해되어야 할 것이다. 그래야만 이 땅에 살고 있는 인류에게 강릉단오제를 더 가깝게 접근토록 할 수 있다고 보는 것이다. 축제·문화·콘텐츠는 강릉단오제의 의미와 그 전통적 가치를 토대로 만들어가고 있기 때문이다. 그리고 축제 현장의 소통 또한 다多매체를 통해 상호작용 되기에, 축제 콘텐츠는 매체의 특성에 맞는 콘텐츠 개발이 늘 현재와 미래 진행형으로 가고 있는 것이다.

한때, 『강릉별곡江陵別曲』이라는 계간지를 만들어 활동했던 시절이 있다. 이 책은 '뿌리깊은 나무'에서 발행한 『한국의 발견(강원도)』과 『월간 태백(강원일보사)』에 견주어 '강릉 이야기'를 담고자 했다. 당시 김종달 관장(해람기획)의 지원과 편집, 최재락 선생의 주간主幹과 글, 안광선 기자(당시 『강원도민일보』), 남진천(현재 『강원도민일보 기자), 이경화(강릉인문학교 교사)가 현장을 다니며 기록했던 시절이다. 지금은 고인이 된 국어교사 최재락 선생은 정말로 저 세상으로 먼저 가기에는 아까운 인물이었다. 어느 시점에는 최 선생이 남기고 간 많은 사진과 글을 정리하는 것도 知人들의 몫이라 생각한다.

강릉지역의 민속문화를 연구하는 (사)임영민속연구회도 강릉단오제의 변화에 있어서 큰 몫을 했다. 한동안 회원으로 활동(조사·연구)하면서 '강릉과 민속', '강릉과 단오제' 등에 대해서 많은 담론을 듣고 배웠다. 매년 정월 대보름 축제인 '강릉 망월제'를 남대천 단오장에서 치루는 열정은 매우 높다. 이 단체도 이제는 30년의 세월이 흘러 성인이 되었다. 꾸준히 망월제 행사를 주관하고, 『임영민속 연구』 논문집을 만들어 내고 있는 저력에 박수를 보낸다.

이 책 『강릉단오제의 지속과 창조적 계승』은 선학들의 연구 성과를 바탕으로 정리된 내용들이다. 한 번은 누군가 관심을 두고 강릉단오제 전승 현장의 담론을 모아야 한다는 뜻에서 출발하였다. 강릉단오제의 역사·민속적 가치, 축제문화콘텐츠의 가치를 새롭게 공부하는 분들께 어느 만큼의 도움이 될지는 짐작하기 어렵다. 하지만 강릉단오제는 쉼 없이 '기억과 추억의 기록, 원형과 복원, 내용과 형식의 변증법'을 통해 재창조의 길을 닦아 왔다. 이는 강릉 사람들이 강릉단오제를 '문화文化'로 창출한 이래, 지속적으로 전개해 온 보편적인 담론의 방식임을 발견했기 때문이다. 이같은 발견의 기쁨으로 해서 '기록과 추억의 축제'로 학습되고, 새로움으로 다가서는 것이다. 강릉단오제는 강릉문화의 정체성을 고스란히 담고 있기에 아름다운 것이다.

강릉단오제는 참으로 묘한 축제다. 기록과 추억이 간직되어, 호기심을 자아내는 축제다. 이 땅에, 이 축제의 전통이 단절되어, 그 가치가 지난날 강릉대성황사의 12제신諸神들과 함께 땅에 묻혔다면···. 너무나 끔찍하여 상상조차 멀리하고 싶다.

허균 선생의 기록처럼 강릉단오제의 지속과 창조적 계승이 이 시대의 신명神明일 것이다. 그리고 강릉단오제와 깊은 인연이 되어, 축제의 전승과 보존에 묵묵히 현장에서 일하고 있는 모든 분들께 감사할 따름이다.

아무쪼록, 강릉단오제와 관련하여 별 내용이 아닌 듯, 그냥 스쳐가는 이야기로 넘어갈 수 있는 것들을 나름은 소중하고 특별하다고 생각하면서 작업을 해 왔다. 지난날의 강릉단오제 기록과 오늘의 기억, 그리고 추억의 축제로 뒤범벅 된 '강릉단오제 이야기 저장고'라 여겨주시길 바램으로 하면서 끝을 맺는다.

부록

〈부록〉 강릉단오제 주요 내용 기록

시기(년)	주요 내용
952	정・균, 『조당집』: 범일국사 탄생 설화
1396	『고려사』: 왕순식 대관령 제사
1471	남효온(1454~1492), 『추강선생문집』: 강릉단오제 산신제
1493	성현 외, 『악학궤범』: 수릿날 단오
1530	이행(1479~1534) 외, 『신증동국여지승람』: 대관령, 대관산신사
1603	허균(1569~1618), 『성소부부고』: 대관령산신제
1678	홍만종(1643~1725), 『순오지』: 강릉의 육성황신 창해역사 탄생 설화
1906	초당학교 설립, 몽양 여운형 초빙 교사 활동 : 강릉지역 체육・운동회 등 연합운동회(송정 솔밭 광장) 개최
1909	심일수(1877~1947), 『둔호유고』: 강릉성황제의 폐지
1913	『셔유록』: 강릉단오제 내용 소개
1925	『신가정』 잡지 : 단오는 조선의 올림픽이다(안승회)
	관동단양제 축구 대회 시작
1926	『동아일보』: 제2회 全관동단양운동대회 개최
1928	『동아일보』: 제4회 관동단양운동대회 개최
	『중외일보』: 단오맞이 단오놀이경기, 농악대회
	추엽융(秋葉 隆), 『강릉단오제』: 강릉단오제 현장 조사
1929	『동아일보』: 제5회 관동단양운동대회(조선・매일・동아 3개 지국 후원)
1931	선생영조(善生永助), 『생활상태조사(3)』 강릉군 : 성황, 대관산신, 국사성황, 단오굿, 가면극 등
	오청(吳晴), 『조선의 연중행사』: 대령산신제
1933	농택성(瀧澤 誠), 『증수 임영지』: 강릉성황제, 강릉성황신을 욕하다가 폭사한 사건, 대관령국사성황신 탄생설화 등 * 농택성 강릉군수 재임(1931~1935)
	강릉단양제 야구대회 : 강릉농업학교 야구단 구성 및 우승
	『조선중앙일보』: 단오맞이 강릉시민 운동회
1934	『조선일보』: 관동단양大운동회

시기(년)	주요 내용
1935	관동단양제 축구 대회(강릉민우회 주최), 강릉농업학교 우승
1937	촌산지순(村山智順), 『부락제』: 강릉성황제 현장 조사
1938	『조선일보』: 단오맞이 농악대회
1941	조선총독부, 『조선의 오락』: 강릉국사성황제
1950	추엽융(秋葉 隆), 『조선무속의 현지연구』: 강릉단오굿
1953	휴전 막바지: 단오 행사 한창(최승순), 단오 축구 경기(남대천 근방)
1954	『조선일보』: 강릉단오놀이 개최
1958	『溟洲』: 강릉대관령국사성황신 범일국사 설화
	전국민속예술경연대회 개최(제1회)
1959	『조선일보』: 강릉단양제 개최
1962	최선만, 『강릉의 역사변천과 문화』: 강릉대관령국사성황신 설화
	문화재보호법 제정
1965	관노가면극, 전국민속예술경연대회(제6회) 참가(정의윤 지도): 춘천여고 관노가면극
	지방문화사업조성법 제정
1966	『향토교육자료집』 강릉시교육청: 창해역사의 전설, 단오굿의 전설, 대가면, 단오굿, 강릉탈춤 등
	강릉단오제 봉안제 거화 행진: 강릉고등학교 학생 참여
	중요무형문화재 조사 자료(임동권)
	임동권, 『강릉단오제 무형문화지정조사 보고서』: 강릉단오제 전반
	관노가면극 부활: 강릉여자고등학교 학생팀 공연 시작
1967	강릉단오제 중요무형문화재 제13호 지정(1월)
	관노가면극, 전국민속예술경연대회(제8회) 참가: 강릉여고
1968	강릉성황제 가면극, 전국민속예술경연대회(제9회) 참가
1969	전국 민속조사 사업 실시
	최선만, "강릉단오제 보호 발전책"(강원일보, 6.24)
	최철, 『영동(강릉) 지방 민속조사 보고서』: 강릉단오제 전반
1970	최철·백홍기, 『영동(강릉) 지방 민속조사 보고서』: 강릉단오제 전반
1971	강릉교육대학 관노가면극 학생팀 공연 시작

시기(년)	주요 내용
1972	강릉단오제와 제4회 시민종합체전 병행
1973	강릉단오제와 제5회 시민종합체전 병행
1974	강릉단오제위원회 발족(초대 위원장 이상혁)
	관노가면극 연구소(강릉교육대학 설치)
	농악 연구소(강릉농공고 설치)
	학림회(회장 정순응 박사) 주관 세미나 개최(최초) : 강릉단오제 원형에 관한 연구 등
1975	『임영(강릉·명주)지』: 강릉대관령국사성황신 설화
	학술 세미나 개최 : 서낭제 서낭굿 연구
1976	강릉농고 對 강릉상고 단오제 친선 축구 대회 시작
	국제 민속 학술 심포지엄 개최(한·중·일)
1977	『강릉단오제 제전 행사 절차』 책 제작
1978	관동대학 부설 강릉무형문화연구소 : 관대 관노가면극 학생팀 공연 시작
1979	강릉농고·강릉상고·주문진수고 축구 경기
	그네대회 남자 참가 시작
1980	강릉단오제 관광 축제로의 전환 모색 시작
1981	강릉여자고등학교 관노가면극 학생팀 마지막 공연
	강릉단오제 예산 공개
1982	강릉농고 對 강릉상고 축구 정기전 재개
1983	강릉농고 對 한양공고, 강릉중학 對 주문진중학 축구 경기
	일도일민속(一道一民俗) 육성
1984	관노가면극 상설 공연, 민속자료 상설 전시관 설치
	강원도민속학대회 : 강릉단오제의 심층 연구
	그네대회 : 쌍그네, 여고생 참여
1985	유천동(지역주민) 관노가면극 창단(권영하 선생)
1988	신주 담그기 공개 행사(칠사당) 시작
1989	KBS 강릉방송국 세미나 개최 : 강릉단오제의 본질과 전승 발전 과제

시기(년)	주요 내용
1990	영신맞이 부사행차 재연
	국가 대표 對 서독(도르트문트) 축구 평가전(강릉종합경기장)
1993	강릉단오제위원회 內 운영위원회 구성(10개 분과)
1994	한국 방문의 해와 함께한 강릉단오제
1995	강릉시·명주군 통합
	학산오독떼기(道무형문화재 제5호) 단오장 공개 발표회 시작
	초등학교 단오방학 시작
1998	제주도 탐라문화재 교류 사업 시작
1999	중요무형문화재 초청 공연 시작
	중국 형주시, 일본 지치부시 교류 사업 시작
	대관령국사성황신 학산방문 시작
2000	신주빚기 '신주미' 지역주민 참여 행사 시작
	강릉단오제 운영 기획단 설치
	강릉단오제 역사·문화 유적지 탐방 시작(임영민속연구회)
	『강릉단오제 중장기 발전 방안 연구 용역』(한국문화정책개발원)
2001	지역문화의 해
	강릉단오제 지역 대표 민속 축제 선정
	단오 체험촌 시작
	강릉단오제 특별 관광열차 운행, 축제 홍보 팸투어
	한국관광학회 심포지엄 개최
	강릉단오제위원회 內 전담 인력 시스템 구축(3명)
	강릉단오제 행사 평가 및 개선방안 연구 용역(배재대 관광이벤트연구소)
2002	한·일 월드컵 단오장 응원
	단오장 공연장(대동·놀이·어울 마당) 확대
	한·중·일 단오문화 국제 학술회의 개최
	단오제 행사장과 난장(식당·노점) 구분 운영

시기(년)	주요 내용
2003	단오제 홍보관, 단오제 민속체험 1·2관 운영
	『강릉단오제 개선방안에 대한 축제 평가 용역』(강원발전연구원)
	신주빚기 행사 거리 행진 시작 : 강릉문화원 → 강릉시청 → 칠사당
	신주미 45가마(80kg) 접수(1,200여명 참여)
2004	강릉단오제와 함께 한 강릉국제관광민속제
2005	신주미 112가마(80kg) 접수(3,000여명 참여)
	道무형문화재 기능 보유자 작품 전시·체험
	강릉단오제위원회 홈페이지 구축
	강릉단오제 유네스코 세계무형유산 등재(11.25)
2006	강릉문화원 內 강릉단오제위원회 분리·독립
2007	강릉문화원 內 강릉단오제보존회 분리·독립

참고
문헌

자료

남효온, 『추강선생문집』.
허 균, 『성소부부고』.
『강릉지』, 『중수 임영지』, 『三國史記』, 『三國遺事』, 『서유록』.
善生永助, 『生活狀態調査(基三) - 江陵郡』, 調査資料第朝三十二輯, 鮮輯總督府, 1931.
任東權, 『重要無形文化財 調査資料』(江陵端午祭), 1966.8.
『강원일보』, 『강원도민일보』, 『조선일보』, 『조선중앙일보』.
『강릉단오제 행사 계획서』, 강릉단오제위원회, 1979~2005.
『강릉단오제 행사 결산서』, 강릉단오제위원회, 1979~2005.
『강릉단오제 백서』, 강릉문화원, 1999.
『강릉단오제 연구사의 검토와 진단』, 강원도민속학회 정기학술대회, 2009.
『강릉단오제 유네스코 세계무형유산 걸작 신청 백서』, 강릉시·강릉문화원, 2006.
『강릉단오제 : 유네스코 인류구전 및 무형유산 걸작 신청서』, 강릉시, 2004.
『강릉문화원 50년의 발자취』(1945~2004), 강릉문화원, 2005.
『강릉시사』, 강릉시·강릉문화원, 1996.
『강릉의 서낭당』, 강릉문화원, 1999.
『강릉지방 축구 100년사』, 강원도축구협회·강원도, 1997.
『강원도민일보에 기록된 강릉단오제 기록 편람』(1993~2006), 강릉단오제위원회, 2007.
『강원일보에 기록된 강릉단오제 기록 편람』(1950~1990), 강릉단오제위원회, 2007.
『문화유적 분포 지도 - 강릉시』, 강릉대학교박물관, 1998.
『중요무형문화재 제13호 강릉단오제 지정조사 보고서』, 문화재관리국, 1966.
『중요무형문화재 제13호 강릉단오제 실측조사 보고서』, 문화재관리국, 1994.
『중요무형문화재 제13호 강릉단오제』, 국립문화재연구소, 1999.
『학(鶴)마을 이야기』, 강원도 강릉시 구정면 학산리, 2001.
강원도·강릉시, 『강릉단오문화 창조도시 조성 계획』, 한국문화관광연구원, 2007.11.
사진으로 보는 『江陵·溟洲의 近代 風物』, 강릉문화원, 1992.
조선전기 문집편, 『한국세시풍속자료집성』, 국립민속박물관, 2003.

저서

김선풍·김경남, 『강릉단오제의 연구』, 보고사, 1998.
박도식, 『강릉을 담은 역사와 문화』, 태학사, 2017.
박미현, 『테마로 읽는 강원여성문화사 : 잊혀진 강릉단오의 여신』, 강원여성연구소, 2007.
서인석·박미현, 『1910년대 강릉 장현마을 김씨할머니의 서울구경』, 강원도민일보, 2001.
에릭 홉스봄 외 지음, 박지향·장문석 옮김, 『만들어진 전통』, 휴머니스트, 2004.
윤호진 편역, 『천중절에 부르는 노래』, 민속원, 2003.
이규대, 『조선시기 향촌사회 연구』, 신구문화사, 2009.
이광진, 『민속과 축제의 관광적 해석』, 민속원, 2004.
인권한, 『한국 민속학사』, 열화당, 1979.
임동권, 『한국민속문화론』, 집문당, 1983.
임재해 編, 『한국의 민속예술』, 문학과 지성사, 1988.
장정룡, 『강릉단오 민속여행』, 斗山, 1998.
_____, 『강릉관노가면극연구』, 집문당, 1989.
_____, 『강릉단오제』, 강원발전연구원. 2003.
_____, 『강릉단오제』, 『강원학총서』 1, 강원발전연구원, 2003.
_____, 『강릉단오제 현장론 탐구』, 국학자료원. 2007.
_____, 『북한·조선족 단오민속 조사 연구』, 강릉단오제위원회. 2009.
장정룡 공저, 『아시아의 단오민속』, 국학자료원. 2002.
전경수 편역, 『관광과 문화탐구』, 일신사, 1994.
최 철, 『嶺東民俗志』, 通文館, 1972.
_____, 『강릉, 그 아득한 시간 : 해방 전후와 전란기』, 연세대학교 출판부, 2005.
최선만, 『觀光案內-江陵의 歷史 變遷과 文化』, 江陵觀光協會發行, 1962.
秋葉隆 著·沈雨晟 옮김, 『朝鮮民俗誌』, 동문선, 1993.
한국종교사연구회 편, 『성황당과 성황제 : 淳昌 城隍大神事跡記 硏究』, 민속원, 1998.

일반논문

강정원, 「근대 신문 및 잡지에 나타난 세시풍속」, 『한국 세시풍속 자료집성』(1876~1945), 국립민속박물관, 2003.
_____, 「일제강점기 단오의 변화」, 『韓國民俗學』 47, 한국민속학회, 2008.
김경남, 「강릉단오제 제신의 성격」, 『관동민속학』 제12호, 1997.
_____, 「범일 설화의 원형과 제의」, 『관동민속학』 제15호, 2001.
_____, 「江陵端午祭 諸神硏究」, 『江原民俗學』, 강원도민속학회, 2002.
_____, 「강릉단오제의 불교 수용 양상」, 한국종교사학회 학술 세미나, 2002.
_____, 「연화부인 이야기와 강릉단오제」, 『경원어문논집』 제7집, 2003.
김남현, 「강릉 전통문화도시의 추진계획과 과제」, 『문화의 세기와 강원문화』, 강원사회연구회, 2006.
김선풍, 「강릉단오제 설화 성격 考」, 『임영문화』 제1집, 1977.

김선풍, 「강릉단오제의 형태와 특징」, 『동북아세아 민속학』 심포지움, 1977.
_____, 「江陵 神歌「巫歌」 各論」, 『臨瀛文化』 제1집, 강릉문화원, 1977.
_____, 「강릉 관노가면극의 현장론적 반성」, 『임영문화』 제6·7집, 1983.
_____, 「우리의 산신과 서낭신을 위하는 축제 : 강릉단오제」, 『방송』 통권21호, 1984.
_____, 「강릉관노가면극의 신격 구조」, 『강원민속학』 제3집, 1985.
_____, 「제의와 축제로서의 강릉단오제」, 『향토문화시대』, 1987.
_____, 「강릉단오제의 원형보존과 방향」, 1989.
_____, 「단오의 민속학적 성격」, 『경산문화연구』 제5집, 2000.
남근우, 「민속의 문화재화와 관광화」, 『한국민속학』 제43호, 한국민속학회, 2006.
류정아, 「지역문화콘텐츠 개발의 이론과 실제 : 축제를 중심으로 연구」, 인문콘텐츠학회, 2006.
박현수, 「日帝의 植民地 調査機構와 調査者」, 『정신문화연구』 21권3호(통권72호), 정신문화연구원, 1998.
박상미, 「전통, 권력, 그리고 맛 : 인사동 거리의 음식문화를 통해서 본 지역 정체성의 형성」, 『外大史學』, 2000.
_____, 「전통문화의 정체성 논의와 문화정책」, 『사회과학논집』 제20권2호, 2003.
박환영, 「도시 공간 속에서 강릉단오제의 전승 및 계승방안 고찰」, 『江原民俗學』 제21집, 강원도민속학회, 2007.
성병희, 「단오민속의 현대적 의미」, 『경산문화연구』 제6집, 경산대학교 경산문화연구소, 2002.
송화섭, 「전통축제와 현대축제의 발전 방향」, 『인문콘텐츠』 제2호, 인문콘텐츠학회, 2005.
이경화, 「강릉단오제의 축제 담론 형성에 관한 현장론적 이해」, 『유럽사회문화』 제2호, 연세대 유럽사회문화연구소, 2009.
이규대, 「강릉단오제 재인식과 과제」, 『우리문화』 제2호, 1996.
_____, 「강릉국사낭제와 향촌사회의 변화」, 『임영문화』 제22집, 1998.
_____, 「범일과 강릉단오제의 주신인 국사서낭신」, 『임영문화』 제24호, 2000.
이보형, 「무형문화재 전수실태조사(1) : 강릉단오제」, 『문화예술』 통권88호, 한국문화 예술진흥원, 1983.
임동권, 「강릉단오제 관노가면극」, 『한국의 민족예술』 제1집, 1978.
_____, 「江陵端午祭의 回顧와 展望」, 『臨瀛文化』 제8집, 강릉문화원, 1984.
_____, 「강릉단오제의 회고와 전망」, 『강원민속학』 제3집, 1985.
_____, 『한·중 단오문화의 차이와 다름』, 2009 강릉단오제 국제학술대회. 2009.
林淑姬, 「江陵端午祭의 祭物 繼承」, 『江原民俗學』, 강원도민속학회, 2002.
장정룡, 「강릉 관노가면극 연구」, 『강원민속학』, 창간호, 1983.
_____, 「관노가면극 등장인물과 상징」, 『강원민속학』, 제16집, 강원도민속학회, 2002.
_____, 「무형문화유산의 가치인식과 활용 : 강릉단오제를 중심으로」, 강릉대, 2002.
_____, 「강릉지역 무형문화재 보존과 전승과제」, 『강원민속학』, 제18집, 강원도민속학회, 2004.
_____, 「강릉단오제 복원과 창의적 발전과제」, 『유네스코 등재 세미나』, 강릉시, 2005.
_____, 「한·중 단오절 풍속과 근원설화 고찰」, 『초당 정호돈원장 고희논총』, 2005.
_____, 「강릉지역 여성황신 설화의 전승양상」, 『임영문화』, 제30집, 강릉문화원, 2006.
_____, 「단오절 용주 문화의 실제」, 『중앙민속학』, 중앙대 한국문화유산 연구소, 2006.
_____, 「강릉단오제 신주의 스토리텔링화」, 강릉시지역혁신협의회·강릉단오제위원회, 2007.

장정룡, 「세계무형문화유산 강릉단오제 기층과 그 발전 과정」, 『경산문화연구』, 대구한의대, 2007.
____, 「세시풍속과 강릉단오제 콘텐츠」, 『강원도민속학회』, 강원도민속학회, 2007.
____, 「북한지역 단오절의 실제와 양상」, 강원도민속학회 학술대회, 2008.
____, 「강릉단오제 관노가면극의 연구사적 검토」, 『강릉단오제 연구사의 검토와 진단』, 강원도민속학회 정기학술대회, 2009.
____, 「한·중 단오문화의 문화자산적 상생론」, 『아시아 단오문화 소통을 위한 국제학술대회』, 강릉단오제위원회, 2009.
장철수, 「朝鮮總督府 民俗 調査資料의 性格과 內容」, 『정신문화연구』 21권3호(통권72호), 한국정신문화연구원, 1998.
정수진, 「무형문화재의 관광자원화와 포클로지즘」, 『韓國民俗學』 49호, 한국민속학회, 2009.
최 철, 「江陵端午祭 硏究」, 『亞細亞 硏究』 14, 고려대학교 부설 아세아문제연구소, 1971.
최석영, 「일제의 구관(舊慣)조사와 식민정책」, 비교민속학, 1997.
____, 「일제의 대한제국 정점 전후(前後) 조선무속에 대한 시선 변화」, 『한국무속학』 제9집, 한국무속학회, 2005.
____, 「일제의 '조선생활상태' 조사」, 『민속소식』 133호, 국립민속박물관, 2006.
片茂永, 「解放前 平壤의 端午」, 『江原民俗學』 제16집, 강원도민속학회, 2002.
한양명, 「우리 축제가 가야 할 길을 묻는다」, 『민족문화의 새 전통을 구상한다』, 실천민속학회, 집문당, 1999.
____, 「중요무형문화재 예능분야의 원형과 전승 문제에 대한 반성적 검토」, 『韓國民俗學』 44호, 2006.
____, 「고을축제로서 강릉단오제의 절차와 내용에 대한 검토」, 『공연문화연구』 제18집, 2009.
허용호, 「일제강점기 경기도 민속신앙의 양상과 의의」, 『한국무속학』 제11집, 2006.
홍성흡, 「지방 정기시장의 변화과정과 지역사회」, 『한국경제지리학회지』 제7권 제2호, 한국경제지리학회, 2007.
황루시, 「강릉축제문화의 전승 현황과 전망: 강릉단오제를 중심으로」, 『임영민속연구』 창간호, 1994.
____, 「민속문화관광: 강릉단오제를 중심으로」, 『문화예술』, 1994.
____, 「강릉단오굿의 문화자원화 방안」, 강릉단오제 발전 세미나, 1999.
____, 「강릉단오제의 전통성과 지속성」, 『역사민속학』 제9집, 한국역사민속학회, 1999.
____, 「강릉단오제 설화 연구」, 『구비문학연구』 제14집, 2002.
____, 「강릉단오제의 원형보존 방안」, 『강릉단오제 원형 보존 및 세계화 방안』, 강릉문화원·강원도민일보, 2005.
____, 「강릉단오제의 잃어버린 신명을 찾아서」, 『임영민속연구』 제7호, 2007.

■ 학위논문

고육미, 「지역축제 참가자의 참가동기가 만족도 및 재방문 의도에 미치는 영향에 관한 연구: 강릉단오제 방문객을 중심으로」, 관동대 석사논문, 2014.
고학우, 「한·중 단오문화 비교연구」, 강릉대 석사논문, 2008.

곽연희,「강릉단오제 참가자들의 축제 인식에 관한 연구」, 경희대학교 석사논문, 2015.
권소정,『江陵端午祭와 梵日國師』, 동국대 석사논문, 2004.
권소현,「무형문화재의 기록화 방안에 관한 연구 : 강릉단오제」, 명지대 석사논문, 2010.
권영현,「세계무형유산 강릉단오제의 가치 평가와 문화콘텐츠화에 관한 연구」, 서울대 석사논문, 2007.
권혁진,「지역전통문화 행사의 관광자원화에 관한 연구 : 강릉단오제와 그 주변 문화재를 중심으로」, 세종대 석사논문, 1990.
김경남,『江陵端午祭儀 硏究』, 경원대 박사논문, 1996.
김노연,『강릉단오제의 사회 교육적 연구』, 중앙대 박사논문, 2002.
김문겸,「강릉관노가면극 교육을 통한 지역 정체성 형성 연구」, 중앙대 석사논문, 2016.
김문희,「강릉관노가면극의 춤사위 연구」, 세종대 석사논문, 1984.
김소현,「생태민속학적 관점에서 바라본 강릉단오제 주신(主神) 연구」, 성균관대 석사논문, 2012.
김운석,「강릉단오굿 장단 연구」, 한국예술종합학교 석사논문, 2017.
김현래,「강릉단오제의 진정성 인식이 방문객의 행동의도에 미치는 영향」, 경희대 석사논문, 2019.
김형준,「강릉관노가면극의 연행과 전승집단의 연구」, 강릉대 석사논문, 2009.
박찬웅,「강릉단오제 기록물 관리에 관한 연구」, 강릉원주대 석사논문, 2017
박희진,「강릉단오제의 교육현황 연구 : 관노가면극을 중심으로」, 용인대 석사논문, 2013.
상승성,「지역축제 브랜드 자산의 구성 요소가 방문객 관광동기 및 방문 만족도에 미치는 영향 : 강릉단오제 방문객을 중심으로」, 관동대 석사논문, 2011.
송지환,「강릉단오제 영상분석 연구 : 영상민속지 분석 방법론」, 관동대 석사논문, 2008.
신희라,「강릉단오굿 전승자 연구」, 가톨릭관동대 석사논문, 2015.
_____,「강릉단오굿 전승과 변화 연구」, 전북대학교 박사논문, 2019.
심상희,「국제무형문화도시연합(ICCN)을 연계한 인류무형문화유산 강릉단오제의 발전방안」, 강릉원주대 석사논문, 2018.
심오섭,「강릉단오축제의 현대적 전승양상 연구」, 중앙대 석사논문, 2003.
심재영,「朝鮮後期 江陵端午祭의 구성 요소와 그 의미 연구」, 강릉원주대 석사논문, 2010.
안광선,「강릉단오제 문화원형과 문화콘텐츠 연구」, 관동대 박사논문, 2010.
양충후,「강릉단오제의 스포츠 문화연구」, 한국교원대 석사논문, 2009.
엄두찬,「강릉단오제에 대한 관광지리적 분석」, 건국대 석사논문, 2001.
연자운,「강릉단오제 글로벌 홍보를 위한 문화 콘텐츠 개발」, 명지대 석사논문, 2010
예치우리,「한・중 단오문화 비교 연구」, 선문대 석사논문, 2017.
유재숙,「性 의식의 관점으로 본 강릉관노가면극」, 숙명여대 석사논문, 1997.
윤동환,『동해안 굿의 전승과 변화』, 고려대 박사논문, 2008.
이 묘,「한・중 단오의 비교 연구」, 목포대 석사논문, 2010.
이강복,「강릉관노가면극의 기원과 기본 춤사위 연구」, 경희대 석사논문, 1992.
이경화,「강릉단오제의 전승상황 연구」, 관동대 박사논문, 2010.
이은주,「강릉단오굿의 춤사위 연구」, 세종대 석사논문, 1980.
인현진,「관광이벤트의 지속적인 유치를 위한 세시풍속 행사의 EIP에 관한 연구 : 강릉단오제를 중심으로」, 강릉대 석사논문, 2006.
임승빈,「강릉대성황사의 변천과 역사성」, 강릉원주대 석사논문, 2019.

장서연, 「한·중 단오 비교 연구」, 한국외국어대 석사논문, 2010.
장정룡, 「강릉관노가면희 연구」, 중앙대 석사논문, 1981.
정선희, 「축제의 담론과 지역 정체성에 관한 연구 : 강릉단오제」, 서울대 석사논문, 1999.
정윤섭, 「강릉관노가면극 연구」, 단국대 석사논문, 1986.
정윤수, 「강릉단오제 근원설화와 관노가면극의 상관성에 대한 연구」, 강원대 석사논문, 1990.
정은주, 「향토 축제와 '전통'의 현대적 의미 : 강릉단오제의 연구」, 서울대 석사논문, 1993.
정하나, 「강릉단오굿 형식에 따른 춤사위 연구」, 강원대 석사논문, 2010.
조미정, 「하회별신굿 탈춤과 강릉관노탈춤의 비교 연구」, 중앙대 석사논문, 1993.
주영환, 「강릉단오제의 보존과 전승방향 연구」, 추계예술대 석사논문, 2017.
최 빈, 「한국에 대한 가짜뉴스와 관련된 중국 언론보도의 특징」, 서울대학교 석사논문, 2018.
최미자, 「강릉단오제의 공간 배치에 관한 연구」, 강릉대 석사논문, 2007.
포미옥, 「지역축제의 서비스 품질이 방문객 만족과 충성도에 미치는 영향 : 관여도의 조절효과 : 강릉단오제를 중심으로」, 관동대 석사논문, 2014.
한상진, 「축제 체험 속성중 신성성이 축제 만족에 미치는 영향 : 강릉단오제를 중심으로」, 한양대 석사논문, 2015.
함미정, 「무형문화유산보호를 위한 문화예술교육 활용 사례 및 활성화 방안 연구 : 강릉단오제를 활용한 문화예술교육을 중심으로」, 단국대 석사논문, 2009.
Dirks, Jan, 「강릉단오제의 경계성(境界性) 연구」, 서울대 석사논문, 2010.

찾아보기

가

각서角黍　22
강남동　212, 213
강릉 KBS　158
강릉 MBC　163, 164, 182
강릉 대성황사　258, 259, 260, 261, 267, 280, 328
강릉관아　263, 269, 275, 280, 284, 317
강릉교대　130, 134, 136, 137, 149, 314
강릉국제관광민속제　153, 192, 197, 200, 201, 205, 208, 210, 240
강릉농악　155, 159, 161, 162, 174, 188, 203, 208, 211, 213, 225, 251, 325
강릉농업학교　73, 74, 75
강릉단양제　87
강릉단오문화관　199
강릉단오문화창조도시　231, 232, 264, 267, 269, 277, 278, 281, 315
강릉단오문화창조도시추진단　220, 230
『강릉단오제 역사편람』　222
강릉단오제보존회　174, 192, 208, 219, 220, 221, 226, 227, 232, 247, 251, 270, 324
강릉단오제위원회　77, 136, 137, 138, 148, 149, 156, 164, 169, 170, 174, 180, 182, 186, 189, 190, 192, 196, 208, 211, 214, 219, 220, 221, 223, 244, 250, 257, 314, 315, 325

강릉대도호부　260, 269
강릉라이온스클럽　208
강릉로타클럽　208
강릉무형문화연구소　145
강릉문화예술진흥재단　193, 197, 220
강릉문화원　93, 186, 188, 189, 190, 192, 193, 202, 206, 211, 218, 219, 221, 226, 324, 325, 326
강릉불교청년회　252
강릉사천하평답교놀이　205, 208, 211
강릉사투리 경연대회　182, 191
강릉상고　77, 147, 156, 168, 170, 174, 175, 199
강릉여고　112, 130, 134, 136, 138, 147, 156, 313
「강릉의 단오굿端午祭」　38, 39, 40
강릉전통문화도시　263, 315
『강릉지江陵誌』　28, 31
강릉청년회의소　138, 185, 208
강릉향교　60, 244
강석환康錫煥　174
강원감영　260
강원도민속학회　161, 196
개성단오　290
객사문　47, 207, 271, 272, 275, 284, 317
경로회　51, 52
경방댁　251, 253
경우회　180

『고려사高麗史』　19, 21, 296
고물상협회　252
공설운동장　61, 70, 75, 111, 114, 118, 134, 155, 168, 170, 185, 199
관광 상품화　188, 198, 267, 302
관광 자원화　127, 153, 298, 304, 314
관노가면극 연구소　136
관동단양운동대회　69, 70
관동대학　145, 146, 147, 149, 156, 162, 174, 326
괫대花盖　41, 161, 287
구산서낭당　187, 248
국제무형문화도시연합　230, 239
권영하權寧夏　162
권오성權五聖　161
그네뛰기　21, 22, 23, 25, 27, 54, 63, 65, 66, 68, 80, 83, 84, 99, 119, 297
기우제　17
길놀이　42, 194, 211, 279, 281, 283, 284, 285, 286, 289, 317, 318
김신묵金信黙　128, 144, 145
김영진　132
김유신金庾信　29, 43, 47, 115, 147, 246, 247, 248, 259
김종군　226
김진덕金振悳　144, 226
김진백金振伯　132, 174, 182
김진환金振煥　154, 174

■ 나

난장　84, 104, 131, 138, 156, 158, 162, 168, 170, 171, 176, 191, 197, 200, 201, 204, 210, 212, 213, 281, 289, 295, 297, 305, 318
남대천　70, 72, 75, 76, 92, 99, 104, 107, 114, 118, 119, 129, 131, 132, 140, 141, 142, 143, 147, 155, 165, 171, 176, 177, 182, 205, 210, 213, 233, 237, 251, 259, 271, 272, 276, 278, 283, 286, 287, 288, 289, 295, 297, 305, 316, 317, 318, 328
남효온南孝溫　28, 39, 40, 42, 47, 296
내곡동　170, 212, 213
농악 연구소　137
농악경연대회　114, 134, 158, 161, 162, 169, 170, 176, 188, 191, 203, 208, 211

■ 다

단양대회 위원회　87
단양절 축구 대회　62, 77
단오 방학　183
단오 상품화　239
단오 손님　290
단오거리　233, 239, 268, 269
단오관광　164
단오날 고향 찾기 운동　179
단오도시　232
단오등　180, 182, 186, 194, 202, 206, 210, 251, 252, 288
단오문화　199, 222, 233, 235, 236, 239, 266, 269, 286, 290, 316
단오문화촌　233, 236, 237, 266
단오미인 선발대회　182
단오민속 체험관　198
단오부적　22, 23, 194, 202, 210
단오부채　23, 202, 210
단오빔　27
단오상품　189
단오선　26, 63
단오시端午詩　24
단오신주　202
단오원유회端午園遊會　66, 79, 312
단오장 리모텔링　237, 238
단오제 축구 대회　69, 71
단오제단　226, 271, 273

단오제사   20, 23, 27
대관령   29, 30, 31, 32, 42, 46, 82, 88, 89, 91, 93, 114, 122, 153, 160, 183, 243, 244, 245, 246, 247, 248, 249, 251, 262, 264, 268, 283, 285, 287, 295
대관령 옛길   231, 267
대관령 푸너리   178
대관령국사성황사   233, 234, 243, 245, 268, 272
대관령국사성황신   43, 115, 165, 187, 257, 261, 295
대관령국사여성황사   228, 232, 234, 249, 250, 251, 272, 280
대관령산신당   143, 144, 163, 193, 233, 243, 245, 272
대관령산신제   28, 43, 130, 144, 173, 202, 206, 210, 243, 247, 287, 288, 296, 297
대성황사   32, 42, 43, 44, 80, 83, 86, 91, 92, 99, 102, 104, 106, 122, 129, 171, 233, 237, 256, 258, 259, 260, 261, 262, 263, 264, 265, 266, 268, 269, 270, 271, 272, 273, 274, 275, 276, 277, 278, 279, 280, 281, 282, 283, 284, 285, 286, 287, 295, 297, 302, 304, 305, 307, 312, 315, 316, 317, 318
대창리성황당大昌里城隍堂   261
도시 축제   69, 307
도시 재생   260, 268
동아시아   241, 242, 290
동진학교   59, 60
『둔호유고遯湖遺稿』   261

■ 라 · 마

로타리클럽협회   185

『만들어진 전통』   252, 305
무천舞天   17, 18

문화관광   191, 196, 306, 315
문화관광부   194, 198, 201, 205
문화재보호법   100, 108, 123, 160, 226, 297, 313
문화재생   260
문화재청   190, 194, 203, 211, 217
문화콘텐츠   222, 299, 306, 326
미신   34, 36, 37, 38, 79, 85, 108, 123, 132, 134, 135, 139, 252, 311, 313
민속관광   196
민요경연대회   114
민족문화   108, 116, 123, 286, 313, 318
민족예술   108, 123, 313

■ 바

박금천朴金千   159
박남철   138, 139
박용녀朴龍女   119, 140, 143, 145, 147, 154, 155, 156, 159, 161
백홍기   117, 139
범일국사   43, 47, 160, 187, 191, 246, 248, 254, 256, 257, 259
별신굿   55, 85, 203
봉안제   43, 144, 202, 206, 210, 249, 250, 251
『부락제』   45, 47, 118, 298
부사 영신 행렬   175

■ 사

사물놀이 경연대회   182
사화선史花善   159
상가분양   105, 172, 175, 176, 177, 180, 183, 185, 212, 213
상설 공연장   195, 273, 275
상호작용   308, 327

『생활상태 조사 보고서』 33, 35, 36, 298
서커스 131
석전石戰 20, 21, 25, 27, 54
석천 254, 255
성남동 부락 번영회 87
『성소부부고』 29, 82, 122, 264, 296, 312
소제 44, 103, 287, 289
송신제 44, 144, 170, 202, 206, 207, 288, 289
수리날 20
『수릿날, 강릉』 222
스토리텔링 82, 222, 299
시민종합체전 134, 136
『신가정』 50, 62, 81, 82
신명神明 30, 31, 77, 281, 282, 283, 285, 296, 317, 318, 328
신목 32, 114, 130, 134, 165, 187, 207, 245, 249, 251, 252, 258, 273, 276, 288, 295
신사神社 259, 261, 262, 265, 277
신석남申石南 159, 161, 174
신주 담그기 167, 168, 170, 256
신주근양 41, 103, 130, 169, 191, 193, 194, 256
신주미神酒米 167, 191, 202, 206, 207, 210
신축성 44, 104, 173, 271, 304, 305
신팔단오新八端午 287, 288
심일수沈一洙 261
씨름대회 62, 65, 66, 70, 81, 143, 147, 154, 157, 185, 208

■ 아

아키바 다카시 39, 42, 43, 44, 90, 298
안승회 62, 82
약국성황당藥局城隍堂 256, 261, 263
약장수 131, 169
어린이 농악경연대회 203, 208, 211
여운형 59, 60, 62

영고迎鼓 17, 18, 55
영산홍가 183
영신제 144, 145, 154, 202, 206, 207, 208, 249, 250, 251, 288, 289
영신행차 114, 194, 202, 206, 210, 251, 252, 283, 289, 317
예림회 182
용놀이 165
운동회 38, 50, 55, 57, 58, 60, 61, 62, 63, 64, 65, 66, 67, 69, 70, 71, 78, 79, 80, 81, 82, 84, 87, 99, 123, 297, 312
원형론 113
원형성 101, 109, 113, 281, 298, 302, 306, 317
유네스코 93, 127, 153, 196, 203, 209, 217, 218, 219, 221, 227, 230, 233, 234, 236, 240, 241, 242, 259, 260, 263, 269, 276, 279, 280, 284, 302, 303, 306, 315, 316, 325, 327
이기원 141
이보형李輔亨 161
이상혁李相赫 132, 137, 138, 142, 143, 156
이춘영李春影 139, 147, 157, 158
임동권 86, 89, 90, 101, 103, 115, 160, 163, 168, 298, 325
임시 가설 굿당 119, 276, 278
임시 가설 제단 119, 259, 271, 276, 305
임영관 233, 237, 263, 269, 270, 271, 272, 275, 277, 280, 284, 316, 317
임영문화재보호회 208
임영민속연구회 180, 193, 220, 324, 328
임영청년회 70, 87
임영회 관노가면극 180

■ 자

장대연 105
장주근張籌根 160

전국민속예술경연대회   108, 117, 120, 123, 313
전승의 암흑기   82, 92, 122, 128, 312
정병호鄭昞浩   160
정순웅   137
정씨가 터鄭氏家址   251
정연상鄭然祥   154
정의윤鄭義鈗   325
정의철鄭義哲   138, 139, 140, 143
제단   28, 92, 130, 136, 144, 166, 187, 202, 204, 205, 206, 208, 210, 251, 252, 259, 265, 272, 273, 276, 278, 283, 295, 297, 305, 317
제의적 반란   282
조규돈   226
조기현曺基鉉   157, 158
『조당집祖堂集』   296
조상제사   19, 22, 23
조전제   144, 146, 147, 154, 169, 202, 206, 207, 288
종묘宗廟   258, 259
종묘제례와 제례악   217
주문진수고   147
줄다리기 대회   164, 208
중국 형시주   187
중앙동   170, 177, 183, 186, 212, 213
중앙시장   87, 93, 233, 235
중앙시장 상인   86, 87, 92, 275
『증수 임영지增修臨瀛誌』   31, 43, 244, 296
지치부시   187, 191

■ 차

창조적 계승   311, 328
창포김치   22, 23
창포머리감기   194, 202, 210
창포뿌리 비녀깎기   194, 202, 207
창포술   22

초당학교草堂學校   59, 60
촌산지순村山智順   47
최상수   120
최선만崔善萬   115, 116, 326
최승순   53, 75, 133, 134
최종민崔鍾敏   132, 137, 161, 171
최찬규崔鑽圭   174
최철   75, 89, 90, 117, 119, 120, 122, 127, 298, 326
『추강선생문집』   28, 39, 40, 47, 296
추엽 융秋葉 隆   47, 101
축구 대회   72, 77, 80, 84, 111, 123, 169, 312
칠사당   167, 168, 202, 206, 233, 235, 237, 244, 256, 261, 264, 268, 269, 270, 271, 284, 286, 288, 316, 317

■ 타

탐라문화재위원회   186
투계대회   164, 169
투호대회   181, 182, 208

■ 파

파르테논 신전   259
판소리   217, 327
팔단오八端午   38, 39, 41, 42, 43, 44, 45, 46, 48, 99, 243, 271, 279, 280, 281, 283, 286, 287, 288, 289, 296, 302, 303, 305, 307, 315, 316, 317, 318
평양단오   290
풍년제   52, 75, 107, 132, 138
풍어제   85, 86, 143

■ 하

학바위　254, 255
학산 마을　187, 191, 193, 254, 256, 257
학산농요보존회　191
학산서낭제　191, 210, 256, 257
학산오독떼기　183, 188, 191, 203, 208, 211, 213, 230
한시 백일장　167, 169
향토민요경창대회　145, 149, 191

향토신제鄕土神祭　295
향토오락　52, 53
허균許筠　24, 29, 31, 82, 122, 160, 264, 296, 312, 328
헌미獻米　193, 202, 289, 318
홍문표　139, 141
홍보관　196, 198, 200, 201, 202, 203, 204, 209
화류회花柳會　57, 58
화산학교　59, 60

강릉단오제의 지속과 창조적 계승

초판1쇄 발행 2019년 5월 9일

지은이 이경화
펴낸이 홍종화

편집 · 디자인 오경희 · 조정화 · 오성현 · 신나래
　　　　　　　김윤희 · 박선주 · 조윤주 · 최지혜
관리 박정대 · 최현수

펴낸곳 민속원
창업 홍기원　**편집주간** 박호원
출판등록 제1990-000045호
주소 서울 마포구 토정로 25길 41(대흥동 337-25)
전화 02) 804-3320, 805-3320, 806-3320(代)
팩스 02) 802-3346
이메일 minsok1@chollian.net, minsokwon@naver.com
홈페이지 www.minsokwon.com

ISBN　978-89-285-1306-2　93380

ⓒ 이경화, 2019
ⓒ 민속원, 2019, Printed in Seoul, Korea

저작권법에 의해 한국 내에서 보호를 받는 저작물이므로 무단전재와 복제를 금합니다.
이 책 내용의 전부 또는 일부를 이용하려면 반드시 저작권자와 민속원의 서면동의를 받아야 합니다.
이 도서의 국립중앙도서관 출판시도서목록(CIP)은 서지정보유통지원시스템 홈페이지(http://seoji.nl.go.kr)와
국가자료공동목록시스템(http://www.nl.go.kr/kolisnet)에서 이용하실 수 있습니다.
(CIP제어번호: CIP2019016315)

책 값은 뒤표지에 있습니다.
잘못된 책은 바꾸어 드립니다.